Chamane

Paul Degryse

Chamane

Le chemin des Immortels

Éditions Dervy
204, boulevard Raspail
75014 Paris

Du même auteur

Le développement personnel systémique (édition accarias-l'originel), 1999.

Mettre du pouvoir dans ses actes (éd. Dervy), 2005.

CONTACT :
www.meditationfrance.com
portail chamanisme

Dessin de l'œuf lumineux et de la position du guerrier debout de Grégoire Leblic et dessin de la dualité dynamique de Esher.

22, rue Huyghens,
75014 Paris
ISBN : 978-2-84454-485-8
contact@dervy.fr

À mes enfants, à mon ami Kristian et à tous les enfants du monde pour qu'ils aiment la Terre comme elle les aime.

C'est par l'ombre que tu vois la lumière des choses,
par le dedans que tu connais le dehors,
par la mort que tu connais la naissance,
mais seule l'Êtreté règne sans opposée dans l'univers.
Ta conscience est la fenêtre d'où Il contemple son œuvre,
Garde-la toujours ouverte pour savoir Qui tu es…

Ayehoa

PRÉFACE

Qu'est-ce qu'exister ?

Vous savez que vous existez parce que vous êtes au dedans de vous, mais comment existe ce qui est au dehors de vous ?

Quand vous regardez un arbre, il existe pour vous, mais si personne ne le regarde, si personne ne l'a jamais vu et ne peut donc se souvenir de lui ni penser à lui, ni même le concevoir en tant qu'arbre, pour qui existe-t-il ? Il est privé de ce que l'on peut appeler « l'existence extérieure », celle que le langage moderne appelle *existence objective.*

Pour qu'il existe quand même, il faudrait lui supposer une existence intérieure, autrement dit une conscience par laquelle il existerait en soi et par soi, comme nous-mêmes…

L'univers serait-il si bizarrement fait que si un objet n'a jamais été vu ni donc remémoré ni pensé par quelqu'un, cet objet n'existerait pas ? Que serait alors le fait d'exister, l'êtreté ?

Dépendrait-elle totalement d'un témoin, sauf bien sûr pour les êtres à qui l'on prête d'évidence une conscience et qui n'ont pas besoin de témoin pour exister ?

Selon les chamanes, cette conscience existe partout, en tout être, qu'il soit minéral, végétal, animal ou humain, qu'il soit vivant et en train de croître ou mort et en train de devenir autre chose, ce qui fait que tout ce qui est, est en soi, du dedans, sans dépendre d'un témoin.

Cette êtreté intérieure est aussi au yeux des chamanes la force qui anime et organise tous les êtres. Cette force, nous l'appelons Dieu en Occident… Les chamanes l'appellent le Grand Mystère, l'Esprit du grand Être, l'Intention Suprême.

Le sens du Grand Mystère est que toutes les existences du dedans puissent réaliser leur identité avec toutes les existences du dehors et vice versa… Le sens du Grand Mystère est de se révéler à lui-même.

Alors le monde s'accomplit dans sa magie, la Grande Conscience reconnaît qu'elle est innombrable et l'Amour véritable existe… Le chamane est son serviteur…

Le chamanisme c'est ce qui révèle à l'homme la réalité de l'impensable.

« L'essentiel n'est pas accessible à l'homme ordinaire parce que, le plus souvent sans même chercher sérieusement à le percevoir, il le qualifie d'inabordable… Alors tout ce qu'il vit et fait tourne à la périphérie de l'essentiel…

Tu me demandes ce que font les chamanes ?

Eh bien, par exemple, nous aimons faire des arcs-en-ciel dans la nuit…

Tu me demandes pourquoi nous le faisons ?

Pour que tu puisses t'éveiller au possible de l'impossible…

– Je n'arrive pas à penser que ce soit possible !

– Si nous y pensions, nous ne pourrions pas le faire…

Laisse chaque chose à sa place… Par exemple, quand tu décris un tableau c'est que le peintre l'a déjà fait… De même tu ne peux penser qu'à ce qui existe déjà ! Il faut donc apprendre à connaître et à agir autrement que par la pensée pour entrer dans ce qui n'existe pas encore et être le créateur de ta vie, non un simple spectateur de celle-ci… »

(Conversation entre un chamane et son apprenti.)

L'auteur

INTRODUCTION

Le chamanisme révèle à l'homme la réalité de l'impensable

> Dieu a donné le bien et le mal aux hommes pour qu'ils puissent découvrir et exprimer leur liberté en choisissant.

Vivant en Espagne il y a vingt ans, je connus une crise affective qui me secoua durement. Je pris alors conscience que quelque chose en moi n'allait pas et devait changer, je ne pouvais plus vivre sur les mêmes bases existentielles et cependant je ne pouvais imaginer qu'il y en eut d'autres pour moi.

Déprimé, hyper émotif, je ne vivais que des échecs successifs en tous domaines et j'avais l'impression que ma vie pouvait aussi bien s'arrêter là. J'eus d'ailleurs trois accidents graves de voitures en trois semaines mais m'en tirai avec quelques égratignures. Je sentais cependant nettement la mort tourner autour de moi.

À cette époque, le yoga, la méditation, le zen et toutes ces choses-là me laissaient plutôt sceptiques et bien que doté d'une tournure d'esprit assez philosophique, je trouvai tout cela assez artificiel. Je commençais néanmoins, bien qu'à reculons, à chercher dans cette direction pour y voir plus clair. Un soir, dans un parc de Barcelone, j'étais en train de me pendre par les jambes à un portique, soutenu par des courroies de chanvre, à la fois pour étirer mes vertèbres et aussi pour « changer certaines énergies en moi » selon le conseil et l'expression d'un ami.

J'étais donc là, pendu, la tête en bas depuis deux ou trois minutes quand un visage apparut dans mon champ visuel, à l'envers bien sûr, très près du mien. La personne me regardait fixement sans un mot. J'allais me redresser quand cet homme, plaçant ses mains derrière mes épaules pour me maintenir le tête en bas, me dit en espagnol avec un fort accent asiatique : « Si vous restez crispé comme ça, ça ne peut pas vous faire du bien et même ça vous fera plutôt du mal. » Je finis par descendre de mon perchoir improvisé et nous fîmes connaissance. Il me parla d'une gestuelle magique vieille de plusieurs millénaires qui apportait joie, vigueur et sens à la vie.

Le lendemain je commençais avec lui mon apprentissage du taiji-quan.

⁂

Voici cinq ans je m'étais rendu au Tyrol pour assister à une réunion d'une douzaine de chamanes venus du monde entier qui, pendant quatre jours tenteraient de partager leur savoir avec une assistance de thérapeutes, de psychologues et d'apprentis plus ou moins confirmés en chamanisme. Il faisait presque nuit et j'étais sur le point de monter l'escalier de bois qui menait à la grande salle du lieu de réception où allait avoir lieu la première rencontre, quand la clé de ma chambre m'échappa des mains et roula dans l'herbe, sous l'escalier. Sans plus de façons, je m'étendis à plat ventre en travers de celui-ci, et passait ma tête sous les marches pour y allonger mon bras et y chercher la clé. J'entendis alors quelqu'un venir de l'intérieur et m'apprêtais à me relever pour le laisser passer mais l'escalier trembla sous un choc assez fort et je sentis quelqu'un littéralement tomber et s'allonger sur mon dos. Un visage apparut de l'autre côté des marches, à l'envers comme le mien. Il prononça quelques paroles que je ne compris pas puis se mit à rire.

Je me relevais rapidement en me dégageant tant bien que mal de son poids pendant qu'il se relevait lui-même et me trouvai en face d'un petit homme que je pris d'abord pour un métis africain. En fait, sous la lumière crue des phares d'une voiture qui s'approchait, je me rendis compte un instant après qu'il ressemblait plutôt à un Indien sud-américain ou peut-être à un Mongol ou un Tibétain avec des cheveux mi-longs. J'eus la conviction immédiate, vu son accoutrement, qu'il devait être l'un de ces fameux chamanes attendus par les participants. Sans autre préambule, il m'adressa la parole en espagnol :

« Qu'est-ce que tu es venu faire ici, toi ? »

Il me parlait comme s'il me connaissait. Je lui répondis que je venais ici pour essayer d'apprendre quelque chose de ces chamanes invités pendant quatre jours.

« Tu ne vas rien apprendre ici, me dit-il, tu n'as rien à y faire... ! »

Je ne savais pas quoi répondre tant j'étais surpris par le ton d'évidence et de certitude qu'il employait. Je finis par dire :

« Mais... mais pourquoi ? »

Il ne répondit pas tout de suite, me fixant droit dans les yeux puis il dit :

« Ven, hacemos un paseo », il m'invitait du geste à nous éloigner de l'hôtel.

Intrigué et contrarié, je le suivis cependant et nous nous dirigeâmes vers la forêt proche qui commençait par un parc, je m'en étais rendu compte dans l'après-midi.

Nous marchions en silence depuis presque dix minutes et, commençant à me sentir gêné, je jetai vers lui deux ou trois regards furtifs. Il avait une drôle de veste en coton épais et bariolé avec des sortes d'épaulettes extérieures qui semblaient être des morceaux de pneu usé, cousus dans sa veste avec du fil de fer brillant et tressés, c'est du moins ce que la lumière des derniers lampadaires du parc me permettait de voir. Il avait des cheveux épais, un visage et un corps robuste, des yeux très grands et extrêmement mobiles. Nous commencions à entrer dans la forêt et je m'apprêtais à lui demander ce qu'il voulait quand il se retourna vers moi et me souriant calmement, il mit sa main sur mon épaule et me dit :

« Continuons. »

J'avais déjà fréquenté plusieurs chamanes et travaillé avec eux, j'étais donc habitué à l'imprévisibilité de leurs façons et puis son sourire me rappelait quelque chose, une confiance inexplicable qui passe directement du corps au corps et je pris le parti de m'enfoncer tout droit dans la forêt sans suivre les grandes allées, comme si c'était ma propre initiative qui guidait ce « paseo ».

Nous marchâmes ainsi environ deux heures. Il était sur mes talons, discret et silencieux. La lune était presque pleine et très brillante. Le petit homme dit tout à coup :

« Paràmonos »

Et nous nous arrêtâmes.

Nous restâmes silencieux et immobiles, entre les arbres, sous la lune et je voyais bien ses épaulettes en caoutchouc de pneu. Cela m'intriguait. Pourquoi un tel matériau sur une veste ? Cela lui servait-il pour des actes spectaculaires, des acrobaties comme certains chamanes aiment en faire quand ils pratiquent certaines transes ? Il ne parlait toujours pas, me fixant du regard par instants puis semblant écouter les bruits autour de lui.

Je finis par lui dire en espagnol :

– Cette réunion là-bas, vous en faîtes partie ? Si ce n'est pas intéressant alors pourquoi y êtes-vous venu ?

– Ce n'est pas ce que **toi**, tu as à faire » me répondit-il enfin, en insistant sur le « toi ».

Intrigué, je lui demandais :

« Mais pourquoi ? »

Comme il ne me répondait pas, je continuais :

– Qu'est-ce qu'on fait ici ? Et vous, vous êtes qui ? Vous faîtes quoi ?

– Tu veux savoir qui je suis ?… Je suis Eulalio.

Puis il se mit à rire comme pour me signifier que ça n'apportait pas grand-chose, que ça ne servait à rien de savoir cela.

Encore un moment de silence puis il me dit :

« Tais-toi un moment. »

Je compris qu'il ne voulait pas seulement que je me taise mais que je fasse « *silence intérieur* » et je m'éloignai de deux ou trois pas pour m'accroupir au pied d'un arbre dans une position qui me convenait pour cela. Une petite heure passa, puis il s'approcha de moi et se plantant bien droit devant moi pendant que je me relevai, il me dit :

« Je vais te montrer ma langue de feu. »

Immédiatement, ses yeux se mirent à briller de façon intense, il ouvrit la bouche et une sorte de brouillard rose fuchsia très dense en sortit, prenant la forme d'une longue langue pendante qui commença à osciller régulièrement d'avant en arrière.

En même temps j'entendis un musique vibrante, ressemblant à des violons désaccordés qui semblait très lointaine et qui pourtant venait de cette buée en forme de langue, puis, cette musique me sembla venir aussi de ma tête. Je me rendis alors compte que je n'étais plus dans un état de conscience ordinaire par mes jambes, qui, lorsque cela m'était déjà arrivé, devenaient comme une masse cotonneuse et élastique, sans aucune sensation de mon contact au sol, comme si le bas de mon corps et la terre ne faisaient plus qu'un, tout en restant capable de me déplacer mais pas physiquement à proprement parler.

J'eus alors l'impression de reprendre moi-même la mélodie dans le fond de ma gorge et de me balancer en même temps que sa langue de brouillard d'avant en arrière.

Puis j'eus une absence pendant un temps que j'évalue à une demi-heure et je repris conscience en train de marcher avec lui dans la forêt. Il était à ma droite, sa main gauche maintenait fortement mon épaule droite et sa main droite tenait ma main droite serrée dans la sienne uniquement par les deux doigts du milieu, majeur et annulaire.

Je marchai ainsi dans un état d'éveil sensoriel assez intense mais cela restait agréable, avec la sensation d'avoir un animal accroché à mon épaule et aux deux doigts de ma main qui me guiderait dans une totale confiance mutuelle, tout en me soutenant, comme dans un manège.

Nous nous retrouvâmes finalement à l'escalier de bois de l'hôtel. Il me lâcha. Je restai immobile un long moment et je sentis peu à peu mes pieds reprendre contact avec la terre. Il me dit alors :

« Ta clé. »

Je réalisais où nous étions et me baissai vers les marches. Je tâtonnai quelques secondes et trouvai la clé immédiatement. En me relevant, je le vis monter l'escalier, puis il se retourna vers moi et dans un murmure puissant, il me dit :

« Ne reste pas ici, retourne chez toi, tu es un éclaireur, tu peux commencer à enseigner les premiers pas du chemin. »

Puis il redescendit les marches, s'approcha de mon visage et me dit un mot dans l'oreille.

Le lendemain matin, je repartis pour Paris sans assister au colloque. Tout le long du trajet, je chantais ce mot qui devint mon chant d'éclaireur et je me souvins seulement à Paris des derniers mots que m'avait chuchotés le sorcier aux épaulettes de caoutchouc avant de me quitter :

S'il le veut, l'homme peut naître trois fois
Une première fois de ses parents,
comme serviteur de la mémoire
Une seconde fois de lui-même,
comme créateur de mémoire
Une troisième fois de l'aigle,
comme être libre de mémoire…

⁂

Entre les débuts de mon apprentissage du taïji-quan en Espagne et cette rencontre insolite au Tyrol, quinze ans et bien des événements s'étaient passés, entre autres, un séjour de dix mois aux côtés d'un chamane sino-vietnamien de Taïwan auprès duquel je m'engageai dans l'apprentissage d'un chamanisme mâtiné de taoïsme puis un retour en France, la découverte, la lecture inlassable et la mise en pratique de l'œuvre de Carlos Castanéda, enfin quelques séjours intensifs auprès de plusieurs chamanes en Europe centrale et en Scandinavie.

Je découvris mon premier livre de Castaneda sous le dernier rayon d'une étagère d'une poussiéreuse librairie de Paris en me baissant pour ramasser un vieux ticket de métro ! Décidément, les plus grandes rencontres d'une vie se faisaient toujours la tête en bas !

⁂

Ce livre a donc pour sujet la spiritualité, plus exactement cette voie spirituelle appelée chamanisme considérée par la plupart des spécialistes de l'anthropologie comme la mère de toutes les religions.

Mais avant de nous engager au cœur du sujet, il me semble intéressant de faire le point sur quelques concepts essentiels.

Qu'est-ce que la spiritualité ? Vaste question à laquelle j'ai essayé d'apporter une réponse à la fois suffisamment englobante pour ne rien exclure d'essentiel et assez précise compte tenu du fait que notre époque entretient une certaine confusion sur cette question.

La spiritualité est une conception de l'univers, de la vie et de la conscience qui dit que derrière l'apparence ordinaire et évidente du monde, derrière ce que nous en percevons, derrière les valeurs que nous lui attribuons existe un être, une puissance infinie, créatrice, consciente et clairvoyante qui est la source de ce monde et qui recèle son sens ultime ainsi que le sens de tous les êtres qui s'y trouvent.

Selon le spiritualisme, l'univers tout entier serait donc l'œuvre délibérée d'un être doté de volonté et d'esprit et non le fruit du hasard ou le seul produit de l'évolution de forces matérielles inanimées ayant fini par engendrer des êtres dotés de conscience, laquelle serait explicable mécaniquement comme prolongement de la matière.

Voilà pour le volet métaphysique de la spiritualité. Mais celle-ci comporte aussi un volet éthique.

En effet, après l'étonnement émerveillé que suscite l'immensité céleste et les forces colossales de la Terre elle-même, l'homme observe sa propre vie et celle de ses semblables, et, face au combat permanent pour la survie, face à l'alternance du plaisir et de la souffrance, face au cycle de la mort et de l'enfantement, il questionne :

« Que faisons-nous là ? D'où venons-nous ? Quel sens a tout cela ? Cette conscience en nous, que devient-elle lorsque notre corps devient charogne et se délite dans la terre ? »

Avec l'intelligence naissante (100 000, 200 000, 300 000 ans avant Jésus-Christ ?) la pensée causale déjà opérationnelle dans le quotidien veut s'appliquer au Grand Tout et ne trouvant pas de point de départ pour en comprendre la logique, se voit remplacée par le sentiment spirituel du mystère.

L'infini, insupportable à l'intelligence, trouve ainsi dans le cœur, libre de toute contrainte logique, un domicile à sa mesure et c'est peut-être ainsi que naît l'idée d'un Dieu, cause de tout sans cause de lui-même, pourvoyeur d'un sens de l'univers qu'il faut non pas comprendre, mais accepter et aimer pour que la grande question trouve sa grande réponse.

C'est là qu'apparaît le second volet de la spiritualité : ce mystère non compréhensible mais pressenti affectivement, doit pouvoir être approché sous certaines conditions : une façon de vivre, de penser, de ressentir et d'agir, par laquelle l'individu trouve sa réponse et accède au sens, en lui devenant transparent : toute explication spiritualiste du monde propose un chemin, une éthique de vie et une pratique sans lesquels elle n'est que vain bavardage sans ancrage dans la réalité quotidienne.

⁂

Mais pendant que le sentiment spirituel fait ainsi son chemin dans l'homme sur des dizaines de milliers d'années, apparaît parallèlement, voici probablement dix à quinze mille ans, un phénomène abstrait nouveau, **la socialité** : une conscience de l'autre qui entraîne un besoin de mettre en place des codes d'organisation collective, de communication et d'échange. L'homme ne vit plus isolé avec sa famille et son clan mais éprouve le besoin de se grouper en rassemblements de plus en plus nombreux. On se rend difficilement compte du bouleversement apporté dans le fonctionnement de la conscience par la socialité. C'est en effet par le transfert progressif dans l'horizontalité (les autres, le groupe la vie collective, la nation, ect.) d'une partie de l'énergie de la conscience, jusque-là majoritairement verticale (individualisme plus marqué et contact direct avec le mystère), que la spiritualité s'est transformée en religion, pour le meilleur peut-être socialement, mais plus souvent pour le pire sur le plan spirituel.

Je situe personnellement l'avènement de la décadence spirituelle de l'humanité à cette époque, huit à dix mille ans avant Jésus-Christ.

Seules les sociétés chamaniques ont pu et su conserver la puissance verticale de leur conscience, au détriment lucide de leur progrès social, et sauvegarder jusqu'à nos jours la forme d'esprit, l'énergie psycho-émotionnelle et les techniques de travail sur soi qui permettront peut-être à l'humanité de retrouver un jour son chemin spirituel et sa magie naturelle.

Pour établir une définition différentielle de la spiritualité par rapport à la religiosité, je dirais que les religions sont des « prêts à penser et à croire » de la spiritualité.

Une voie spirituelle authentique est une invitation impérieuse faite au chercheur à découvrir lui-même son cheminement pour grandir librement, par un ensemble de techniques éprouvées par ses aînés, tout comme le jeune forgeron ne disposera que du marteau et de l'enclume pour forger son œuvre d'art dont il concevra lui-même la forme et le rôle.

Les religions sont des kits « tout prêts » dont vous appliquez la recette sans pouvoir dévier de la notice de montage.

Quant à la récupération sociale, dont elles font l'objet sous la forme d'un prosélytisme plus ou moins contraignant, elle révèle bien le plus haut niveau de dégradation et de trahison de l'aspiration spirituelle qui puisse priver l'homme de cet investissement de base minimum de liberté et de spontanéité indispensable pour accéder à la grande libération.

La liberté est en effet un concept-clé de la spiritualité. Tout besoin de liberté s'enracine dans celle-ci, le plus souvent inconsciemment.

Quand nous étions petits, nos prières s'achevaient par la phrase suivante : « ... et délivrez-nous du mal, ainsi soit-il. »

De quel mal s'agissait-il et quel bien en retour pouvait apporter cette délivrance ?

Il s'agissait, à mes yeux, je l'ai compris plus tard, du bien de pouvoir choisir, dans la mesure où je crois que si l'homme prend la peine d'ouvrir sa conscience à toute la richesse des possibilités qui s'offrent à lui à chaque occasion importante d'agir, il n'aura même plus besoin de parler de mal ou de bien (ce qui ne veut pas dire que cette dualité est une illusion, nous le verrons plus tard).

Mais cette possibilité de choisir ne s'appuie pas seulement sur des contraintes d'ordre matériel quotidien et social dont il faudrait s'affranchir, mais avant tout, nous le verrons dans le chapitre sur la philosophie du chamanisme et de façon générale dans tout cet ouvrage, sur la connaissance de soi et le pouvoir sur soi.

Certes la socialité s'est très vite introduite dans la conscience individuelle pour y imprimer ses codes de façon plus ou moins profonde, réduisant la dimension verticale de celle-ci à une peau de chagrin (ce qui peut convenir parfaitement à un certain nombre de personnes). Mais ce n'est pas là la seule source de ces grilles psychiques, émotionnelles et comportementales que la psychologie moderne appelle des conditionnements et plus récemment des programmes. La spécificité zoologique, génétique et familiale, le ciel sous lequel il est né, le tout constituant la personnalité d'un être humain, sont la source essentielle de toutes les contraintes qui vont limiter plus ou moins douloureusement son élan vital et faire surgir en lui la sensation lancinante de ne pas être libre.

Alors, quel est ce mal dont nous avons à nous délivrer ?

Tout nous amène à l'identifier à la mémoire ! Car c'est elle qui emmagasine et réactive en permanence l'ensemble des conditionnements de la vie, des plus matériels et physiques aux plus psychiques et abstraits, c'est donc contre elle que l'homme va lutter pour conquérir sa liberté intérieure par le changement !

Ainsi la mémoire serait le mal dont l'homme doit se délivrer pour trouver la joie, la paix et la liberté ?

Mais la mémoire n'est-elle pas aussi le support de l'évolution, en permettant d'automatiser des comportements parfaitement intégrés du vivant et de libérer ainsi une partie de l'attention pour progresser vers l'inconnu ?

N'est-ce pas aussi le fondement de l'organisation de la matière et de la vie dans la mesure où celle-ci n'existe pas sans une fixation dans la temps et une stabilisation par la répétition ?

Bien sûr que oui !

Alors la mémoire est-elle le mal ou le bien ?

Nous sommes ici face à face au premier, le plus important des multiples paradoxes qui sont à l'origine de toute l'interrogation humaine face à l'étrangeté du monde.

L'originalité profonde du chamanisme étant précisément de lui faire face et, au lieu de le régler par une pirouette philosophique aux conséquences insondables pour l'esprit, il l'enfourche au contraire pour en faire le véhicule principal de son chemin.

Nous sommes donc poussés à nous libérer de multiples conditionnements intérieurs qui sont des barrières à franchir pour accéder à la clairvoyance et à la joie, c'est-à-dire à nous battre contre la mémoire et sa puissance écrasante tout en ayant pour elle un respect proportionnel au rôle qu'elle joue dans tout ce qui existe : l'univers sensible, notre corps et notre conscience !

La conciliation des inconciliables : combattre et respecter !

C'est bien ce que propose le chamanisme : le chevauchement du paradoxe, dont la plupart des religions et le matérialisme se sont détournés à la fois pour des raisons démagogiques de pouvoir mais aussi sous l'influence du manichéisme aristotélicien.

Nous naissons, vivons, mourons dans un univers infini et infiniment complexe dont nos sens, notre cœur et notre raison nous poussent irrésistiblement à comprendre le sens ultime parce que notre esprit ne peut croître que par ce sens, et pour cela, nous devons expérimenter la liberté car cette compréhension ne peut être que spontanée et non apportée du dehors.

Chaque conscience, par sa nature intrinsèquement intérieure, doit se libérer elle-même, en créant son propre chemin (un philosophe contemporain a dit : « *Nous ne sommes pas nés libres mais nous sommes libres de nous libérer* »).

Nous sommes foncièrement des chercheurs de sens et chaque conscience individuelle est normalement faite pour habiter un chercheur.

Les sociétés humaines qui se disent les plus avancées et les plus humanistes mais qui se sont détournées du paradoxe par horizontalisation de la conscience, doivent donc inscrire aux tables de leur constitution cette toute première liberté de l'individu :

> « *L'essentiel de l'homme est son âme et son destin cosmique est de cultiver celle-ci en cherchant personnellement le Sens.* »

Toute institutionnalisation de la spiritualité n'a donc eu pour effet que de faire stagner l'humanité en émasculant la conscience de sa vocation créatrice de… conscience !

C'est pourquoi le chamanisme toltèque, qui n'est pas une religion, est-il besoin de le préciser, donne le nom de *navigateur de l'esprit* à tout apprenti qui a décidé de s'abandonner à la véritable, merveilleuse et magique raison d'être de sa conscience.

LES AVENTURIERS DE L'ESPRIT

À ce terme de « navigateur », je préfère encore celui d'« aventurier de l'esprit » qui suggère à la fois un sens à donner à sa vie et une place plus importante accordée au hasard et à l'inconnu qu'à l'anticipation et aux certitudes, en fonction d'un choix initial entre vision matérialiste et vision spiritualiste de l'Univers. Les matérialistes reprochent en effet souvent aux spiritualistes de s'appuyer sur ce qu'ils ne connaissent pas !

N'ayant aucune preuve de l'existence de Dieu, le matérialiste n'y croit pas, il ne croit donc qu'en ce qu'il connaît déjà ! N'est-ce point là à la fois la plus suffisante et la plus limitative des attitudes cognitives : ne croire qu'à son connu, c'est vivre sur son passé !

Le guerrier de l'Esprit qui, par contre, croit dans ce qu'il ne connaît pas s'accorde ainsi toute la liberté et toute la force d'aller vers l'inconnu et c'est ce qui donne tant d'attrait à son futur ! Il considère le mystère suprême non comme une absence cognitive, un manque de fondement pour l'esprit qui cherche, mais au contraire comme une omniprésence non représentable mais puissance qui parle à son cœur et non à sa tête… il ne cherche pas en fonction de ce qu'il sait mais en fonction de ce qu'il peut découvrir…

La faible motivation de vie qui caractérise notre société moderne majoritairement matérialiste et, en particulier, celle de notre jeunesse, ne viendrait-elle pas de là ?

CHAPITRE I

Qu'est-ce que le chamanisme ?

Du dépoussiérage d'un cliché pour touristes spirituels à la remise en question de l'hypnose rationaliste planétaire

HÉRITIERS DES PREMIERS ÉLANS SPIRITUELS DE L'HUMANITÉ

Le mot « chamane » vient donc de Sibérie, « saman » en langue toungouse dans laquelle il évoque les bonds et pirouettes que fait le guérisseur de la tribu en virevoltant, chantant et jouant du tambour pour entrer en contact avec les esprits et leur demander d'intervenir dans la guérison d'un patient ou encore de lui faire connaître des informations précieuses sur des événements à venir concernant la survie des membres du clan, la chasse, les intempéries, les dangers à éviter, etc.

Il désigne donc, pour l'homme occidental, un sorcier, au mieux un sage, un homme possédant des pouvoirs et des connaissances inaccessibles à l'homme ordinaire, et capable de faire des choses hors du commun, notamment en matière de guérison, par divers procédés dont le plus connu est la transe.

La transe est un état de conscience « altérée » ou « élargie », parfois extatique mais pas toujours aussi spectaculaire qu'on se l'imagine généralement, que le chamane induit soit par la prise de plantes psychotropiques soit par le jeûne, soit par des danses rythmées au tambour soit encore par divers exercices psycho-corporels accompagnés d'un silence mental prolongé. Pendant ces séquences de transe, le chamane change donc de niveau de conscience et entre parfois en contact avec des êtres vivants sans corps physique appelés esprits ou alliés qui séjournent dans des mondes parallèles où l'être humain lui-même est appelé à pénétrer de façon passagère ou plus ou moins définitive au moment de sa mort.

Le chamane est donc un familier de l'au-delà où il peut pénétrer et dont il peut revenir à volonté. Beaucoup d'ethnologues et d'autres chercheurs en sciences humaines ont déduit des peintures de scènes de chasse exécutées dans les cavernes voici à peu près 20 000 à 40 000 ans que les hommes de cette époque pratiquaient le chamanisme et Mircea Éliade, l'un d'entre eux, considère que le chamanisme est très probablement l'ancêtre de toutes les religions et la façon dont les premiers élans spirituels de l'homme préhistorique se sont exprimés et structurés.

Actuellement le chamanisme est encore pratiqué dans toute l'Asie du Nord, en Mongolie, dans certaines régions reculées de la Corée et de la Chine, dans certaines parties du Vietnam, en Asie du Sud-Est, aux Philippines dont les chirurgiens aux mains nues sont célèbres et en Australie où il a peut-être conservé sa forme la plus pure ainsi que chez les Esquimaux.

Il était la croyance spirituelle des Amérindiens du Nord qui ont bien du mal à en conserver la pratique authentique et il est encore celle des Sud-Amérindiens et des Indiens du Mexique quand il ne sont pas christianisés.

Bien sûr, le chamanisme ne représente pas que la pratique unilatérale des guérisseurs et guides spirituels de la tribu, il implique une vision du monde que partagent de façon plus ou moins clairvoyante ou simplement rituelle les membres de celle-ci dont on peut donc dire qu'ils sont « chamanistes » sans pour autant dire qu'ils sont chamanes.

Le chamane est donc un homme investi de pouvoirs mais la morale du chamanisme n'est pas du tout celle de nos religions modernes. L'opposition du bien et du mal n'ayant pas la même signification que pour nous, le chamane va exercer ce pouvoir de façon qui surprend souvent les observateurs extérieurs, imprégnés de leur notion occidentale de la morale. Il pourra aussi bien l'exercer pour nuire que pour procurer des bénéfices, selon un sens de la justice relié directement à la dynamique d'énergies subtiles qui président dans l'invisible au bon équilibre entre les êtres humains et aussi entre l'homme et la nature et cette ambiguïté est vécue de façon naturelle par les groupes auprès desquels il exerce ses talents.

Voilà ce que connaît en général tout homme occidental un peu curieux à propos du chamanisme et, compte tenu des nombreuses couches de rationalisme qui tapissent sa conscience, cela ne manquera pas de se transformer plus ou moins en cliché, ce mot ne désignant pas nécessairement quelque chose de faux mais quelque chose de réducteur, voire de caricatural et ce cliché réducteur aura souvent pour effet de générer deux attitudes extrêmes : un rejet hautain au nom du rationalisme ou au contraire un effet de séduction immédiate lié au mélange de retour à la nature, d'exotisme et de pouvoirs étranges qui font fantasmer beaucoup d'Occidentaux en mal de repères spirituels.

J'ai donc essayé de fonder le travail présenté dans cet ouvrage en rajoutant aux quatre aspects fondamentaux de toute voie spirituelle authentique pragmatique et non-religieuse, une cinquième branche née de la conjoncture actuelle : un fondement spirituel pour l'écologie et un engagement social et professionnel éthique (voir schéma page 43 « le chamanisme »).

Ces trois aspects sont :

1 – Une vision et une explication globale de l'univers et de la conscience humaine (ontologie et métaphysique).

2 – Une médecine holistique et énergétique et d'autres pouvoirs liés à cette ontologie.

3 – Une approche pratique du comportement destiné au bien-être, à la santé et à l'efficacité quotidienne que l'on a coutume d'appeler à notre époque le développement personnel.

4 – Une éthique de vie, un art de vivre.

DERRIÈRE LA FAÇADE EXOTIQUE, UNE AUTRE VISION DU MONDE

Alors chacun se posera naturellement la question : « Le chamanisme est-il finalement la simple gestion de la survie et du quotidien de sociétés quasiment surgies de la Préhistoire par certains de leurs leaders s'étant appropriés des pouvoirs issus d'une observation hors normes des mécanismes énergétiques de la nature ? La mise en scène magistrale de rituels hypnotiques par des personnalités puissantes qui se disent détenteurs de prétendus et invérifiables pouvoirs sur la vie et l'au-delà ? L'utilisation bien maîtrisée de la subjectivité humaine et de la grande peur de la mort ? Ou y a-t-il autre chose ? »

Il y a bien évidemment autre chose !

Le chamanisme possède en effet une base philosophique, une métaphysique et une psychologie d'une grande richesse et, avant tout, une approche ontologique de l'existence, de la vie et de la matière dont tous les chamanes indiens, sibériens ou aborigènes ne partagent pas forcément la connaissance intellectuelle, c'est pourquoi j'en distingue trois sortes que nous verrons ci-dessous. C'est en tout cas de la connaissance claire et didactique de ces fondements ou le plus souvent de leur acceptation naturelle et intuitive que les chamanes tirent leurs pouvoirs étonnants. Cependant ces connaissances n'ont jamais été clairement mises en lumière, tout simplement parce que la tradition chamanique est essentiellement orale et aussi parce que les chamanes gardent jalousement leurs secrets et répugnent à les divulguer. Mêmes les rares disciples qu'ils forment sont invités à les redécouvrir en partie eux-mêmes par déduction des expériences qu'ils font et des enseignements pratiques qu'ils reçoivent, quitte à ce que leur formation s'étale sur plusieurs décennies, le temps ne comptant pas du tout de la même façon dans le cadre de vie chamanique et cette pédagogie empirique garantissant l'authenticité des nouveaux chamanes.

Cependant, dans les années 1960 à 1980, un jeune anthropologue sud-américain de l'université de Los Angeles qui voulait étudier les plantes psychotropiques fut entraîné, plus ou moins à son corps défendant, du moins au début, dans une initiation au chamanisme auprès d'un sorcier indien du Mexique qui avait perçu en lui un possible successeur compte tenu d'une certaine disposition de son corps lumineux.

Pendant les trente années que dura cette aventure, exceptionnelle pour un Occidental, Carlos Castaneda passa du statut d'anthropologue quasi-américanisé à celui de nagual, le plus haut niveau d'initiation accessible dans la voie toltèque, ce chamanisme mexicain qui avait survécu non seulement aux persécutions des conquistadores espagnols mais bien avant cela encore, aux persécutions aztèques.

Carlos Castaneda écrivit ainsi dix livres dans lesquels il tente, de façon non linéaire, de façon parfois peu claire pour des lecteurs occidentaux pétris de préjugés intellectuels, de raconter ses aventures initiatiques, sa transformation progressive, sa résistance rationaliste à une vision du monde totalement à l'opposé de son éducation chrétienne et logique, les postulats métaphysiques de cette voie de la connaissance, ainsi que quelques unes des multiples techniques de son travail d'apprenti mené jusqu'au niveau final de nagual. En tout, une œuvre d'une richesse inouïe, d'une puissance sans égal dans l'histoire des témoignages spirituels de ces derniers siècles et simultanément émouvante, vivante, et pleine d'humour, bref un document exceptionnel pour l'humanité et une véritable bible du chamanisme.

C'est la lecture minutieuse et répétée, mais surtout entrecoupée de pratiques régulières, de cette œuvre, pendant vingt ans, ainsi que les enseignements complémentaires reçus de mon premier maître sino-vietnamien et auprès de plusieurs chamanes d'Europe du Nord et de l'Est, d'Arizona et d'Asie, qui m'ont permis de reconstruire le gigantesque puzzle castanédien pour en tirer une métaphysique que, compte tenu de l'ontologie très particulière de cette voie spirituelle, il conviendrait mieux d'appeler une **psycho-métaphysique** du chamanisme.

Nous verrons pourquoi dans le chapitre sur l'ontologie du chamanisme.

Avant d'en exposer le détail dans les chapitres suivants, je voudrais au préalable en présenter quelques prémisses qui familiariseront déjà le lecteur avec les fondements du chamanisme « opérationnel » ainsi que les diverses formes de chamanisme actuel.

UNE DIVINITÉ DE LA CRÉATIVITÉ ET DE LA LIBERTÉ

La croyance en un dieu, créateur et ordonnateur de l'univers entraîne un certain nombre de questions parmi lesquelles celle de sa localisation. Où est Dieu ? Est-il hors de sa création, au dessus d'elle ? Est-il en partie dedans ou totalement en elle ? Et d'abord de quel « dedans » et « dehors » s'agit-il ? Du monde visible, de la Terre, des planètes, des galaxies mais aussi de nous-même, notre corps, notre conscience. Il y a donc deux réponses opposées, *la transcendance* qui distingue Dieu de sa création, le situe hors de celle-ci ou « au-dessus ». Cette vision des choses est souvent reliée à l'idée implicite que les êtres vivants étant indignes de contenir une telle perfection, Dieu ne peut résider en eux.

L'immanence, au contraire localise le créateur à l'intérieur de sa création.

Cette localisation intérieure du principe divin va non seulement entraîner de profondes différences métaphysiques et éthiques entre immanentistes et transcendantalistes mais elle va aussi changer les expériences concrètes du pratiquant selon qu'il ressentira ce principe divin en lui, dans son esprit et dans sa chair ou qu'il le poursuivra au contraire en dehors de lui toute son existence.

Le chamanisme est résolument immanentiste. Les guerriers de l'esprit vivent cette immanence dans chacun de leurs gestes, de leurs sentiments, de leurs pensées et de leurs respirations. Cela éclaire leur façon de vivre spécifique mais aussi et surtout leurs pouvoirs. Ils ont une métaphore qui traduit de façon imagée cette immanence, évidente à leurs yeux :

> ***« Comment l'arbre (le principe divin) ne serait-il pas entièrement dans ses fruits (l'homme, entre autres) puisque c'est du fruit que naît l'arbre. »***

Pour les chamanes, le grand esprit est en effet, comme on le verra dans les chapitres suivants, relié à son œuvre par un cercle de réciprocréativité que nous retrouvons dans le principe toltèque qui dit que lorsque les commandements de l'aigle sont intégralement ceux de l'homme alors les commandements de l'homme peuvent devenir ceux de l'aigle.

Cet immanentisme actif et très audacieux ne manquera pas de choquer les transcendantalistes monothéistes pour lesquels, je l'ai constaté, il a souvent un petit parfum sacrilège. Mais s'il semble désacraliser quelque peu l'idée de Dieu il a par contre, l'immense mérite de transcender la conscience de l'apprenti de façon très efficace. On peut ainsi parler d'immanence active au sens ou cette conviction entraîne naturellement un travail permanent et enthousiaste destiné à actualiser la présence de ce « locataire prestigieux » dans chaque comportement et ressenti du guerrier. Comment en effet ne pas se sentir des ailes quand on est convaincu que « **le principe créateur de toutes choses, la clé du grand mystère, en cet instant même et à chaque instant que je vis, quoique je pense, ressente et fasse, est en moi…** » ?

Mais cette immanence possède un autre aspect, celui d'intemporalité causale : « Dieu » n'est pas le créateur initial de l'univers puisque, par ailleurs, celui-ci est éternel. Il en est le créateur permanent et tout comme cet univers n'a pas d'origine, il n'est pas non plus fini, il ne le sera jamais, il est en création permanente à tout instant. De plus cette création n'est pas déterminée, prévue à l'avance, ce dieu chamanique est un pur improvisateur et comme il est en toutes choses donc en chacun de nous, nous sommes naturellement les dépositaires à la fois de la création en cours et du pouvoir créatif… Il ne nous reste qu'à le découvrir.

L'Être qui chez les chamanes correspond à Dieu, n'est pas un personnage, bien sûr, il n'est pas une entité définissable, on ne peut l'identifier à quoi que ce soit et cependant un mot vient à l'esprit : « l'Énergie Universelle », bien que ce soit un mot tellement galvaudé, autant si ce n'est plus que le mot « esprit ». Cependant l'association des deux commence à évoquer quelque chose : « l'énergie de l'esprit » ou mieux encore : « l'esprit de l'énergie ». Quoiqu'il en soit, toutes les formes de chamanisme parlent de l'esprit des choses, aussi bien d'êtres vivants que d'un nuage, du vent ou d'un rocher, entendant par là une chose impondérable, abstraite, toujours cachée, et donnant cependant à chaque chose son sens, sa spécificité, sa force. Mais l'univers étant considéré comme éternel, sans commencement ni fin, comme un mouvement permanent de transformation qui se nourrit de lui-même (le serpent cosmique qu'en chamanisme on appelle le serpent sacré) le mot « source » qui vient à l'esprit, si joli soit-il, ne convient pas vraiment puisqu'il implique un point de départ, notion étrangère à la vision chamanique de l'être suprême.

Les chamanes ne parlent pas de cette Entité comme d'un dieu avec cette obséquiosité et ce respect sacralisateur qu'emploient les croyants des religions classiques, du moins quand ils sont d'un haut niveau d'initiation. L'extrême audace de leur métaphysique que nous étudierons plus loin, les incite à plus de familiarité avec la Force Suprême. Ils parlent de l'Aigle, comme métaphore de la puissance, de la liberté et de la vision globale qu'incarne celui-ci, de l'Esprit du Grand Être, de l'Esprit tout simplement et, dans la voie toltèque, ils le désignent même par sa façon de se manifester en l'homme quand celui-ci commence à accumuler assez de pouvoir pour le côtoyer : *l'Intention, Intento* en espagnol, se référant au trait le plus dominant de la nature humaine : la volonté qui oriente l'esprit et l'attention mais aussi l'énergie des êtres vivants.

Ce mystère prend la forme d'une dualité dont les deux pôles sont à la fois antagonistes et intimement complémentaires : le tonal et le nagual. Nous développerons bien sûr dans les chapitres suivants ce que représentent ces deux concepts fondamentaux.

UNE ÂME-ÉNERGIE

Qu'est-ce que l'âme ?

L'âme est considérée par les chamanes comme la partie immortelle de sa personne. Le guerrier en prend conscience par son corps lumineux en apprenant à diriger celui-ci.

Pour le chamane l'âme n'est donc pas une chose abstraite, mais l'origine lumineuse et énergétique de son corps physique, elle est là en permanence avec lui, mais cependant, si le tonal et le nagual du guerrier sont trop antagonistes, c'est comme s'il n'a pas d'âme ou très peu d'âme, l'âme du guerrier se développe au fur et à mesure que le tonal et le nagual coopèrent l'un avec l'autre.

Certains chamanes l'identifient au corps lumineux lui-même, quand il peut sortir du sujet, *le double*. Je pense que si l'on se réfère à toutes les mentions de l'âme des diverses voies spirituelles de l'humanité, il s'agit toujours implicitement d'une émanation de niveau subtil d'un être vivant qui est immortelle, mais aussi perfectible que l'être humain dans sa façon ordinaire de vivre et, en chamanisme, ce perfectionnement consiste dans la maîtrise de l'énergie du nagual par la conscience du tonal, en bref une fusion harmonieuse du tonal et du nagual.

C'est avec cette âme très concrète, que le chamane voyage loin de la Terre ainsi que dans les mondes parallèles, le monde de la mort (qui pour lui n'est pas un état mais une porte).

Si l'âme est considérée par le chamane comme immortelle c'est tout simplement parce qu'il a appris dans ses voyages qu'elle est, en fait, l'essence de l'Êtreté. Nous verrons dans le chapitre sur l'ontologie le sens de ce concept et comment l'utiliser concrètement.

Du fait que l'esprit est partout et au dedans de tout, tout étant rempli de conscience ; le chamanisme est hylozoïste : les quatre règnes, le minéral, le végétal et l'animal autant que le règne humain, chacun à leur façon, possèdent une forme de conscience présente à l'intérieur des individualités.

Cette croyance explique la relation de respect, de sobriété et de communication quasiment égalitaire que les sociétés chamaniques entretiennent avec la nature même s'ils y cueillent et chassent, se nourrir d'un être et être sa nourriture accomplissant la transmutation permanente de la matière et de la conscience dans le Grand Tout.

Le corps physique n'est pas du tout considéré comme inférieur à l'esprit de son propriétaire, il est de l'énergie condensée (la science rejoint la spiritualité quand David Bîhm, le grand physicien, dit de la matière : « C'est de la lumière congelée »).

Et si nos sens le perçoivent comme solide, c'est parce qu'ils n'ont pas la vitesse ni l'échelle de perception nécessaires pour le saisir dans sa fluidité corpusculaire. Quand à plusieurs reprises, Don Juan dit à Carlos Castaneda : « *le secret de la sorcellerie est dans ton corps* », ce n'est que pour attirer l'attention de son apprenti vers le centre du corps lumineux, à hauteur du nombril, *d'où il finira par percevoir le monde*, sous sa forme fluide et non matérielle de *« conscience – lumière – énergie »*, quand il commencera à maîtriser son attention seconde. Il n'y a pas la moindre trace de hiérarchisation entre l'esprit et le corps physique dans le chamanisme, dans la mesure où le corps physique est une apparence particulière du corps lumineux où siège précisément une conscience bien plus englobante et puissante que celle que nous localisons dans notre tête !

C'est à partir de ce centre de conscience que le chamane pourra éveiller le potentiel cosmique de pure créativité de son corps lumineux pour se transformer au besoin en animal ou en plante afin d'expérimenter les états de conscience de ces êtres pour en ramener de nouveaux pouvoirs (zoo ou phytotransmorphisme).

LES DIVERS NIVEAUX DE COMPÉTENCES THÉRAPEUTIQUES DES CHAMANES

Mais tous les chamanes n'ont pas ces pouvoirs et cependant ils réalisent des guérisons, gèrent positivement les malaises et crises psycho-émotionnelles de leurs ouailles auprès de qui ils assurent aussi des rôles de justice sociale.

C'est qu'il y a trois sortes, ou plutôt niveaux de compétence en chamanisme, je les baptiserai :

A) **Hommes de connaissance** (le plus haut niveau de compétence, ils sont en grande partie voués à l'exploration jamais terminée de l'inconnu), ce sont les navigateurs de l'esprit, des chamanes qui ont les plus hauts pouvoirs magiques et savent exactement pourquoi. Les éclaireurs sont des aspirants chamanes voués à la pédagogie qui font partie de cette catégorie.

B) **Chamanes empiriques,** ayant des pouvoirs dont ils n'ont pas toujours une conscience intellectuelle claire de leurs origines parce qu'ils les ont surtout intégrées par un apprentissage empirique dès l'enfance, et par acceptation tacite des bases cognitives de ces pouvoirs.

C) **Les « chamanes-placebo ».** On sait depuis toujours que la foi soulève les montagnes. Que se soit sur le plan thérapeutique ou sur celui des exploits sportifs ou de situations exceptionnelles de survie, croire en soi, croire en la vie, croire dans le pouvoir protecteur de sa divinité, croire dans le pouvoir de guérison d'un guérisseur ou de son médecin, le seul fait de croire, et de croire avec force, est une source d'énergie non rationnelle considérable. Seuls les plus aveugles des rationalistes (et ils sont légion dans ce genre de cécité) ne veulent pas en entendre parler, mais son évidence a cependant fait irruption au cœur même du monde scientifique dans la médecine moderne, voici un demi-siècle au moins, sous le nom d'effet placebo.

L'effet placebo est la capacité qu'a un produit présenté à un malade comme doté d'un pouvoir thérapeutique pharmacologique de le guérir ou du moins de le soulager, alors qu'en fait, il ne contient qu'une innocente dose d'amidon, subterfuge que, bien entendu, le malade ignore, mais que même le médecin peut, dans certaines expériences (appelés à cause de cela : « en double aveugle ») ignorer lui-même afin de ne pas avertir subtilement son malade (par la simple pensée).

En général, la médecine officielle reconnaît, parfois du bout des lèvres, que 65 à 70 % des symptômes d'un grand nombre de maladies (non parvenues en phase finale) disparaissent après une prise de placebo, à condition toutefois qu'il soit avéré clairement que le malade croit dans ce médicament et, éventuellement et de façon encore plus spectaculaire, qu'il a une solide confiance dans le médecin qui le lui administre.

Le pharmacien Coué (d'où vient le nom de la méthode souvent à tort tournée en dérision qui utilise la foi pour agir sur un quelconque problème) est resté célèbre pour avoir été l'un des premiers à redécouvrir cette capacité de la conscience.

Les chamanes, comme bien d'autres guérisseurs du monde entier, utilisent depuis la nuit des temps l'effet placebo, avec ou sans prise d'une potion, par imposition des mains ou avec tout autre rituel pour guérir leurs malades.

Cependant, qui guérit qui, à ce niveau de chamanisme ? C'est le patient lui-même qui s'autosuggestionne assez puissamment pour faire disparaître son mal, le chamane utilisant seulement sa réputation, ancrée dans l'esprit de celui-ci ainsi qu'un rituel qui focalise l'attention de ce dernier en tant qu'éventuel réceptacle du mal (poignée de détritus glissée dans la bouche du chamane de façon discrète avant de poser ses lèvres pour aspirer le mal sur le corps du patient, etc.).

L'utilisation de ce qu'on peut à la fois qualifier de pouvoir de la foi et de crédulité des consultants du chamane ne s'arrête pas aux problèmes pathologiques. Elle peut amener une personne qui apprend avoir été l'objet d'une consultation de l'un de ses ennemis auprès d'un chamane, à tomber malade ou même à mourir parce qu'il « sait » que cela est déjà arrivé avec ce chamane et que donc, il « peut » le faire. Encore une fois le pouvoir magique n'est pas dans le chamane mais dans la tête de la victime *et c'est un pouvoir considérable !* C'est sa propre croyance qui tue cette personne tout comme le pouvoir d'une autre croyance pourrait la guérir.

Ce pouvoir est utilisé autant pour nuire que pour faire du bien par les chamanes qui sont, bien entendu, dotés de puissantes personnalités et qui règnent sur des régions entières par la manipulation d'un système de croyances ponctué de rituels dont le mécanisme actif, je le répète réside uniquement dans la foi dont ces chamanes bénéficient de la part de leurs ouailles.

Le lecteur trouvera une abondante information sur la pratique courante de ce niveau de chamanisme dans un livre intitulé : *Les lances du crépuscule*, écrit par un jeune ethnologue, Philippe Descola, qui passa plusieurs années au sein des tribus achuar, descendants des Jivaros réducteurs de tête auxquels il se lia d'amitié, pour étudier au quotidien les pratiques des chamanes de Haute-Amazonie*.

Retenons, pour conclure, que la puissance créatrice issue d'une utilisation hors normes de la foi est sans doute l'élément le plus important du chamanisme et que notre société occidentale ayant opéré son évolution quasiment exclusivement autour de l'analyse intellectuelle et scientifique du monde objectif et de sa manipulation mécanique, à l'exclusion de toute connaissance de soi de type systémique, il n'est pas étonnant que dans notre orgueil moderniste, nous ayons pris un énorme retard dans notre connaissance de l'homme en nous bloquant dans la niche évolutive de ce que nous appelons joyeusement et naïvement « le progrès ». Il nous reste donc à découvrir ou plutôt à redécouvrir les pouvoirs de l'esprit après avoir commencé à connaître les désillusions des pouvoirs de la matière pour sortir de l'hypnose rationaliste planétaire avant que celle-ci ne devienne totalement inhabitable.

LA RIGUEUR D'UNE SCIENCE AU SERVICE DE L'IRRATIONNEL

Nous avons vu que le chamanisme n'était pas une religion, mais une question se pose : est-il même une voie spirituelle au sens classique de ce mot ou simplement, comme le qualifiait dernièrement un critique littéraire un « *système thérapeutique mystico-naturaliste* » (*sic !*).

Il est bien plus que ce qu'en dit cette formule alambiquée.

---

* Philippe Descola : *Les lances du crépuscule*, Paris, Pocket, coll. « Terre Humaine Poche », 2006.

Le chamanisme est indéniablement une description spiritualiste du monde mais, n'ayant pas de divinité, pas de dogmes, pas de prêtres, pas de pompes ni d'apparat, et surtout ne se pliant à aucune institutionnalisation, il n'est en aucune façon une religion.

Cette description du monde n'est posée que comme une trame légère et subtile que l'apprenti chamane aura à remplir de ses expériences personnelles dans la plus totale liberté, celle-ci étant par ailleurs à la fois la condition mentale et émotionnelle du cheminement et son but final.

LE CHAMANISME EST AUTOSELYTIQUE

Le terme « cheminement » est souvent employé dans les voies spirituelles actives. Il implique une démarche personnelle, active et libre de l'apprenti et réduit fortement le système d'embrigadement plus ou moins insistant voire forcé dont on englobe toutes les nuances dans le concept de « prosélytisme ».

Le prosélytisme est une attitude suffisamment marquante des religions pour que nous nous y arrêtions un instant. Il contient le mot « zèle ». « Prosélyte », c'est-à-dire « pour le zèle », avec une connotation associative, désigne ainsi le fait de chercher à associer quelqu'un à son propre zèle pour une idée, le plus souvent d'ordre religieux. Dans la pratique, cela va de la simple argumentation verbale au massacre de populations entières qui résistent à cette « invitation ». Ce qui est quand même assez étrange quand il s'agit de faire partager des valeurs dans lesquelles figurent toujours l'amour et le respect des autres.

Le prosélyte, est en général non seulement convaincu d'avoir raison, de connaître La Vérité, attitude somme toute assez courante, mais très souvent il se sent fortement contrarié si son interlocuteur ne se range pas à ses idées. On sait jusqu'où cette tendance très ancrée dans la psychologie humaine à vouloir uniformiser la pensée nous a mené jusqu'ici. Ce besoin inné d'effacer les différences, d'homogénéiser les individus trahit chez l'espèce humaine un rejet viscéral de l'altérité sous toutes ses formes. C'est hélas l'antithèse complète de l'aspiration à la liberté dont elle se réclame par ailleurs en permanence.

Pour cette raison essentielle, le chamanisme rejette le prosélytisme dès qu'il dépasse l'échange ouvert d'informations et le partage délibéré d'expériences spirituelles. L'immanentisme veut que chaque individu habité par la lumière potentielle de l'Esprit trouve lui-même, dans le labyrinthe de sa complexité, la façon de la libérer pour transformer sa vie. Ce principe se résume dans les quelques lignes suivantes :

> ***« Si tu crois avoir trouvé l'esprit et que tu n'as pas la force de laisser aux autres le bonheur incomparable de le découvrir eux-mêmes, c'est que tu n'as rien découvert du tout ! »***

Le chamanisme rejette donc le pro-sélytisme au bénéfice de l'auto-sélytisme.

RENDRE COMPATIBLE L'ASPIRATION SPIRITUELLE ET LE PRINCIPE DE RÉALITÉ

Précisons enfin que le pragmatisme est un caractère essentiel du chamanisme. Bien qu'invité par ses instructeurs à ne rien croire sans validation pratique, il est initié très vite au pouvoir de la « croyance-attitude » par l'expérience même de ses résultats.

Dans le chamanisme, le processus de la croyance n'a plus rien à voir avec de naïves superstitions. C'est le fondement d'une stratégie poussée au plus haut niveau de la conscience qui donne à la voie du guerrier une dimension et une rigueur empirique que beaucoup de scientifiques pourraient lui envier. Ainsi, face aux processus thérapeutiques inexplicables de certains chamanes, faut-il demander au rationalisme d'élargir ses critères de réalité, voire le sens même du mot « rationnel ».

C'est ce caractère paradoxal qui résonne dans l'appellation de « réalisme spirituel » souvent attribuée au chamanisme.

Nous allons maintenant amener le lecteur dans un voyage au cœur de sa propre magie en lui proposant de penser et de regarder le monde à la façon des guerriers toltèques.

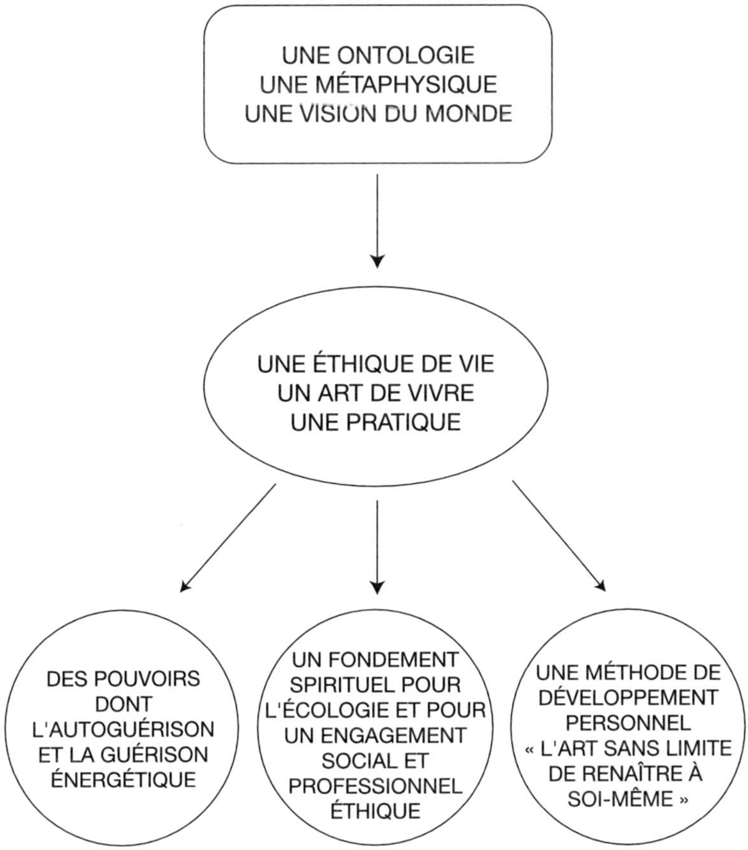

Le chamanisme

CHAPITRE II

L'anneau de pouvoir et la sujétique

> « Le monde ne s'offre pas à nous directement… Sa description, c'est-à-dire ce que nous en livrent nos sens, nos croyances et concepts, s'interpose toujours entre nous et lui… »
>
> Don Juan

RECONSIDÉRER L'ACTE DE PERCEVOIR ET DE CONNAITRE

« *En fait c'est si simple que personne n'y pense* » dit à plusieurs reprises le nagual Don Juan à son apprenti Carlos, en parlant des pouvoirs singuliers des chamanes.

Rien d'étonnant dans cette déclaration, paradoxale certes, mais logique : très souvent la solution d'un problème est compliquée parce qu'elle est simple… trop simple ! Non que la vie, la conscience et ses mécanismes (puisque tel est le sujet du chamanisme) soient des choses simples au sens de « rudimentaire » mais parce que l'être humain a une fâcheuse tendance à vouloir faire simple là où c'est complexe et à chercher des complications là où c'est simple, ce qui ne l'aide pas vraiment dans son existence.

Il est vrai que le chamanisme, comme toute voie spirituelle touche l'homme au plus profond de son être, là où il n'a pas coutume d'aller (nous rappelant le petit berger de l'alchimiste de Paolo Cœlho qui, après avoir cherché le bonheur dans un long périple, en trouva l'objet sous ses pieds, dans le sol de la petite cabane de berger où il avait passé ses premières années).

La quête chamanique renvoie l'apprenti hésitant à l'étrange identité entre le témoin qui observe et la chose observée. Il pressent alors la nécessité d'une remise en question tellement drastique de ses processus cognitifs habituels qu'il prend peur et renonce. C'est ainsi qu'il devient aveugle et sourd à ce qu'il est réellement et retourne à la complexité sans issue de la pensée objectiviste. C'est d'ailleurs probablement parce que sa proposition « *connais-toi toi-même* » heurtait et exaspérait violemment les Grecs dans leur récente et irrésistible évolution vers l'objectivisme que Socrate la paya de sa vie.

Avez-vous remarqué une chose ?

Quand vous vous levez le matin, de bonne humeur, sans que celle-ci est une raison particulière, et que vous êtes joyeux, en forme, insouciant et plein d'enthousiasme, votre environnement qui, la veille encore, vous paraissait neutre, de couleur normale, voire morne et gris, vous paraît rose aujourd'hui. Les arbres, les maisons, les comportements des gens dans la rue, leurs visages mêmes, tout semble plus agréable, plus beau, plus sympathique. Ce qui vous laissait indifférent la veille vous touche ce matin, vous remarquez la couleur exquise d'un coquillage sur le bureau de la secrétaire, l'harmonie des fleurs dans ce vase pourtant là depuis deux jours, vous n'aviez jamais remarqué la grâce avec laquelle la préposée à la cantine prend un verre sur l'étagère ou la gentillesse du sourire du comptable qui mange pourtant à votre table tous les jours. Bref, le monde a changé !

Est-ce rigoureusement et objectivement exact ? Non ! Quelque chose a changé certes, mais pas là où se porte vos regards… et pourtant !

La prochaine fois que cela vous arrive, dans ce sens ou dans le sens opposé (se lever d'humeur massacrante et voir autour de soi un monde gris, exaspérant et sans beauté) posez-vous tout de suite une question, peut-être la plus importante de votre vie :

> Est-ce que je suis heureux (ou malheureux) parce que le monde est beau (ou laid) ou est-ce que le monde est beau (ou laid) parce que je suis heureux (ou malheureux) ?

Et puis pensez ensuite à ce proverbe de la sagesse amérindienne…

> La beauté est dans l'œil de celui qui regarde.

OU COMMENCE LE MONDE EXTÉRIEUR ?

Qu'est que cela veut dire ?

Que notre conscience n'est pas qu'un simple témoin de ce qui se passe dans notre environnement, qu'elle n'est pas qu'un appareil extérieur au spectacle destiné à enregistrer des données sensorielles pour nous orienter et y survivre, bref, qu'elle est impliquée dans la façon dont ce monde nous parvient, qu'elle y joue un rôle déterminant bien que non physique.

Bien sûr, une personne à qui vous raconteriez votre découverte troublante après vous être levé du bon pied, vous répondra très probablement : « Rien n'a changé, mon vieux, c'est de la pure subjectivité ! » Et pratiquement toujours, cela s'arrêtera là… c'est bien dommage pour lui, car c'est précisément ici que commence le chamanisme.

⁂

Nous allons maintenant donner la définition de quelques mots simples bien que fondamentaux, ce qui nous permettra de faire le point sur les bases de notre sentiment d'exister, tout en étant à peu près sûr de mettre les mêmes choses derrière les mêmes mots.

Le fait d'avoir une conscience fait de vous un sujet. Autour de vous, il y a un monde fait d'objets qui constitue votre environnement, que nous appellerons le monde extérieur. Si vous vous déplacez, le sujet qui est en vous, votre conscience donc, ne change pas, il conserve la mémoire de lui-même, partout où vous allez. Le sujet possède donc une certaine permanence. Par contre, l'environnement change sans arrêt, il est variable à l'infini, vous le percevez comme un film qui se déroule et la perception que vous en avez suscite en vous des idées, des réflexions, des sentiments, des réactions. En un mot, un sujet unique et intérieur voit se dérouler en permanence un monde d'objets multiples à l'extérieur.

Précisons que dans le contexte ontologique où nous nous trouvons ici le mot « objet » englobe tout ce qui vous environne : êtres vivants, personnes et situations incluses, y compris votre propre corps qui est un objet pour vos sens, un ensemble de choses que vous localisez à l'extérieur de vous, l'intérieur, par opposition, étant votre conscience, c'est-à-dire le sujet, l'observateur.

Cet intérieur est abstrait, il n'est pas physique et bien que nous localisions la conscience dans la tête d'un être vivant, jamais aucun anatomiste ne s'est écrié :

« Tenez, regardez, voilà la conscience de ce monsieur allongé là » en disséquant un cerveau humain et en montrant un petit objet entre ses doigts gantés de caoutchouc !

La conscience est abstraite, comme la pensée, comme une idée, comme un sentiment, comme une conviction, comme la volonté, on ne peut pas mettre ces choses-là sur une table ou les peser et les mesurer, ce que l'on peut faire par contre de n'importe quel objet matériel ou partie du corps dont on dira, à cause de cela, et parce qu'ils sont sensoriellement perceptibles, que ce sont des objets matériels et concrets.

Bien que les mots « sujet » et « objet » soient utilisés depuis longtemps dans un sens extensif tels que « sujet de conversation » ou « objet de mes pensées » chacun d'eux conserve cependant un sens prioritaire et ontologique que nous avons défini ci-dessus ainsi qu'une affinité (et non une similitude) avec les couples « abstrait/concret » et « dedans/dehors ». Le sujet est abstrait et il est dedans, l'objet est concret et il est dehors.

On peut donc résumer tout cela en disant que le sujet représente celui qui est conscient, à l'intérieur de chacun d'entre nous et que pour chaque personne il n'y a qu'un seul sujet dans le monde, lui-même, se percevant du dedans, car même si nous savons que dans les personnes qui sont autour de nous il y a aussi un sujet, elles sont pour chacun d'entre nous, dans ce cadre ontologique, des objets.

Le mystère de la conscience ne peut s'éclairer que si ce sentiment d'intériorité est perçu avec limpidité par celui qui souhaite évoluer spirituellement, la notion de sujet étant élargie ici comme expérience vécue et non comme concept intellectuel.

Notons au passage que le couple de mots abstrait/concret, lui aussi a fait l'objet d'une extension sémantique très large et même tendancieuse ces derniers siècles. En effet, la philosophie officielle de notre culture actuelle est matérialiste et cette vision du monde repose sur le scientisme que l'on peut définir comme le culte de l'étude, de la manipulation et de l'utilisation des propriétés de la matière, donc des objets. C'est pourquoi le mot « concret » ne signifie plus seulement la qualité d'existence physique d'une chose mais aussi tout ce qui est « productif », « efficace », « réaliste », « bien », etc. alors que son opposé, le mot « abstrait » est le plus souvent employé péjorativement pour signifier quelque chose de peu clair, d'incompréhensible, de non réaliste, de trop théorique donc de non productif alors que son véritable sens est simplement celui d'une chose non matérielle telle qu'une idée, une valeur, un sentiment, etc.

Nous verrons plus loin un autre sens du mot « abstraction » qui désigne un processus essentiel de l'anneau de pouvoir, mais voyons dès à présent, le couple de concepts « objectif/subjectif » que nous avons déjà effleuré plus haut et sur la compréhension duquel j'attire particulièrement l'attention du lecteur pour qu'il puisse se familiariser avec l'esprit du chamanisme.

Notons d'abord qu'il viennent du couple « objet/sujet ». Le mot « objectif » veut d'abord dire : qualité intrinsèque d'un objet, c'est-à-dire de quelque chose qui appartient au monde extérieur, qui est perceptible par les sens, existant en soi, indépendamment de tout observateur. Par opposition et toujours dans un premier sens, le mot « subjectif » désigne tout ce qui appartient au monde abstrait et intérieur du psychisme.

Mais ces deux mots ont aussi un second sens, dérivé du premier, et ce sont ceux-là qui sont le plus souvent employés. Le second sens du mot « objectif » désigne la qualité de quelqu'un qui perçoit et témoigne des choses telles qu'elles sont réellement, le mot « subjectif » signifiant au contraire la qualité de quelqu'un qui ne perçoit ni ne témoigne des choses telles qu'elles sont réellement mais telles qu'il les déforme au passage, soit en les percevant, soit en les décrivant.

L'objectivité est donc considérée, à l'évidence, comme une qualité positive et avantageuse pour la fiabilité de la personne qui en bénéficie, ainsi que pour son efficacité, et la subjectivité comme un défaut, une faiblesse.

Ce glissement sémantique, du premier au second sens de chacun de ces deux mots, apparemment anodin, témoigne en réalité d'une très grave manipulation philosophique de la conscience collective dont nous verrons plus loin les conséquences. Nous allons cependant nous en servir comme contrepoint pour éclairer l'un des mécanismes cognitifs essentiels du chamanisme et même l'un de ses plus grands secrets.

Nous venons de le voir, l'homme moderne est totalement imprégné d'objectivisme. Pour lui, il n'y a pas le moindre doute : le monde qu'il perçoit par ses sens existe en soi et indépendamment du sujet qui le perçoit, cette existence **objective** du monde, nous le verrons dans le chapitre sur l'ontologie, est le produit psychique de la banalisation d'un état très particulier de la conscience que nous appelons l'Êtreté.

Hypnotisé par l'extériorité du monde, il n'a ni le temps, ni l'idée, ni l'envie d'en explorer l'intériorité.

L'ATTENTION, CONSCIENCE EN ACTION

Qu'est-ce que l'attention ?

Ce par quoi nous percevons les choses grâce à nos six sens, le lien qui nous unit au monde extérieur pour nous y orienter, l'identifier, le maîtriser et y survivre, le sentiment d'être présent à travers ce même lien sensoriel. L'attention est donc le mécanisme de la conscience par lequel nous réalisons, ressentons et pouvons affirmer **qu'il y a quelque chose** ! **Qu'il se passe quelque chose, que ces choses sont, l'attention est le support absolu et incontournable de l'existence des choses**. Sans elle, nous ne pouvons vivre aucune des expériences que nous avons déjà appelé l'Êtreté et dont nous approfondirons la notion dans le prochain chapitre sur l'ontologie.

Nous sous-estimons largement l'importance de l'attention parce que nous l'exerçons vingt-quatre heures sur vingt-quatre, de notre premier souffle à notre mort et pourtant, de la façon dont nous l'utilisons dépendent la qualité, le nombre, l'exactitude, la richesse, la variété de toutes nos sensations, donc, en définitive, la pertinence de nos actes et la sensibilité de nos ressentis, bref notre survie et notre bonheur, rien de moins !

L'homme moderne aurait tendance à mettre l'intelligence au sommet des aptitudes humaines.

Qu'est-ce que l'intelligence ? Il y a plusieurs définitions, mais la plus pragmatique et englobante est la suivante : *capacité de s'adapter favorablement à toute situation nouvelle.*

Mais pour distinguer en quoi une situation est, d'instant en instant, différente de la précédente ou d'une situation de même catégorie, il faut de l'attention et pas n'importe laquelle car, comme nous allons le voir dans les pages qui suivent, quelque chose de très puissant en nous tend à nous maintenir dans une perception routinière du monde en privilégiant les ressemblances sur les différences. Sans une attention particulière et éveillée, toute l'intelligence du monde ne sert à rien puisqu'elle sera nourrie d'informations obsolètes, faibles ou erronées. L'intelligence dépend donc en réalité de l'attention.

Notre attention peut être tournée au dehors pour percevoir le monde extérieur ou en dedans pour percevoir nos sensations internes, notre corps, ou vers nos pensées et souvenirs. Elle peut être orientée vers le passé, le futur ou l'instant présent, seule partie du temps pendant laquelle nous pouvons agir. Le champ de notre attention semble toujours devoir être occupé comme si elle avait horreur du vide.

Comment l'utilisons-nous pour connaître le monde qui nous environne ?

L'ANNEAU DE POUVOIR – LE PROCESSUS DE SÉLECTION SENSORIELLE (fig. N° 1, p. 76)

Percevons-nous tous les détails et nuances des objets et phénomènes qui s'offrent à nos six sens ?

Non, bien sûr !

Nous savons tous que, submergés de sollicitations sensorielles incessantes, notre attention fait un tri dans cette profusion d'informations ! Mais au-delà de notre éventuelle distraction, voyons-nous ou entendons-nous ou ressentons-nous les choses telles qu'elles sont dans leur richesse fréquentielle ? La réponse est encore NON ! Nos sens ne captent qu'une toute petite partie des fréquences émises sur les six plans sensoriels et qui nous bombardent en permanence, à peine 1 % de celles-ci, et cela varie avec chaque espèce vivante ainsi que dans une moindre mesure, pour chaque race et chaque individu. La subjectivité est déjà là !

Le rouge d'une rose est la fréquence qui, venant de la lumière éclairant celle-ci, n'est pas absorbée par la rose mais est réfléchie par celle-ci vers nos yeux. Quelle est la couleur d'une rose rouge totalement plongée dans le noir ? Sans couleur ? Blanche ou noire ? Encore une fois, la couleur rouge n'est pas dans la rose mais dans notre cerveau qui la crée de toutes pièces.

On commence à connaître scientifiquement la façon dont un moustique, un caméléon, une chauve-souris ou un chien perçoivent un phénomène quelconque, et ces perceptions d'une même chose sont bien différentes ! De même, la perception d'un objet varie d'un être humain à l'autre ; plus qu'on ne pourrait l'imaginer d'ailleurs parce qu'il n'est pas facile de s'en rendre compte, le langage qui sert à établir le consensus entre les personnes nous donnant l'illusion de parler de la même chose parce que nous confondons le vécu d'une perception et sa description.

Jugez-en par cet exemple que certains lecteurs connaissent peut-être : deux enfants jumeaux dont l'un est daltonien apprennent à reconnaître les couleurs avec leur maman. Elle leur montre une jolie boîte rouge écarlate en nommant cette couleur « rouge » pour la mémoriser. L'un des deux cependant en a une perception intérieure différente de celle de son jumeau et de celle de la majorité des gens. Puis le lendemain, elle leur demande de lui amener la jolie boîte rouge dans le salon ; d'un commun accord les deux enfants amènent ensemble la boîte à leur maman. Le consensus verbal donne l'impression qu'ils parlent de la même chose mais leur vécu de cette chose est différent pour chacun d'eux et ni eux ni personne ne s'en rendent vraiment compte, car le vécu est intérieur et abstrait. Quelle est la réalité du « rouge » de cette boîte, celle des mots qui désignent la chose ou celle du vécu ? C'est en ne distinguant pas le vécu de sa description que l'homme a commencé à s'éloigner des pouvoirs de sa conscience, nous y arriverons dans les chapitres suivants.

Chacun, donc, extrait d'un quelconque phénomène extérieur unique, sa propre sélection de sensations à partir de laquelle il va créer sa propre perception de ce phénomène, tout en croyant vivre, de bonne foi, la même chose que les autres alors qu'il en partage seulement la description (concept qui n'a pas fini de nous étonner, comme nous le verrons plus loin).

Nous ne pouvons pas facilement intervenir sur cette sélection différentielle de l'information sensorielle, mais un second phénomène d'abstraction se superpose au premier, c'est celui que j'appellerai l'abstraction typologique. De quoi s'agit il ?

Notre attention est en éveil permanent, elle est au service de nos besoins, de nos occupations et désirs, voire de notre survie ainsi que des pressions et urgences du moment. Chaque seconde, des milliers de sollicitations sensorielles assiègent en fait nos sens, qui, sous l'effet conjugué de ce bombardement et d'une recherche d'adéquation entre celui-ci et nos besoins et préoccupations du moment, n'ont plus le temps de s'occuper de chaque objet **pour ce qu'il a d'unique**.

Que va faire l'attention ?

Elle va repérer trois ou quatre signes caractéristiques de l'objet ou du phénomène à connaître qui seront identifiés par la mémoire grâce au modèle standard que celle-ci stocke de cet objet.

L'objet à connaître est pour ainsi dire reconstitué par la conscience, en un éclair à partir de cet étalonnage perceptuel, et non pas réellement perçu pour ce qu'il est et pour ce qu'il a d'unique, mais identifié par assimilation avec son modèle mémoriel ou avec d'autres objets ayant des similitudes avec lui. Le mot « identifier » dit d'ailleurs bien ce qu'il veut dire : connaître par identité !

Identité avec quoi ? avec un modèle abstrait contenu dans la mémoire !

Un type d'attention particulière, appelée « sélective » sert ainsi le processus de mémorisation des expériences simplifiées et standardisées du monde qui renforce à son tour la paresse de cette attention sélective, pour gommer jusqu'à certaines limites les différences et nuances d'un monde pourtant toujours unique à chaque instant.

Le rôle initial de la mémoire, tel qu'il apparaît à l'observation des innombrables modèles d'organisation de la matière, inerte ou vivante, est de conserver un ordre structuré selon des processus d'action/réaction qui en favorisent la conservation. Pour les êtres vivants cette conservation que nous pouvons appeler « survie » comporte un facteur de rapidité souvent crucial.

La mémoire, dans les systèmes nerveux, tend à remplacer le quadruple enchaînement « *perception d'un événement → identification de l'événement, → analyse et réflexion → réaction par le double enchaînement : « perception/identification de l'événement → réaction ».*

Beaucoup plus rapide, ce double enchaînement est par contre réducteur de toutes les différences non cruciales entre le modèle mémorisé et la situation présente, l'identification se fait comme nous l'avons décrit plus haut à partir de quelques éléments typiques. C'est ce double enchaînement qui est à l'origine de tous les automatismes et réflexes qui régissent une bonne partie de la vie animale et, aussi de la vie humaine. Une partie de l'attention étant libérée grâce à ce processus de survie, les êtres vivants pouvaient ainsi en disposer pour se tourner vers d'autres expériences et évoluer.

Mais la mémoire semble outrepasser cette fonction. L'abstraction, ou gommage des différences entre des événements de la même famille, s'accroît et finalement l'attention s'exerce de moins en moins sur le monde extérieur et dans l'instant présent parce qu'elle s'exerce de plus en plus dans les immenses entrepôts de la mémoire des codes. Le sujet est piégé par un système de description virtuelle du réel et n'a plus accès à la réalité unique du présent des événements.

Don Juan dit à Carlos Castaneda au sujet de ce processus : « *Nos sens ne font que nous procurer une description des choses mais ce n'est qu'une description parmi d'autres possibles.* »

Nous avons, par exemple, été éduqués dès la naissance à percevoir et à décrire le monde en termes d'objets solides et dès ce moment, notre capacité potentielle de le percevoir autrement, sous sa forme énergétique, n'a même pas pu commencer à se développer alors qu'elle fait partie de notre potentiel cognitif. Concernant le processus de typologie mémorielle qui sert d'étalon pour reconnaître les choses, Don Juan dit encore : « *Tout ce que tu fais est de te rendre le monde familier, toi et moi nous sommes ici, dans ce monde que tu nommes réel, simplement parce que tous deux nous le connaissons... Ne connaissant pas le monde de pouvoir (perception énergétique des choses) tu ne peux, en conséquence, en faire une scène familière, le monde solide des objets n'est qu'une description pour nous aider.* »

La science moderne nous confirme d'ailleurs la subjectivité de notre perception du monde, quand elle nous déclare que les sensations qui arrivent à notre cerveau pour nous informer du monde extérieur sont des fréquences codées électro-chimiquement qui se développent le long d'un système de transduction énergétique que nous savons maintenant stimuler artificiellement de sorte que l'on peut faire vivre à une personne la perception d'une couleur, d'une forme ou d'un son qu'il situera dans le monde extérieur et qu'en réalité son cerveau aura créé de toutes pièces sans correspondance aucune avec un quelconque événement réel :

En fait les fréquences lumineuses que nous percevons autour de nous, sont comme les autres types de sensations, des créations du cerveau dont on ne saurait dire si elles ne sont qu'une sélection opérée dans le potentiel vibratoire de l'objet dont elles proviennent ou si elles sont le résultat d'une description codée par le corps du sujet récepteur en réaction aux fréquences envoyées par l'objet extérieur qui n'aurait pas plus de similitude avec l'objet d'origine que le cri que je pousse en recevant un ballon de football sur la tête n'en aurait avec le ballon lui-même. **En fait le monde extérieur que perçoivent nos six sens est entièrement fabriqué par notre cerveau.** C'est bien ce qu'attestent les chamanes voyants qui pratiquent l'attention seconde : le monde extérieur n'est pas ce qu'en témoignent nos sens, il est susceptible de plusieurs « descriptions » parmi lesquelles la description énergétique et lumineuse dont la maîtrise fonde les pouvoirs singuliers des chamanes.

Don Juan dit : « *Quelque chose, là dehors, affecte nos sens. Cela est réel. Ce qui n'est pas réel, c'est ce que nous disent nos sens sur la nature de cette chose. Nos sens perçoivent comme ils le font parce qu'une propriété spécifique de la conscience les conditionne pour cela.* »

Passons maintenant à un autre niveau du processus de filtrage, car la création de réalité ne s'arrête pas là.

LE FILTRAGE ÉMOTIONNEL ET AFFECTIF DE L'ANNEAU DE POUVOIR (fig. N° 1, p. 76)

Nos ressentis, sentiments et émotions s'expriment activement dans les choix de nos actes, eux-mêmes découlant de nos besoins et désirs, de nos goûts, valeurs et croyances.

Ces goûts, valeurs et croyances se mettent en place en nous dès le plus jeune âge et viennent de notre nature propre, de notre hérédité, de notre éducation et des diverses influences parentales, amicales, professionnelles, sociales et médiatiques qui ont imprégné et même façonné notre personnalité. Ils constituent donc des guides puissants que l'on peut assimiler à des filtres. Si un événement, un phénomène dont nous sommes témoin nous apparaît comme positif, nous lui accordons naturellement une attention plus soutenue, nous le classerons dans la boîte « jugements et valeurs » de notre conscience comme tel, et lorsqu'un événement de la même catégorie surviendra à nouveau, notre attention sélective s'attachera automatiquement à lui, ce qui, en retour, renforcera la force mémorielle de ce tiroir pour une occasion ultérieure.

Le monde se divisera ainsi progressivement, dès la naissance, en deux mondes polarisés, l'un comportant tout ce qui est bien, bon, beau, vrai, et l'autre comportant l'inverse, et nous serons conditionnés, le plus inconsciemment du monde, à être peu à peu coupés de certains vécus et de ressentis dès lors exclus de nos expériences parcequ'ils ont été classés au départ dans la catégorie négative.

Émotions, sentiments, valeurs et jugements correspondants ayant dans notre vie l'importance que nous leurs connaissons, les filtrages de cette catégorie se combineront aux filtrages perceptuels vus ci-dessus et aux filtrages intellectuels que nous allons voir, pour organiser notre réalité.

LE FILTRAGE PAR ABSTRACTION MENTALE (fig. N° 1, p. 76)

Nous ne nous contentons pas de percevoir sensoriellement notre environnement et de lui attribuer des valeurs pour mieux agir sur lui, nous l'analysons et raisonnons à son sujet, nous le pensons et ces pensées et raisonnements s'expriment extérieurement par le langage.

Qu'est-ce que le langage ?

Le langage est un système de description abstrait, un code articulé fait de symboles sonores ou écrits, servant à représenter la réalité concrète ou déjà abstraite de tous nos vécus : événements, objets, actions, ressentis, sentiments, etc. puis à les classer et à raisonner sur eux pour nous permettre de communiquer entre nous et d'agir ainsi collectivement.

Le langage n'est donc pas ce qu'il décrit, il réduit la réalité de ce qu'il décrit à un simple signal sonore chargé d'un sens qui fait nécessairement abstraction (encore une fois) de toutes les particularités uniques appartenant à chacun des exemplaires du genre d'objets ou du genre de phénomènes décrits. Aucun être vivant, homme, animal ou plante ne ressemble à une autre, aucun événement ne se passe exactement comme un autre, et même aucun objet manufacturé à la chaîne, si l'on y regarde de très près, n'est semblable à un autre, et cependant un seul mot, voire quelques mots, nous permettent de décrire des millions d'arbres, de Chinois, de tables ou de passages d'autobus tous différents, comme s'ils étaient en fait tous semblables.

Cet aspect pratique du langage a fini, sur des centaines de milliers d'années par influencer en retour notre attention en renforçant le processus d'abstraction perceptuelle qui l'affecte déjà et que nous avons décrit ci-dessus. L'abstraction mentale constitue donc un super filtrage en ce qui concerne le gommage des différences entre chaque objet ou événement d'une même catégorie. Les mots, les idées et les valeurs que nous leur avons attribués s'interposent instantanément entre les sens et la réalité de l'instant, engageant la conscience dans une perception « ordonnée » parce que familière et préraisonnée des événements. Le temps est ralenti et « domestiqué » par la répétitivité des perceptions et le sentiment de familiarité. De même, nos modèles de raisonnement sont instantanément plaqués par la pensée verbale sur l'écoulement continuel des événements, en particulier le raisonnement causal. Il y a une hypnose de l'attention qui l'empêche d'être libre et de percevoir la véritable réalité unique et instantanée et cette hypnose est couplée à une peur profonde et viscérale de l'inconnu qui agit pour maintenir la conscience dans ce processus de filtrage.

Finalement, de la combinaison des trois types de filtrage (perceptuel, affectif-émotionnel et intellectuel) vont découler tous les processus mentaux de généralisations, de mises en lois, de systémisation, de mathématisation qui vont finir par constituer un quatrième système global de filtrage.

L'ensemble de tous ces tamisages est le processus par lequel la conscience de chaque sujet extrait du monde (dit) « extérieur » à elle, les matériaux de base à partir desquels elle va créer son monde personnel. Un monde, qui est, en fait, la mise en ordre, le classement et la description cohérente d'une toute petite sélection d'informations et d'énergie qu'une toute petite partie de notre conscience reçoit selon ses propres conventions et que nous appelons bien audacieusement la réalité, **alors qu'elle n'est, au mieux que celle de chaque individu, que celle de la conscience de chacun**.

En termes de psychologie, l'ensemble de ces filtrages représente la personnalité de chacun, certains d'entre eux très personnels, liés à l'hérédité, au ciel natal du sujet, à ses expériences personnelles, d'autres partagés par le groupe, la classe sociale, la culture, la race d'appartenance, d'autres enfin, partagés avec l'espèce humaine toute entière.

Il est essentiel de comprendre que nous ne pouvons fonctionner autrement et que la description de l'anneau de pouvoir n'a rien de critique : l'abstraction, comme processus cognitif et comme résultat, est une caractéristique innée de la conscience ; c'est comme cela même que fonctionne celle-ci.

En fait, en état de conscience ordinaire, nous ne percevons jamais la réalité unique de chaque instant qui passe mais « un cliché » reconstitué par la mémoire à partir des multiples analogies qu'il comporte avec des événements passés de la même famille. Le pouvoir différenciateur du temps est gommé, ralenti, pour créer un sentiment de cohérence et de familiarité rassurant mais en fait trompeur.

Pendant que se déroule un événement présent, notre attention n'est en fait pas connectée avec celui-ci mais beaucoup plus avec la machine à reconnaître de la mémoire et la reconstitution familière qu'elle est en train de créer, c'est-à-dire avec notre cerveau. Il en résulte, d'une part un relâchement de l'attention vis-à-vis de l'événement, du fait qu'elle ne peut pas être partout à la fois avec la même acuité, et, d'autre part, une certaine sensation de répétitivité et d'ennui voire une torpeur qui renforce la tendance de l'attention à se laisser aller au ronron intérieur des pensées. Mais le plus grave inconvénient reste l'inadéquation de nos réactions à ce qui se passe réellement derrière l'apparence de familiarité.

Percevoir la véritable réalité de ce qui se passe à chaque instant exigera donc un effort considérable, tout au moins au départ, pour mettre à l'écart cette attention sélective et la remplacer par l'attention – vigile, état de conscience intermédiaire pour aller vers la conscience élargie.

LE SECRET DE L'ANNEAU EST DANS SA FORME (fig. N° 1, p. 76)

Mais l'anneau de pouvoir ne s'arrête pas là.

Que deviennent toutes ses informations une fois passées la barrière des filtres ?

Leur rôle est d'informer le sujet de ce qui se passe autour de lui pour lui permettre d'agir avec pertinence selon ses besoins et désirs.

Après avoir été récepteur, le sujet devient émetteur, d'abord en élaborant une stratégie d'action et une décision puis en passant à l'action ou, dans les cas les plus simples, en agissant de façon réflexe face à une situation très vite identifiée et perçue comme familière.

Mais le sujet ayant orienté ses besoins et attentes en fonction de ses filtrages et ceux-ci étant logiquement cohérents avec ses besoins et attentes, les résultats seront, eux aussi, évalués à travers ces filtrages et viendront donc renforcer ces derniers, sauf dans les cas d'événements déstabilisateurs survenant sur un terrain psychologique favorable à la remise en question de soi, situation généralement très déplaisante donc très peu recherchée et que la conscience évite soigneusement.

Ainsi, le rapport établi avec le monde extérieur sur le mode actif, à travers les filtres, valide ces derniers à chaque instant, ils s'auto-renforcent pour se confondre quasiment avec la réalité personnelle du sujet, celui-ci ne faisant plus la différence entre le filtre et l'objet filtré, car la mémoire les maintient en permanence entre la conscience profonde de la personne et le monde extérieur.

Le processus est donc circulaire et fermé d'où son nom d'anneau *(fig. N° 1, p. 76 – le premier anneau de pouvoir).*

Élan Noir, un grand medecine-man du siècle dernier a dit :

> « **Tout ce que fait l'univers, il le fait dans un cercle**. »

La réalité, comme processus réunissant le sujet qui perçoit et le monde-objet perçu a une forme circulaire et cette forme se retrouve partout, dans tous les domaines et à tous les niveaux de la réalité. Les cultures chamaniques savent cela depuis des millénaires et nous avons cru découvrir quelque chose quand Norbert Wiener mit au point le concept de cybernétique au début du XXe siècle.

Idéo Tanaka, un chercheur américain bouddhiste, dit dans une brochure scientifique : « **Le cercle est la forme universelle que tend à prendre, soit dans sa forme, soit dans son processus dynamique n'importe quelle entité en train de croître et d'évoluer, mais dès que**

l'évolution prend le pas sur la stabilisation, ce cercle tend à se transformer en spirale (les ADN, les galaxies, la circulation de l'énergie, etc.). »

Ce n'est pas avec légèreté que le qualificatif de « pouvoir » est donné à cet anneau : bien que très peu d'êtres humains s'en rendent compte, par la moindre de leur perception, par le moindre de leurs gestes quotidiens, chacun d'entre eux a le pouvoir de créer véritablement sa réalité et l'exerce en permanence, ce qui est aux yeux des chamanes, le véritable prodige de la conscience.

Tout au long de l'apprentissage de Carlos, Don Juan ne cessera de lui répéter de multiples façons que le système inouï mais considéré par l'homme ordinaire comme banal, de cet anneau ressemble à un gigantesque fichier dans une bibliothèque de taille illimitée dont chaque fiche comporterait la perception sensorielle, le nom, la description physique, l'usage et le sens de tout ce que l'homme connaît, selon un code préétabli pour chaque fichier.

LA SUJÉTIQUE ET L'INTENTIONNALITÉ

Ainsi par l'action des filtres donc de la mémoire nous échappent les changements subtils et continuels dont sont en réalité affectés la matière, les objets, les phénomènes et événements qui constituent notre environnement quotidien. Comme nous le verrons plus loin tout ce processus est la conséquence du **besoin d'organisation mentale du monde** qui rend possible la survie des êtres vivants et qui est l'objectif majeur de l'univers. La mémoire crée cet ordre validé à chaque renouvellement de perception ou d'expérience d'un phénomène ou d'une situation rencontrés par ceux-ci. L'ordre est donc un phénomène de conscience, il n'est pas dans les choses extérieures elles-mêmes, ce n'est pas une chose objective. Le monde extérieur est bel et bien en fait la projection d'un monde intérieur toujours préexistant. Nous ne savons et ne pouvons savoir si là dehors il y a quelque chose ou non !

Lorsque vous regardez le soleil se coucher, c'est votre conscience qui crée de toutes pièces le spectacle à partir de votre mémoire et ce qui est dans votre mémoire se renforce en retour de chaque nouveau coucher de soleil.

Au niveau du quotidien, le regard du sujet n'est donc jamais neutre, il y a toujours une mémoire qui l'oriente dans une direction donnée, en fonction des valeurs, de raisonnements et de descriptions-standards précises contenues dans celle-ci.

Cette direction donnée s'appelle **l'intentionnalité**, force de choix et donneuse de sens qui dirige la vie du sujet. Le travail du chamane sera de chevaucher cette intentionnalité et pour se donner l'énorme énergie nécessaire à cette prise de pouvoir, il lui faudra situer cette intentionnalité dans son contexte cosmique grandiose, ce que nous aborderons dans les chapitres suivants.

Pour qualifier ce pouvoir de créer la réalité, le terme « subjectivité » ne lui convient pas du tout même si on lui adjoignait le mot « créative », non seulement parce qu'il est généralement péjoratif mais parce que même quand il ne l'est pas, il ne rend pas du tout compte du prodigieux processus dynamique de l'anneau de pouvoir. C'est pourquoi j'ai forgé le mot « **sujétique** » pour le désigner.

Nous ne vivons pas dans un univers mono-réalitaire mais multi-réalitaire et donc, par là, multi-véritaire et c'est la description verbale commune qui nous donne l'illusion que la réalité elle-même est partagée par tous alors qu'il n'en est rien. Cependant cette multi-vérité ne manquera pas de réveiller chez beaucoup d'êtres humains l'une de leurs plus grandes peurs : celle de ne pas avoir de référent suprême auquel ils puissent se fier pour mesurer le bien-fondé de leurs choix et de leurs actes, ce qu'ils appellent « *La Vérité* ». Cet attachement à l'illusion d'une vérité unique est, nous le verrons plus loin, l'une des plus grandes calamités pour la conscience humaine et constitue un obstacle énorme pour son évolution.

S'ÉVEILLER, C'EST COMMENCER À CROIRE À SON POUVOIR

Le monde, selon les chamanes ne s'impose comme existant, ne prend corps comme réalité que par la conscience et dans l'alternative causale entre objet et sujet, ils choisissent délibérément, en s'appuyant sur le sentiment sensoriel, de donner la primauté au sujet soit à la conscience.

C'est elle qui crée le monde ou, pour employer le mot exact qu'ils emploient, c'est elle qui le « rêve ».

C'est de la découverte de l'anneau de pouvoir qui restitue à la conscience son véritable rôle « d'origine de l'êtreté » et toute sa bouleversante puissance, que les chamanes tirent leurs pouvoirs inexplicables (du moins le sont-ils à partir du point de vue objectiviste du monde).

Toutes les tentatives actuelles pour essayer d'expliquer ces pouvoirs sont donc vouées à l'échec si elles persistent à le faire de ce point de vue objectiviste et ne passent pas par la compréhension de l'anneau de pouvoir.

Nous pourrions comparer l'homme ordinaire à un projectionniste de cinéma qui, de sa cabine, pris par l'intensité dramatique du film qu'il projette, oublierait totalement la nature virtuelle de ce qui se passe sur l'écran et le fait qu'il est l'auteur de cette projection et qui se mettrait à pleurer de joie ou à crier d'indignation comme si la scène était réelle.

Infiniment plus perfectionnée qu'un projecteur de cinéma, la conscience des êtres vivants a le pouvoir de « créer » les objets et les événements du monde extérieur de façon beaucoup plus vivante qu'un film, en trois dimensions avec couleurs, sons, parfums, goûts, sensations tactiles, mouvements, pressions cinétiques, poids et température et, oubliant que c'est elle qui crée cela, elle fait de la vie de son propriétaire un drame réel pour amnésiques par nécessité divine.

Bien sûr, notre conscience pétrie d'objectivisme, ne veut pas croire à son pouvoir, elle hurle au fantasme et s'agrippe à la persistance temporelle des objets qui constituent son univers extérieur.

Il faut admettre que c'est un argument très fort contre l'acceptation du pouvoir créateur de la conscience : chacun peut voir que même si, étant dans un salon, sa conscience « crée » celui-ci, ce lieu semble bien continuer d'exister en son absence et se présenter identique à lui-même quand il le retrouve une heure ou un an après. Il y a deux réponses à cet argument : d'abord c'est notre attention sélective qui le « fait » identique à lui-même et si nous étions expérimentés en attention vigile ou seconde nous percevrions qu'il n'est pas le même. En second lieu il faut trouver au mot création un autre contenu que celui auquel nous sommes habitués. N'oublions pas que les mots ont été créés en tant que codes descriptifs pour désigner des choses précises. Vous prononcez le mot, et vous ne pouvez pas voir ni imaginer autre chose que ce qu'il est convenu de représenter (c'est le troisième filtre !). Il faut donc « ouvrir » le mot **« créer »**, admettre qu'il puisse aussi désigner des capacités que nous ne connaissons pas encore ou dont, mythiquement, nous avons été conditionnés à ne pas nous sentir capables et dignes.

« Ce salon était bien là quand je n'y étais pas, je l'ai bien reconnu quand j'y suis retourné une heure après, c'est plus qu'évident » rétorquerez-vous en riant.

Vous l'avez bien dit, cher lecteur, vous l'avez **reconnu**, ce qui veut dire que votre conscience l'a instantanément recréé à partir de quelques dizaines de signaux sensoriels dépistés par votre attention sélective qui a tout aussi instantanément réactivé tout le reste du salon au moment où vous y êtes entré. Mais vous n'avez pas perçu les milliers de petits changements qu'il avait subi entre temps et qui faisait de lui un autre salon tout en étant le même et c'est ainsi que vous a échappé la magie de votre conscience que vous préférez appeler « évidence objective ».

Même les mesures et analyses faites par des appareils scientifiques, si sophistiqués et rigoureusement conçus soient-ils pour fournir à l'homme des connaissances exactes, ne sont pas objectives, car les appareils ont été fabriqués par des consciences humaines imprégnées de tous les filtres et a priori perceptuels, intellectuels et éthiques qui constituent précisément la trame du mécanisme cognitif humain et ces appareils ne font que refléter cette intentionnalité de l'homme avec toutes les limites que cela implique, c'est-à-dire la subjectivité de ceux qui croient pourtant produire des connaissances objectives.

Les chamanes disent :

« *Le grand esprit a donné l'extériorité au monde parce que lui-même se cache à l'intérieur de l'homme, ainsi celui-ci ne peut le trouver, seul le sorcier ne s'est pas laissé duper et c'est pour cela qu'il a des pouvoirs.* »

Vision ludique de l'Être Suprême qui exprime avec humour l'immanence du chamanisme !

Werner Heisenberg, le père de la physique quantique déclare, en commentaire de son principe d'indétermination, que le simple fait d'observer un phénomène influence la nature de celui-ci, « le phénomène et l'observateur ne faisant peut-être qu'un seul phénomène ». Certains de ses collègues qui s'accrochaient à l'objectivisme d'Einstein persistent encore maintenant à restreindre cette conséquence du principe d'Heisenberg au microcosme tout simplement parce que son extension au macrocosme nécessite de leur part une remise en question de leurs croyances ontologiques à laquelle ils ne sont pas prêts. Les physiciens n'ont pas toujours l'audace métaphysique correspondant à leur audace physique. Et cependant d'autres physiciens prestigieux soutiennent de plus en plus l'hypothèse que le monde matériel pourrait bien ne pas existter indépendamment de l'observateur, point de vue tout à fait intéressant puisque mûri à travers la science, il soutient puissamment le concept sujétique qui existe en chamanisme depuis des dizaines de milliers d'années.

Lord Eddington, un autre très grand physicien dit, quant à lui : « **Il apparaît de plus en plus que l'univers physique est mental.** »

Nous allons maintenant découvrir la description détaillée du processus que les chamanes toltèques appellent l'anneau de pouvoir et par lequel la conscience de chaque être vivant crée sa réalité.

L'ÉPREUVE DU VAGIN COSMIQUE

L'origine spirituelle et psychique du monde extérieur est, à un moment donné, mise en lumière de façon métaphorique et saisissante par les deux maîtres de Carlos. Les apprentis sont invités à traverser un pont puis, à la sortie de celui-ci, Don Genaro et Don Juan les poussent à travers une fente verticale dont ils doivent eux-mêmes écarter les lèvres, d'où le nom de vagin cosmique donné par le facétieux Don Genaro à cette ouverture vers la troisième attention.

Cette porte est supposée les faire sortir du monde ordinaire prétendument objectif pour les faire entrer dans le monde total et purement énergétique de l'aigle qu'ils imaginent tout aussi objectifs et c'est à cet instant que Carlos et les autres apprentis ressentent une épouvantable sensation d'écrasement car de cet autre côté de la vulve cosmique il n'y a rien, absolument rien même pas d'espace ni de temps, rien que leur sentiment d'êtreté qui a pu quand même franchir une séparation préfabriquée par leur intentionnalité objectiviste et leur conscience s'éveille alors à sa solitude et à sa complétude : elle est seule, pas de monde objectif ! Il n'y a rien de l'autre côté de la conscience parce qu'elle inclut et com-prend tout

(« prendre avec », c'est-à-dire réunir le monde extérieur et le monde extérieur est le seul moyen d'actualiser le sens du mot com-prendre).

Si cette porte qui révèle ainsi l'intemporalité, le pouvoir et l'immortalité de la conscience, prend la forme d'un vagin c'est aussi pour révéler aux apprentis qu'au plan terrestre la procréation dont l'organe féminin est le symbole sacré, est aussi face à la mort, celui de la projection perpétuellement illusoire de l'homme, dans la matière, une illusion qui fait cependant partie du grand jeu cosmique au cours duquel l'homme s'éveille à l'Aigle qui est en lui.

En résumé, créer le monde, le rêver, le mettre en ordre et le reconnaître sont une seule et même chose dans l'état d'éveil normal.

Et cependant la sensation de séparation du monde en sujet d'un côté et objet de l'autre est si profonde, si totalement évidente qu'elle ne peut être que constitutive de quelque chose de nécessaire dans la réalité pour donner un sens au monde et, effectivement, dans le processus de l'anneau de pouvoir, cette séparation exprime la dualité dynamique, le second principe ontologique du chamanisme.

La dualité, en général, a toujours été perçue par les philosophes et les théologiens comme une chose angoissante dans la mesure où elle est à leurs yeux le plus souvent symbole de toutes les contradictions et de tous les désaccords, perçue beaucoup plus comme séparative et destructrice que dans son aspect complémentariste et créatif (sauf chez Héraclite d'Éphèse). C'est pourquoi dans nombre de religions, pour arriver à l'Un son sens fut détourné en devenant le signe de l'imperfection et du péché pour être finalement résolu par la rédemption.

Mais dans le chamanisme la dualité est toujours qualifiée de dynamique. Elle est constitutive de l'être dans son absolu et donneuse du sens suprême : l'objectivité apparente du monde n'est pas le résultat d'une vision erronée et de l'ignorance humaine mais elle est partie intégrante du défi naturel posé à l'homme de s'éveiller à lui-même en réalisant que l'aigle rêve le monde à travers lui.

LA MÉMOIRE, GARDIEN DE L'ANNEAU ET SON FIDÈLE SERVITEUR, L'ATTENTION SÉLECTIVE

La mémoire est le plus souvent considérée comme une faculté indispensable de la conscience mais son rôle comme puissance organisatrice de tout ce qui existe est rarement évalué à sa juste mesure.

Elle n'agit pas seulement au niveau du règne végétal, animal et humain, ni seulement au niveau macroscopique du monde extérieur, elle structure l'organisation, la multi-spécificité et la cohérence de la matière au niveau microscopique, chimique, atomique et électronique, ainsi que l'évolution des électrons et des particules encore plus petites jusqu'à l'infiniment petit. En effet, sans mémoire, il est facile de comprendre que rien ne peut être structuré, aucune harmonie dynamique ne peut exister à aucun étage de la matière, pas plus qu'au niveau subjectif du monde psychique et cognitif, car l'organisation intérieure et relationnelle donc énergétique de tous les êtres est fondée sur le rythme et le cycle ainsi que sur l'élimination de l'erreur, deux paramètres dont la mémoire est constitutive. Le monde est donc en quelque sorte mis en scène par la mémoire mais quelque chose en nous se révolte face à cette puissance écrasante et nous sommes poussés à nous demander s'il n'existe pas une échappatoire à cet enfermement, un autre état de conscience, un autre accès à la réalité pour lesquels la mémoire ne régnerait pas de façon aussi despotique voire, ne régnerait pas du tout ?

Si, comme le dit et le répète Don Juan à Carlos, notre expérience du monde est toujours un souvenir de cette expérience, nous ne ferions alors que revoir indéfiniment un « film en boucle » et ramer sans fin dans de la mémoire. Il y a, fort heureusement pour nous, une possibilité de dépasser cette pseudo-réalité : c'est en accédant à la réalité non ordinaire du monde, une aventure pour la conscience puisqu'elle se situe hors mémoire, dans un monde où attendent d'être sélectionnées par elle les innombrables combinaisons potentielles de réalité.

QUELQUES ILLUSTRATIONS DE LA SUJÉTIQUE

Pour conclure sur la mémoire et son rôle dans l'anneau de pouvoir, nous allons voir maintenant, quelques exemples de sujétique. Certains d'entre eux sont très rudimentaires et se présentent sous la forme de petits jeux d'enfant tous simples, d'autres sont des études de cas pris dans la vie quotidienne ou appartenant à l'expérience de Carlos Castaneda. Tous mettent en évidence la puissance de la mémoire, la création de réalité (sujétique) ou la mobilisation impressionnante de volonté nécessaire pour se libérer de son emprise.

1er exemple

Il s'agit, cette fois, d'un petit jeu de société plus subtil et surtout plus étonnant.

Au cours d'une soirée avec des amis, demandez à l'un d'entre eux s'il veut bien se bander les yeux.

Apportez ensuite deux seaux d'eau, l'un à une température très froide, 4 à 5° si possible, l'autre bien chaude, à 45°, par exemple. Placez les deux seaux face à votre invité, agenouillé par terre, le seau d'eau bien froide à sa gauche, le seau d'eau bien chaude à sa droite et, en lui guidant les mains, maintenez les toutes les deux au moins trois ou quatre minutes dans chaque seau. Demandez-lui ensuite de décrire ce qu'il vient juste de ressentir. Il vous répondra, bien sûr ce qui s'est passé. Puis, en lui maintenant toujours les yeux bandés, guidez puis maintenez ses mains écartées l'une de l'autre dans un autre seau, unique et cette fois de forme allongée, rempli d'eau à 25° environ, de façon à lui donner l'impression qu'elles sont dans deux seaux séparés. Demandez-lui maintenant ce qu'il ressent. Il vous affirmera que cette fois c'est l'inverse, que sa main gauche est plongée dans un seau d'eau très chaude et que sa main droite se trouve dans un seau d'eau très froide. Demandez lui s'il est bien sûr de cela. Si vous avez envie de gagner 50 euros, pariez-les avec lui que ce n'est pas vrai. Il y a toutes les chances pour qu'il maintienne sa position. Enlevez-lui le bandeau en maintenant ses mains et empochez vos 50 euros.

Trompeuse mémoire sensorielle capable de nous faire vivre deux réalités différentes à partir d'un même et unique événement !

Posons-nous la question : « Où est la réalité ? Dans le double et paradoxal vécu du joueur dans sa conscience qui crée deux réalités différentes à partir du même fait extérieur ou dans la température unique de l'eau du grand seau ? »

2e exemple

Carlos Castaneda raconte l'histoire de l'une des plus remarquables sorcières de son clan, « La Gorda », que Don Juan avait choisie comme apprentie alors qu'elle était obèse et difforme, pesant plus de 110 kg et dont la première tâche de guerrière « était de réussir à perdre tout son poids excédentaire ». Sa gourmandise et son avidité orale étaient telles que, malgré sa détermination de suivre la voie, et pour vaincre la puissance mémorielle de son addiction à la nourriture, elle dut trouver une ruse consistant à garder dans sa bouche 24 heures sur 24 heures, un petit bout de chiffon à suçoter pour tromper son réflexe de gloutonnerie. Elle réussit sa tâche après plusieurs années pour devenir une très jolie sorcière d'une sveltesse remarquable.

3e exemple

Je cite souvent l'étude de cas suivante, recueillie auprès d'un stagiaire qui en était le protagoniste principal, car elle est typique du fonctionnement de l'anneau de pouvoir au niveau quotidien.

Cet homme que nous appellerons François avait été invité avec sa famille à passer le week-end dans le chalet que possédait un collègue d'entreprise dans les Pyrénées. Après le repas, les enfants de l'hôte eurent l'idée d'inviter tout le groupe à visiter une grotte de la région, découverte récemment et totalement sécurisée par les responsables de la commune quelques mois auparavant.

Il se trouvait que François avait une opinion très arrêtée et très négative sur ce genre d'endroit. En essayant de le convaincre de les accompagner, les adolescents et l'ensemble du groupe purent se rendre compte que les fortes appréhensions qu'il opposait à cette excursion n'étaient pas fondées sur une expérience personnelle mais sur des préjugés, des fantasmes et des nouvelles dramatiques racontées par d'autres ou mémorisées dans l'enfance sous l'influence de contes, de lectures ou de cauchemars.

Il finit cependant par suivre le groupe et bientôt ils entraient, munis de deux lampes torches, en file indienne, dans la fameuse grotte. Au bout de quelque dix minutes de progression dans un boyau sans difficultés particulières, on entendit soudain un petit cri puis un hurlement de douleur venu de François. Tout le monde se précipita vers lui. Allongé par terre, il tenait sa cheville en grimaçant de douleur. On le porta jusqu'à la sortie puis vers l'hôpital du bourg où fut diagnostiquée une énorme entorse. Il raconta avoir senti un frôlement d'ailes, probablement de chauve-souris, et être ensuite tombé par terre après un sursaut de côté dû à sa peur. Ayant filtré le monde extérieur à travers ses idées, croyances et émotions préétablies, il est clair que François avait fabriqué un bel anneau de pouvoir avec la grotte pour créer sa réalité de toutes pièces. Il put ensuite confirmer autour de lui, en racontant son week-end le lundi matin dans son entreprise, que les grottes étaient bien ce qu'il en pensait : des endroits très dangereux ! Après avoir mis en scène ses propres contenus, la mémoire en sortait renforcée une fois de plus.

4e exemple

C'est un auteur américain qui raconte cette étude de cas dans l'un de ses ouvrages de développement personnel. Elle met en évidence un niveau encore plus subtil de sujétique.

À des fins expérimentales, une classe d'élèves fut confiée à un professeur à qui il fut communiqué que la rangée de gauche de la classe (qui devait garder cette place dans la salle ainsi que la rangée de droite) était d'un niveau nettement inférieur à celui de la rangée de droite, mais que cependant il ne devait pas en tenir compte et donc enseigner la même chose et de la même façon à tous les élèves.

En réalité, cette déclaration ne correspondait pas à la réalité et tous les élèves étaient, à très peu de chose près, du même niveau.

Après une année scolaire, le niveau des deux rangées fut vérifié et il s'avéra que celui des élèves de la colonne de gauche était, dans son ensemble, devenu plus faible que celui des élèves de la rangée de droite.

Le professeur avait fini, malgré toute sa bonne volonté et sa détermination de ne pas exprimer de différences dans son enseignement, par créer une réalité extérieure conforme aux filtres qu'il s'était mis dans la tête.

L'expérience fut répétée à plusieurs reprises et confirma largement ce phénomène de sujétique.

5e exemple

Carlos Castaneda nous rapporte, dans l'un de ses ouvrages, l'hallucinante mise en scène préparée par Don Julian à l'intention de son apprenti Don Juan qui, à cette époque n'était que le jeune Juan Matus. Le but de celle-ci était d'enseigner au jeune homme l'anneau de pouvoir par la pratique.

Don Julian possédait une hacienda, probablement une exploitation de cannes à sucre dans laquelle travaillait à des tâches de gestions et d'exploitation, tout un clan de jeunes guerriers et guerrières qui étudiaient parallèlement le chamanisme. Quelques mois auparavant, Don Julian avait introduit dans l'hacienda quatre apprentis ayant la même stature et le même type physique de visage et de corps mais sans que ces quatre personnes fussent pour cela de la même famille. Les ayant baptisés du nom du premier d'entre eux qui s'appelait Tulio, Tuliuno, Tulidos, Tulitrès et Tuliquatro, il les entraîna, après qu'ils se fussent vêtus de la même façon, à se ressembler par les comportements, la démarche, les tics et tous les petits gestes qui constituent l'aspect mobile de la personnalité physique d'un individu (seules les voix ne correspondant pas, ils adoptèrent des personnalités peu causantes). Puis, Juan Matus ayant intégré le groupe avec une responsabilité de gestion dans l'hacienda, le premier d'entre eux fut invité par Don Julian à susciter progressivement l'antipathie de celui-ci en le traitant avec une désinvolture outrancière de façon à blesser son orgueil démesuré en chatouillant sans arrêt sa susceptibilité.

L'idée de Don Julian était d'amener Juan Matus à créer, à partir de Tulio, une image caricaturale stéréotypée par son émotionnel à vif. Puis Don Julian introduisit peu à peu les trois autres Tulio qui, bien sûr, poursuivirent le même jeu dans leur rencontres quotidiennes avec Don Juan, en s'arrangeant évidemment pour ne jamais apparaître ensemble face à lui, de telle sorte que celui-ci ne se rendit jamais compte qu'il avait en réalité à faire à quatre personnes différentes et non à une seule.

Un jour enfin, pour achever la leçon, Don Julian organisa avec les Tulio une cascade d'accrochages personnels avec Juan Matus, destinés à le pousser à bout et au cours de laquelle celui-ci devait avoir la sensation de se heurter à son ennemi dans tout les coins de l'hacienda, jusqu'à le rendre fou, la vitesse de déplacement supposée du seul Tulio devenant quasiment impensable dans cette série d'allées et venues : partout ou Don Julian envoyait le jeune Don Matus pour régler un détail ou un problème il se heurtait à l'irrascible Tulio.

Quand il se trouva au bord de la crise de nerfs, le montage lui fut enfin révélé et les quatre Tulio lui furent présentés simultanément.

Après s'être calmé, Don Juan prit conscience de l'anneau de pouvoir par lequel il avait réussi la performance cognitive de réduire pendant plusieurs semaines et en toute inconscience, quatre personnes réelles à un seul personnage fabriqué par le seul jeu des filtres de son

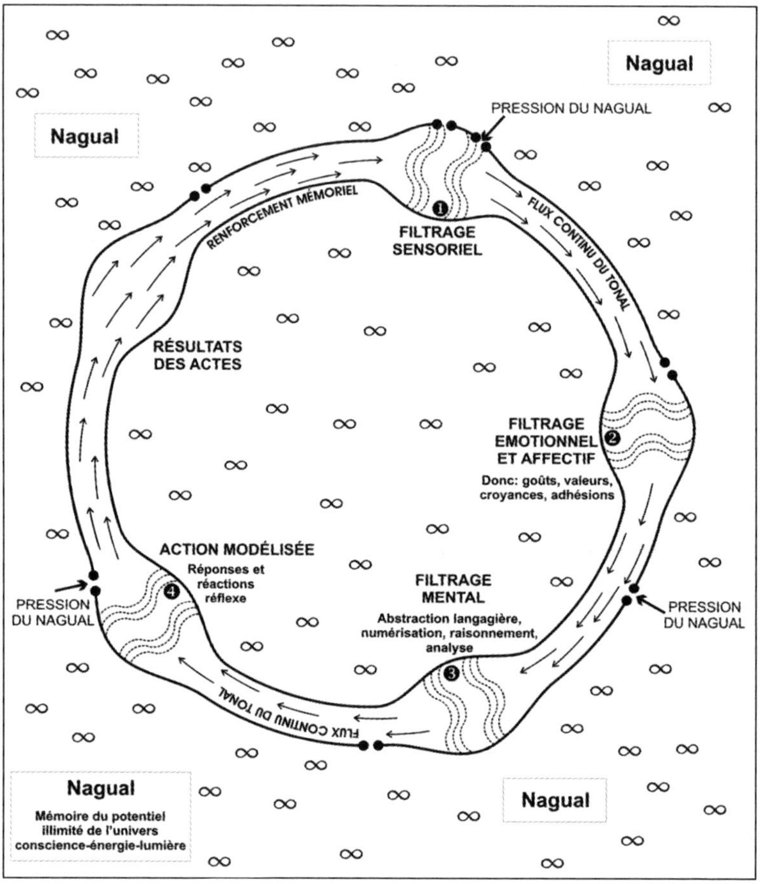

Figure N° 1 : Le premier anneau de pouvoir

attention sélective, qui ne lui avait pas permis de distinguer les subtiles différences existant entre les quatre apprentis.

Cette histoire ne peut paraître invraisemblable qu'à ceux qui ne se rendent pas compte qu'ils pratiquent exactement le même processus attentionnel tout au long de leur vie sur leur environnement quotidien et que c'est à cause de cela qu'ils demeurent confinés dans l'attention première.

En réalité chaque objet, chaque personne, chaque lieu que nous croisons ou fréquentons de façon habituelle n'est jamais le même et, inversement, des choses perçues par nous comme différentes, sont en réalité identiques.

FAIRE-LE-MONDE

Dans le rapport existant entre la conscience du sujet et le monde extérieur, la position philosophique du chamane est l'inverse de celle de l'homme ordinaire.

Pour le chamane, l'homme, par sa conscience, possède un pouvoir, la sujétique. En exerçant ce pouvoir, inconsciemment ou non, il « *fait-le-monde* », expression qu'il convient de prendre au pied de la lettre pour entrer dans la vision chamanique.

L'homme moderne, conditionné dès la naissance par le concept objectiviste et matérialiste du monde, décrit le rapport de la conscience au monde de façon opposée : c'est le monde matériel qui, par son évolution, a fini par engendrer la conscience.

Quel renversement de croyance ! Et quel changement de statut pour la conscience humaine !

L'explication objectiviste et matérialiste entraîne une véritable émasculation métaphysique de l'homme dont la conscience n'est, officiellement, pas beaucoup plus considérée qu'un appareil enregistreur de données très perfectionné !

À l'opposé, l'anneau de pouvoir est l'exercice journalier d'un pouvoir fabuleux que, guerriers de l'esprit ou non, nous possédons tous. Certes, la conscience de ce pouvoir est la clé de son exercice délibéré.

En effet, un pouvoir de ce genre, que vous possédez sans le savoir, non seulement ne vous sert à rien, mais il ne peut même que vous abattre car il devient une prison.

Imaginez que vous soyez au bord de la mer, un soir d'été, face au soleil couchant. Le calme et la douceur du moment aiguisent votre sensibilité, vous ressentez la beauté de l'instant, puis vous vous souvenez que vous « *faites-le-monde* ». Vous ressentez alors que la limite entre « vous » et ce paysage est en train de s'estomper. Vous réalisez alors que quelque chose en vous va bien au-delà de la personne que vous aviez toujours cru être et à laquelle on vous a habitué à vous réduire mentalement. Mais le plus mystérieux à admettre dans ce « faire-le-monde » c'est que le spectacle soit aussi le produit de toutes les consciences qui, depuis que la mer, le soleil et la plage ont existé, on « fait » un spectacle semblable, chacune imprimant inlassablement, perception après perception, instant présent après instant présent, une mémoire collective de ce lieu, connectée avec chaque mémoire individuelle, chacune de celle-ci étant le modèle réduit hologrammique de la première.

Après une expérience troublante de création de réalité différentielle à partir d'une situation unique avec un groupe d'apprentis (l'inverse de l'histoire de Tulio) Don Juan et Carlos Castaneda rentrent se reposer au domicile du premier. Au cours de l'explication qui suit, Don Juan affirme à Carlos Castaneda qu'ils sont ensemble en train de « faire » la pièce dans laquelle ils se trouvent à ce moment là !

Ce à quoi Carlos, repris par l'un de ses accès répétitifs de rationalisme, réagit avec impatience et s'exclame qu'il n'a rien à voir avec cet endroit. Mais Don Juan persiste dans le plus grand calme en lui expliquant que par le phénomène de la sujetique partagée (anneau de pouvoir collectif) cette pièce est créée et maintenue dans son existence y compris par sa conscience ainsi que par celle de tous les êtres vivants qui l'ont perçu et expérimenté.

La création de réalité, s'effectue selon des anneaux concentriques de sujétique partagée. Chaque individu a des filtres liés à ses particularités et vécus individuels mais les principaux constituants de ceux-ci viennent de tous les niveaux de partage de croyances et d'informations décisives auquel il est rattaché : la famille, la classe sociale, la tribu, la culture, la langue, la nation, la race enfin l'espèce vivante.

Ce partage de filtres entraîne le phénomène de la « subjectivité partagée » une force telle qu'elle « *fait* » l'endroit où se trouvent Don Juan et Carlos à travers et simultanément à leur « *faire-le-monde* » individuel.

Le monde n'est en fait que la conscience créatrice en action permanente.

LA MÉMOIRE, LE TEMPS DU CHAMANE ET LE MYSTÈRE DE LA CONSCIENCE

On ne peut pas évoquer la mémoire sans penser immédiatement au temps.

La pratique du chamanisme implique une conception et une pratique très particulières du temps.

Si la mémoire est au temps ce que la force gravitationnelle est à l'espace, on ne peut les séparer, le temps est le véhicule physique de la mémoire.

Pour la conscience ordinaire, seul l'instant présent semble doté d'une existence concrète parce qu'il est la seule portion du temps qui comporte une réalité physique. Le passé, même s'il est riche d'événements mémorisés et le futur, même s'il est riche d'événements espérés, n'ont pas d'existence concrète et physique, ils sont en somme privés d'espace.

Pour nous le temps défile en provenance du futur en passant par le trou d'aiguille du présent puis s'éloigne vers le passé pour entrer dans la mémoire.

Pour les chamanes ce n'est pas ainsi que les choses se passent ; c'est la conscience du sujet qui défile devant le temps total : « futur-présent-passé » d'un seul tenant, en en éclairant chaque parcelle, chaque instant présent. Notre attention est donc comme un pinceau de lumière qui fait entrer dans l'espace chacun de ces instants présents, lui donnant ainsi une intensité plus grande que nous appelons « réalité concrète ». Ainsi, ce qui sera est déjà et continuera d'être à tout jamais dans un espace-temps global et total en devenant du passé.

Appelons cette conception du temps, le temps simultanéiste et la conception objectiviste du temps, celle de l'homme ordinaire, le temps linéaire.

Mais cela ne veut pas dire pour la métaphysique chamaniste que les choses sont prédéterminées. Car cette totalité intemporelle comporte simultanément toutes les potentialités de chaque événement qui sera éclairé, vécu, rendu réel par l'attention créatrice.

Notre modèle de fonctionnement cognitif ne nous permet pas de concevoir une telle chose et il est tout à fait compréhensible que l'homme rationnel normal rejette cela comme farfelu.

Mais ce n'est pas parce qu'en 2007, la majorité des intelligences emprisonnées dans le rationalisme ne peut pas accepter cela intellectuellement qu'elle ne sera pas en mesure de le faire dans cent ou deux cents ans.

Quand Copernic déclara que ce n'était pas le soleil qui tournait autour de la Terre mais la Terre qui tournait autour d'elle-même, créant ainsi le jour et la nuit, démentant ainsi deux mille ans de dogme ptoléméiste, il passa pour un fou et un hérétique.

Mettez-vous debout dans la campagne juste au lever du soleil. En trente minutes, vous aurez vu le soleil monter à l'horizon d'environ 8 degrés et pendant ce temps, vous n'aurez pas du tout senti la Terre tourner ni bouger sous vos pieds et cependant, vous aurez parcouru avec elle, dans la plus totale immobilité apparente, plus de 800 kilomètres pendant ce court moment.

Ainsi, l'illusion de Ptolémée, bien compréhensible, reste opérationnelle et même si vous n'avez pas les sens assez aiguisés pour vous sentir bouger avec la Terre, vous n'en acceptez pas moins intellectuellement l'interprétation moderne du mouvement réel de la Terre et du mouvement apparent du soleil (ce qui en retour, peut vous amener un jour à désirer développer cette capacité sensorielle pour mettre vos sensations en cohérence avec vos idées !).

LE TEMPS, UN PHÉNOMÈNE D'ATTENTION ?

Revenons au temps des chamanes et essayons de schématiser simplement le rapport du temps à l'espace par une croix *(fig. Nº 2)*.

Le temps défile du futur vers le passé et croisant l'espace, il engendre l'instant présent et concrétise la réalité par cette rencontre.

Là où se trouve l'espace (réel et perceptible) se trouvent toujours le présent et la réalité concrète.

Le temps est fait de milliards d'instants présents collés les uns aux autres, se succédant avec une telle continuité que nous ne les voyons pas arriver ni disparaître. Pour notre attention, ils ne se distinguent pas vraiment du futur et du passé immédiat. C'est peut-être cela qui crée la sensation d'espace et de matérialité des objets !

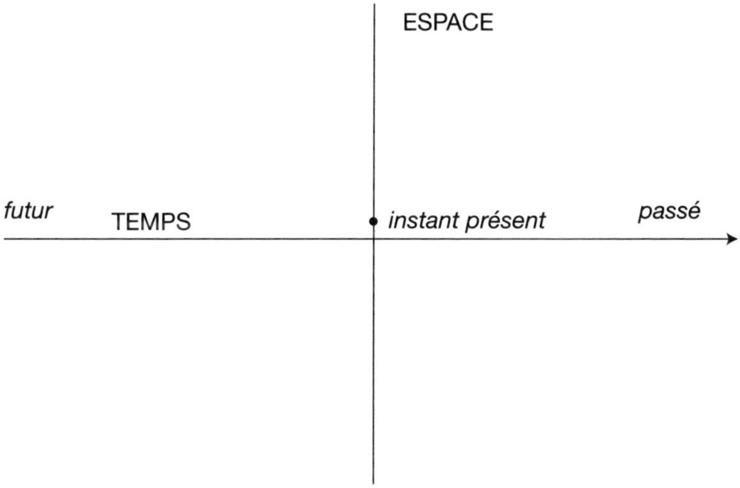

Figure Nº 2 : rapport de l'espace au temps ordinaire

Le monde n'est peut-être que du temps, une chose abstraite et insaisissable, rêvée et projetée par la conscience sous forme d'espace. La conception du temps des chamanes nécessiterait que dans le schéma du temps et de l'espace les deux lignes soient confondues au lieu de se croiser.

Figure N° 3 : l'espace et le temps simultanéiste

Ainsi dans la conception simultanéiste du temps, celui-ci est doté d'espace en permanence et pas seulement dans l'instant présent ou, pour exprimer les choses de façon chamanique, *tous les instants sont présents*, il n'y a plus de passé ni d'avenir, **c'est le pinceau de l'attention qui donne à chaque instant, considéré comme présent, un relief particulier qui nous incite à lui accorder le statut de réalité par rapport à des images du passé et du futur.**

L'état de conscience non ordinaire, permettant de vivre cela, n'exclut pas l'état de conscience associé au temps normal et linéaire (fig. N° 2 rapport du temps à l'espace ordinaire, p. 81).

Bien sûr, s'il est capable de se mettre dans cet état de conscience, le chamane verra apparaître une autre dimension de la réalité et grâce à sa volonté particulière, il pourra exercer sur celle-ci des actes non concevables pour l'homme qui ne peut ni concevoir une telle dimension de l'espace-temps ni, encore moins, y pénétrer.

Après que Carlos Castaneda se soit mis en état d'attention seconde, Don Juan lui fait vivre quatre fois de suite la même chute d'une feuille morte. Le lecteur pensera peut-être qu'il s'agissait en fait d'une hallucination, d'une rétention d'image redistillée à volonté, mais ce n'est pas le cas. Si vous comprenez le mécanisme de l'anneau de pouvoir et commencez à ressentir que vous créez vous-même votre réalité, le monde perdant le caractère fallacieux d'objectivité que l'on vous a appris à croire, vous êtes sur la bonne voie pour comprendre qu'un événement peut être réellement revisité et revécu autant de fois que vous le désirez. Bien sûr, il vous faudra pour cela avoir une expérience approfondie de l'*Intention*, appliquée à cet objectif précis.

Ce qui donne l'illusion que ce monde quotidien est plus réel que nos rêves de la nuit, c'est le jeu de l'oubli qui sépare nos deux types d'attention. Quand nous rêvons, les choses que nous vivons ont une présence et un niveau de réalité aussi intenses que nos vécus de la journée, mais au réveil nous passons une frontière qui nous force à oublier cette intensité, voire même le vécu lui-même, et pour la conscience diurne, ils deviennent des « rêves ».

De même dans nos rêves, la vie diurne ordinaire n'existe pas en tant que réalité précédente ou à venir et dont nous pourrions nous souvenir pendant ce temps de rêve (sauf lorsque nous savons « faire du rêve », c'est-à-dire nous éveiller pendant que nous rêvons, technique que nous verrons dans la suite de l'ouvrage).

Il y a peut-être un parallèle à faire entre, d'une part la différence de réalité que nous ressentons entre les rêves et la vie diurne et, d'autre part la différence de réalité que nous ressentons entre l'instant présent et les instants passés et futurs. Les aborigènes disent que le monde n'est qu'un grand rêve permanent.

Le temps simultanéiste, si étrange puisse t-il paraître, n'est que la conséquence logique de l'anneau de pouvoir. S'il est si difficile pour l'homme moderne, totalement prisonnier de l'objectivisme, de croire au temps simultanéiste, c'est parce qu'il considère que la matérialité des événements d'un instant présent est le critère suprême de leurs réalités et qu'elle est due bien sûr à leur objectivité (c'est-à-dire au fait que les événements extérieurs sont supposés exister indépendamment de sa conscience). Mais s'il se souvient que c'est l'anneau de pouvoir qui crée les événements en leur conférant cette apparence de matérialité, alors le temps simultanéiste cessera de lui paraître extravagant.

Pour conclure ce paragraphe, un koan chamanique :

Mais où est donc passée la journée d'hier ?

L'AVENTURE CHAMANIQUE, UN PARI MÉTAPHYSIQUE SUR LE DÉPASSEMENT DE L'ÉVIDENCE

Il est difficile pour l'homme ordinaire, même après de nombreuses expériences de sujétique, de renoncer à une extériorité du monde indépendante de sa conscience tant celle-ci s'impose à ses sens avec une évidence pénétrante et aveuglante.

Mais les chamanes, forts à la fois de leur héritage métaphysique et d'une vie entière d'expériences sujétiques, ne s'embarrassent pas du besoin mental d'un dogme qui rassure l'esprit car les vérités avec un grand « V » présentent à leurs yeux le grave inconvénient d'immobiliser « l'esprit chercheur » de l'homme dans un univers cognitif pourtant illimité dans lequel la validation concrète et l'expérience d'hypothèses audacieuses comptent plus que la satisfaction autocomtenplative de détenir des vérités.

J'ai rencontré un chamane qui présentait le rapport esprit/matière d'une façon intéressante. Selon lui cette dualité est le premier des couples ontologiques antagoniste/complémentaire qui sont à l'origine même de l'Être. Voici comment il l'imageait : l'Esprit, au départ crée la matière (autrement dit la conscience crée le monde extérieur) puis il continue en permanence à la créer mais le monde matériel, comme un fils devenu ingrat et autonome, se libère de la conscience et acquiert une existence indépendante de son créateur en infiltrant l'oubli dans le monde. Dès lors l'esprit lui-même oublie son rôle initial et se met à croire dans un monde d'objets extérieurs à lui. Il tombe ensuite sous l'influence de ce monde mais une partie secrète de lui, le nagual échappe et résiste à cet assujettissement. Seul, le tonal s'y soumet. C'est de là que vient l'immaturité métaphysique de l'homme, sa dualité intérieure et son besoin de se souvenir.

CONSÉQUENCES COGNITIVES DE L'ANNEAU DE POUVOIR

La spiritualité ne revendique pas le fait qu'elle s'appuie sur des raisonnements logiques ni sur une quelconque exactitude rationnelle pour appuyer ses croyances métaphysiques sur l'origine du monde et son sens ultime, ce que, par contre, fait la science.

Mais, concernant cette exactitude rationnelle, la science se trompe ou alors elle nous bluffe et ce n'est pas très difficile à prouver. En effet, son principal fondement logique, le raisonnement causal, fonctionne en établissant la ou les causes initiales d'un phénomène pour l'expliquer et en tirer un principe s'appliquant à tous les phénomènes semblables. Mais ces causes ont-elles-mêmes des causes et pour établir la connaissance exacte de ce phénomène, il faudrait remonter ainsi dans le passé, en suivant l'enchaînement infini d'effets et de causes reliés entre eux. Mais ne pouvant remonter ainsi à toutes les sources qui mènent à ce phénomène, puisque le monde n'a pas de limites spatio-temporelles connues ni d'origines initiales prouvées, la science est bien obligée de s'arrêter à un moment donné dans cette recherche et de faire reposer tout son édifice sur un postulat qui lui-même n'a pas de causes déclarées. Cela s'appelle un dogme, processus normalement banni par la science.

Le Big Bang, par exemple est un dogme, une farce conceptuelle qui n'a rien de rationnelle et semble destinée d'une part à rassurer les physiciens eux-mêmes ainsi qu'à leur apporter une apparence de légitimité scientifique vis-à-vis du grand public. Avant le Big Bang, semblent-t-ils affirmer, il n'y avait rien ! Mais comment expliquent-ils que de Rien tout cet univers pourrait venir ? Ou, s'il y avait quelque chose, alors le Big Bang n'est pas à l'origine de l'univers !

Soyons sérieux : la science s'avère tout aussi subjective et arbitraire que la spiritualité et ses dogmes sont aussi des constructions sujétiques, sa vision du monde est tout aussi fidéiste (reposant sur des croyances) il faut cependant reconnaître que la physique moderne (relativiste et quantique), est souvent fascinante.

En résumé on peut affirmer que toute la connaissance humaine n'a d'autres fondements que des hypothèses, des intuitions dont les origines se perdent dans les labyrinthes immenses et obscurs de notre mémoire.

Toute connaissance, aussi bien fidéiste que scientifique, n'est que croyance qui s'autoréalise circulairement par la force sélective de l'attention du témoin.

D'ailleurs, dans nombres de cas, les chercheurs scientifiques travaillent exactement selon le modèle de l'anneau de pouvoir : ils font une hypothèse qui ne peut être construite qu'à partir de leur connu et celle-ci donne à leur attention une intentionnalité qui va les guider pour rechercher des preuves et des analogies qui convergeront vers leur objectif final c'est-à-dire vers leur hypothèse initiale. Ils prennent ensuite pour une preuve scientifique éclatante qu'ils sont arrivés à la vérité, le fait sujétique qu'ils ont créé par sélectivité, et qui n'est en fait que l'une des réalités possibles du potentiel infini de l'univers.

Comment pourraient-ils échapper à l'anneau de pouvoir ?

Perspective de passerrelle entre science et spiritualité

Bien qu'en principe considérées comme inconciliables par les partisans de chacune d'entre elles, la démarche spirituelle et la démarche scientifique ont en fait des caractéristiques très complémentaires : la première tient compte dans sa vision du monde du facteur affectif alors que la seconde l'exclut par souci d'objectivité. Par contre la science a l'avantage d'une rigueur factuelle et d'une exigence logique qui résonnent avec la dimension ordonnée et organisée du monde (qui correspond, nous le verrons plus loin, au tonal du chamanisme).

Une approche holistique de l'univers et de la vie implique que l'on n'exclut rien tant dans notre recherche du sens que dans l'exercice de la vie quotidienne.

Au lieu de continuer à opposer ces deux visions du monde, les hommes pourraient désormais envisager de les rapprocher dans une démarche globale entraînant un bond évolutif énorme pour l'humanité.

RÉSUMÉ

En résumé, nous dirons que le monde extérieur tel que nous le percevons est ce que, par nos mémoires cellulaires, sensorielles, affectives, émotionnelles et mentales, nous nous souvenons qu'il est. En tant qu'être conscient, l'homme ne peut pas vivre, c'est-à-dire, appréhender le monde autrement que par un anneau de pouvoir, ce qui est en soi une véritable magie puisqu'ainsi il crée le monde, en le sachant s'il est un guerrier, sans le savoir s'il est un homme ordinaire.

Une métaphore spatiale nous fera comprendre ce qui fait la différence entre ces deux façons de vivre : l'homme ordinaire, prisonnier de l'objectivisme et croyant assister passivement au déroulement d'un monde indépendant de lui, reste prisonnier de la très puissante mémoire et tourne inlassablement dans les deux dimensions d'un anneau fermé. Le chamane, conscient de créer la réalité, fait passer son anneau dans la troisième dimension de l'espace et en fait une spirale en créant de nouvelles mémoires, chacune d'entre elles élevant la spirale vers le haut. Devenir un guerrier de l'Esprit, c'est déployer la spirale de la conscience pour entrer dans la perception et la jubilation de l'inconnu qui nous attendent partout autour de nous et jusqu'à l'infini.

Par ailleurs, cette intentionnalité que nous avons du monde nous tient lieu de volonté ou, du moins, possède et dirige notre volonté ordinaire, l'infléchit puissamment dans le sens de cet anneau et quand nous voudrions que le monde soit autrement que nous ne le percevons, il ne nous permet pas de le faire. Pour pouvoir « **faire-le-monde** » autrement, il nous faut donc mettre en place une forme particulière de volonté afin de redéployer notre attention dès ses fondements, nous désolidariser de nos filtres et commencer à maîtriser notre intentionnalité.

Cette reprise en main de notre attention devra se faire en déstructurant la puissance abusive de la mémoire en nous, pour construire et créer de nouvelles mémoires, puis en entrant dans un état de conscience purement énergétique du monde dans lequel la mémoire du monde ordinaire n'a pas de prise mais où nous devrons mettre en place une forme spéciale de conscience-volonté afin de maîtriser les règles d'existence inconnues de cet univers. Cette déstructuration de la puissance mémorielle passera par la pratique de « stopper-le-monde » (voir 2e tome de l'ouvrage).

À la recherche de cette conscience-volonté, aux sources de la vie, nous rencontrerons la Force Suprême de l'Univers présente au cœur de toutes choses et s'étendant toujours au-delà de l'infini, dans son cercle sacré.

CHAPITRE III

Ontologie du chamanisme

Et si c'était l'homme qui libère l'aigle présent en lui plutôt que l'aigle qui libère l'homme ?

LA SOURCE DE LA SOURCE

S'engager dans une recherche spirituelle c'est, implicitement ou non, s'attendre à une révélation qui dépasse largement nos facultés mentales.

Cependant bien que fondant sa vie sur la base irremplaçable d'une croyance, l'homme se contente rarement d'un engagement purement affectif, il réclame un minimum d'explications sur cet univers mystérieux qui vienne conforter sa foi. Il voudrait comprendre le mystère pour mieux l'aimer encore. Mais, habitué à chercher un sens aux choses par des procédés logiques, il oublie que comprendre c'est « prendre avec » ce qui implique un lien entre ce mystère et autre chose qui viendrait en éclairer la nature. Si l'univers est « tout » il n'y a pas d'« avec » possible : on ne peut donc le com-prendre. Il n'est pas possible de l'appréhender, en tout cas de cette façon mentale. L'intellect se trouve ainsi privé de l'un de ses principaux outils : le raisonnement causal.

Mais ce n'est pas le seul fondement rationnel qui se dérobe à nous dans l'aventure spirituelle chamanique, puisque le monde étant considéré comme une création de la conscience et l'étude de la psyché (psychologie) ayant fusionné avec la métaphysique (science des causes de l'univers) pour constituer la psychométaphysique, nous devons nous passer de tous les postulats cognitifs de l'objectivisme.

Qu'à cela ne tienne ! Mais il va nous falloir un point de départ irréfutable et logique pour satisfaire notre tonal. Nous le trouverons dans le concept de l'Êtreté dont l'ontologie est la science.

L'ontologie (du grec *ontos* : « être » et *logos* : « science ») beaucoup moins connue que la philosophie ou la métaphysique, n'en est pas moins une matière cognitive très importante. On la considère généralement comme une branche de la philosophie alors qu'à mes yeux elle se situe en amont de celle-ci, l'englobant par l'ampleur de son objet : **l'étude du fait même « d'être »**. Toutes les autres sciences sans exception s'occupant de « l'être ceci » ou de « l'être cela », elles seront nécessairement orientées et même conditionnées par la définition ontologique que l'on choisira de **l'être en soi**.

L'ontologie a pour objectif de définir quels caractères permettent d'affirmer la réalité, concrète ou abstraite d'une chose, de clarifier d'ou vient son **êtreté ? le fait qu'elle Est**.

C'est une science qui se situe donc vraiment à la racine de toutes les autres, sans exception, de toutes les démarches cognitives, qu'elles soient scientifiques ou intuitives.

L'idée qui se trouve derrière le simple mot « **être** » devient, avec l'ontologie, un caractère spécifique. Il est objectivé, remis en question et, si le lecteur a bien perçu ce que signifie l'anneau de pouvoir et la sujétique, il aura compris que le chamanisme ne plaisante pas avec l'Êtreté, qu'elle est au cœur de sa proposition globale, et qu'il repose tout entier sur un socle ontologique très solide qui éclaire d'ailleurs son originalité face aux autres voies spirituelles et qui lui fournit un caractère pragmatique et logique sans égal.

Nous avons vu au chapitre II que l'attention était le support de cette Êtreté. Elle en est donc, en quelque sorte, le fondement ontologique, alors que l'objectivisme fait du psychisme un simple témoin du monde extérieur et de l'attention un simple canal pour informer le premier du second.

On ne peut pratiquement pas séparer l'Êtreté de l'attention. La mémoire est déjà en elle, un monde est déjà en place, nous le situons au dehors de nous, c'est bien ainsi qu'il apparaît mais la description du processus de l'anneau de pouvoir nous met devant une évidence stupéfiante : **rien ne détermine que ce monde « extérieur » a une existence hors de la conscience, nous le portons en nous et nous le projetons à l'extérieur par l'exercice d'une attention inconsciente de son pouvoir.**

Il faut faire un effort considérable de conscience pour réaliser l'importance de l'Êtreté. Les philosophes reviennent à la mode en ce début de troisième millénaire ! Tant mieux ! Mais se rendent-ils compte que si l'on veut philosopher utilement, employant pour cela des idées et des phrases littéralement truffées du verbe « être » conjugué à tous les temps et sur tous les modes, il faut d'abord savoir de quoi on parle quand on dit que quelque chose **est,** ou encore qu'une chose **est** ceci ou **est** cela, qu'elle **est** semblable à ceci, qu'elle **est** bien ou mal, qu'elle **est** vraie ou fausse, qu'elle **est** récente ou ancienne, qu'elle **est** universelle ou spécifique, etc., etc., etc.

Comment peut-on parler de choses fondamentales, réfléchir sur la vie, comment peut-on croire à telle ou telle chose, choisir des orientations éthiques, sociales ou personnelles, comment peut-on même communiquer quotidiennement en employant plusieurs centaines de fois par jour le verbe « **être** » sans au moins une fois dans sa vie, se poser sur une chaise pour réfléchir, ne serait-ce qu'une heure, et se demander d'où vient **l'êtreté** des choses telle qu'on la perçoit, telle qu'on la sent, telle qu'on l'affirme, sur quelles bases on accorde le fait **d'être** à toutes ces choses, ces phénomènes, ces valeurs, ces qualités et ces défauts, à ces choix qui constituent pourtant le fondement de toutes nos croyances, donc de tous nos actes et par là, de toute cette recherche éperdue de bonheur qui est, sans exception, notre objectif le plus concret à tous ?

Ainsi éclairé, le phénomène « **êtreté** » s'avère être le fondement cognitif le plus concret et rationnel qui soit.

Certes, notre attention est tellement dévorée, engloutie, parasitée par une hyperactivité fébrile de fourmi humaine que la majorité d'entre nous sourient à l'idée de passer une heure à réfléchir sur l'êtreté mais c'est précisément ce qui ne leur arriverait plus s'ils s'en donnaient la peine. Ils auraient immanquablement envie, à la suite d'une telle réflexion, de reprendre possession de leur bien le plus précieux, **leur attention. Car l'êtreté des choses va se décider, se définir et se ressentir exclusivement à partir de notre attention.**

ÊTRE, LE DÉNOMINATEUR COMMUN ABSOLU

De quoi l'êtreté est-elle le dénominateur commun ? De tout ce que la conscience d'un être vivant peut envisager, par quelque moyen que ce soit et dans quelque domaine que ce soit.

Être désigne trois choses.

A/ – **L'êtreté initiale**

Le sentiment, la sensation immédiate et absolue de présence que produit la conscience indépendamment de la situation ou du contexte spatial et temporel dans lequel elle est plongée. Il n'y a pas besoin de dire ou de penser « que l'on est » pour être. Ce n'est pas un fait mental, c'est plus large, c'est foncièrement basique, **c'est un fait conscientiel** qui n'a besoin ni de pensées ni de paroles et qui surgit directement et spontanément de l'existence de celui qui vit cette sensation. Nous sentons l'êtreté comme un point de départ intérieur de toute expérience en même temps que le caractère commun fondamental à toutes les expériences. Ce sentiment d'être est un sentiment de centréïté : autour du témoin qui est **dedans**, se présente une infinité d'objets qui sont **dehors** (y compris le corps de cette conscience. Un travail sur la conscience du corps favorise d'ailleurs toujours le développement de l'êtreté initiale).

La source de cette sensation initiale d'être n'est pas connue et le fait de mettre sur elle des tas de concepts ne sert à rien : Moi, untel, ma conscience, le sujet, Dieu, etc. Toutes ces étiquettes sont strictement inutiles pour déceler, si l'on cherchait à le faire, qui exactement se sent être là, à cet instant, en soi, au centre de ce corps.

C'est une certitude, une présence aussi indescriptible qu'absolue. Si l'on se plonge régulièrement dans cette sensation, on acquiert, avec le temps, le sentiment de quelque chose d'inébranlable, d'irremplaçable, de totalisant. Cela peut tout aussi bien nous plonger dans une jouissance extatique que nous envoyer un frisson fugitif de peur panique. Une fois qu'on y a goûté, c'est fini, on est pris, il faudra y revenir, rien n'est plus obsédant, tout au moins au début, jusqu'à devenir le sentiment d'une nouvelle densité d'existence.

Le sentiment d'êtreté c'est le mystère de la vie qui monte en nous physiquement pour s'épanouir et exploser à la fenêtre de nos sens.

Une anecdote que m'avait racontée un chamane de Malaisie m'avait fait penser à cela.

Il s'était endormi par un bel après-midi pour faire une sieste dans la nature. Il se réveilla tout à coup, saisi d'une intuition, car aucun signal concret autour de lui ne semblait l'avoir prévenu : à quelque vingt centimètres de son visage, la face énorme d'un tigre le regardait calmement, sans un mouvement... Des yeux d'ambre immenses étaient rivés dans les siens, sans ciller. L'homme fut plongé dans un fragment d'éternité puis tranquillement l'animal recula de quelques pas, fit demi-tour et disparut dans les fourrés au petit trot.

L'homme me dit que pendant ces quelques instants il avait senti pour la première fois de sa vie ce qu'était réellement le fait d'exister. Ce ne fut pas tant la présence physique du tigre ni le danger encouru qui engendra ce sentiment, me précisa-t-il, mais ce fut comme si le regard suprêmement calme et profond de ces yeux fixés sur les siens avait éveillé le sentiment d'une densité gigantesque d'existence, un sentiment qui dès lors ne l'avait plus jamais quitté.

B/ – **L'êtreté-résonance**

C'est le fait **d'affirmer, mentalement cette fois**, la sensation d'êtreté initiale décrite ci-dessus. C'est l'évidence, rendue une seconde fois consciente, pour ainsi dire, de l'êtreté, en appliquant cette affirmation à n'importe quel objet de notre attention, qu'il s'agisse d'une chose concrète ou abstraite, ou de soi-même. On peut l'appeler le sentiment réfléchi d'existence des choses. Cette affirmation d'existence se confond pratiquement toujours, dans notre conscience, avec l'identification des choses réalisée par notre premier anneau de pouvoir. Il s'agit donc, nous l'avons déjà vu, d'une reconnaissance et non d'une connaissance à proprement parler. Cette résonance mentale de la sensation initiale d'êtreté a beaucoup de force en nous à cause de notre objectivisme.

C/ – **L'êtreté descriptive**

C'est le fait d'établir mentalement, puis éventuellement verbalement, une relation entre une chose et une autre, pour en enrichir l'identification, en lui attribuant une qualité, une similitude, des caractéristiques, un rôle, en la localisant dans le temps et dans l'espace.

C'est en fait l'usage du verbe « être » qui se met à construire la complexité d'une chose pour notre intelligence descriptive (ses qualités, ses relations avec d'autres choses, etc.) Toujours à cause de son objectivisme, l'êtreté descriptive est pour l'homme ordinaire une évidence absolue qu'il ne prend pas la peine d'explorer. Je **suis** Paul, le papier **est** beau, le nuage **est** blanc, François **est** avec moi, Jacques **est** parti, cette idée **est** saugrenue, etc.

Dans la vie quotidienne, très peu d'êtres humains prennent le temps de vivre le sentiment de l'êtreté initiale, un nombre restreint mais un peu plus important se sont donnés la peine de vivre l'êtreté-résonance, l'immense majorité des hommes ne font qu'utiliser l'êtreté descriptive. Combien de personnes savent vraiment et profondément qu'elles existent ?

En ontologie, ce sont surtout les deux premières modalités d'êtreté qui vont nous intéresser et pour les approfondir, reprenons cette fameuse situation ontologique.

« Je suis face à un arbre en plein milieu d'une forêt. »

Je le vois, je suis le témoin sensoriel et direct de son existence. Je ressens et j'affirme que cet arbre existe. Si je m'éloigne de deux kilomètres, je peux continuer d'affirmer son existence probable ; c'est une inférence fondée sur ma mémoire, mais là encore, son êtreté est le produit de mon attention intérieure.

Si son êtreté est produite par lui-même, à partir de sa conscience d'arbre, il s'agit de sa création de réalité à lui, pas de la mienne, cela ne participe pas de l'êtreté du monde pour moi mais pour lui, **mais c'est encore et toujours une conscience qui produit l'êtreté de l'arbre.**

L'êtreté est toujours le produit d'une conscience, **elle est le phénomène premier et initial de l'univers,** elle est exclusivement individuelle, liée à chaque sujet porteur d'une conscience, elle est donc d'origine intérieure et centrifuge. **Il n'y a pas d'arbre en soi, s'il n'y a pas de conscience qui en perçoit l'existence** (et qui peut être la sienne). **Sans conscience pour témoigner de son existence, aucun objet ni aucun être, ni aucun phénomène n'existe.**

On peut donc réserver l'usage du mot « Êtreté » pour décrire ce pouvoir qu'a la conscience de manifester l'existence du monde et le mot « existence » pour l'inférence généralisée, inconsciente et mentale de l'existence de ce monde, sorte de généralisation banalisée de l'êtreté. L'êtreté est le prémisse ontologiquement et empiriquement fondé de la sujétique, la production du monde-objet par la conscience-sujet, le principe de la conscience créatrice de la réalité, dans un sens du mot « créer » qui ne renvoie pas à une transformation mécanique d'un objet en un autre, ni à l'hypothèse religieuse d'une création du monde *ex-nihilo* par une quelconque divinité mais à une expérience que tout être humain, étant doté d'une conscience, peut faire, comme condition initiale de l'existence des choses.

Pour conclure au sujet de l'arbre, répétons-le, **si aucun être vivant et conscient n'a jamais été témoin de cet arbre, si lui-même ne possède pas de conscience pour s'accorder à lui-même l'êtreté, cet arbre n'existe pas.**

> **La réalité de l'existence d'un phénomène quel qu'il soit, est toujours et avant tout notre conscience de cette réalité, elle ne peut s'en séparer ni avoir lieu hors de celle-ci. Le monde est toujours une conscience du monde.**

Face au mystère initial de l'Êtreté, l'objectivisme finit même par attribuer le monde à un intervenant tout-puissant surnommé Dieu mais cela ne résolut pas le mystère de l'êtreté : qu'il fut considéré comme transcendant à l'homme ou comme immanent, ce créateur est un Être de plus, l'Êtreté qu'on lui attribue part de la conscience humaine, et c'est peut-être ce qui fit dire à un philosophe des Lumières :

> **Dieu a peut-être créé l'homme… mais celui-ci le lui a bien rendu… !**

HYLOZOÏSME, DEDANS/DEHORS ET POUVOIRS CHAMANIQUES

Une autre idée s'imposa aussi aux chamanes au fur et à mesure de leurs découvertes ontologiques : tous les êtres des quatre règnes, minéral, végétal, animal et humain ont une forme de conscience plus ou moins évoluée, une intériorité qui, non seulement constitue la poussée vitale d'évolution et d'organisation qui les fait être du dedans ce qu'ils sont spécifiquement, mais qui constitue aussi leur pouvoir de vivre l'Êtreté, donc de créer le monde, bref d'être témoins et conscients de leur environnement car sans cette intériorité, il y aurait un déséquilibre énergétique entre le dedans et le dehors de toutes choses.

S'il n'en était pas ainsi ce serait, pour eux, comme si une maison avait un extérieur et pas d'intérieur. On verrait sa façade, ses murs, ses fenêtres, sa cheminée, alors on rentrerait dedans et il n'y aurait rien, ni meubles, ni pièces, ni murs, ni espace interne : l'Êtreté intérieure, c'est-à-dire un certain niveau de conscience, est aussi nécessaire à tout ce qui existe dans l'univers, du règne minéral à l'humain, de l'atome à la galaxie, qu'un intérieur est nécessaire à cette maison pour qu'elle existe ! Cette maison sans intérieur est tout aussi « chamaniquement » inimaginable qu'un univers objectif qui ne serait pas partout, bien que de façon inégale, remplie de conscience au dedans.

C'est à partir de cette conception de l'êtreté que les chamanes développent leurs pouvoirs non ordinaires. Ouverts mentalement et affectivement à l'existence de l'intériorité de tous les êtres des quatre règnes, ils perçoivent tout autour de la Terre, un réseau de conscience-énergie qui émane de ceux-ci et auquel ils s'ouvrent par la conscience de leur propre corps lumineux et par l'ouverture bien contrôlée de celui-ci à différentes fréquences de ce réseau.

LA MORT OBJECTIVÉE NOUS TROMPE

Si l'on observe la nature de façon superficielle, elle semble confirmer cette rupture temporelle de la conscience que l'on appelle la mort.

Mais observons-la avec plus d'attention : un arbre croît puis vieillit et semble, à l'évidence mourir, cesser d'être. Son écorce et son tronc pourrissent, des mousses et des champignons se nourrissent de celui-ci mais ils meurent à leur tour dévorés par des insectes. Eux-mêmes meurent et des micro-organismes de toutes sortes prospèrent sur leurs cadavres. Tout ceci produit un humus sur lequel, le printemps venu, pousseront des fleurs ou bien qui nourrira un autre arbre dont les feuilles mortes auront produit cet humus.

En réalité il n'y a pas de discontinuité dans le flux vital, il y a seulement discontinuité dans les formes extérieures multiples de ce flux, les êtres individualisés. Ces morts ne sont que des transformations (trans-formation = changement de forme), aucun vide ne s'infiltre entre une forme et une autre, l'existence ne s'arrête jamais.

Bien sûr si nous-mêmes, en tant qu'êtres humains, nous nous identifions exclusivement à ces êtres individualisés nous pouvons dire que nous mourrons, mais si nous supposons que notre conscience puisse, à un moment donné, « couler » dans ce flux vital non individuel que les chamanes appellent le Grand Vouloir et qui selon leur conception hylozoïste, est de la conscience-énergie-lumière, la même pour tous les êtres, tout change !

LE NÉANT, QU'EST-CE ?

L'univers est régi par la dualité dynamique des opposés complémentaires.

L'êtreté ne devrait pas échapper à la règle, en tant que pôle codé « plus », elle devrait avoir un pôle codé « moins » ! Qu'en est-il ? On pense au Néant bien sûr !

Qu'est-ce que le Néant ?

C'est l'absence totale de toute chose !

Avec l'imminence de la mort, l'homme y pense et tente d'en imaginer l'éventualité, mais si le Néant existe, c'est qu'il EST quelque chose, exister c'est être et être c'est être quelque chose !

S'il est quelque chose, il n'est donc pas le Néant **puisque le Néant est l'absence totale de toute forme, de toute manifestation d'existence !**

Le Néant nie donc sa propre existence !

Notre intellect se rebiffe et prétend que nous jouons sur les mots, que si l'être existe, toute chose ayant un opposé, le Néant existe forcément aussi ! Mais l'intellect joue avec le virtuel, le théorique. *L'Êtreté est en-deçà de la dualité dynamique*. Il n'y a pas sophisme mais raisonnement ontologique sur l'absolu dont la prise de conscience peut bouleverser d'un seul coup notre vie :

L'Êtreté est la seule chose de l'Univers concret et abstrait, qui n'ait pas d'opposé

« … Ce qui est, EST de façon absolue et **définitive**, rien de ce qui est, de ce dont est témoin est conscience ne peut être annulé, il est et sera toujours, indépendamment de la force de transformation qui l'affecte dans le temps linéaire de "l'avant-pendant-après". Mais il existe, on l'a vu, un temps simultanéiste qui n'est fait que d'instants présents qui "sont toujours là", et dans ce temps là, l'instant et la substance par laquelle la conscience entre dans cette Êtreté.

Le seul mot de "néant" est donc une énorme farce que nous joue l'Esprit et il en est de même du "zéro" qui le codifie dans la représentation quantitative de la réalité. Pourquoi l'esprit nous joue-t-il de tels tours ? Il s'invente à lui-même des labyrinthes et des pièges mentaux pour nous mettre au défi de les déjouer. Retrouver le sentiment absolue de l'Êtreté par la mise en place de l'attention silencieuse, qui permet précisément de ne pas en être dupe, est l'objectif principal du chamanisme et en général de toutes les voies spirituelles concrètes. »

C'est peut-être ce qu'a voulu dire un grand physicien quantique, dans son langage scientifique en écrivant un ouvrage dont le titre est : « **La plénitude de l'Être** ».

La conscience ne peut pas expérimenter le Néant parce que, par sa définition même, le Néant n'existe pas. Elle ne peut expérimenter que l'Êtreté, ce qui veut dire qu'elle EST en dehors du temps et de l'espace. Si vous êtes, vous avez été et vous serez, toujours et depuis toujours.

Le Néant, comme l'enfer, a été inventé par des esprits dominateurs qui voulaient exploiter et exploitent toujours les peurs de l'homme.

Par ailleurs, l'aspect le plus singulier de la question « quel est le sens de l'Univers ? à quoi sert-il ? », c'est de prendre conscience de sa nature tellement anthropocentrique

En tant que créatures dotées de besoins vitaux, nous fonctionnons comme des **parties** de l'Univers, en permanence obligées de prendre de l'énergie et de l'information **dans les autres parties** soit sous forme d'échange, soit comme prédateurs. Le concept de « sens », d'« utilité », d'« objectif », de destination finale est totalement inhérent à cette condition « fragmentaire » d'êtres **« partiels »** par opposition à la nature **totalisante** de l'univers dont nous cherchons le sens.

L'univers est nécessairement sa propre cause. Il est son propre prédateur, son propre fournisseur d'informations et d'énergie.

En soi, considéré dans sa totalité, **il n'a pas d'autre raison d'être que d'être, son Êtreté même EST son sens.** L'Univers est totalement gratuit, il est tout entier là, dans ses causes et dans ses conséquences, c'est une pure fête d'Êtreté !

Cette certitude libère le chamane de toutes les peurs, et

> « Quand les peurs disparaissent, tout le mal disparaît car tout le mal vient de la peur. »

mais cela, nulle conscience ne peut l'affirmer ni l'expérimenter pour une autre.

À la question qu'on lui posa un jour :

« Pourquoi y-a-t-il quelque chose plutôt que rien ? » un enfant malicieux mais sage répondit au questionneur :

« Parce que, s'il n'y avait rien, tu ne pourrais même pas poser la question ! »

Percevoir de façon expérientielle que non seulement l'êtreté du monde vient de nous mais qu'elle possède un caractère absolu de permanence est un choc !

Cette permanence absolue est aussi une abondance, une gratuité affolante. Nous ressentons peu à peu que les êtres partiels et éphémères que nous avions cru être dans le cadre objectiviste du monde, sont en réalité des êtres complets, des créateurs d'êtreté, des hologrammes vivants et palpitants du Grand Tout sidéral. Il faut revoir d'urgence les fondements de nos motivations quotidiennes, notamment dans nos rapports aux objets, à la possession !

Au cours d'une randonnée dans les montagnes du Mexique, Don Juan amena un jour Carlos au sommet de l'une d'entre elles et lui raconta que les conquistadores avaient coutume de monter ainsi sur les plus hautes cimes pour se partager les territoires conquis.

Leur chef allongeait le bras et, désignant les terres qui s'étendaient jusqu'à l'infini, il allouait telle ou telle immense contrée dans telle direction à l'un d'eux, puis finissait le partage pour les autres en se tournant ainsi vers les quatre horizons.

Don Juan se tournant ensuite vers Carlos, étendit le bras vers le lointain et lui dit : **« Carlitos, je te donne tout cela, prends-le, c'est à toi ! »**

Carlos crut alors à une facétie de plus de son maître en train de parodier les conquistadores et ne comprit pas qu'en donnant à ces mêmes mots un autre sens, il était tout à fait sérieux. Il partait de l'idée, que Carlos connaissait pourtant bien, que créant tout ce que nous percevons, tout ce que nous percevons étant **en** nous, il est **à** nous, **IL EST NOUS !**

Pourquoi dès lors vouloir encore posséder les choses quand nous réalisons qu'en ouvrant simplement les yeux le matin au réveil, nous commençons et continuons de créer tout ce que nous allons percevoir, toucher, contempler, sentir et faire évoluer autour de nous toute la journée ! Pourquoi désirer posséder, pourquoi s'attacher à ces objets, ces lieux, ces instants puisque nous pouvons, en tant que consciences, donner l'êtreté à tout ce qui est là et que par conséquent, ils sont à nous ! Ils sont nous !

RESSENTIR ET PENSER LE MYSTÈRE DANS SA TOTALITÉ

Jean-Yves Leloup rappelle dans l'un de ses livres que le mot « Dieu » vient du latin *dies* : le jour. Cela me semble révélateur de l'approche manichéenne, latine et chrétienne, du Pouvoir suprême. Un tel choix sémantique pour désigner un tel concept ne peut pas être le fruit du hasard ! Mais alors ? Si Dieu est « jour » (soit, comme on peut le supposer : « lumière ») la nuit ne serait donc pas de nature divine, mise de côté, discriminée, peut-être même… diabolisée ! Encore un petit signe que notre société occidentale judéo-chrétienne vit son aspiration à l'absolu dans un rejet ontologique de la moitié du Réel, c'est en tout cas ce qui semble ressortir de notre errance métaphysique actuelle. Pour n'avoir ni compris ni accepté la complémentarité ontologique de tous les pôles opposés de l'univers, la pensée christianisée d'Aristote nous a plongés dans un chaos métaphysique que notre orgueil scientiste ne peut pas dissimuler et dont la science elle-même est d'ailleurs victime.

Ainsi, « l'esprit ou la matière » est devenu « la matière contre l'esprit », le « masculin ou le féminin » est devenu « le féminin contre le masculin », « l'individuel ou le collectif » est devenu « le collectif contre l'individuel », et ainsi de suite dans un phénomène généralisé de fracture de toutes les dualités qui continuera jusqu'au chaos à tourner le dos à la vision dynamique du monde.

ONTOLOGIE, SUJÉTIQUE ET ÉVOLUTION

L'existence millénaire de l'ontologie prouve que dans sa curiosité et son amour de la connaissance, l'homme a ressenti depuis longtemps l'exigence d'un fondement absolu et indiscutable de celle-ci.

Qu'elle soit révélée et religieuse ou démontrée et scientifique la primauté du principe ontologique révèle sans le moindre équivoque que la connaissance est un processus sujétique inséparable de l'Êtreté des choses qui en font l'objet, que tout sans exception prend sa source dans la conscience et existe par elle.

On ne peut donc remonter plus loin que dans celle-ci pour fonder la réalité du monde.

L'essence des choses est donc nécessairement une conessence

L'objectivisme et son application, la science matérialiste sont donc une impasse pour l'évolution de la conscience humaine car elles sont fondées sur le divorce entre la conscience et l'univers, entre l'homme et la nature, une longue errance qui ne nous amène nulle part.

Si l'évolution de la conscience devait reprendre ce serait dans le sens d'une exploration sujétique du monde.

Les peuples chamaniques revendiquent volontiers le proverbe :

> **« Ce n'est pas la nature qui appartient à l'homme mais l'homme qui appartient à la nature. »**

Au-delà même de l'appartenance de l'un à l'autre c'est l'unité tant recherchée par l'homme de « la nature dans la conscience » que révèle leur conception du monde.

CHAPITRE IV

La dualité dynamique, l'énergie, et le point du funambule

> La seule chose qui n'ait pas de pôle opposé dans l'univers est l'Êtreté.
> Réalise ton êtreté et tu ne mourras plus jamais…

DUALISME ET ÉNERGIE

Comprendre l'anneau de pouvoir est le premier pas important de l'apprenti dans la voie du chamanisme mais cela ne fait pas pour autant de lui un chamane.

Passée cette première étape, il devra ensuite apprendre à maîtriser cet anneau, c'est-à-dire à savoir effacer d'anciennes mémoires et à en créer délibérément de nouvelles, afin d'entrer peu à peu dans son second anneau : la conscience énergétique de la réalité.

Comment ?

Précisément en apprenant à percevoir l'énergie dans tout ce qui existe autour de lui, à la reconnaître et à l'accepter, selon le principe de la dualité dynamique.

Le chamanisme est fondamentalement dualiste. Cela veut dire que pour les chamanistes la dualité est un mécanisme universel de fonctionnement jusqu'au plus haut niveau et pour une raison très simple : ce que nous appelons Dieu, principe moteur et finalité de toutes choses, est pour eux l'ensemble des énergies manifestées dans toutes les formes de l'Être, et dont la totalité est perçue et évoquée par eux comme la grande Énergie qui pousse toutes les choses existantes à naître, croître, évoluer et se transformer en permanence : l'Aigle. Or à quelque niveau que se porte leur attention pour observer et comprendre l'univers, l'énergie est toujours le résultat d'un fonctionnement dualiste et même au-delà, elle **EST** la dualité.

LA DUALITÉ, MODÈLE UNIVERSEL D'ORGANISATION DE L'ÊTRE

Tout être, toute chose observable dans notre monde possède un degré d'organisation, tant dans son apparence et sa structure physique que dans son fonctionnement, qui varie selon sa complexité. Cette organisation obéit à des principes dont certains sont tellement simples qu'on ne les perçoit même plus. Ils régissent pourtant tout ce qui existe, que ce soit sur un plan concret ou sur un plan abstrait : l'espace, le temps, la vie et son évolution, la conscience des êtres vivants, etc.

Le premier de ces principes structure l'univers au niveau le plus basique de son fonctionnement : c'est celui de la dualité.

Dans l'espace, la dualité crée le haut et le bas, la gauche et la droite, le devant et le derrière, l'intérieur et l'extérieur, le loin et le près, le petit et le grand, la lumière et l'ombre, le droit et le courbe, l'infini et le fini, etc.

Dans le temps, la dualité fait le jour et la nuit, le bref et le durable, le passé et le futur, l'été et l'hiver, l'éternel et le fugitif et, s'associant avec l'espace, le rythme et le cycle.

Nous observant nous-mêmes, nous réalisons que le fait d'avoir une conscience divise le monde en sujet observant et en objet observé, en esprit et matière. Nous tournant vers le monde organique, nous voyons alterner la vie et la mort, la croissance et la décrépitude (au niveau cellulaire : l'anabolisme et le catabolisme, l'entropie et la néguentropie), le masculin et le féminin.

Si nous étudions les mécanismes précis d'un organisme humain, par exemple, nous remarquons qu'il est presque entièrement dualisé anatomiquement : deux bras, deux jambes, deux poumons, deux cerveaux, deux systèmes circulatoires (artériel et veineux) un système orthosympathique et un système parasympathique, un système nerveux sensoriel et un système nerveux moteur. La respiration se décompose en inspir et expir, le système digestif assure l'assimilation et la déjection, le pH sanguin oscille entre acidité et alcalinité, la circulation d'énergie dans les méridiens est centripète ou centrifuge. Les sensations alternent entre le lisse et le rugueux, le chaud et le froid, le sombre et le clair, les sons aigus et les sons graves, le salé et le sucré, l'acide et l'amer, etc.

Au niveau subjectif de la pensée et du ressenti, existent le simple et le complexe, le facile et le difficile, le plaisir et la douleur, la joie et la peine, le mépris et l'admiration, la peur et l'attraction, l'amour et la haine etc. Enfin dans le domaine des valeurs, nous sommes guidés par les couples du bien et du mal, du beau et du laid, du vrai et du faux, de la réussite et de l'échec, de l'effort et de l'abandon, du faible et du fort, du passif et de l'actif, etc.

Sans que nous nous en rendions toujours compte, ces multiples dualités sont la trame de l'organisation basique de notre vie.

Dans l'espace, tout corps physique subit la force de la gravitation universelle, ce qui veut dire que sa place dans l'univers ainsi que l'évolution de ses composants et de sa forme, vont se faire par équilibre bipolaire entre les forces d'attraction d'autres corps de l'espace venant de directions opposées et de celle de la Terre : la gravitation universelle s'exerce de façon dualiste déterminant les deux forces d'expansion et de rétraction de tous les corps de l'univers.

DUALITÉ, POLARITÉ ET ÉNERGIE

Mais ce qui rend la dualisation opérationnelle, c'est le phénomène de polarisation : **chacun des deux éléments ou des deux forces influentes en place dans toutes ces dualités ne joue pas le même rôle, mais un rôle complémentaire de l'autre parce que de nature, de force ou de direction opposée à celle-ci.**

Ce principe est parfois appelé « Système antagoniste/complémentaire ». En chamanisme, nous l'appelons **la dualité dynamique** tout simplement parce qu'il régit le mouvement dans l'espace et l'évolution dans le temps de toutes choses et, même au niveau subjectif de la conscience humaine, tous nos vécus sans exception. **En fait, il est le mécanisme même de l'énergie.**

Une façon simple de définir l'énergie est de dire qu'elle est ce qui crée le mouvement et le changement dans l'univers et, sur un plan subjectif, ce qui pousse les êtres vivants à agir (les pensées, les désirs, les décisions, la volonté, etc.). On peut aussi la définir comme ce qui fait naître, croître et mourir tous les êtres organiques ou non, et la meilleure manière de l'appréhender dans tout ce qui nous environne et en nous-mêmes est de la reconnaître derrière les innombrables systèmes de polarités qui sous-tendent l'organisation élémentaire de l'univers.

Héraclite d'Éphèse, un philosophe grec à peu près contemporain d'Aristote donnait de son approche dynamique de l'univers la définition suivante :

> **« Tout ce qui est, est en devenir et ce devenir, quoique harmonieux n'est point pacifique mais guerrier car chaque chose est le résultat de l'union d'elle-même et de son opposé. »**

Quelques commentaires permettront d'en éclairer le sens.

A) « *Tout ce qui est, est en devenir...* »

C'est la vision dynamique du monde : tout est en perpétuelle transformation et pour en percevoir la réalité ultime, c'est dans son mouvement et sa transformation permanente qu'il faut l'appréhender et non dans le cliché statique que notre mode ordinaire de perception nous la livre pas plus que dans la description figée que nous en fournissent nos représentations mentales.

B) « *... et ce devenir quoique harmonieux...* »

Certaines traductions du principe d'Héraclite diffèrent sensiblement de celle-ci et, personnellement je les préfère car elles sont plus explicites en transcrivant : « **et ce devenir, même quand il est harmonieux** », ce qui veut dire que tous les phénomènes, qu'ils soient perçus comme harmonieux ou non, sont concernés par le principe.

Cette phrase peut encore vouloir dire que la nature guerrière, antagoniste ou tensionnelle d'un événement ne l'empêche pas pour autant d'être harmonieuse, ce qui est encore une façon d'insister sur l'aspect naturel de l'antagonisme.

C) « *... car chaque chose est le résultat de l'union d'elle-même et de son opposé* »

« Chaque chose » désigne ici déjà l'état futur d'« elle-même », c'est-à-dire la chose transformée après sa rencontre avec son opposé.

Remarquons encore que malgré le terme de « guerrier » Héraclite parle d'union et non de confrontation avec le pôle opposé, ce qui correspond tout à fait à la nature paradoxale de la réalité profonde de l'être : **l'énergie est un phénomène qui conjugue à la fois l'antagonisme et la complémentarité.**

Par exemple, le système circulatoire est composé de deux sous-systèmes de rôles opposés et complémentaires : le système veineux véhicule le sang sale et usé vers les émonctoires pour que le système artériel puisse apporter le sang neuf et nourricier. Si nous expirons du gaz carbonique dont le monde végétal se nourrit, c'est pour pouvoir respirer l'oxygène qu'il nous offre en échange : deux fonctions opposées pour un même système. Que serait l'intuition et la créativité du cerveau droit si celle-ci n'était structurée et organisée par le travail rationnel du cerveau gauche ? Et cependant on les oppose en permanence. Que ferait l'esprit sans la matière et vice versa ?

Quand nous parlons, étant émetteurs et actifs, nous avons besoin de personnes réceptrices et passives pour qu'il y ait un sens au message émis.

Aucune vie ne serait possible sans l'exercice simultané de « donner » et « recevoir » qui pourtant s'opposent. Si, en marchant, les muscles antagonistes ne se relâchaient pas pendant que les muscles effecteurs sont tendus, nous ne pourrions avancer ou nous tomberions. La survie et le fonctionnement dynamique du corps tout entier sont d'ailleurs fondés sur le rythme tension/relâchement. La reproduction sexuée des êtres vivant est fondée sur la polarité des deux sexes et sur leur opposition fonctionnelle. L'homme et la femme sont irrésistiblement attirés l'un par l'autre comme le pôle « plus » de l'électricité attire le pôle « moins » et cependant ils sont simultanément tellement différents qu'en même temps ils s'opposent et peuvent ne plus se comprendre. C'est alors que la complémentarité est devenue antagonisme, mais tant qu'ils assument leur altérité sur le plan psycho-émotionnel et social autant que sur le plan physique et sexuel, l'aspect complémentariste dominera et la construction prévaudra sur la destruction.

Le code dualiste yin/yang du taoïsme, une philosophie très proche du chamanisme, décrit parfaitement le mécanisme de l'énergie et de la dualité dynamique, dans le couple en particulier.

L'homme, qui est yang (plutôt masculin, émetteur, actif, ciel, rationnel et porté à la ligne droite et à l'angularité) possède aussi une composante yin mineur (plutôt féminine, réceptrice, passive, terre, intuitive, portée à la ligne courbe) qui doit s'exprimer sainement en se combinant harmonieusement avec sa dominante yang interne.

Pour la femme, la situation est opposée, de telle sorte que dans la recherche d'harmonie entre elle et lui, son pôle yang minoritaire vient s'emboîter avec le pôle yang majoritaire de l'homme et vice versa pour les deux pôles yin. Ainsi, s'ils assument cette polarisation et son mécanisme antagoniste/complémentaire, peuvent-ils vivre en harmonie.

LA DUALITÉ DYNAMIQUE DANS LE DOMAINE DES ÉMOTIONS, VALEURS ET CROYANCES

Nous comprenons facilement que, pour monter le plus haut possible marquer son point, le basketteur doit s'appuyer le plus possible vers le bas, donc dans la direction opposée. Nous comprenons facilement que c'est le relâchement de la corde et non sa tension (même si celle-ci génère celui-là) qui fait partir la flèche, nous comprenons facilement que dire du moucheron qu'il est minuscule, n'a de sens que parce que par rapport à lui nous sommes énormes, et que c'est donc la grandeur qui engendre la petitesse dans notre esprit. Bref nous comprenons facilement l'interdépendance ontologique de ces paires d'opposés : le haut et le bas, le tendu et le relâché, et bien d'autres polarités encore.

Mais si nous abordons maintenant les émotions, les ressentis et les valeurs, nous avons besoin de faire un effort particulier pour y reconnaître la loi du même principe.

Prenons le concept de la beauté. *« J'aime ce qui est beau, je déteste ce qui est laid »* aimait à dire une vieille dame de mon enfance. Celui qui cherche le beau le fera nécessairement par rejet et élimination du laid, donc par comparaison, presque toujours inconsciente, avec le laid. **L'amour pour le beau de cette personne se nourrissait, s'appuyait en fait, sur l'existence du laid.** Elle collectionnait les objets d'art, sa vie était organisée autour de cette recherche et si tout, absolument tout était tout à coup devenu beau autour d'elle où que ses yeux se tournassent, elle serait tombée, au bout d'un moment dans la dépression, puis en serait sans doute morte, ayant été privée de sa plus forte motivation : **chercher et découvrir le beau.**

C'est la vision dynamique et non pas statique du mécanisme de vie qui nous donne la clé de celui-ci.

Cette dame, sans le savoir, avait un aussi grand besoin de laideur que de beauté, la première donnant tout son sens à son bonheur en faisant exister la seconde et en lui donnant la valeur qu'elle lui attribuait.

BEAU OU LAID, BIEN OU MAL, VRAI OU FAUX...
SANS EXISTENCE HORS DE NOUS

Nous avons tous rencontré des idéalistes qui vouent leur existence aux handicapés, aux pauvres, aux sans abris, aux réfugiés politiques, etc. Dernièrement je rencontrai l'un d'entre eux que nous appellerons François. Il parlait avec passion de tous les projets qu'il avait déjà réalisés et souhaitait encore mettre en place pour améliorer le bonheur des hommes. Il semblait rayonnant de sérénité jusqu'à ce qu'il évoqua les lobbies, les hommes d'affaires et trafiquants de toutes sortes qui, au plus haut niveau des États, avaient plongé dans la ruine tous les gens qu'il souhaitait aider et sauver, et à ce moment-là, sa haine, sa colère et son mépris étaient redoutables, il alla jusqu'à affirmer que ces gens-là ne méritaient pas de vivre. Inconscient de sa dualité intérieure, ce garçon eut du mal à me comprendre lorsque je lui déclarai :

– *Es-tu heureux d'aider tout ces gens ?*

– Bien sûr, répliqua-t-il, c'est ma mission, ils sont ma raison de vivre.

– Alors, lui répondis-je, remercie aussi les trafiquants, financiers et lobbistes de tous poils, car sans eux, il n'y aurait pas tous ces malheureux et tu n'aurais plus de raison de vivre !

Que feraient tous les justiciers du monde si la perfection, la justice et l'amour se mettaient à régner sur la Terre tout entière ?

Le « plus grand Bien » est en même temps le « plus grand Mal ». Prenons les plus beaux messages du monde, celui du Christ par exemple, dont on ne peut vraiment pas dire qu'il comporte la moindre exhortation à la haine ou à un quelconque sentiment négatif et que l'on peut, par conséquent ranger dans la catégorie du bien. En son nom (et le Christ l'avait prévu) des milliers de gens, inquisiteurs, conquistadores, puissants de ce monde et même simples hommes de religions, ont fait souffrir des centaines de milliers de personnes et causé la mort de beaucoup d'entres eux.

Aucun message n'est vrai et bien dans l'absolu, en toutes circonstances, partout et pour tout le monde.

On peut arguer qu'il s'agissait d'interprétations tendancieuses du message ou de récupérations idéologiques servant d'autres intérêts que celui de faire le bien. Mais il faut se souvenir que de toute façon, tout ce qui est perçu et compris par un être humain **est une interprétation,** une création de réalité personnelle que chaque conscience élabore par l'anneau de pouvoir. Tout message, si beau, si parfait, si limpide et sans équivoque soit-il, sera donc fatalement voué à produire à la fois du bien et du mal.

Le parfum d'une rose arracha devant moi des larmes de douleur à quelqu'un qui voulait oublier la mort d'un proche que ce parfum lui rappelait. Le même couteau qui a servi à couper le pain sera utilisé pour menacer ou tuer le lendemain. Et même le morceau de pain offert peut étouffer et tuer l'affamé qui l'absorbe avec trop d'avidité.

De même dans l'autre sens, l'excrément puant de l'âne de la légende soufie fut récupéré pour faire pousser de magnifiques roses par celui dont le seuil en avait été souillé.

C'est grâce à la maladie, aux souffrances et à l'agonie de millions de personnes dans le monde que d'autres millions de personnes gagnent leur vie, prospèrent et font des découvertes scientifiques sur les origines de la maladie, dans les hôpitaux, les cabinets de médecins et dans les laboratoires de recherche.

Un arbre naît, assure sa croissance et s'épanouit en tirant sa subsistance de l'humus qui est, en fait, le résultat de la mort et de la putréfaction de milliards de micro-organismes, d'insectes et de ses propres feuilles.

De plus, c'est en luttant contre le vent et contre leurs concurrentes que les plus belles plantes se dressent avec vitalité vers le soleil.

C'est la résistance que les ailes du moulin ou de l'éolienne opposent au vent qui fait fonctionner ces derniers.

Une histoire vraie : *après avoir passé douze ans en prison pour plusieurs braquages de banque et pour le meurtre d'un policier, un homme opéra en prison une totale reconversion. Il s'instruisit, passa des diplômes et, en sortant de prison s'engagea dans une sorte d'ONG pour aider les peuples du tiers monde. Un jour, pris dans une escarmouche entre deux ethnies, il sauva quarante enfants d'un massacre certain en s'emparant de la mitrailleuse d'une bande de tueurs d'une ethnie opposée qui cernait leur école. Il raconta plus tard qu'il n'aurait pas pu réaliser cet exploit et que, par conséquent ces quarante enfants seraient probablement morts, sans son expérience passée de gangster qui lui avait permis d'acquérir audace et sang froid.*

Le bien, non seulement n'existe pas sans le mal, mais il est fréquent que l'un engendre l'autre et vice versa. Le bien, vu d'un endroit et d'une conscience, est le mal vu d'une autre conscience ou encore, le mal d'un endroit, comme on vient de le voir, nourrit le bien dans un autre.

Dans certaines circonstances très courantes, la dynamique entre deux pôles opposés est telle qu'il est nécessaire d'expérimenter l'un des deux pour que l'autre surgisse, comme dans le cas suivant où l'expérience du « désagréable » fut nécessaire pour réveiller la conscience de ce qui était agréable.

Une jeune fille vivait dans une jolie petite ville ensoleillée du sud de la France, située dans un écrin de verdure, pas loin de la mer et de la montagne. Elle pouvait y travailler, les manifestations et divertissements culturels y étaient abondants et variés mais, n'ayant jamais vécu ailleurs, elle n'en était pas très consciente. Il fallut qu'elle s'en aille vivre deux ans dans la capitale au milieu de la pollution, des embouteillages, du stress et de l'indifférence, enfermée dans des bureaux enfumés toute la journée pour apprécier réellement son bonheur passé et revenir s'épanouir dans sa ville d'origine qui correspondait beaucoup mieux à ses vrais besoins, l'expérience du « négatif » ayant réveillé sa conscience du « positif ».

Bref, qu'il s'agisse de phénomènes mécaniques ou biologiques du monde objectif, ou du monde subjectif des ressentis, des pensées, de la volonté et des valeurs, l'énergie de tous les phénomènes est toujours le résultat du fonctionnement bipolaire de la dualité dynamique.

Pour conclure, voici un petit conte de sagesse chamanique sur la dualité.

Un maître expliquait à ses élèves que l'un des fondements de la vie est la confrontation et le jeu des polarités opposées.

L'un des enfants se leva, et lui répliqua avec passion :

« Non, ce n'est pas vrai, la vie est fondée sur l'accord, l'harmonie et l'amour. »

Devant la drôlerie de la situation toute la classe se mit à rire.

Après qu'ils se fussent calmés, le maître reprit son cours en ajoutant : « Mais en même temps les parties opposées sont toujours complémentaires, elles ne peuvent se passer l'une de l'autre.

« C'est faux », l'interrompit à nouveau le même élève.

Le maître lui demanda alors :

« Explique-moi ce que veut dire "faux" ? »

L'enfant hésita, puis répondit : « Eh bien, c'est le contraire du vrai. »

« Tu vois, conclut le maître, toi-même tu as besoin de l'un pour expliquer l'autre ! »

D'après M.C. Escher

Figure Nº 4 : Métaphore visuelle de la dualité dynamique

Le monde est le fruit de l'affrontement récipro-créatif de toutes ses polarités opposées

LA DUALITÉ DYNAMIQUE AU CŒUR MÊME DE L'ACTION QUOTIDIENNE

A) Pourquoi nous levons-nous le matin pour aller travailler, pour agir ?

B) **Pourquoi des ingénieurs et ouvriers construisent-ils un pont suspendu dans une vallée ?**

C) Pourquoi le jeune musicien ou l'apprenti ébéniste répète-t-il inlassablement ses gammes pour l'un, le même geste avec un ciseau à bois, pour l'autre ?

D) Et plus simplement encore qu'est-ce qui rend un bon repas si agréable après douze heures de marche dans la nature ?

Dans tous les exemples cités ici et dans les innombrables autres exemples que nous pourrions trouver à chaque pas de notre existence quotidienne, c'est une dualité dynamique qui est le moteur de l'action, nous pouvons en schématiser le mécanisme de la façon suivante :

Une tension, une imperfection, un problème, un manque, une erreur engendrent un acte qui apportera le relâchement à la tension, l'amélioration à l'imperfection, la solution à un problème, la satiété au manque, la rectification à l'erreur.

Quel sens aurait l'existence sans progrès ? Quel sens aurait l'espace et le temps si ce n'est pour que s'y inscrive le progrès à travers le mouvement dans l'espace et le changement dans le temps ?

Et quel est le mécanisme du progrès si ce n'est celui de l'opposition dynamique entre « l'avant » que sont le manque et l'imperfection et « l'après » que sont la satiété et l'amélioration ?

Mais qu'est-ce qui fait tourner cette dynamique ?

Pour le découvrir il faut rentrer dans la subjectivité des êtres pour y trouver le moteur du plaisir de vivre qui découle de la satisfaction du manque ou l'amélioration de l'imperfection.

La mentalité du guerrier est simplement l'expression d'une acceptation pragmatique de la réalité : pour jouir du pôle positif, il faut nécessairement accepter pleinement le pôle négatif puisque le premier ne peut exister sans le second. Nous verrons comment il pousse cette logique jusqu'au bout pour en tirer meilleur parti encore.

ORIGINES PHILOSOPHIQUES ET CONSÉQUENCES PRATIQUES DU MONISME DE LA PENSÉE OCCIDENTALE

Le monisme est une position philosophique qui s'oppose au dualisme (*mono* : « un seul »). Les deux systèmes s'appliquent aussi bien en spiritualité qu'en métaphysique et même en science.

Le monisme spirituel repose sur une vision unitaire de la Force suprême qui régit l'univers quel que soit le nom qu'on lui donne.

Les religions monothéistes disent : « Dieu est Un. »

On peut interpréter cette affirmation de deux façons différentes.

La première consisterait à dire que les multiples paires de polarités opposées de la dualité dynamique ne sont qu'une vision intermédiaire du grand mécanisme universel, et qu'étant tout aussi définitivement complémentaristes qu'elles sont antagonistes, elles constituent finalement ensemble un système unitaire, ce qui compte étant le résultat global de leur relation et non le mécanisme sous-jacent à celle-ci.

Prenons par exemple la métaphore d'une chaise, sa fonction peut être définie de façon simple, c'est un objet spécifique avec un rôle précis : s'asseoir.

Mais si l'on veut la décrire en recherchant le mécanisme de sa fonctionnalité : comment elle tient debout et joue son rôle, on pourra évoquer, concernant sa fabrication, la dualité tenon/mortaise qui donne la clé de cette fonctionnalité.

La seconde façon d'interpréter l'affirmation moniste « Dieu est Un » est celle que les chamanes considèrent comme le résultat d'une pure vision de l'esprit, peu conforme à la réalité concrète du fonctionnement de l'univers. Elle proviendrait, en tout cas pour ce qui concerne le monde occidental, de notre passé philosophique, fruit de la rencontre entre la pensée d'Aristote et le christianisme.

La philosophie d'Aristote repose, pour une part importante, sur son principe du tiers exclu (A est A, A n'est pas non-A, il n'y a pas de solution intermédiaire entre A et non-A).

Ce principe a sans doute favorisé l'essor de la logique et de la rigueur nécessaires au développement des mathématiques et des sciences physiques, mais avec le recul, elle est actuellement considérée, y compris par des grands scientifiques, comme d'un radicalisme abstrait qui mène à une description excessivement virtuelle et théorique peu conforme à la nature subtile et essentiellement nuancée de la réalité.

Quand le christianisme se développa dans le Bassin méditerranéen, aux premiers siècles de notre ère, ce principe d'un dualisme tranché fusionna avec la dualité chrétienne du Bien et du Mal, qui, d'une part, affirmait elle aussi la totale incompatibilité de ces deux notions (A et non-A) et, d'autre part, annonçait la victoire finale, à la fin des temps, du Bien sur le Mal, réduisant ainsi la dualité initiale Bien/Mal à un monisme d'autant plus absolu qu'il était purement idéel, et qui, vue son importance morale pour la vie quotidienne, finit, dans sa fusion avec le principe d'Aristote, **par teinter du même radicalisme tous les autres concepts dualistes de la**

philosophie occidentale pour aboutir finalement à une vision purement abstraite et surtout statique de la réalité, sur le plan métaphysique. Le rôle moteur joué par le mal pour engendrer le bien commençait à échapper aux hommes. Le bien était envisagé dans la sphère statique d'un monde idéal, figé, complètement déconnecté de la réalité. La représentation statique parcequ'idéelle du monde, triomphait sur la perception empirique mais concrète de l'instant présent.

La dualité dynamique, qu'Héraclite d'Éphèse avait mis en lumière, fut totalement oubliée ainsi que les pouvoirs spirituels liés à la sagesse dualiste qui finirent même par être dénoncés comme la manifestation du Diable (étant donné que le dualisme affirmait la complémentarité dynamique du Bien et du Mal).

LA STRATÉGIE DU GUERRIER DE L'ESPRIT : LA VIE COMME DÉFI

Nous avons pris plus haut l'exemple de l'arbre qui construit sa vigueur en luttant contre le vent. C'est une image symbolique assez représentative de l'art de vivre des chamanes et de leur mentalité.

Pour le chamane, l'univers est prédateur (d'où le symbole de l'aigle pour représenter la Force suprême).

Dans *L'art de rêver* de Carlos Castaneda, Don Juan dit :

« Les sorciers partagent l'opinion que l'univers est prédateur, donc plus que tout autre homme, ils doivent en tenir compte dans leurs activités. Ils pensent que la conscience est intrinsèquement contrainte à s'accroître et que la seule façon de le faire est la lutte, les confrontations à la vie ou à la mort, seule source d'une compréhension illimitée du mystère de l'univers. »

Le guerrier de l'Esprit met donc en place dès les débuts de son apprentissage une stratégie consistant à

tirer parti, en termes d'énergie et de pouvoir, de toutes les circonstances de sa vie, par l'application d'une sagesse active.

Tout conflit entre vous-même et une autre personne, par exemple, peut être mis à profit pour évoluer, acquérir plus de sang-froid, comprendre pourquoi vous êtes dans cette situation et analyser le comportement humain, apprendre à gagner tout en respectant vos « ennemis » et en en faisant finalement des alliés.

Toute situation difficile est une occasion pour augmenter votre patience, votre courage, votre attention, votre résistance, pour apprendre à rester serein dans la tempête, à chanter sous l'orage, tout obstacle est providentiel pour apprendre à sauter plus haut, toute privation est à saisir pour apprendre à être sobre, c'est-à-dire heureux avec peu de choses. Tout cela n'est pas à confondre ni avec une austérité masochiste ni avec le bellicisme, car le guerrier de l'Esprit est un joyeux luron qui aime le plaisir, la détente, le calme, la douceur et la poésie ; il sait seulement que le monde étant irréversiblement bipolaire, les moments de jouissance seront suivis ou précédés de moments de combat, de manque, et d'antagonisme. Aussi peut-on dire que c'est un authentique épicurien : pendant les bons moments, il jouit de la paix, du bien-être, du fruit de son travail et de ses victoires et quand vient le moment des luttes et des tensions, il se réjouit car il sait que le moment est venu d'apprendre, de progresser et de fortifier sa conscience. Ainsi est-il toujours heureux de vivre. Il accepte tout, bons et mauvais moments et ainsi sait-il profiter de tout, sans renoncer à rien, mais sans attachement, puisque Bien et Mal, plaisir et douleur, tension et relâchement sont pour lui la trame naturelle et éternelle du monde.

Sa morale est l'impeccabilité dont nous parlerons plus loin.

L'acceptation de la dualité dynamique du monde et la clairvoyance par laquelle il la perçoit d'abord fait toute la différence entre le guerrier de l'Esprit et l'homme ordinaire, ce dernier « *prend les choses soit comme une bénédiction, soit comme une malédiction* » (Don Juan). Le guerrier considère les deux types de situations comme un défi pour fortifier son pouvoir et son équanimité.

Le concept de la vie comme défi est utilisé stratégiquement par les maîtres chamanes à un certain moment de la formation de l'apprenti. Don Juan le révèle à Carlos Castaneda lors d'un long bilan qu'ils font ensemble en lui rappelant la rencontre qu'il organisa au cours des années précédentes avec une sorcière redoutable, « la Catalina », un « **adversaire à la hauteur des circonstances** », mais en fait entièrement dévouée à l'apprenti, l'idée étant d'éprouver l'intrépidité de celui-ci par une épreuve dont il sortira soit guerrier confirmé, soit vaincu et destiné à retourner à la vie ordinaire. L'idée est que l'être humain ne progresse réellement que face à des défis et que bercé par la facilité, gratifié en permanence de récompenses non gagnées dans le combat, il s'affaiblit et tombe bientôt dans la médiocrité, le plaisir pour le plaisir, la lâcheté et l'ennui.

Il y a de multiples exemples et applications de l'utilisation délibérée de la dualité dynamique.

Dans la transe gravitationnelle, exercice chamanique très classique, l'apprenti abandonne tout son poids au centre de la Terre pour recevoir en retour l'impulsion ascendante de celle-ci.

Un jeûne bien mené augmente l'intégration énergétique des aliments pris ensuite, on peut ainsi guérir plus facilement une maladie de carence soignée par des compléments concentrés de plantes fraîches qui, par phénomène de vide réactionnel, atteindront plus facilement le niveau cellulaire.

En stimulant le système de thermo-régulation de l'organisme, les douches et bains d'eau très froide provoquent une chaleur réactive très agréable dans le corps et surtout une dilatation de tous les capillaires qui permet de soulager des maladies de dégénérescence liées à une mauvaise circulation du sang, de renforcer le système immunitaire.

Le silence intérieur prolongé provoque presque toujours un flux réactif de créativité mentale. Un homme guérit son fils obèse de la gourmandise non pas en le privant de gâteaux mais, au contraire, en l'invitant dans un salon de thé à une gigantesque orgie de choux chantilly dont l'enfant raffolait. Après une crise de foie mémorable, et définitivement écœuré, il cessa de se gorger de pâtisseries et retrouva un poids beaucoup plus raisonnable.

Un pisciculteur d'Amérique centrale utilisa de façon surprenante la dualité dynamique pour augmenter la qualité de ses produits que ces clients restaurateurs cessaient peu à peu de lui acheter, lui reprochant en effet la fadeur de ses poissons et attribuant cela à la nourriture artificielle qu'il leur donnait. Un chamane indien conseilla au pisciculteur d'introduire un barracuda, redoutable prédateur des mers chaudes, dans chacun de ses bassins. Celui-ci crut à une plaisanterie, mais vu le sérieux du chamane qui insistait, il le fit. Obligés de retrouver leur vigilance et leur sens de la survie, dans une situation qui ressemblait beaucoup à ce qu'ils auraient vécu en liberté, les poissons retrouvèrent une bonne vitalité qui changea le goût de leur chair. Le pisciculteur sacrifiait ainsi quelques kilos de poissons dévorés chaque jour par le barracuda, mais y gagna globalement en retrouvant sa clientèle.

Dans un monde où la loi absolue est le combat, on ne peut survivre qu'en étant un guerrier, mais comme le chamane cherche la connaissance et non la domination ou la richesse, alors il sera un guerrier de l'Esprit.

ÉNERGIE, POLARITÉ ET RÉACTION EN BASCULE

Les réactions en bascule, dont je viens de donner quelques exemples, s'appuient sur l'utilisation délibérée d'un phénomène que l'on rencontre partout dans l'univers mais qui, hors de ce contexte de maîtrise volontaire, sont simplement l'effet réactif par lequel les phénomènes énergétiques naturels s'équilibrent d'eux-mêmes spontanément.

Le monde, la nature, l'évolution des espèces, l'histoire de l'humanité et des civilisations, les comportements individuels sont remplis de ces bascules de polarités faisant passer une situation, un phénomène, un être vivant d'un état extrême à l'état opposé. Sur la mer, le calme plat succède fréquemment à la tempête, la grande chaleur sera souvent suivie de grands froids, les inondations de périodes de sécheresse, la phase guerrière et conquérante d'une nation sera suivie d'une phase opposée de repli sur elle-même, de passivité extrême qui l'amènera probablement à être à son tour occupée. Quand ce n'est pas une alternance dans le temps, ce sera un équilibre de polarités opposées dans l'espace : la pauvreté extrême d'un pays est souvent liée à l'abondance excessive dans un autre en rapport avec le premier.

Si l'on observe la dualité dynamique dans les comportements humains, il est fréquent d'observer qu'une personne excessivement autoritaire dans un milieu donné, se montrera d'un laxisme ou d'une passivité surprenante dans un autre. Une crise de colère explosive est presque toujours suivie d'une période de dépression ou d'atonie.

Bref, l'énergie, phénomène global, est toujours polarisée et le « plus » dépensé ici sera équilibré par une dose équivalente de « moins » exprimé là.

Sur le plan psychologique, beaucoup de personnes manquent totalement de nuances et se laissent emporter par ces dynamiques bipolaires, tant dans leur émotionnel que dans leur raisonnement, passant du « tout noir » au « tout blanc », du « tout au rien », illustrant sans le savoir, un aristotélisme comportemental qui réduit considérablement leur potentiel créatif.

Bref, quelque soit l'angle sous lequel on observe les mécanismes de la vie autour de soi, le monde semblerait donc soumis au grand jeu énergétique des polarités et ne pouvoir évoluer qu'en passant d'un état extrême à son état opposé ? Pas uniquement !

L'ÉNERGIE, LE TROISIÈME POINT ET L'ÉQUILIBRE

Il existe en effet une autre possibilité énergétique pour les phénomènes : une troisième position que l'on appelle l'équilibre instable. En se maintenant à égale distance des deux positions extrêmes, un phénomène, un être vivant, une conscience peuvent conjuguer les caractéristiques positives de deux pôles pour créer une réalité d'une nature profondément différente de celle qui aurait été la leur en se maintenant dans l'une ou l'autre des positions extrêmes.

Ce troisième point, connu depuis la plus haute Antiquité, fut sans doute la découverte philosophique la plus importante de toute l'humanité jusqu'à ce jour. Le philosophe Confucius en fit, avec sa théorie du juste milieu, un outil éducatif, un art de vivre et de gouverner d'un grand pragmatisme.

Le troisième point peut être observé dans une grande quantité de phénomènes de la nature et, bien sûr, chez les êtres vivants.

Prenons par exemple le cas du pH sanguin chez l'être humain. Le pH (potentiel hydrogène) est un paramètre biochimique qui définit le degré d'acidité ou d'alcalinité du sang, deux caractéristiques opposées de la matière organique. Le pH neutre 6,9, représente l'idéal pour le sang ; bien qu'il ne soit qu'un juste milieu entre une extrême acidité et une extrême alcalinité, il implique l'émergence de caractéristiques et d'états tout à faits différents de ceux des deux polarités extrêmes. Le corps humain possède son système d'autorégulation du pH sanguin avec ses signaux d'alarme et ses mesures de compensation biochimique, son **troisième point,** qui permet de rétablir l'équilibre acido-basique du sang.

Les niches écologiques mettent en évidence des systèmes bipolaires avec équilibre entre deux espèces animales concurrentes se partageant le même territoire et les mêmes ressources vitales, et qui mettent en place cependant un juste milieu d'influence.

La conscience des êtres humains est le produit conjugué de leur nature individuelle et de l'influence de la pensée collective. Ce fragile équilibre détermine certainement l'authenticité de chaque personne et son sentiment d'être libre, c'est le troisième point entre les deux positions extrêmes que sont l'individualisme forcené et le conformisme social sans réserve.

Actuellement, la socialité des êtres humains a pris une telle importance sur la Terre que de moins en moins d'individus sont capables de penser réellement par eux-mêmes et, compte tenu que cette socialité est largement exploitée par des lobbies techno-économistes puissants mais irresponsables, il est urgent pour la survie de la Terre qu'un juste milieu soit retrouvé entre l'influence de la pensée collective et la pensée réellement individuelle, cet équilibre étant peut-être en train de passer un point de non-retour (thème que nous aborderons dans le chapitre 10).

LE GUERRIER DE L'ESPRIT EST UN FUNAMBULE

Voici un petit conte chamanique pour illustrer le principe du juste milieu.

« Un jeune apprenti avait un maître, un chamane qui fréquentait régulièrement de vieux naguals retranchés dans la montagne mais aussi de pauvres gens incultes des villages en contrebas. Dans les deux cas, et cela surprenait l'apprenti, son maître avait la même attitude : il écoutait, observait mais restait toujours muet.
Un jour, l'apprenti, n'y tenant plus, posa une question à son guide :
« Maître, je ne comprend pas, vous ne dites jamais rien, passe encore que vous écoutiez en silence les sages de la montagne, mais pourquoi vous taire avec ces ignorants du village lorsqu'ils disent leurs sottises ? »
Le Maître lui répondit :
« C'est que, vois-tu j'ai beaucoup à faire dans les deux cas : par mon silence attentif, je comble mes insuffisances dans la montagne et je combats ma suffisance en me taisant au village. »

Le chamane avait mis en place un équilibre très profitable en adoptant une attitude semblable mais avec des objectifs opposés et complémentaires dans les deux situations : apprendre dans un cas, et travailler son égo dans le second. Il était ainsi gagnant sur toute la ligne.

Que ce soit au niveau de la vie quotidienne ou lorsqu'il s'engage dans une recherche d'évolution personnelle délibérée, l'être humain est dans la même situation que celle d'un funambule qui tente de conserver son équilibre pour passer d'un bord à l'autre d'un précipice dont la traversée réussie représente chacune des entreprises délicates, chacun des actes importants de son existence. Quoique nous entreprenions, nous sommes toujours, hélas le plus souvent inconsciemment, sur le fil d'un rasoir sur un câble tendu au-dessus du vide, cherchant par l'équilibrage de toutes les polarités opposées impliquées dans l'action en cours, à triompher du risque de tomber dans une position excessive ou dans son opposée, pour traverser le fil d'acier et continuer notre chemin.

LE CONTE DE L'HUITRE

Il était une fois, au fond de la mer, une petite huître qui venait de naître. Quand elle fut en âge de comprendre le langage des huîtres, son papa la prit sur ses genoux et lui dit : « Ma chérie, il faut que je te mette au courant des choses de la vie, ce monde est terriblement dangereux, méfie-toi de tout, autour de toi rôdent plein de créatures voraces prêtes à te dévorer, ferme ta coquille à double tour et restes-y bien enfermée. »
La petite huître obéit à son père. Mais au bout de quelques semaines sa maman, la trouvant bien maigre et bien pâle, lui demanda ce qui n'allait pas. La petite huître raconta ce que lui avait dit son père.
La maman leva ses bras au ciel et s'exclama : « Ma pauvre chérie ! Cet océan est plein de beauté et de belles couleurs, comment les voir avec ta coquille fermée ? De plus, tu ne peux plus filtrer le plancton dont tu as besoin pour grandir et puis tu ne peux pas faire connaissance avec tous ces petits compagnons avec qui tu pourrais jouer, tu vas dépérir ! Ouvre-toi toute grande à ce monde merveilleux, fais-lui confiance, tu auras plein de planctons à manger et tu grandiras ! »
Toute heureuse, la petite huître obéit à sa mère. Effectivement en ouvrant sa coquille elle connut plein de petits poissons et put admirer à loisirs toutes les couleurs du fond de la mer et regarder les jolies danses des algues. Mangeant plus de planctons, elle se mit à fortifier. Mais un beau soir, une belle étoile de mer qui semblait tranquille sur le sable près d'elle, fit un bond soudain et faillit lui arracher la moitié du corps. Quelques jours plus tard, regardant au-dessus d'elle un beau poisson rouge et violet qui passait, un bernard-l'ermite lui fonça dessus et lui arracha un morceau de lèvre et, à peine réouverte, un jeune mérou essaya de la gober.
Morte de peur, elle s'enferma et pendant que ses blessures cicatrisaient, elle s'ouvrit un peu, regarda le monde autour d'elle, réfléchit et comprit pourquoi ses nombreux frères et sœurs étaient soit des grincheux tout pâles et renfermés, soit des coquilles vides : son papa et sa maman étaient des mollusques sans nuances, des coquillages extrémistes ; pour survivre tout en étant heureux et ouvert au monde, il fallait savoir s'ouvrir dans certaines circonstances et certains lieux et se fermer dans d'autres, ou encore dans certaines circonstances, être juste assez ouvert pour se nourrir et connaître le monde et, dans d'autres cas, se fermer rapidement en cas de danger, être en somme, un « funambule du fond de la mer. »

Un philosophe contemporain a écrit cette superbe phrase qui s'applique particulièrement au thème du funambule :

« L'homme n'est pas né pour être équilibré mais pour être équilibriste. »

En fait, nous n'avons pas les moyens de nous laisser aller car l'équilibre, pour l'immense majorité d'entre nous, ne nous a pas été donné en prime à la naissance, c'est donc à nous de le réaliser.

Il est intéressant de constater que le mot **équilibre** venant du latin veut dire : « **également libre** » ; de quoi ? des deux polarités extrêmes vers lesquelles toute réalité tend à glisser. La liberté s'établit au centre, au juste milieu des choses et **le dépassement de soi est au centre de soi.**

Un centre de soi dont notre corps énergétiquement polarisé, est une métaphore vivante : le centre du corps lumineux, où toute l'énergie subtile (lumière/conscience/énergie) est dirigée et d'où elle est ensuite redistribuée dans le corps, se trouve exactement à mi-chemin entre le sommet de la tête (le ciel) et la plante des pieds (la terre).

LE GUERRIER DE L'ESPRIT ET LE TROISIÈME POINT

C'est en mettant en place son funambule intérieur, c'est-à-dire en se centrant sur soi-même, que le guerrier va réussir à se dépasser.

Évoquant le long cheminement de la conscience humaine, Don Juan dit un jour à Carlos que tout apprenti ne devrait commencer son travail que bien convaincu qu'il n'est pas un être équilibré, sachant que cet équilibre sera la récompense enviable des plus persévérants parmi les guerriers de l'esprit. Il explique ensuite qu'au cours de l'histoire, les hommes sont d'abord passés par la connaissance silencieuse, ***le premier point***, un état de conscience procurant à l'homme des pouvoirs hors du commun mais utilisés finalement de façon déraisonnable et tyrannique parce qu'ils furent enivrés par leur puissance (c'était les premiers sorciers toltèques). Les hommes sont ensuite partis dans le sens opposé et, de façon tout aussi extrémiste, ont développé la connaissance rationnelle, ***le second point***. Les chamanes toltèques actuels, les nouveaux sorciers comme il les appelle, qui ont survécu à ces deux phases extrêmes de l'aventure humaine et en ont tiré la leçon, ajoute-il enfin, qu'ils sont venus pour créer l'équilibre, faire la synthèse et extraire le meilleur de chaque polarité, par le juste milieu entre les deux modes de connaissance, **ce sera le troisième point de la conscience humaine.**

Don Juan précise, par la métaphore suivante, les conditions dans lesquelles l'humanité pourra bénéficier de ses erreurs passées et connaître la plus grande apogée spirituelle de toute son histoire : « *le pont à voie unique qui va de la connaissance silencieuse à la raison s'appelle responsabilité et l'autre pont à voie unique qui va de la raison à la connaissance silencieuse s'appelle pure compréhension* », l'être humain chez qui les deux ponts à voie unique fonctionnent bien, étant un authentique chamane en contact direct avec la force vitale suprême, l'aigle.

La maîtrise du juste milieu est bien entendu un outil essentiel du chamane, notamment dans le déplacement du point d'assemblage dont nous parlerons plus loin et qui correspond à l'entrée dans les états de conscience élargie.

Don Juan insiste en permanence sur la modération, la présentant non pas comme une attitude tiède « mi-chèvre, mi-chou » mais comme un exploit prodigieux sans lequel il n'y a aucun contrôle du point d'assemblage ni aucune maîtrise des rêves.

Dans la difficulté qu'il éprouve à trouver le bonheur ou la réussite dans ses projets, l'homme fantasme fréquemment sur un « jusqu'au-boutisme » qu'il confond avec l'intégrité totale ou le perfectionnisme ou la qualité de l'âme, il met de l'absolu là où il faudrait mettre du relatif et inversement. De même, dans le travail sur les deux attentions, le guerrier doit chercher une « **ouverture au centre** » et c'est certainement dans cette phase finale pour atteindre la troisième attention par laquelle il gagnera la liberté totale de sa conscience que l'image du funambule est la plus parlante, étant donné la nature du rituel qui l'illustre : le saut dans le précipice au cours duquel le chamane, candidat à l'immortalité, va réaliser l'ultime fusion entre ses deux natures, l'esprit et la matière, pour se transmuter en pure conscience/énergie/lumière.

INVOCATION DU GUERRIER FUNAMBULE

Un guerrier analyse et comprend sans se perdre dans l'intellect
Un guerrier désire et veut sans avidité
Un guerrier s'exprime sans se raconter
Un guerrier croit sans naïveté
Un guerrier s'affirme sans se prendre au sérieux
Un guerrier se respecte sans auto-complaisance
Un guerrier s'abandonne sans se laisser aller
Un guerrier jouit de la vie sans être esclave du plaisir
Et, par dessus tout
Un guerrier agit sans attendre...

CHAMANISME ET LOGIQUE PARADOXALE

Qu'est-ce qu'un paradoxe ?

C'est une proposition, une idée, un acte qui comporte en soi-même deux éléments contradictoires s'opposant l'un à l'autre, et qui rendent cette proposition ou cet acte illogique.

Mais selon quelle logique ? Voilà la bonne question !

Prenons quelques exemples.

« Pour aller vite... disait un sage chinois, il faut aller lentement. »

Pris au premier degré, la proposition semble illogique et erronée, mais si l'on veut dire par là, par exemple, qu'en prenant son temps pour être plus attentif à son ouvrage, un artisan ébéniste fabriquant une chaise semblera avancer plus lentement qu'un autre qui, se précipitant, achèvera plus rapidement un mauvais travail qu'il devra finalement reprendre en partie, mettant en fin de compte, plus de temps que le premier à parfaire sa tâche, alors l'idée devient logique, parce qu'on a pris soin de la considérer de façon globale.

Prenons un autre exemple :

« Celui qui a toujours peur de mourir a peur de vivre. »

Au premier abord, encore une fois, cette idée paraît contradictoire, on pourra dire que c'est un paradoxe, mais à y regarder de plus prés, elle ne l'est plus. En effet, à force d'avoir peur de tout, du moindre microbe, de la pollution, des accidents, des agressions nocturnes, des voitures qui roulent vite, des trains qui peuvent dérailler, des agressions verbales, etc., il est clair qu'on va se calfeutrer chez soi, se priver de tout déplacement, de tout voyage, de tout contact humain, adoptant une façon d'être qui, loin de favoriser la vie, enlève tout stimuli, nous affaiblit et précipite notre fin (comme dans la fable de l'huître).

Prenons un troisième exemple : c'est celui de ce père qui, pour guérir son fils obèse de sa gourmandise l'invite à une énorme orgie de choux chantilly, anecdote que j'ai déjà citée plus haut. Aux yeux d'un diététicien cette stratégie aurait probablement parue aberrante, illogique, paradoxale et cependant sa dynamique de réaction en bascule a permis au père de guérir son fils de sa boulimie.

Les arts martiaux internes de l'Orient présentent des techniques de combats fondées sur le paradoxe.

« *Si un adversaire te pousse, ne résiste pas, suis sa poussée et recule* » me disait souvent mon professeur de taiji quan.

Pour un débutant occidental dans cette pratique cela peut paraître bien peu combatif et cependant ça fonctionne très bien : en suivant le sens de la poussée sans la contrarier et même en l'accompagnant pour la prolonger, vous profitez de la force cinétique que l'adversaire a mis dans son corps et dans son élan, vous l'aspirez ainsi dans le vide créé et l'envoyez facilement à terre.

Qu'est-ce qui crée le sentiment de paradoxe et d'illogisme dans de telles propositions ?

C'est encore une fois l'influence culturelle profonde du principe du tiers exclu d'Aristote.

Quand celui-ci dit : « A est A, A n'est pas non-A, il n'y a pas de solution entre A et non-A », il mit en place, voici 2 400 ans, un raisonnement fondé sur un dualisme aux termes irréconciliables et dont le seul défaut est de n'être logique que dans le cadre totalement abstrait d'une représentation **statique et purement théorique** des choses sans grand rapport avec leur réalité réelle qui, elle, est dynamique. La logique rationaliste décrit une vision purement théorique et abstraite du monde, c'est pourquoi elle set dangereuse pour l'homme car elle l'éloigne de la réalité ultime des choses.

Certes la dualité dynamique, elle aussi, repose sur le mode binaire et la polarisation de la réalité, la différence essentielle étant le mot « dynamique » qui ramène à la nature mouvante et en perpétuelle transformation du monde. En montrant que si la polarisation des choses est le fondement de la nature essentiellement dynamique des choses, elle-même étant relative, la dualité dynamique supprime la nature figée et définitive de cette polarisation, elle permet à l'observateur de la suivre dans la transformation permanente des choses, elle oblige sa conscience à changer de position dans l'espace, à changer son point de vue pour observer, pour réaliser finalement, ô suprême paradoxe, que la dualité n'est pas un état mais un point de vue, un effet de la conscience, pas moins réel cependant que les objets auxquels elle s'applique, tous les deux étant des créations sujétiques de l'anneau de pouvoir.

En fait, dans le paradoxe, l'intelligence occidentale aristotélicienne voit une contradiction là où le chamane ne voit que l'effet bipolaire et réactif de l'énergie.

Mais la logique paradoxale s'explique aussi d'une autre façon.

Prenons comme exemple l'une des attitudes des guerriers de l'esprit : **« Le guerrier engage sa vie dans le moindre de ses actes mais il n'est pas intéressé par le résultat. »**

Pour le bon sens commun, il est difficile d'imaginer qu'un homme sensé puisse s'investir dans une action quelconque au point d'engager sa vie dans celle-ci sans être motivé par un puissant désir, par l'expectative d'un résultat concret ; cela semble peu réaliste, mais pour le guerrier c'est logique, il trouve son bonheur dans l'action pure réalisée avec tout son amour, dans un esprit de qualité optimale et comme il s'identifie avec la force qui fait l'univers, il sait que celui-ci n'a pas d'objectif, *qu'il est pour Être*, *il fait* donc lui-même les choses pour *les faire*. En adoptant cette attitude, non seulement ses actes prennent un pouvoir considérable, mais il gagne une disponibilité et une liberté particulière tellement agréables qu'elles sont sa première gratification, compensant largement son désintéressement pour le résultat.

Le paradoxe est, bien entendu l'essence du principe du funambule.

Une marchande de crêpes à qui je demandais de m'en préparer une « plus cuite que celle de mon fils », précisant quelques secondes après : « mais pas cartonneuse pour autant », me répondit avec humeur : « Mais enfin, il faut savoir ce que vous voulez, il vous la faut bien cuite ou pas assez ? »

Cette dame était peut-être la réincarnation d'Aristote, on ne sait jamais !

Il n'y a souvent paradoxe que pour les esprits peu sensibles aux nuances.

Peut-on être communicatif tout en étant discret ? Courageux et prudent à la fois ? Idéaliste et réaliste en même temps ?

Le guerrier de l'Esprit apprend à être parfaitement à l'aise dans ce genre de défi, car c'en est quand même un. Il s'entraîne à n'être, en communication, ni exubérant, ni renfermé, à éviter la témérité autant que la pusillanimité, à s'éloigner de l'utopisme sans devenir terre-à-terre, etc. pour devenir un véritable funambule paradoxal et développer ainsi les pouvoirs liés au troisième point et, au-delà, à la troisième attention.

QUELQUES PRINCIPES PARADOXAUX DES CHAMANES TOLTÈQUES

« La voie du guerrier consiste à conjuguer une maîtrise totale dans un abandon total. »

S'abandonner a plusieurs sens : c'est faire totalement confiance au temps, c'est lâcher son emprise tenace sur son « faire-le-monde » habituel, ses routines, son premier anneau de pouvoir, c'est accepter d'affronter sereinement tout ce qui survient. Dans la mesure où l'autre attitude, la maîtrise totale, ne poursuit aucun objectif bassement intéressé, c'est aussi ne pas s'attacher au fruit de l'action.

« Pour avoir ce que tu désires, sache y renoncer. »

Dans le même esprit que le thème précédent, cette proposition va encore plus loin mais avec la même logique.

Il est connu que plus l'on désire quelque chose intensément, plus on accumule de tensions qui vont finalement faire obstacle au succès du projet. En agissant purement pour l'action, en prenant les choses comme un jeu, en s'attachant plus à la qualité et au plaisir immédiat du travail qu'à son résultat, en oubliant ce dernier, les tensions se transforment en énergie productrice, et l'acte porte les plus beaux fruits.

À l'occasion d'un exercice d'intention délicat, Don Juan dit à Carlos *de le faire sans le faire, de le penser sans le penser, de le vouloir sans le vouloir, et de s'y abandonner sans vraiment s'abandonner.*

Un chamane russe me dit un jour :

« Tel que tu es, tu le sais, tu dois chercher la vérité et cependant tu dois savoir aussi que tu ne peux la trouver. »

Il ajouta que *« si par hasard un jour je la trouvais, c'en serait fait de moi car alors ma vie n'aurait plus le moindre objet ».*

Selon Don Juan, l'attitude paradoxale du guerrier doit être le cœur même de ses comportements les plus basiques : **il doit croire totalement en lui-même et cependant se montrer d'une humilité profonde**.

La foi en soi-même est la base du développement de nos pouvoirs mais sans l'humilité, nous resterons les prisonniers mesquins de notre ego, ce qui affaiblira ou même réduira à néant les pouvoirs acquis.

Enfin Don Juan avertit encore Carlos que la connaissance est une voie périlleuse car le guerrier devra conjuguer la terreur d'être un homme et la merveille d'être un homme.

Voici un éclairage intéressant sur cette appellation de « guerrier » que se donnent les pratiquants confirmés du chamanisme. Elle est directement liée, bien sûr, à la dualité dynamique.

L'homme, certes, peut choisir de ne pas vivre en guerrier, il n'en expérimentera pas moins tous les aléas de la dualité dynamique, l'alternance de la souffrance et du plaisir, de l'espoir et du désespoir, du bien et du mal, de la guerre et de la paix, de la vie et de la mort, mais il subira les « va-et-vient » de ces polarités multiples au lieu de les chevaucher, de les maîtriser pour progresser dans la connaissance, comme décide de le faire le guerrier.

Pour celui qui subit la dualité dynamique sans l'accepter lucidement, point de connaissance à espérer car, par sa passivité négative, il se rend aveugle au mécanisme le plus fondamental de la réalité et ne peut le mettre à profit.

L'EXPLICATION SUPRÊME DU MONDE S'EXPRIME COMME UN PARADOXE

Le phénomène de la conscience elle-même est une véritable contradiction, le paradoxe suprême de l'univers : dans sa croissance continue du règne minéral au règne humain, la conscience prévient la mort, elle s'oppose d'autant plus à celle-ci qu'elle s'accroît à chaque échelon de l'évolution et cependant, plus elle est riche, plus elle est convoitée par l'Aigle qui s'en nourrit à la mort des créatures, pour la recycler ensuite dans le flux de la vie continue des naissances, d'où, une fois de plus, la nature combative du rapport entre l'homme, riche en conscience et l'Aigle, friand de conscience !

C'est donc en défiant la puissance conservatrice et cet appétit de conscience, que le guerrier conquerra sa liberté pour devenir, s'il va jusqu'au bout, un immortel qui conservera sa conscience enrichie par de longues années d'aventures spirituelles.

Se référant aux injonctions et contraintes que l'Aigle impose aux créatures sous le nom de « commandements de l'Aigle », **Don Juan ajoute encore que c'est en se pliant aux commandements de l'aigle que l'on peut le mieux se les approprier. Voilà le suprême paradoxe !** (Voir chapitre V.)

CONCLUSION

En acceptant la dualité dynamique du monde, puis en le validant par l'observation, enfin en l'expérimentant dans notre vie quotidienne, une profonde transformation s'opère en nous et, paradoxe suprême, toutes nos contradictions et tensions internes tombent.

Peut-être cela veut-il dire que notre plus grand combat, le plus stérile et épuisant de tous, était celui que nous menions contre l'évidence de la réalité combative du monde : **en acceptant totalement le combat, il n'y a plus de combat !**

Nous allons maintenant aborder le système de dualité dynamique le plus important de l'existence humaine, le tonal et le nagual.

Par l'apprentissage de la maîtrise progressive de ces deux domaines d'attention, le guerrier développe son intention et conquiert peu à peu la totalité de lui-même, se préparant ainsi à entrer dans la troisième attention.

CHAPITRE V

Le tonal, le nagual et les deux attentions

> Le nagual est ce que nous ne pouvons pas dire qu'il est...

Certes nous ne pouvons pas « dire » ce qu'il est mais, l'ayant expérimenté nous pouvons dire comment avoir cette expérience, et comme il est l'opposé du tonal, nous pouvons au moins « dire » ce qu'il n'est pas !

Les chamanes disent : **« Peut-on décrire le silence par la parole puisque, par nature elle le détruit ! »**

Par contre on peut vivre le contenu du silence. Il en est de même du nagual.

Voici une métaphore qui permet de contourner la difficulté de l'indescriptible :

La conscience des êtres vivants est comme le jeu de la lumière et de l'ombre qui alternent et rivalisent chaque jour et chaque nuit sur la Terre.

Quand vient le jour, nous identifions facilement le soleil comme source de la lumière : nous le voyons clairement produire celle-ci. Notre esprit, avide de comprendre et d'identifier, est satisfait c'est pourquoi le jour nous rassure : il est comme le tonal. Mais quand il se couche, l'ombre peu à peu s'étend sur la surface de la Terre et bien qu'une immense énergie palpite au sein de tous les êtres, nous ne pouvons en identifier la source, nous ne savons pas d'où vient la nuit ni où elle commence... Notre cœur est alors saisi de mystère... La nuit est comme le nagual...

LE TONAL

Le tonal est tout ce que nous pouvons nommer, reconnaître et identifier, le monde des objets et des êtres vivants, des phénomènes, des situations, de la matière, les choses sur lesquelles nous pouvons raisonner, sur lesquelles nous portons des jugements et auxquelles nous attribuons des valeurs, des rôles, un sens, un monde que nous pouvons classer et mesurer, en un mot, **le monde du connu, qui nous inclut nous-mêmes, esprit et corps.**

Ce monde nous est donc familier et il nous rassure, nous pouvons à loisirs y exercer nos routines et nos descriptions verbales puisque c'est le monde que nous « faisons » inlassablement par notre premier anneau de pouvoir.

Est-il nécessaire de dire que notre monde moderne actuel a une affinité particulière avec le tonal par son matérialisme et son culte des objets et de leur possession, par son scientisme et par son rationalisme ? C'est un monde des apparences, comme le tonal, la partie apparente du monde.

Cela ne veut pas dire pour autant que le tonal, le quotidien donc, serait une illusion pour la métaphysique chamaniste qui adopte sur ce point une position plus modérée et moins « mystique » que certaines interprétations spirituelles d'Orient pour lesquelles elle est justement considérée ainsi.

En chamanisme, la réalité matérielle quotidienne n'est pas plus illusoire ou pas moins, que la réalité non ordinaire du nagual, ce n'est pas non plus une réalité d'ordre inférieur. **Le seul problème avec le tonal, c'est de penser que c'est la réalité et la seule et de s'en contenter**, un appauvrissement que la suffisance rationaliste produit chez l'homme moderne.

Don Juan emploie déjà le mot « description » pour désigner la réalité physique et matérielle du monde extérieur mais il souligne ailleurs le besoin fondamental que nous avons de cette description du tonal pour que notre conscience s'épanouisse.

Souvenons-nous que lorsque nous disions plus haut que l'anneau de pouvoir est le processus par lequel la conscience crée sa réalité, nous parlions de ce monde quotidien du tonal que nous percevons comme réel. En fait, en chamanisme, lorsque l'on veut être plus précis, on préfère parler de « **description** » plutôt que de réalité, mais le même terme de description est employé pour parler de la perception extra-sensorielle et non ordinaire du monde du nagual, l'essentiel étant toujours de garder le recul et la modération mentale qui nous évitent les positions définitives et permettent ainsi de globaliser toujours plus notre vision du monde.

Comme le monde quotidien est créé par notre conscience, **le tonal est donc aussi la fonction mentale qui met en ordre et organise le monde**, dès la naissance, selon les codes du milieu qui nous accueille et nous éduque et aussi selon nos propres codes comme individus, afin que nous puissions y vivre.

Le tonal a donc une puissance extraordinaire puisque de lui dépendent toutes nos perceptions, nos valeurs, nos façons de raisonner, nos actes, nos décisions, nos ressentis et tout notre destin, et cette puissance se retrouve dans la force contraignante et autovalidante de notre premier anneau de pouvoir, une puissance qui est déjà un acte de magie réalisé quotidiennement par l'homme dans sa vie ordinaire.

Par son affinité avec l'ordre et la mémoire, le tonal est nettement du côté de la permanence, de la conservation des choses et s'il fallait le polariser, nous dirions qu'il est très nettement yang et masculin. Dans le tonal, nous percevons le temps de façon linéaire avec un futur, un présent et un passé.

LE NAGUAL

Notre conscience étant bipolaire, le nagual est le pôle opposé du tonal.

Le nagual est, d'une part, l'inconnu, ce qui nous échappe toujours derrière la banalité apparente du quotidien, ce que nous ne pouvons ni percevoir ni comprendre ni concevoir et qui, cependant, est là, **partout autour de nous**, intimement mêlé au tonal et, d'autre part, le potentiel de conscience qui correspond à ce non manifesté, la composante énergétique insaisissable, brute et chaotique, irrationnelle et illimitée, non locale et locale à la fois de celle-ci.

Le nagual est une présence mystérieuse que dans certains moments de forte sensibilité nous pouvons sentir aussi bien dans une pièce silencieuse, dans la nuit, dans la nature. Le nagual est ce qui sous-tend les coïncidences exceptionellles d'événements qui ne peuvent être expliqués par des raisonnements logiques. Le nagual c'est l'intuition qu'a l'homme, quand il ne s'aveugle pas lui-même par des certitudes auto-validées, de tout un monde impalpable derrière le monde ordinaire et qui se dérobe cependant en permanence à nos sens et à notre intelligence rationnelle. **C'est la partie immergée de l'iceberg existentiel.**

Pour un guerrier de l'Esprit qui parvient à entrer dans le nagual, il s'agira d'une connaissance directe, par action seulement expérimentale dans un présent permanent et dans le silence de l'intellect qui, privé de participation à ce vécu, ne peut donc le représenter et le mémoriser.

Quand un chamane entre dans la conscience du nagual (seconde attention), tout se présente sous une forme fluide, sans la solidité des objets matériels, sans avant et sans après, la conscience existe mais elle est totalement exempte de spéculations et d'analyses. Il bénéficie d'une grande clairvoyance, d'une vivacité et d'une limpidité sensorielle beaucoup plus grande que celles qui existent dans la conscience du tonal.

Il y a plusieurs façons d'entrer dans cet état de conscience et malgré l'effet d'amnésie qui en caractérise la phase post-expérientielle, le guerrier peut travailler à en intégrer les acquis dans son tonal, à la fois par remémoration et aussi par un simple mais profond changement comportemental. Nous en reparlerons dans la partie de l'ouvrage consacré à la pratique.

Le monde du nagual est un monde créatif par excellence, d'abord parce qu'il est le potentiel infini de l'univers dont le tonal extrait les matériaux à l'aide desquels il va construire son monde restreint mais organisé de tous les jours. Ensuite, parce que c'est de sa « fréquentation » assidue que le guerrier tirera ses pouvoirs extra-sensoriels et psychologiques dont les limites ne sont même pas connues des chamanes les plus expérimentés.

Voici comment Don Juan décrit avec poésie cette rencontre du tonal et du nagual :

« Le nagual est l'indicible. Tous les sentiments possibles, tous les êtres et les personnalités imaginables flottent en lui comme des chalands, paisiblement, immuablement, éternellement. Lorsque l'amalgame de la vie ressoude ces sentiments, il se

crée un être vivant qui perd le sens de sa nature profonde et qui est tout de suite aveuglé par l'éclat et la clameur du tonal, cet espace où les êtres émergent. Il y a tonal dès qu'il y a organisation unifiée. »

On peut dire aussi que le tonal correspond à la conscience solide et matérielle des choses avec toute la logique qui répond à cette représentation et qui est nécessaire au type de relation que l'être vivant entretient avec elle, alors que le nagual correspond à sa réalité énergétique, fluide et sous-jacente et, bien sûr, à une logique totalement différente de celle du tonal.

Dans le nagual, on ne peut pas se représenter les choses, car il n'est pas fait pour cela, la représentation des choses passant par la mémoire, qui ne concerne pas le nagual.

Dans la conscience du côté gauche (autre nom du nagual) on est dans un présent permanent, l'expérience passée ne servira à rien car les choses sont perçues dans leur unicité permanente ; toute mise en ordre, toute organisation, toute tentative de classification est impensable, ce type de conscience n'en a pas besoin, les choses n'y étant pas identifiées mais directement vécues par une connexion immédiate entre la nature exacte et unique du phénomène et sa correspondance énergétique dans le corps lumineux du sujet. La conscience du nagual a, en effet, son siège au centre de celui-ci dans la zone approximative du nombril, appelé « centre du vouloir », c'est par l'Intention, une forme particulière de conscience-volonté, que tout être vivant prend contact avec le nagual.

En fait, on ne devrait même pas parler au sujet du nagual de « con-science », selon le terme que l'on donne généralement à ce mot et qui fait allusion à l'effet miroir de l'identification par identité, processus typique de la mémoire. Il serait plus pertinent de parler d'un « vécu extra-ordinaire », dans le sens littéral du mot ou encore d'une expérience totalisante dans laquelle perception, désir d'agir, faisabilité, décision et acte constituent un ensemble unique engendré par la volonté profonde du sujet.

Le nagual est tout ce qui existe dans le monde qui nous environne et en nous-mêmes qui n'entre pas dans notre premier anneau de pouvoir.

LA RELATION ANTAGONISTE/COMPLÉMENTAIRE DU TONAL ET DU NAGUAL

Le tonal et le nagual forment la dualité dynamique fondamentale dont sont issues toutes les autres dualités dynamiques que peut expérimenter l'être vivant.

Une métaphore permet d'approcher mieux l'aspect complémentariste de leur relation : nous sommes dans un jardin d'agrément avec massif de fleurs, allée de graviers, piscine, petit cabanon pour ranger les outils du jardin, etc. Invité par le propriétaire du lieu, vous avez passé la journée avec des amis autour de la piscine et vers minuit, vous vous souvenez d'avoir laissé votre chapeau là-bas près du cabanon. La nuit étant totalement noire, vous prenez une torche électrique pour aller chercher votre chapeau. Le rond de lumière de votre lampe se déplace et illumine fugitivement toutes sortes de choses que vous n'identifiez pas très bien parce qu'ils ne font pas partie de vos préoccupations immédiates et soudain, l'objet recherché apparaît dans le cercle de la lumière, accroché au mur du cabanon : votre chapeau, vous l'identifiez, il faisait partie de votre connu, il était dans votre intentionnalité, vous ne voyez que lui, le reste n'existe pas pour vous, mais cependant plein d'objets sont bel et bien là, autour de vous et tout en vous dirigeant vers lui, vous buttez dans des transats, des serviettes de bains, des accessoires de piscine, des ballons et vous tombez presque dans l'eau.

En fait, même si votre préoccupation dominante est de trouver votre chapeau et si toute votre attention est occupée par ce sujet restreint, l'événement que vous vivez inclut tout le reste et ce reste peut même devenir déterminant, pour le pire ou pour le meilleur.

Dans cette métaphore, le rond de lumière et le chapeau qu'il vous permet d'identifier est le tonal, tout ce qui est invisible ou fugitivement illuminé mais non identifié et vite oublié est le nagual.

GÉNÈSE DE LA DYNAMIQUE DE CONSCIENCE

Un enfant vient de naître. Au début, il est presque totalement nagual, ce qui prime en lui, c'est un pur élan de vie, chaotique et désordonné, son environnement, les contraintes et la logique de celui-ci lui importent peu. Mais une autre force, précisément issue du rapport qu'il commence à établir avec cet environnement, se fait jour : il a besoin de mettre de l'ordre dans ses perceptions nouvelles, de les classer, puis de les mémoriser afin d'organiser le sens de ce monde nouveau pour établir un rapport avec lui qui soit favorable à sa survie. Sa propre spécificité sensorielle et ceux qui le protègent et l'entourent vont lui fournir tous les codes nécessaires à cet effet. Cette force en train de croître, est le tonal.

Elle prend peu à peu de l'ampleur, elle a pour rôle de rassurer l'enfant, de lui rendre son environnement plus familier. À cet effet, elle commence à diriger son attention, elle modèle ses sens, son jugement, elle lui fournit des modèles de raisonnement, bref elle finit par occuper presque entièrement la conscience de l'enfant, elle prend le pouvoir en lui. Mais pendant ce temps, le nagual, mis de côté, essaye d'attirer son attention, se rappelle à lui et se manifeste pleinement la nuit, dans ses rêves. Il essaye aussi de s'infiltrer dans le flux constant du tonal, par des imprévus, des incohérences apparentes, par des petits signes que le tonal ne peut décoder et qu'il décide soit d'ignorer soit d'interpréter avec ses propres codes. Dans l'ensemble, le connu, le rassurant, le conforme à la logique du tonal règne donc en maître sur la conscience de l'enfant et celui-ci, dans la majorité des cas, restera enfermé toute sa vie dans ce premier anneau de pouvoir.

Le tonal a pris tellement de pouvoir dans sa vie qu'il n'a pratiquement aucune chance d'évoluer par lui-même, de laisser entrer de l'inconnu dans ce premier anneau de pouvoir.

Cette fixation ne concerne pas seulement les petites routines et habitudes quotidiennes mais les goûts, les valeurs, les modèles de raisonnements et, bien sûr le système de perception et l'attention du sujet, tous filtres auxquels il est profondément attaché, fussent-ils la cause de beaucoup de souffrances et au prix d'un sentiment d'absurdité de la vie, cet attachement étant la colle, le fixateur que le tonal utilise pour asseoir son pouvoir.

Seules, précisément, de fortes souffrances, un sentiment de révolte intense, un mal de vivre diffus, un manque existentiel, l'intuition diffuse mais persistante que l'essentiel dépend de lui-même beaucoup plus qu'il ne l'avait vu jusque-là, et qu'un autre monde existe, peut amener un individu à ré-ouvrir la porte du nagual et à reconsidérer sa dualité fondamentale.

Mais la plupart du temps, face à l'absurdité du monde ou à la souffrance, au lieu d'oser plonger dans l'inconnu, nous « tonalisons » le problème, l'environnement et la situation et nous nous « tonalisons » nous-mêmes. Nous parlons alors de « bien et de mal », de « Dieu et de Satan », d'« esprit et de matière », du corps et de l'âme sans nous rendre compte que cela ne peut amener aucun changement puisque nous sommes encore dans l'identification par re-connaissance.

Peine perdue ! Cette tentative de comprendre est vouée à l'échec. En utilisant la pensée, le langage et le raisonnement intellectuel nous ne pouvons pas arriver au nagual, car il est totalement et irréversiblement étranger et en dehors de ces moyens ! **Le nagual ne peut s'expérimenter que par le centre du vouloir, de la façon purement énergétique décrite dans les lignes précédentes, il n'est pas représentable mentalement !**

Ces deux constituants de la conscience humaine, pourtant intimement présents simultanément dans tout ce que nous sommes et dans tout ce que nous vivons, sont comme deux frères siamois qui s'ignoreraient totalement ou comme les deux faces d'une médaille regardant chacune dans le sens opposé de l'autre.

Notre existence, dès les racines mêmes de notre sentiment d'être, **est une tension**, et nous ne pouvons être heureux qu'en acceptant cette tension comme entièrement naturelle, puis en rentrant dans son jeu pour en devenir, doucement et progressivement, le maître d'œuvre. C'est alors que, capables dès lors de mesurer l'ampleur universelle du processus de la dualité dynamique, nous allons vraiment pouvoir entrer en communication avec l'essence de tout ce qui existe et ressentir le très grand bonheur d'Être, **car ce jeu qui consiste à faire se retourner peu à peu les deux faces de la médaille l'une vers l'autre engendrera en nous une troisième dimension qui sera celle de notre accomplissement, nous donnant accès à la conscience intégrale dont parlent toutes les voies spirituelles**.

Dans la pratique, comment le guerrier de l'Esprit fait-il pour s'engager concrètement sur cette voie, sachant que sa propre conscience est le champ d'une relation qui ressemble à s'y méprendre à un duel ?

En acceptant d'abord le paradoxe que ce duel bien qu'impitoyable soit aussi un duel amoureux, un duel parce que chacune des deux consciences est contrainte de restreindre le pouvoir de l'autre pour émerger, se maintenir active puis finalement se renforcer et se rendre disponible à la fusion finale avec l'autre, et amoureux parce qu'il s'agit en fait de s'unir à soi-même !

Bien que paradoxale à nos yeux, cette entreprise est développée et aboutie par les chamanes depuis des millénaires. Le guerrier de l'Esprit va procéder par touches successives, nettoyant son tonal pour économiser l'énergie nécessaire à l'entrée dans le nagual, puis, ayant pénétré un peu dans celui-ci, il retournera au tonal pour y conforter ses acquis et ainsi de suite. Comparant le tonal à une île au milieu de l'océan illimité du nagual, Don Juan dit à Carlos qu'il faut nettoyer cette île car une île propre et purifiée n'offre pas de résistance, comme si elle était vide.

Ce nettoyage et ce rangement signifient essentiellement une élimination de toutes les pertes considérables d'énergie que nous nous causons à nous-mêmes sous formes de pensées, d'émotions, de comportements futiles, insensés, inefficaces, immatures, qui émaillent notre vie quotidienne et qui sont des composants intrinsèques du tonal.

Parallèlement, l'apprenti travaillera à renverser les modèles ontologiques qui fondent ses mécanismes mentaux objectivistes pour se préparer à l'acceptation qu'il est un sorcier potentiel, un créateur de réalité.

La stratégie du guerrier consistera donc à réserver les actes de changement au nagual et le nettoyage au tonal.

Nous savons intuitivement qu'il existe en nous une dimension cachée, un domaine immense, chaotique et grouillant de vie mais même si le tonal prend toute la place de notre monde quotidien, il est néanmoins fragile et quand, sans préparation ou sans maîtrise nous nous ouvrons au nagual, celui-ci s'engouffre dans la brèche et met en péril l'ordre et la stabilité vitale du tonal. Nous pouvons alors sombrer dans la folie ou l'autodestruction ou mourir sans conscience. C'est pourquoi le tonal qui sait cela s'arrange en permanence pour capter toute notre attention et empêcher le nagual de s'exprimer et là, nous nous endormons profondément dans une mortelle routine : c'est la raison du duel.

Il y a en effet, en dehors du nettoyage énergétique du tonal, tout un travail de compréhension mentale que doit faire le guerrier pour déclencher en lui-même la volonté initiale et la décision de se tourner vers le nagual avec prudence et contrôle, tout ce qui concerne celui-ci répondant en effet à une intuition que laisse filtrer le tonal quand il est nettoyé et c'est tout le travail de remise en question des croyances objectivistes qui va permettre de préparer la conscience du côté droit du guerrier (le tonal) à cette ouverture au côté gauche (le nagual) en modérant le pouvoir excessif de ce côté droit sur la vie de celui-ci.

Enfin le deuxième pas consiste à devenir un guerrier proprement dit, c'est-à-dire à accepter de faire partie de cette dynamique universelle, en en jouant le jeu activement et non plus passivement, avec amour et respect, et en l'utilisant pour élever toujours plus haut le niveau de sa propre conscience par le travail alternatif du traqueur et du rêveur.

SPÉCIFICITÉ CHAMANIQUE DE LA DUALITÉ TONAL/NAGUAL

On a parfois comparé la dualité tonal/nagual à la dualité hémisphérique du cerveau.

Cerveau gauche rationnel et cerveau droit créatif. Notons d'abord qu'en chamanisme le nagual est aussi appelé « côté gauche » et le tonal « côté droit » parce que ce n'est pas dans le cerveau que cette polarisation est située mais dans le corps lumineux. Cette comparaison trouve ses limites dans le fait que le chamanisme étant sujétique, le tonal et le nagual sont à la fois les deux domaines de conscience séparés de l'être vivant et les deux parties du monde : la partie visible, organisée et rassurante et la partie invisible, chaotique, potentiellement immensément créative **mais inquiétante parce qu'inconnue**, concept qui n'appartient pas à la théorie des deux hémisphères cérébraux, celle-ci restant empreinte d'un objectivisme qui ne cadre plus du tout avec le chamanisme.

Une autre comparaison encore plus fréquente assimile le tonal au conscient et le nagual à l'inconscient, les deux concepts qui fondent la psychanalyse.

Bien que prisonnier de ses croyances matérialistes et de ses obsessions personnelles qui semblent avoir réduit la portée de ses théories, Freud avait peut-être effectivement eu l'intuition de cette grande dualité et son intérêt pour l'hypnose l'orientait dans ce sens, mais il manque à son modèle du conscient et de l'inconscient, sans doute à cause de son cadre rationaliste et de sa réduction sexualiste, l'envergure en même temps mystique et audacieuse de la vision chamanique du monde, notamment dans l'aboutissement grandiose de la troisième attention.

LE TONAL ET LA PREMIÈRE ATTENTION

À chacun des deux domaines de conscience correspond un type d'attention. Dans le tonal, nous exerçons **l'attention première** qui elle-même comporte plusieurs niveaux d'acuité.

L'attention la plus courante est **l'attention sélective**. C'est celle d'un état de conscience tout à fait ordinaire, totalement focalisée et totalement dévolue au maintien de notre connu, de notre premier anneau de pouvoir. Nous l'avons amplement décrite au chapitre II. C'est par elle que nous ne pouvons « voir » que ce que nous « regardons », c'est-à-dire ce vers quoi nous oriente irrémédiablement notre intentionnalité. Puis vient ensuite **l'attention ouverte** qui exprime déjà une « intention de non-intentionnalité », le désir de percevoir les choses telles quelles seraient pour nous si nous ne les avions jamais vues et surtout une façon de se poser dans l'instant présent et d'y prendre le temps de le savourer sensoriellement sans le moindre préjugé sur l'objet de nos perceptions, sans intention, même inconsciente, de les identifier.

En approfondissant, et surtout en prenant l'habitude de vivre uniquement cette attention, nous entrons imperceptiblement dans **l'attention vigile**.

> Dans cet état d'attention, le monde reste familier mais devient nettement plus surprenant par sa fraîcheur permanente. L'unicité de chaque instant présent y devient une évidence concrète, et s'il y a encore beaucoup de routines et de mécanicité dans nos gestes et comportements, du moins au niveau perceptuel, l'ennui et le sentiment de banalité et d'évidence ont disparu de notre esprit au

spectacle du quotidien. Imperceptiblement, l'extérieur changeant, l'intérieur se transforme aussi, du seul fait que cet extérieur, nous le créons de façon plus délibérée, donc créative.

Bien que dans ces trois niveaux, l'attention première reste l'attention du monde familier et quotidien des objets et des événements de notre connu, elle n'en demeure pas moins l'état de conscience essentiel sur lequel nous devons nécessairement nous appuyer pour toute évolution. Elle contient potentiellement l'attention seconde et même la tierce attention. Il est donc vital de bien la vivre dans ses trois aspects et bien sûr, de passer le plus vite possible de l'attention sélective à l'attention vigile pour nous diriger ensuite vers l'attention seconde, mais l'attention vigile restera pour le guerrier, et quelle que soit la conclusion de son cheminement, son tremplin, son refuge et sa base de travail dans l'aventure spirituelle qu'est sa vie.

LE NAGUAL ET LA SECONDE ATTENTION

Par nature on ne peut pas décrire ce qu'EST la seconde attention, celle que nous exerçons quand nous expérimentons le nagual, mais on peut l'évoquer par des métaphores et encore mieux, indiquer les moyens d'y entrer, ce qui fait l'objet des derniers chapitres de ce livre.

Le « corps total » est l'ensemble du corps lumineux et du corps physique mais comme nous ne sommes pas conscients de notre corps lumineux en état de conscience ordinaire, travailler à en prendre conscience va simultanément nous approcher de l'attention seconde et même nous pousser à l'utiliser pour y parvenir. Pour cela, la conscience du corps physique va servir de base.

Le corps humain, considéré dans sa totalité comporte toutes les aptitudes, les moyens et les réalisations potentielles du chamanisme et ces deux corps sont intrinsèquement plus intimes que ne le sont naturellement l'intellect et le corps physique ou l'intellect et le corps lumineux. La santé, la robustesse et le bien-être du corps physique sont indispensables pour la pratique du chamanisme, qui va les renforcer en retour.

Le centre de l'attention seconde est le centre du corps lumineux et bien que, par nature, ce corps ne réponde pas à la logique « localisante » des choses matérielles mais possède plutôt des propriétés de sensibilité « a-locales » que l'on pourrait rapprocher du phénomène hologrammique, ce centre peut être perçu par le guerrier en état d'attention seconde aux environs du nombril, à l'intérieur de l'abdomen (avec de la chaleur, une sensation de tourbillon, de condensation et parfois quelques nausées momentanées).

Le type de conscience de l'attention seconde est donc une perception de l'énergie que toute chose ou tout phénomène mis en contact avec elle émet autour d'elle. Cette émission d'énergie est compréhensible à l'attention seconde, c'est une forme de conscience qui s'exprime énergétiquement.

L'attention seconde nécessite, pour être développée, de laisser totalement de côté toute forme de « conscience pensante » des choses et même toute forme de perception sensorielle inconsciemment imprégnée et modelée par la pensée abstraite. Ce qui nécessite un sérieux entraînement de la part de l'apprenti, la pratique de l'attention seconde ne pouvant pas être confondue avec les fantasmes générés par quelques perceptions inhabituelles liées à l'autosuggestion.

Le problème c'est que toute les expériences vécues et les connaissances acquises en état d'attention seconde sont très difficiles à remémorer quand nous sommes revenus dans la première attention, c'est un peu comme ce qui se passe avec les rêves.

La deuxième phase de l'apprentissage va donc consister en grande partie à créer une passerelle entre les deux niveaux de conscience de façon à devenir de plus en plus capable de faire passer les contenus de l'un dans l'autre niveau puis de vivre les deux niveaux simultanément sans être perturbé face aux exigences du quotidien. C'est la difficulté que rencontrent fréquemment des voyants spontanés qui n'ayant pas appris à créer cette passerelle supportent mal un don qu'ils n'ont pas demandé et que bien des apprentis chamanes pourraient cependant leur envier. Il faudra donc se livrer à un travail volontaire et patient de remémoration utilisant comme support les émotions ressenties en créant des situations ayant un lien avec les vécus de l'attention seconde que l'on cherche à intégrer.

CONCLUSION

Un mystère nous attend partout.

Où que nous soyons et à tout instant, il est au cœur de nous-mêmes et de toutes choses : **c'est le nagual, les racines invisibles du monde ordinaire**. Le tonal flotte à la surface de la conscience pour constituer un monde en ordre, rassurant, familier, avec ses codes et sa logique. Mais bien que nous sachions intuitivement qu'il existe autre chose, nous osons rarement interrompre ce flux circulaire d'images, d'impressions, d'idées et de sentiments par lequel nous « faisons-le-monde » et que nous appelons « notre vie ». Cependant c'est sous la surface du monde apparent que se trouve son sens.

C'est par un redéploiement conscient de notre attention dès son usage le plus quotidien que nous pouvons atteindre l'expérience directe de ce mystère, en passant par la révélation de l'anneau de pouvoir : car c'est de la conscience que jaillit la réalité et non l'inverse.

CHAPITRE VI

Intento
Le souffle de l'aigle

> L'homme courant fonde sa description du monde sur la raison, mais le sorcier la fonde sur l'Intention qui est plus totalisante que la raison.
>
> Don Juan

Les chamanes affirment qu'il existe dans l'univers une puissance incommensurable, indescriptible, consciente d'elle-même, qui est la source, le moteur et l'instance organisatrice de tout ce qui existe et ils l'appellent le « **Vouloir**. »

Cette appellation très anthropocentriste est certainement liée à la vision immanentiste qu'ils en ont : en effet, selon eux, cette force est partout et toujours au cœur de chacune des moindres parcelles de sa propre création, elle est présente dans toute chose qu'elle a créée, elle est l'esprit qui les meut et encore plus : elle est la réalité concrète et matérielle sous laquelle cet esprit se manifeste, car ils pensent que matière et esprit ne sont que deux points de vue d'une même et ultime réalité, la manifestation physique d'un événement étant un « arrangement rêvé » par la puissance de l'esprit, une modalité de la conscience par laquelle le **Vouloir** s'exprime. L'usage de ce mot pour désigner le Pouvoir suprême est donc une allusion directe à ce qui, chez l'être humain s'en rapproche le plus, la fonction psychique par laquelle nous pouvons remonter au Grand Vouloir : la volonté.

Toutes les voies chamaniques ont en commun de décrire l'indescriptible à l'aide de trois concepts principaux.

A/ – **Conscience**

La conscience du **Vouloir** est conscience de soi. Le **Vouloir** est une accumulation infinie de connaissances immédiates de Tout et lui-même étant ce Tout, il est totalement et instantanément connaissant de Tout ce qui est, donc de tout ce **qu'il** est.

B/ – **Énergie**

Il s'agit d'abord de la force pure d'existence, le « Vouloir Être », une force de désir irrépressible, une explosion aveuglante d'énergie qui s'alimente en permanence d'elle-même par sa dualité dynamique (voir ce chapitre). C'est donc aussi la force de transformation permanente des choses.

C/ – **Lumière**

C'est la forme physique la plus subtile par laquelle le **Vouloir** s'exprime d'abord dans la matière, avant qu'elle ne devienne les corps matériels des êtres (du minéral à l'humain – nos ADN sont des émetteurs d'ultraviolets à basse tension). Le célèbre physicien David Böhm dit : **« La matière est de la lumière congelée »** – joli trait d'union entre science et spiritualité !

Tout ce qui existe dans le cosmos est donc naturellement relié au Vouloir par un lien de communication, à la fois dans son universalité et dans sa spécificité unique.

Dans notre vie quotidienne, le **Vouloir** est présent dans notre anneau de pouvoir sous la forme de l'intentionnalité, il organise ainsi le monde en des milliards d'anneaux de pouvoirs individuels, chacun étant habité par une conscience. Cette force immense et double, à la fois universelle et infiniment particularisante, le chamane tente de s'en rapprocher, de la ressentir en lui, et finalement, habité par un désir d'une stupéfiante audace, d'en changer le cours et de la maîtriser !

Le chamane serait-il totalement dénué de sens du sacré pour nourrir une telle ambition ? Serait-il un iconoclaste insensé, doublé d'un mégalomane métaphysique ?

Non ! Il raisonne simplement différemment des autres spiritualistes et bien sûr, encore plus différemment du matérialiste.

Être spiritualiste, pour lui, ne consiste pas à adorer des idées, des représentations idéales et autres abstractions vénérables, attitude stérile et statique à ses yeux mais à chercher…

Chercher est, selon lui, la véritable attitude spirituelle, il ne met pas son amour dans une idée, une prière, une invocation, un symbole, l'adulation d'un prophète, mais dans **l'action de chercher** en travaillant sur lui-même, ce qu'il appelle la voie du guerrier de l'Esprit, **c'est la spiritualité active et empirique** qui distingue profondément l'esprit du chamanisme de celui des religions.

Le mystère est donc avant tout un moteur, un aiguillon de la conscience au service de cette dynamique et, nous le verrons ci-dessous, s'il n'est pas connaissable au sens d'objectivable, du moins est-il expérimentable.

Si le chamanisme exclut toute sacralisation du **Vouloir** c'est aussi pour la raison suivante : celui-ci étant en fait l'être humain non révélé à lui-même, se mettre en adoration devant lui reviendrait à se prosterner devant soi-même !

LE VOULOIR N'EST PAS OBJECTIVABLE

Le chamanisme est paradoxal, le lecteur ne sera donc pas étonné de cette apparente contradiction : c'est en expliquant pourquoi ce **Vouloir** ne peut être expliqué que l'on commence malgré tout à le comprendre !

La conscience est au centre de chaque individu et le **Vouloir** étant sa source, il jaillit en permanence de ce centre vers l'extérieur, de façon centrifuge, créant et exprimant l'être vivant en permanence sur son passage. Ce qui veut dire que lorsqu'un sujet veut décrire le **Vouloir** par le tonal, donc par son anneau de pouvoir, **c'est le Vouloir lui-même qui, en lui, fait cela !**

Or l'anneau de pouvoir, nous l'avons vu, est un processus de filtrage lié à la spécificité unique de chaque conscience individuelle, et sa description sera donc irrémédiablement fragmentaire : **toute connaissance mentale n'est que la création de réalité locale et unique du sujet qui la produit.** Par ce moyen, ce qui est par nature partiel ne peut rendre compte de ce qui par nature est holistique. Il faudra donc que le guerrier de l'Esprit forge un nouveau moyen cognitif, un mouvement centripète de la conscience, reculant « le dos tourné » vers le centre de lui-même, pour ne pas objectiver ce qu'il connaît, jusqu'à coïncider avec sa propre source de vie.

Ce moyen est la vigilance silencieuse prolongée par laquelle le guerrier descend un à un les strates de lui-même jusqu'à ressentir une sensation nouvelle d'êtreté. À ce moment-là, il y a comme quelque chose qui lâche, quelque chose qui pourtant avait toujours été là et dont il n'était même pas conscient mais dont la disparition crée une étrange libération, un sentiment de simplicité extrême qui lui fait dire : « Comment n'y avais-je pas pensé plus tôt ? »

Cette première rencontre avec le **Vouloir** n'aura dès lors plus de fin car désormais quelque chose a changé dans sa vie, de façon irréversible.

Mais cet état, obtenu essentiellement par le silence intérieur suscite, tant que l'on ne l'a pas expérimenté, l'une des plus grandes peurs préventives de l'existence humaine. Le nagual, qui va surgir d'un instant à l'autre et plonger le guerrier dans l'inconnu, est une force gigantesque. Le face-à-face avec le **Vouloir** nécessite donc la mise en place d'un contrôle, mais d'où peut-il venir sinon du tonal, la conscience raisonnable de l'apprenti, la force même que l'on est en train d'abandonner quand on entre dans le silence intérieur ! Alors, second paradoxe, il va falloir quitter le tonal tout en maintenant sa fonction de garde-fou et c'est ce qu'exprime l'une des formules les plus importantes du chamanisme toltèque : « **Concilier un abandon total et une maîtrise totale**. »

Pour mieux comprendre cette peur, rappelons-nous que quand il parle de la folie, le langage courant utilise l'expression « perdre la raison. » Il fait ainsi allusion au risque encouru quand nous nous éloignons du tonal, notre connu, le maître de la raison.

Or, le langage étant une production directe du tonal, cette dramatisation verbale montre bien comment, très malin, celui-ci se protège lui-même pour garder son pouvoir sur notre conscience et ce n'est pas pour rien non plus que le travail du traqueur s'appelle « folie contrôlée » en chamanisme toltèque !

Celui qui ne se comporte pas « raisonnablement » est considéré par la société comme un fou, il a osé sortir du troupeau pour penser et se comporter autrement que les autres mais en réalité il n'a en commun avec les vrais fous que l'atypisme de sa conduite. Selon les chamanes toltèques c'est l'homme normal qui est fou de renoncer à être lui-même parce que c'est la seule manière d'accéder à la connaissance.

En résumé, si les expériences vécues dans l'attention seconde ne sont pas facilement descriptibles par les moyens du tonal, du moins entraînent-elles des modifications profondes dans nos façons de penser, de ressentir, de percevoir et d'agir qui permettent au nagual de s'exprimer indirectement.

INTENTO, LE VOULOIR LIBÉRÉ

Le **Vouloir** est à la fois derrière le tonal et derrière le nagual, il dirige donc notre anneau de pouvoir, prenant la forme de l'intentionnalité.

Quand nous pensons, désirons, décidons quelque chose, nous croyons de bonne foi le faire librement. En réalité c'est la mémoire qui dirige tout ce que nous faisons. Une voix cependant, tout au fond de nous, nous murmure et parfois nous hurle que nous ne sommes pas libres.

Ayant conçu et ressenti la force écrasante et le pouvoir conditionnant du **Vouloir**, le guerrier ne désire plus qu'une chose : percer le secret de son fonctionnement pour maîtriser lui-même ce pouvoir, être l'auteur de ses propres mémoires.

Combat ou auto-transmutation, face à la puissance totalisante du **Vouloir**, le guerrier comprend le paradoxe : il doit s'abandonner à un combat contre lui-même pour devenir lui-même.

C'est alors qu'il a l'intuition d'une nécessaire transmutation de sa volonté. Ce sera l'Intention (en espagnol, « Intento », langue dans laquelle ce mot revêt une signification dynamique qu'il n'a pas en français, car il y signifie à la fois : intention et essai, ce qui lui vaut la préférence des chamanes toltèques).

Intento sera donc le **Vouloir** devenant chaque instant plus conscient et délibéré dans l'esprit et dans l'action du guerrier, plus conforme à son désir profond, ainsi que la capacité, chaque jour plus affirmée, de connaître la réalité dans une relation directe et non mentale avec son environnement.

Intento est en fait la fusion intime de deux choses : la force la plus universelle et abstraite qui est en l'homme et la force de vie spécifique, locale et concrète de celui-ci. Quand cette fusion s'opère il devient capable de créer **délibérément sa** réalité en forgeant un second anneau de pouvoir.

La façon dont les chamanes toltèques décrivent leur rencontre avec le Vouloir n'a vraiment rien à voir avec la représentation anthropomorphe, si splendide et impressionnante soit-elle, utilisée par les grands mystiques monothéistes pour décrire Dieu.

Don Juan parle d'une **force** immense, explosive, aveuglante, une image qui relève plus de la vulcanologie que de la spiritualité !

Il est évident que la volonté ordinaire du guerrier, première fonction psychique concernée, ainsi que son attention, vont subir au cours de ce développement de l'**Intention** de grandes transformations, à la fois pour y participer et comme conséquences de cette évolution. Nous les étudierons plus en détail dans les chapitres sur la pratique.

INTENTO, UNE VOLONTÉ NON-ORDINAIRE ET GLOBALE

Voyons d'abord ce qu'est la volonté dans la vie quotidienne.

La volonté ordinaire de l'homme est à la fois désir, adhésion à un projet, projection anticipée d'un résultat, persévérance, attention accrue et enfin passage à l'acte.

Il arrive qu'elle entraîne le dépassement des limites ordinaires de toutes ces composantes quand le projet est difficile à réaliser et c'est dans ces circonstances précises qu'elle peut nous plonger dans l'étonnement. On a vu de grands sportifs ou de grands aventuriers réaliser des exploits ou survivre dans de telles circonstances qu'ils semblaient avoir fait appel à des ressources n'appartenant pas au registre humain.

Mais chez le chamane, le challenge, bien que fréquent, n'est pas un but mais un moyen, sa motivation dépasse l'estime de soi, elle va beaucoup plus loin, c'est la remise en question du voile de l'Êtreté et la volonté n'est donc pas la seule fonction concernée par sa quête de pouvoir. Elle est associée et combinée avec une façon particulière d'utiliser son attention afin de développer son centre abdominal de connaissance silencieuse et avec une puissante réserve d'énergie patiemment accumulée par son impeccabilité.

Intento = volonté + attention + silence + énergie

En combinant ces quatre paramètres : la volonté ordinaire, son attention, son nettoyage mental et son énergie, qu'il va regrouper pour constituer une forme globale de volonté, le guerrier de l'Esprit est déjà bien armé pour aller à la rencontre de l'attention seconde.

Mais ce n'est pas suffisant encore.

Dans notre vie quotidienne, la volonté ordinaire est à l'origine de beaucoup de préoccupations et de souffrances, car nous sommes loin de la maîtriser.

Compte tenu que sa vie est régie par un anneau de pouvoir, il est même rarissime que l'homme veuille vraiment librement ce qu'il croit pourtant vouloir ainsi. Sa vie quotidienne est remplie de problèmes de volonté : vouloir deux choses dont l'une exclut l'autre, douter de ses choix, de leur éthique, abandonner un projet difficile en cours de route, être désaligné (le corps veut quelque chose que le mental réprouve ou ne comprend pas, le cœur veut quelque chose que le corps ne peut pas faire, le mental ordonne quelque chose que le cœur ne désire pas, etc.).

Aussi étonnant que cela puisse paraître, ce n'est pas un problème pour devenir guerrier de l'Esprit, car développer sa volonté c'est aussi se guérir et progresser. C'est en forgeant que l'on devient forgeron, et avec un tout petit peu de volonté on peut faire beaucoup de volonté si on sait l'associer à cette valeur gratuite dont chacun peut disposer : le temps.

Don juan considère presque le développement de l'intention comme le résultat d'un vulgaire entraînement fondé sur la répétition délibérée, extrêmement attentionnée, totalement engageante et infiniment répétée d'un acte précis qui la ferait émerger en nous sous la forme d'une volonté inflexible applicable à tout.

Le paramètre du temps, sous la forme de la persévérance apparaît donc ici : savoir mettre le temps de son côté pour créer une nouvelle mémoire.

L'alignement du mental, du cœur et du corps est un élément-clé de l'Intention et même l'un des plus déterminants.

C'est la désunion interne qui affaiblit l'être humain. Il est redoutable pour lui de faire quelque chose qu'il réprouve ou qu'il n'aime pas faire, c'est violemment déconseillé par les chamanes, cela brise l'être humain dans ce qu'il a de plus important et notre société actuelle montre bien son ignorance profonde de l'homme en n'enseignant pas aux enfants dès leurs premiers pas à l'école, à pratiquer ce qu'en chamanisme on appelle « **cœur actif** », la méthode d'alignement entre la tête, le cœur et le corps pour développer la volonté puis l'intention. On peut résumer « **cœur actif** » par la formule suivante :

Vouloir ce que l'on fait pour faire ce que l'on veut

qui traduit la capacité du guerrier de l'Esprit à maîtriser sa force de motivation pour augmenter son pouvoir sur la vie et parvenir à la liberté totale.

LA FOI, CONFIANCE CRÉATRICE DU GUERRIER

Évoquer la foi, dans notre monde généralement matérialiste, n'est pas toujours bien compris. Le malentendu est profond.

C'est immédiatement la foi religieuse avec ses superstitions, ses dogmes et parfois son fanatisme aveugle qui viennent à l'esprit.

C'est ainsi que l'aspect positif de la foi échappe à l'homme moderne, à son plus grand détriment.

Le croyant religieux croit en Dieu pour se **soumettre** aveuglément aux dogmes dont il lui attribue l'origine. Le spiritualiste empirique qu'est le guerrier de l'Esprit croit en lui-même pour **libérer** la créativité divine qui est en lui.

Ce sont deux attitudes foncièrement opposées : l'une fait stagner la conscience, l'autre lui ouvre un progrès illimité. Pour le guerrier de l'Esprit, la foi est un ingrédient de l'intention, une stratégie psycho-énergétique, elle ne s'applique pas à des abstractions, des images, des symboles idéalisés mais au pouvoir de transmutation des techniques transmises par sa tradition.

L'attitude du matérialiste est encore différente : il croit aux choses quand il en a la preuve donc a posteriori de sa recherche, il se prive donc dans sa démarche qu'il croit rationnelle, et ceci, de façon parfaitement irrationnelle, de la plus grande des énergies de l'être humain.

Croire, pour le guerrier de l'Esprit, est un abandon positif, un investissement sur son travail intérieur. Dans la spiritualité chamaniste, il n'y a pas de croyants, il n'y a que des empiristes du divin débarrassés du moindre doute.

Rappelons à ce sujet l'histoire du scientifique américain qui cherchait des preuves de l'existence du monstre du Loch Ness avec son bateau bourré d'instruments scientifiques sophistiqués et qui, lorsque la petite fille de sa logeuse lui demanda : ***« Est-ce que tu crois que Nessie existe ? »***, lui répondit : ***« Tu sais, je le croirai quand je la verrai ! »*** ce à quoi la petite fille lui répondit alors gravement : ***« Non, John ! Tu la verras quand tu y croiras ! »***

La foi active ouvre le champ de conscience de l'homme et le rend affectivement et intellectuellement disponible à un grand nombre de possibilités auxquelles l'attitude rationaliste du scientiste, réduite au filtrage de quelques techniques appartenant à son connu, ne lui donne pas accès.

Rappelons ces paroles d'un journaliste commentant l'exploit des vainqueurs de l'Annapurna : « ***Ils l'ont fait parce qu'ils ne savaient pas que c'était impossible.*** »

L'homme qui croit pour voir est ainsi beaucoup plus libre de filtres que l'homme qui doit voir pour croire. Celui-ci ne peut aller que du connu au connu et « **fait de ce qu'il connaît déjà un obstacle à ce qu'il ne connaît pas encore** ».

En résumé, une volonté forte et créatrice, embryon de l'Intention, implique les constituants suivants :

– un projet, un objet (un choix) ;
– la force du désir ;
– une attention silencieuse et vigile ;
– la persévérance (mettre le temps avec soi) ;
– la foi, la confiance en soi et dans la réalisation du projet ;
– l'action.

COMMENT L'INTENTION DEVIENT-ELLE OPÉRATIONNELLE ?

Quand le chamane se met en état d'attention seconde, son centre de connaissance silencieuse devient capable de percevoir un ensemble événementiel incluant la personne à guérir ou l'objet à connaître ou à transformer, comme un film se déroulant sous ses yeux et montrant le passé, le présent et l'avenir de cet objet. C'est l'observation aiguë et silencieuse de l'instant présent qui est la clé du processus car dans celui-ci le passé et le futur sont encore et déjà inscrits.

Quand le chamane s'apprête à guérir un patient, celui-ci devient pour lui un événement transtemporel. Il perçoit son corps lumineux dans ses connections avec le passé et le futur.

Toute forme de doute est, à ce moment-là, exclue de la conscience du chamane. On ne sait pas pourquoi, c'est une forme d'entraînement répété qui en a développé la compétence. Cette absence de doute est une confiance totale, une détente-abandon qui, combinée à la maîtrise de l'attention, produit, selon l'intention du chamane, la guérison, la prédiction ou l'acte magique attendu.

Pendant cet acte, le chamane n'est relié avec le monde ordinaire que par le fil mince, discret mais vital qui relie son tonal à l'objet de son Intention (son projet) ce qui permet, par exemple, pendant les séances de transe de revenir sain et sauf dans le monde quotidien et dans son état de conscience ordinaire.

Cette altération du cours normal du temps linéaire est perçue et interprétée par le chamane comme une réduction de l'hiatus qu'il y a, dans l'état de conscience ordinaire, entre la réception d'une information, son traitement intellectuel, la décision d'agir, l'action-réponse donnée à l'information initiale et le résultat de l'acte.

Le centre de connaissance silencieuse ignore ce hiatus car le traitement intellectuel est rendu inutile par la perception énergétique et transtemporelle des phénomènes et des situations en état d'attention seconde.

La chose à connaître, l'acte de connaître, le sujet connaissant et son action-réponse ne forment plus qu'une seule chose : un continuum compact de conscience-action, une unité événementielle totale dans laquelle causes et effets sont instantanément reliées.

Le processus cognitif de la connaissance silencieuse est évidemment profondément différent de celui de la connaissance mentale mais le guerrier de l'Esprit ne peut pas exprimer mentalement ni verbalement ce qu'il sait, sa connaissance est pure perception/action, l'information n'est pas refiltrée séparément pour chaque domaine d'êtreté – le sensoriel, le mental, l'émotionnel et le corporel –, mais traitée une seule fois par le centre de connaissances silencieuses qui fusionne en une seule, les quatre fonctions. C'est la perception énergétique de l'événement concerné qui fait la différence, elle ne laisse aucune place au doute, le centre de connaissances silencieuses pouvant se connecter avec tout ce qui environne l'être humain et en connaître directement la nature exacte et l'intention afin de réagir de façon exactement conforme et en équilibre avec cette intention.

INTENTO, LA CONNAISSANCE SILENCIEUSE

Ainsi, nous venons de voir que par un travail délibéré, patient et soutenu sur son tonal, le guerrier de l'Esprit peut organiser l'activation de son lien avec le Vouloir et l'infléchir pour qu'il devienne Intento, sa volonté délibérée, mais ce travail sur le tonal n'est pas suffisant, il lui faut aussi travailler du côté du nagual. Dans la formule **« une maîtrise totale dans un abandon total »**, la maîtrise fait plutôt référence au tonal et l'abandon au nagual. S'abandonner représente un travail considérable et exaltant, sans doute plus surprenant que celui du tonal dans la mesure où il nous plonge directement dans l'inconnu. Cependant, tout comme dans la dualité du tao, où il y a toujours un peu de yang dans le yin et un peu de yin dans le yang, il y aura un peu d'abandon dans la maîtrise et une forme de maîtrise dans l'abandon : l'abandon s'apprend, donc il se maîtrise !

En quoi consiste l'abandon ?

C'est avant tout une attitude confiante du guerrier qui accepte ce qui **est** en toutes circonstances, c'est aussi la foi dans son lien avec le Vouloir. La dualité dynamique est le fondement conceptuel le plus important de cet abandon (voir ce chapitre). Il apprendra ensuite à recevoir, écouter, sans filtrer, pour réveiller ainsi sa capacité de connaître silencieusement et directement les choses. Il s'agit d'une attitude réceptrice yin qui finit par ouvrir le centre réceptif/actif de l'abdomen, vortex collecteur et redistributeur de toute l'énergie qui circule dans le corps lumineux. Il y a de nombreux millénaires ce centre aurait été beaucoup plus actif chez les êtres humains, selon les chamanes toltèques et à cette époque, le centre de connaissance mentale que nous localisons dans la boîte crânienne, n'était qu'une « succursale » du centre abdominal.

Don Juan décrit l'Intention comme une véritable émanation ou tentacule physique d'énergie lumineuse qui entre en contact directement avec l'énergie du monde extérieur quand le guerrier veut connaître ou faire quelque chose. C'est un organe de perception, de connaissance directe et d'action subtile sur la conscience et l'énergie des objets et des êtres.

Le chamane agissant par l'Intention est conscient de maîtriser cette forme personnelle du Vouloir et cependant il sait aussi que c'est une puissance qui le dépasse infiniment qui est en train d'agir en lui.

DEUX CENTRES DE CONNAISSANCE

Nous verrons ci-dessous dans le paragraphe intitulé « Cybernétique des commandements de l'Aigle » comment le chamane résout ce paradoxe.

Le centre de connaissances silencieuses est directement voué à l'action-réponse pour assurer la survie de son possesseur dans les conditions optimales de sécurité de bien être et de durée.

Un papyrus égyptien vieux de 5 000 ans parle de l'estomac comme siège de la pensée et du sentiment. La médecine chinoise décrit le point QIHAI comme le centre du réseau d'acupuncture et le point de départ de tout geste ou parole remplie de puissance. Plus étonnant même, la médecine moderne, une fois encore, fait un pas vers la tradition en créant une discipline appelée « neurogastroentérologie » qui n'hésite pas à parler d'un **cerveau abdominal**, aussi riche, sensible et intelligent que le cerveau crânien. Le Professeur de biologie cellulaire Michaël. D. Gershon a écrit un ouvrage scientifique : *Le second cerveau*, où il décrit le SNE (système nerveux entérique) comme le siège d'une véritable intelligence globale du corps axée sur sa survie et son équilibre et étroitement connecté au cerveau crânien (son « porte-parole » et son « public-relation » dans le conscient) qui, selon les chamanes aurait décidé, à une époque reculée de « rouler pour lui-même », las, sans doute, d'être au service de ce maître puissant, certes, mais tellement silencieux et peu sociable qu'est le centre abdominal !

La pensée et la parole, désormais incessantes et en permanence enrichies, vidèrent le centre de connaissances silencieuses de toute substance et de tout pouvoir mais en même temps, disparaissait le pouvoir individuel de l'Intention, fondé sur la conscience directe et énergétique du centre abdominal.

CYBERNÉTIQUE DES COMMANDEMENTS DE L'AIGLE

Le premier anneau de pouvoir est le modèle de fonctionnement circulaire de la connaissance mentale en état de conscience ordinaire. L'activation libératrice du lien avec le **Vouloir** aura aussi une forme circulaire, ce sera **le second anneau de pouvoir** (figure N° 5, page 179). Comment se mettra-t-il en place ?

Tout d'abord le guerrier se coulera dans le flux du **Vouloir**, c'est la phase d'abandon, il se tait, il écoute, il agit silencieusement avec le cœur actif, acceptant tout ce qui EST et alignant ses quatre plans (perceptuel, mental, affectif-émotionnel et corporel) dans la dynamique de sa vie, se mettant ainsi en accord avec le **Vouloir**. C'est ce que Don Juan appelle **« accepter les commandements de l'Aigle »**. Puis, ayant, pendant ce temps, nettoyé son tonal et aligné les cinq points constitutifs de l'Intention dans tous ses actes, imperceptiblement, il met en place de nouvelles mémoires, de nouvelles façons de raisonner, de ressentir et d'agir et, peu à peu, ces « nouveaux commandements » deviennent les commandements de l'Aigle en même temps que grandit sa maîtrise de l'Intention et sa capacité de percevoir directement l'énergie des choses.

Ainsi, son lien avec l'Aigle devient un flux circulaire et réciproque de conscience et de vie allant de l'Aigle à lui et de lui à l'Aigle (figure N° 5, page 179).

Le **Vouloir** et la volonté ordinaire de l'apprenti sont de même nature, la seconde étant le germe de l'Intention déposé initialement par le **Vouloir** dans l'être humain. **Le guerrier de l'Esprit n'est qu'un homme ordinaire qui a osé le croire puis osé le faire.**

Si un tel homme donne l'impression extérieure d'être toujours de bonne humeur, de rayonner en permanence et de tout réussir ce n'est pas tant le fait d'une volonté de s'imposer au monde que celui d'être porté par le flux de l'Énergie suprême sans se distinguer d'elle, comme un navigateur sur un radeau qui remonterait aussi facilement le courant d'un fleuve impétueux qu'il le descendrait, alors que l'homme ordinaire est entraîné vers l'aval mais n'a pas assez d'énergie pour remonter le fleuve vers l'amont. **Pour ce dernier, la vie est un courant à sens unique alors que pour le chamane, elle est à double sens, il peut la parcourir de sa source à son embouchure (Vouloir) autant que dans le sens inverse, de son embouchure à sa source (Intention)**. (Voir figure N° 5, page 179.)

LE SECRET D'INTENTO

L'intention du chamane dépasse très largement tout ce que la volonté humaine ordinaire peut réaliser et même au-delà. Nous verrons aux chapitres IX et XII qu'elle lui permet d'accomplir des prouesses qui dépassent tellement l'entendement normal qu'elles peuvent paraître monstrueusement incroyables voire scandaleuses pour des esprits religieux autant que pour l'intelligence matérialiste.

Indépendamment du fait que tous les chamanes ne parviennent pas à entrer dans la troisième attention pour devenir immortels et du fait que la vie entière d'un chamane est totalement investie dans sa mission et dans sa quête, ce qui signifie un travail incessant, il y a un secret dans les prodiges de l'intention qui comme souvent dans le chamanisme est totalement inattendu : c'est le désintéressement du chamane !

Mais ce désintéressement n'a rien de moral, c'est tout simplement une stratégie de plus fondée sur sa vision métaphysique du monde : l'esprit divin et l'univers qui le manifeste n'ont ni origine ni fin, il n'a donc aucun autre objectif que d'**être**, hors du temps et illimité dans l'espace. Transposé sur le plan humain ce concept correspond au désintéressement total. En s'identifiant concrètement à ce caractère essentiel de l'univers, le chamane se rend beaucoup plus facilement accessible aux pouvoirs du grand Esprit, son intention peut devenir le Vouloir, l'Intention de l'aigle, rien de moins. Un dicton chamanique résume cette idée en quelques mots :

> **« Quand il cherche à mettre la flèche dans la cible, l'objectif réel du guerrier n'est pas de mettre la flèche dans la cible mais ce qu'il apprend en le faisant et c'est ainsi qu'il dépasse en adresse les plus grands archers... »**

La véritable prouesse du chamane est en réalité intérieure et discrète : elle consiste dans la transmutation de « l'énergie de faire » en « énergie d'être ».

APPELER L'INTENTION

Chaque objet, chaque être, du minéral à l'humain, chaque phénomène ou événement, chaque caractéristique ou capacité possède une intention, c'est son esprit spécifique que le chamane, en état d'attention seconde, est capable de percevoir directement. Il peut appeler l'intention de certaines de ces choses ou de ces êtres pour les transformer, les guérir et, de façon générale, agir sur elle ou encore, lui-même devenir ce qu'elles sont ou les acquérir. Mais pour ce faire, il lui faudra au préalable, fréquenter l'esprit de cette chose dans l'attention seconde du nagual, le monde fluide de l'énergie, et se familiariser avec elle, en déplaçant son point d'assemblage dans son œuf lumineux (figure N° 6, page 185). Le chamane devra ensuite se mettre en phase avec l'énergie du Vouloir sans pour cela se laisser dissoudre en elle.

Ce corps lumineux est en effet un hologramme de tout l'univers qui comporte la conscience non éveillée de tous les êtres existant dans celui-ci. La position du point d'assemblage d'un homme marque sa spécificité existentielle et l'endroit par lequel il communique avec le Vouloir, l'endroit aussi qui marque les limites de sa perception du monde.

Par son double travail sur le tonal et sur le nagual, le guerrier peut faire bouger ce point d'assemblage et le fixer ailleurs pour percevoir le monde autrement et être lui-même autre chose. Il pourra, par exemple le fixer sur la nature de l'ours ou du chêne et dans ce cas, le guerrier percevra comme le fait un ours ou comme le fait un chêne et pourra même devenir ces êtres avec une fixation plus prolongée du point d'assemblage, avec le risque toutefois d'y rester définitivement si sa conscience s'y trouve bien.

Nous allons aborder dans le chapitre suivant tout ce qui concerne le point d'assemblage en même temps que le corps lumineux.

LA CONNAISSANCE SILENCIEUSE : LE PARADIS PERDU ?

Pour les chamanes, la séparation du monde « en esprit et matière » a un prix : la perte du contact direct avec le Vouloir et la perte des pouvoirs liés à la maîtrise de l'Intention. Les chamanes pensent que cette perte est ce à quoi fait allusion la Bible quand elle parle métaphoriquement du fait que l'homme fut chassé du paradis après avoir voulu goûter au fruit de la connaissance du Bien et du Mal. Cette connaissance-là étant la connaissance ordinaire, mentale et verbale et le paradis étant l'attention seconde dont la connaissance silencieuse était pourtant beaucoup plus vaste et gratifiante pour la conscience de l'homme que la connaissance mentale des choses et au lieu de parler de « connaissance du bien et du Mal », il serait plus exact de parler de « **conception séparative du bien et du mal ou : aveuglement cognitif au sujet de leur dualité dynamique** ». Ce qui est le plus grand mal qui pouvait arriver à l'être humain ! (La bible faisait donc apparemment déjà référence par, cette métaphore, à la décadence de la conscience humaine dont nous parlions ci-dessus.)

CONCLUSION

Il existe une autre façon de connaître, de désirer et d'agir qui ne divise pas le monde en représentation abstraite et en objet matériel concret, cette modalité active de la conscience est l'Intention. Dans cet état de conscience qui est l'attention seconde, la réalité n'est ni abstraite ni concrète, mais énergétique. Le sujet qui l'exerce voit directement le flux d'énergie originelle qui constitue la nature fluide, initiale et divine des choses. Cette conscience des choses est immédiate : connaître, être et agir n'y sont pas séparés. Et bien que permettant de percevoir la spécificité unique des choses et des situations, elle ne fait pas intervenir les filtrages du sujet donc sa personnalité, c'est pourquoi, celui-ci ne peut pas décrire cette connaissance qui, à cause de cela est appelée connaissance silencieuse.

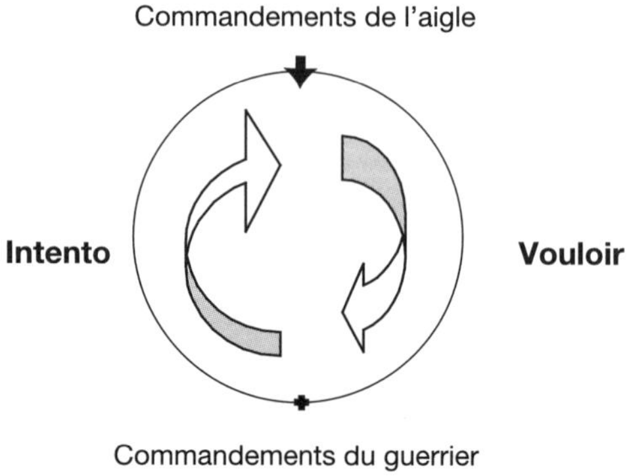

Figure N° 5 : Le second anneau de pouvoir.

CHAPITRE VII

Corps lumineux, émanations de l'Aigle et point d'assemblage

Pour les sorciers qui voient, la conscience est un rayonnement... N'oublie jamais que nous sommes des morceaux conscients du soleil...

Don Juan

UN RAYONNEMENT LUMINEUX AUTOUR DU CORPS PHYSIQUE

La connaissance officielle nous enseigne que l'homme a un corps physique qui peut présenter trois états différents de la matière : l'état solide, l'état liquide et l'état gazeux. Mais on ne nous enseigne pas que ce corps est en réalité doublé d'un autre corps, plus subtil, parfois qualifié de « plasmatique » en référence à un quatrième état possible de la matière et que les chamanes toltèques appellent corps lumineux, cocon lumineux ou œuf lumineux à cause de sa forme ovoïde.

Ce corps lumineux interpénètre le corps physique et en dépasse les limites extérieures sur une épaisseur allant de 15 cm à plus d'un mètre.

Certaines traditions ésotériques spécialisées dans cette étude, divisent ce corps lumineux lui-même en plusieurs sous-couches (comme les couches successives d'un oignon) dont la couleur varie près du corps d'un bleu azur à un bleu très pâle sur sa limite externe et auxquelles elles attribuent des rôles spirituels et extra-sensoriels différents.

Il est animé en permanence d'une sorte de vibration-pulsation et perçu par les chamanes comme quelque chose de plus vivant et de plus conscient encore que le corps physique bien qu'il n'ait pas de visage pour exprimer cette vie et cette conscience.

Chez une personne très faible ou malade, il déborde très peu du corps physique et sa couleur peut passer du bleu azur au bleu pâle puis kaki jaune voire brun foncé. Il pourra même donner l'impression au voyant qui le perçoit de traîner par terre tellement il semble flasque chez certaines personnes chroniquement ou occasionnellement malades, alors que chez une personne en bonne santé il est plus rebondi et rayonne jusqu'à 1 m, 1 m 50 de lui, a fortiori si cette personne présente un charisme personnel et une ouverture affective large ainsi qu'une forte vitalité. Les voyants toltèques perçoivent que chez l'homme ordinaire ce cocon lumineux est divisé verticalement en deux parties accolées, gauche et droite alors que chez certaines personnes beaucoup plus sensibles, considérées par eux comme possédant une facilité pour les états de conscience élargie, il est divisé une seconde fois, toujours verticalement, en deux autres parties dans le plan facial.

Chaque moitié latérale de l'œuf lumineux correspond à un type d'attention, la moitié droite à l'attention première et la moitié gauche à l'attention seconde.

Carlos Castaneda fut défini par ses pairs comme un nagual (nom donné au chef d'un clan de chamanes) à trois branches, son corps lumineux possédant selon eux, non pas quatre parties comme son maître Don Juan avait cru le percevoir lors de leur première rencontre, mais trois. Le chiffre trois possédant une très grande puissance mutatrice, leur conclusion fut que Carlos marquait pour les chamanes toltèques la fin d'une longue lignée et qu'il était le signe annonciateur d'une nouvelle étape dans l'évolution du chamanisme qui allait, selon eux, jouer un rôle décisif pour la survie de la planète, l'humanité ayant besoin d'un nouvel impact mutagène collectif pour se détourner de son autodestruction et s'éveiller simultanément à sa véritable nature.

Pourquoi ne nous enseigne-t-on pas l'existence de ce corps lumineux, très peu connu en dehors des milieux spirituels et que pourtant la science confirme, comme nous allons le voir ci-après ?

D'abord parce qu'en dehors des quelques chercheurs à l'esprit particulièrement ouvert qui sont à l'origine de cette confirmation, le reste du monde scientifique reste très dogmatiquement attaché à sa vision matérialiste du monde et ce sont, hélas, ceux-là qui ont un pouvoir sur l'évolution de l'éducation populaire.

Ensuite parce que ce corps lumineux a de telles implications concernant le sens de l'existence humaine et que son expérimentation massive remettrait en question de façon si radicale notre système techno-économiste fondé sur le matérialisme et l'objectivisme que tout le monde d'un commun accord, occulte cette connaissance et préfère en affirmer la nature imaginaire. Quand l'homme commence à prendre conscience de son corps lumineux, de telles perspectives expérientielles s'ouvrent à lui que le consumérisme et même le confort matériel lui apparaissent tout simplement d'un niveau presque animal et qu'il comprend à quel point il était aliéné dans sa conscience.

NATURE ET FONCTIONNEMENT DU CORPS LUMINEUX

Le corps lumineux est constitué d'une énergie très particulière qui est à la fois ***lumière***, ***conscience*** et bien sûr ***énergie.***

Le mot « lucide » (de *luz*, « lumière » en latin) qui fait référence à une forme d'intelligence perspicace révèle bien le fait que le langage pressent un lien entre conscience et lumière. (On dit d'ailleurs aussi : « faire la lumière, éclairer une situation » pour parler d'une explication qui la rend intelligible.)

En fait, le corps lumineux est le support du nagual de chaque être vivant, donc le réceptacle de toutes les informations concernant les êtres de l'univers passé, présent et à venir, une sorte de modèle réduit hologrammique du cosmos, contenant toute la mémoire de celui-ci, qui illustre en quelque sorte certaines formules alchimiques comme : « **ce qui est en bas est comme ce qui est en haut** » ou « **l'infiniment grand dans l'infiniment petit.** »

L'œuf lumineux comporte un noyau interne plus brillant et une coquille plus terne définie par les chamanes comme plus dure et protectrice mais aussi plus enfermante du noyau : cet œuf est divisé comme un melon le serait, en plusieurs tranches de diverses couleurs pastel qu'ils appellent des bandes, la bande humaine, zone qui correspond à la conscience de celui-ci, étant de couleur ambre. Ces tranches correspondent aux divers états de conscience possibles des divers règnes, du minéral à l'humain et, au-delà, du monde inorganique (monde habité par des êtres conscients mais dépourvus de corps physiques appelés aussi **« alliés »** quand les humains entrent en contact et communiquent avec eux).

Dans sa quête de liberté, l'apprenti cherche à assouplir cet œuf lumineux, tant à sa périphérie qu'au niveau de l'articulation entre ses quatre parties verticales, car ce sera en brisant cette coquille du dedans, comme le font les poussins qui naissent, qu'il atteindra cette liberté et passera à une autre phase de sa conscience éternelle. Une étape intermédiaire de ce processus consistera pour lui à « perdre la forme humaine », état de conscience dans lequel il n'est plus attaché à toutes les limites spécifiques de l'état de conscience humain et grâce auquel il peut expérimenter les autres états conscients disponibles potentiellement dans son œuf lumineux.

Des rapprochements avec l'énergétique chinoise, dont le chamanisme est très proche à plus d'un égard, permettent d'affirmer que le réseau des méridiens de l'acupuncture serait l'interface, le point de contact entre le corps lumineux et le corps physique.

Le corps lumineux possède aussi des « points » importants et secondaires qui ne sont pas toujours à la surface du corps physique.

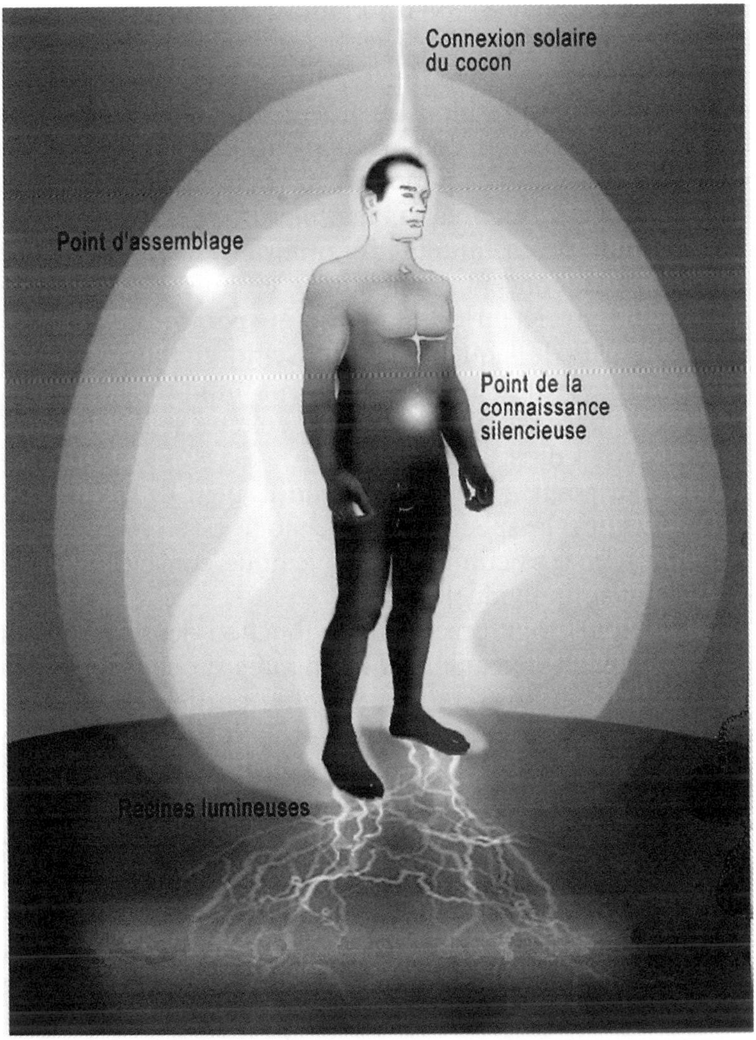

Figure N° 6 : Le cocon lumineux de l'homme
(Voir également cette figure en couleur dans le hors-texte)

LE POINT D'ASSEMBLAGE

Le point le plus important de l'œuf lumineux est le point d'assemblage. Il se trouve environ à 40 cm derrière l'omoplate de l'être humain, un peu vers l'extérieur et apparaît au voyant comme l'endroit le plus lumineux du cocon (voir fig n° 6 Le cocon lumineux de l'homme, page 187).

C'est à l'endroit précis où il se trouve que les émanations de l'Aigle (ou commandements de l'Aigle) rejoignent les émanations intérieures au cocon de l'homme qui leur correspondent. Les émanations intérieures sont des fils lumineux très minces, innombrables, vibrants, qui réunissent et concentrent toute la « lumière/conscience/énergie » subtile du corps du sujet, comme une trame vitale à partir de laquelle s'organiserait et fonctionnerait la matière vivante lourde du corps humain que nous percevons, par manque d'habitude, comme seule constitutive de notre corps.

C'est au point d'assemblage que le type de perception qui détermine la spécificité de chaque être conscient se fait (son règne, sa culture, son niveau de conscience et de connaissance individuelle).

C'est en ce point précis que la jonction des émanations de l'aigle et des émanations intérieures du sujet par illumination sélective d'une toute petite partie de celles-ci, **assemble le monde de ce sujet et le rend conscient de celui ci.**

Le point d'assemblage peut changer d'endroit, soit sous l'effet d'un choc puissant affectant l'état psycho-émotionnel du sujet ou sous celui d'un choc physique, soit par la volonté du sujet et l'endroit où il se fixera déterminera l'assemblage d'un autre état de conscience, d'un autre anneau de pouvoir, voire d'un monde radicalement différent. C'est ainsi que ce sujet voyagera dans son nagual, monde immense des états de consciences innombrables correspondant à autant de points de fixations du point d'assemblage dans l'œuf lumineux.

Le **Vouloir**, la grande conscience de l'Aigle, arrive ici, sur ce point, pour se réunir avec l'Intention de chaque être vivant et c'est cela qui engendre une conscience et la maintient dans le temps.

La fixation de ce point d'assemblage, une fois établie (à la naissance de la conscience d'un être vivant, peut-être même avant sa naissance physique) est très tenace, elle exprime la puissance de la mémoire, de l'attachement de chaque individu à son « connu », à son premier anneau de pouvoir.

Au cours de l'évolution du chamanisme et pendant des millénaires les chamanes se rendirent compte de l'aspect totalement contraignant de cette fixation.

Déplacer le point d'assemblage puis le fixer à un autre endroit, puis l'y maintenir pour vivre d'autres états de conscience, d'autres mondes, d'autres identités potentiellement contenues dans les autres parties du corps lumineux furent donc les trois étapes du défi auquel ils s'attaquèrent.

C'est faire en sorte que nos commandements deviennent peu à peu les commandements de l'Aigle (comme nous l'avons vu au chapitre V).

Quand l'homme fait bouger son point d'assemblage délibérément et ose concevoir la réciprocité des commandements alors il sent l'Aigle déployer ses ailes en lui.

LE POINT DU NOMBRIL : AGIR À PARTIR DE L'ABDOMEN

En fait notre cocon lumineux a plusieurs « fréquences » d'émission et de réception selon le type d'énergie avec laquelle il est en contact par le point d'assemblage quand celui-ci, normalement excentré vers la droite par rapport à l'axe frontal du sujet en état d'attention première, passe de l'autre côté de cet axe vers la gauche. Cela signifie que, simultanément, celui-ci est passé en état d'attention seconde. De multiples fils de lumière ténue relient l'œuf lumineux à des objets, êtres vivants ou phénomènes de notre espace quotidien mais aussi de l'espace-temps simultanéiste et qui apparaissent, disparaissent, augmentent, diminuent ou changent au gré du niveau d'intentionnalité de ces sources extérieures ou de nous-mêmes.

Ce sont des connexions de haut niveau de conscience comme des pensées, souvenirs, désirs, émotions, sentiments.

Don Juan décrit les émanations de l'aigle comme d'innombrables fils de lumière vivants et conscients d'eux-mêmes.

Notre corps physique entretient une relation énergétique permanente avec le centre de la Terre et avec le centre de notre galaxie par l'intermédiaire du soleil et nous pouvons transformer cette connexion, pour la vivre plus consciemment, en y mettant de l'Intention.

Un bon équilibre bipolaire entre la connexion avec le centre de la galaxie (via le soleil), par le sommet de la tête et avec le centre de la Terre par le dessous des pieds, stimule la circulation complexe des énergies du cocon lumineux qui s'équilibre au centre de l'abdomen, à quelques centimètres sous le nombril, **sur l'un des points les plus importants du corps lumineux, que les chamanes toltèques appellent simplement le « centre abdominal »** ou **« point du nombril »** ou encore : centre de connaissance silencieuse dont nous avons déjà parlé dans le chapitre précédent et qui, correspond au point qihai de l'acupuncture chinoise.

Ce point du nombril est à la fois un organe de perception holistique, d'intelligence silencieuse et d'action énergétique sur le monde extérieur. C'est par le développement de l'Intention qu'il va s'éveiller et devenir opérationnel.

C'est avec cet organe (que le voyant perçoit en état d'activité comme un ou plusieurs tentacules lumineux pouvant avoir l'épaisseur d'un pouce et sortant du ventre au niveau du nombril) qu'il pourra accomplir des actes non ordinaires de type psycho-émotionnel ou physique, des guérisons ou des prouesses martiales ou acrobatiques dépassant largement les limites logiques de nos connaissances actuelles dans ces domaines.

DIFFÉRENCE ENTRE CONNAISSANCE ORDINAIRE ET CONNAISSANCE SILENCIEUSE

Quand nous percevons les choses par notre premier anneau de pouvoir, les informations reçues par les cinq sens et déterminées par la position du point d'assemblage, sont finalement identifiées par les deux autres filtrages (émotionnel-affectif et intellectuel). Mais quand nous connaissons par le centre abdominal de connaissance silencieuse, les sensations issues des cinq sens ne passent pas par ces deux filtrages, elles sont directement transformées en connaissance subtile du phénomène perçu et suivies d'une action totalement appropriée à la survie du sujet et en accord avec son intention.

Au début, l'apprenti qui expérimente un tel mode de connaissance pourra lui-même être étonné, par manque d'habitude, de sa réaction et de son sentiment de « **savoir sans pouvoir expliquer ce qu'il sait et d'avoir réagi très vite, bien mais sans savoir comment** ».

Son nouveau comportement se révèlera nettement plus efficace que sa façon mentale de connaître et d'agir. Toute tentative d'explication de ce fonctionnement s'avère difficile, certains de mes instructeurs parlaient d'une sorte de mise en phase des fréquences arrivant par les cinq sens avec la fréquence émise par le corps lumineux stimulé par l'intention.

D'autres disent simplement que ce qui compte, c'est uniquement l'éveil du centre abdominal qui est capable, indépendamment des flux d'informations sensorielles, de percevoir directement l'intention de toutes choses.

Ma propre expérience m'amène à parler d'un langage purement sensoriel, préverbal et prémental dont le déchiffrage nécessite un silence total et prolongé de l'attention mentale, langage qui aurait été oublié par l'homme en l'espace de 50 à 100 000 ans et dont l'organe décodeur se situerait encore dans les mailles de notre corps lumineux avec une connexion privilégiée entre une glande noble du cerveau (pinéale ou pituitaire) et le centre énergétique abdominal.

L'écart entre la connaissance ordinaire et la connaissance silencieuse est comparable pour moi, en termes de « satisfaction cognitive » à celui qui existe entre une représentation photographique d'un paysage et ce paysage réel, vécu, ressenti et parcouru.

HYPOTHÈSES SCIENTIFIQUES À PROPOS DE L'ŒUF LUMINEUX

Depuis quelques décennies, de petits groupes isolés de scientifiques non scientistes ont tenté de valider l'existence et le rôle du cocon lumineux.

Voyons d'abord les travaux d'un savant allemand de réputation mondiale dans le domaine de la biophysique, le Professeur Fritz Albert Popp, qui découvrit, dans la 2e moitié du XXe siècle, l'existence d'un rayonnement cohérent de type laser d'un extraordinaire pouvoir énergétique émis par les ADN des cellules vivantes, notamment celles des tissus humains et que ceux-ci émettaient sous la forme de lumière ultraviolette à basse tension.

Après des décennies de recherches patientes, le Professeur Popp eut l'intuition d'un rapport étroit entre mémoire organique et lumière, ce qui lui fit déclarer, à l'instar de David Böhm, que la double hélice étant une forme commune au photon et à l'ADN, la matière ne serait peut-être que de la lumière condensée.

Il appela cette émission lumineuse la bio-luminescence et la considéra comme la source de tous les processus vitaux matériels car elle contient en elle le principe de la grande diversité des formes de vie. Observant ensuite que

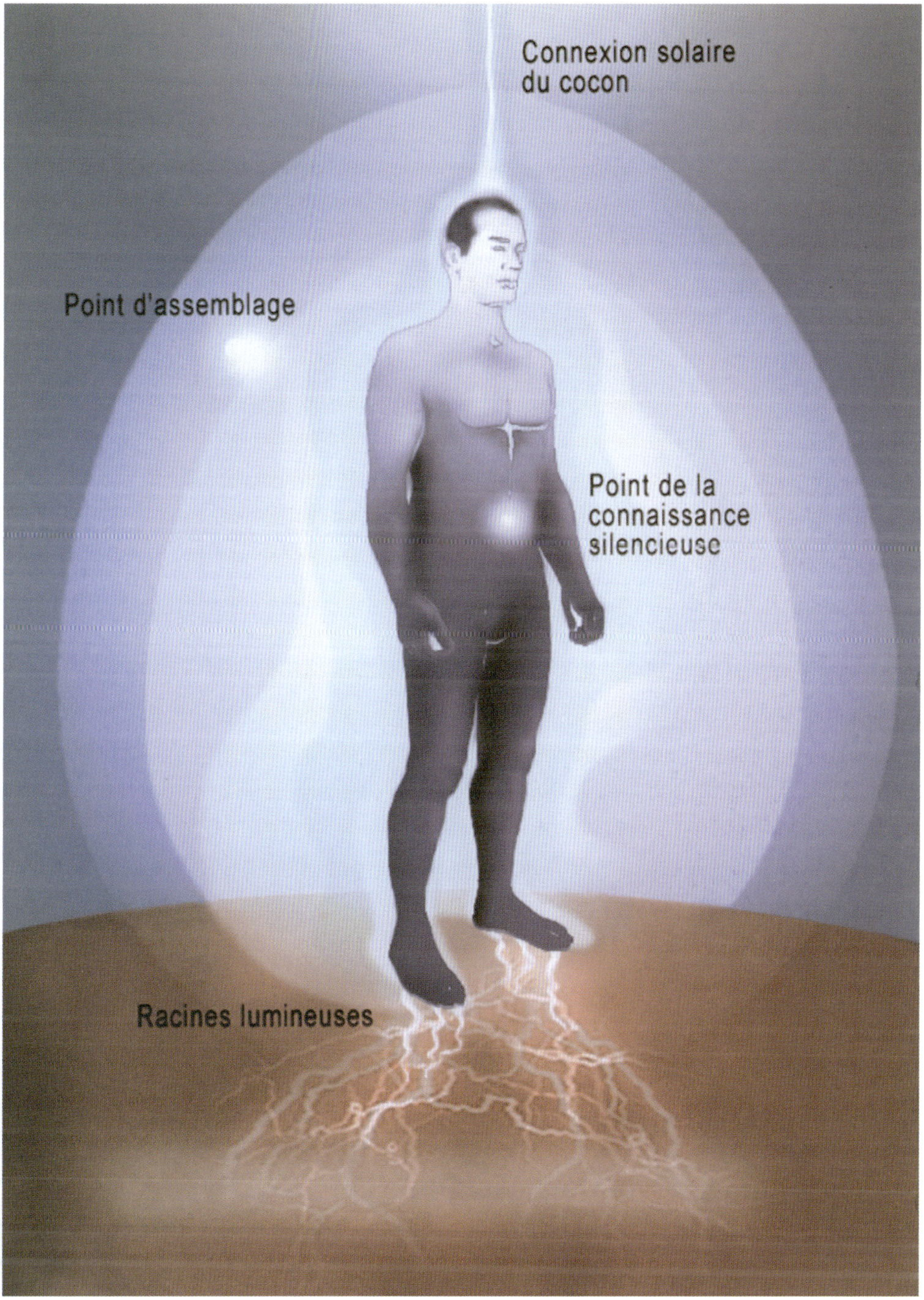

Le Cocon lumineux de l'homme

les gènes étaient à la fois émetteurs et récepteurs de lumière et qu'un flux bilatéral de ces énergies pouvaient atteindre une fréquence critique naturellement mutagène, il eut l'intuition de se trouver en face d'une véritable intelligence lumineuse dotée d'un niveau d'autonomie permettant largement l'usage du mot « conscience », d'autant plus que d'autres découvertes convergeaient, à peu près à la même époque vers cette évidence.

Le biophysicien russe Alexandre Gurwitsch travaillait lui aussi depuis deux décennies sur le phénomène de bioluminescence et venait de découvrir que des rayons ultraviolets de basse tension émis naturellement par des radicelles d'oignons provoquaient la multiplication cellulaire dans la racine d'un autre oignon, isolé du premier par les parois d'un vase de quartz étanche à toute influence biochimique mais laissant passer les ultraviolets.

Cette fréquence de lumière permettait donc le passage délibéré et sélectif de la vie d'une plante à une autre sans le moindre contact physique ni chimique !

Par ailleurs, au cours d'autres expériences, des plantes s'informaient l'une l'autre d'agressions qu'elles subissaient, toujours à travers des parois de quartz uniquement perméables à ces flux d'ultraviolets (ainsi qu'à d'autres fréquences lumineuses qui n'étaient pas émises par ces plantes) et réagissaient par altération de leur intégrité comme pour accompagner la souffrance de l'une d'entre elles quand celle-ci était sectionnée, par exemple.

Mieux encore, un phénomène de réparation cellulaire, comme une micro-thérapie s'effectuait sur des lésions occasionnées à une plante, par émission de ce même rayonnement d'ultraviolets en provenance d'une plante similaire posée à côté de la première, chacune étant toujours isolée dans un tube de quartz, phénomène qui ne se produisait pas quand la seconde plante saine n'était pas mise en présence de la première.

La lumière, véhicule d'intelligence, d'émotion, de compassion, de guérison et de stimulation vitale entre les végétaux ne possédant ni la pensée mentale ni la parole ni aucun moyen d'intervention physique mais seulement des petits flux tenus de lumière ultraviolette !

Il est clair que nous sommes ici en présence de ce qui correspond chez les chamanes à la « connaissance silencieuse » émise, reçue et organisée par le cocon lumineux et dont il ne reste plus, chez l'homme ordinaire que ce qu'il appelle « intuition », et que le corps lumineux (appelé aussi corps bio-photonique par les biophysiciens qui l'ont validé scientifiquement) et la concentration rayonnante des milliards de milliard de flux d'UV ténus émis par les ADN du corps physique des êtres vivants, sont une seule et même chose, mais que le passage cognitif direct entre le cocon et la conscience ordinaire de l'homme actuel ne se fait plus pour le moment.

L'EFFET KIRLIAN ET LE CORPS BIOPLASMATIQUE

Dans la première partie du XXe siècle, un savant russe du nom de Seymon Kirlian et son épouse inventèrent un procédé d'électro-photographie appelé plus tard **psycho-photographie**, grâce auquel ils pouvaient reproduire sur un cliché, une sorte d'aura hérissée de multiples petites aigrettes de lumière bleue-verte, entourant le corps d'êtres vivants, humains, animaux ou végétaux, mais aussi certains objets inanimés.

Ces auras, bien loin de n'être que de simples phénomènes d'ordre physique, variaient selon des paramètres non seulement vitaux mais psychiques et émotionnels et révélaient même des transferts d'énergie psychique opérés par des personnes sur des objets. De plus, ces auras montraient des configurations très particulières aux endroits précis du corps humain qui correspondaient à des points d'acupuncture importants et signalés au préalable par un bio-mètre, sensible aux différences de résistance bio-électrique.

Un rapport systématique a été démontré ensuite entre la vivacité de ces clichés Kirlian et l'état de santé, la concentration mentale ou l'état émotionnel des sujets psycho-photographiés.

Dans certains cas, l'aura se déforme, se gonfle, disparaît, des tâches de couleur jaune, orange, rouge apparaissent simultanément dans ces déformations selon le travail énergétique réalisé par le sujet photographié (chi-kong), les émotions que l'on suscite chez lui, les efforts de concentration mentale qu'il réalise ou les souvenirs qu'il réactive. Selon la plupart des scientifiques impliqués dans ces recherches depuis plus de 50 ans aux USA ou en Russie notamment, un champ d'énergie de nature bioplasmatique (4e état de la matière, constitué d'électrons et d'autres particules subatomiques parmi lesquels des photons) entoure et interpénètre le corps des êtres vivants et c'est son effet de résistance électrique qui est enregistré par le cliché Kirlian.

Toujours selon eux et après de multiples expériences de télékinésie, de guérison mentale, de vision dermo-optique (vision par le bout des doigts), de précognition ou de post-vision, ils constatèrent que le corps bio-plasmatique était impliqué directement dans l'exercice des capacités liées à ces expériences, les variations d'intensité de couleur, de forme des auras prises pendant celles-ci, révélant une activité systématique et intense de ce corps subtil. Enfin, des expériences ont été faites avec des chamanes et les clichés Kirlian réalisés pendant les séances de guérison spirituelle ont montré que pendant que le corps lumineux du patient, mince et peu lumineux au départ, reprenait de l'épaisseur et de la vivacité au cours de la séance, celui du chamane devenait momentanément moins brillant et même semblait se dégonfler comme un ballon, modifications qui disparaissaient à nouveau quelques heures après la fin de la séance.

POURQUOI FAIRE BOUGER LE POINT D'ASSEMBLAGE ?

Appelé à sortir d'une pratique locale et tribale comparable à celle qui a encore cours en Sibérie, en Mongolie ou en Amazonie, le chamanisme toltèque a connu une forte évolution en l'espace d'un siècle et c'est le résultat de cette évolution que Don Juan a transmis à Carlos Castaneda pour qu'il en soit le messager.

Les anciens voyants, tout comme de nombreux chamanes traditionnels des régions citées ci-dessus, n'avaient pas nécessairement besoin de connaître avec précision l'œuf lumineux, le point d'assemblage et les émanations de l'Aigle pour exercer leur rôle de chamane mais cette ignorance est considérée par Don Juan comme appartenant à une tradition révolue du chamanisme qu'il appelle « la voie des anciens voyants » et qui avait mené ceux-ci dans une impasse et une pratique puissante mais dénuée d'humanisme que le proverbe **« science sans conscience n'est que ruine de l'âme »** évoque parfaitement.

Mais ce n'est pas non plus un hasard si au sein de ces mêmes cultures, la plus prodigieuse des connaissances humaines vire assez souvent à la magie noire et à des pratiques de coercition magique assez peu spirituelles au sens humaniste de ce mot. La pleine connaissance du corps lumineux, du point d'assemblage et des émanations de l'Aigle, non seulement facilite l'apprentissage du chamanisme en structurant notre expérience du nagual, mais elle apporte à cette expérience une dimension cosmique qui élève notre âme et peut nous éviter l'utilisation non désintéressée voire malveillante des pouvoirs occultes. Enfin ce corps lumineux se présentant comme l'interface si longtemps recherché entre l'esprit et la matière, elle apporte au chamanisme renaissant l'inestimable atout de se placer à la confluence de la spiritualité et de la science.

Les nouveaux guerriers de l'esprit ont donc pour mission la renaissance d'un chamanisme civilisateur destiné à permettre aux hommes de franchir une nouvelle étape de leur évolution et ce chamanisme sera fondé sur la maîtrise partagée du mouvement du point d'assemblage.

Nous avons vu dans les pages précédentes les raisons pour lesquelles le guerrier de l'Esprit apprend à faire bouger son point d'assemblage : sa position stable et fixe correspond à notre premier anneau de pouvoir. Toute tentative pour rompre avec nos routines perceptuelles, émotionnelles, affectives et mentales afin de découvrir des choses nouvelles et de les vivre, revient en fait à faire bouger le point d'assemblage.

Il y a donc deux sortes d'objectifs et en même temps deux niveaux d'apprentissage concernant le travail sur le point d'assemblage.

A / En premier lieu, devenir capable de changer tout ce que l'on désire changer en soi, objectif qui ne prend tout son sens que si l'on découvre simultanément qu'en se changeant soi-même on change aussi le monde, celui-ci n'étant rien d'autre que la description qu'on s'en fait par son propre anneau de pouvoir.

B / Le second niveau de travail sur le point d'assemblage consiste dans un changement plus radical encore : entrer dans la perception directe de la nature subtile et énergétique des choses dont l'objectif sera l'auto-guérison puis la guérison spirituelle et holistique du corps et de l'esprit.

NÉCÉSSITÉ DE LA COHÉRENCE DANS LA MAÎTRISE DU POINT D'ASSEMBLAGE

Le chamanisme est donc fondé sur le concept de multiréalité, non seulement au niveau ordinaire de la première attention régie par le premier anneau de pouvoir mais aussi au-delà de cette attention première, pour tous les états de conscience élargie accessibles à l'homme dès qu'il s'aventure dans le mouvement délibéré de son point d'assemblage.

Ainsi, notre environnement quotidien que nous estimons être le seul monde perceptible, co-existe-t-il avec d'autres mondes que l'état de conscience ordinaire ne nous permet pas du tout de percevoir, tout simplement parce que notre culture en ignore et même en nie l'existence. Dès que le point d'assemblage bouge et se fixe sur un autre endroit du corps lumineux et surtout dès qu'il y demeure, un autre monde s'assemble dans lequel le guerrier est englobé, corps et esprit. Dans cette perspective, la notion de **cohérence** se révèle d'une extrême importance. En effet, chaque monde assemblé par une nouvelle position du point d'assemblage est un monde cohérent et c'est précisément l'absence de **cohérence** entre son monde quotidien et ce qu'il perçoit au cours d'une incursion fugitive dans un autre monde, qui va perturber le sujet non préparé pour cette expérience.

On parle fréquemment de folie, de fantasmes ou de fabulation (ce qui existe aussi) en écoutant ce que racontera cette personne. La **cohérence** est un besoin essentiel de la conscience, c'est pourquoi les chamanes veillent en permanence à la reconstituer à chaque étape de leur navigation dans la conscience illimitée et les mondes parallèles.

Cette cohérence qui caractérise le tonal et dont elle est l'un des rôles essentiels, est le ciment de la création de réalité, c'est elle qui va servir de guide et de garde-fou tout au long de l'aventure chamanique, bien que considérée d'un certain point de vue, elle soit au départ un obstacle pour s'y lancer. C'est certainement le véritable sens du concept grec *logos* qui a donné le mot « logique ».

CHAPITRE VIII

Le corps lumineux, le double et le rêve

> Quelle question !
> Le double, bien qu'il se constitue à travers le rêve est aussi réel que peut l'être ce caillou ou cet arbre !
>
> Don Juan

RÊVER ET « FAIRE DU RÊVE »

En tant que support énergétique du corps physique, auquel il apporte non seulement vie et conscience mais aussi un potentiel infini d'évolution dans le monde ordinaire (par le pouvoir mutagène des ADN) et dans le monde non ordinaire (par le mouvement du point d'assemblage), on pourrait penser que le corps lumineux lui est étroitement et définitivement soudé.

Or il n'en est rien.

Dans certaines circonstances et de façon involontaire de notre part ou à la suite d'un travail soutenu et, dans ce cas, délibérément, il peut se séparer de notre corps physique et, en quelque sorte, mener ses activités propres.

« Se séparer » n'est d'ailleurs pas tout à fait exact car tant que nous sommes vivants au sens clinique du mot, et même voyageant très loin dans d'autres dimensions spatio-temporelles que celle du monde ordinaire, il reste relié au corps physique par un fil de lumière consciente.

Lorsque nous dormons, notre corps lumineux tend à se décoller de façon naturelle et variable selon les individus, de quelques centimètres de notre corps physique, puis à reprendre sa place dès le début du réveil.

Certaines théories parlent d'une nécessité de se recharger ainsi à la source.

Je pense personnellement que cela manifeste tout simplement la tendance naturelle du corps lumineux à se séparer complètement du corps physique (tout en gardant le contact par le fil de lumière consciente) pour emmener la conscience du sujet plus ou moins loin de celui-ci et accomplir sa mission naturelle de « rêver », tendance qui ne se concrétise que dans certaines circonstances liées à l'état de santé ou de disponibilité du corps, et très inégalement selon le degré de rigidité du tonal de chaque individu.

Les chamanes distinguent donc le rêve ordinaire de « Rêver » qui consiste à se rendre compte que l'on rêve, à se sentir éveillé et conscient tout en rêvant pour expérimenter dans l'attention du double des aventures et des apprentissages de conscience élargie.

Convenons donc de transcrire ce « Rêver » conscient avec un « R » pour le distinguer du rêve ordinaire. Le double ou « corps de Rêve », est donc le corps lumineux séparé du corps physique et évoluant consciemment soit dans l'espace ordinaire ou très loin du corps du sujet, soit dans des dimensions spatio-temporelles différentes de celle du monde quotidien, mais toujours selon des lois physiques évidemment très différentes de celles qui prévalent dans celui-ci.

Il n'est pas nécessaire d'être d'abord endormi pour « faire du Rêve » et évoluer dans son double. Par le silence intérieur prolongé, on peut passer directement dans l'état d'attention seconde, puis le corps physique adopte un état caractéristique de catalepsie (sommeil très profond) bien que la conscience du sujet demeure éveillée.

Quand une personne fait ce genre d'expérience, soit involontairement, soit pendant un apprentissage chamanique, ce double, détaché du corps, peut être perçu par une autre personne extra-sensible comme une vague forme humaine légèrement laiteuse mais translucide. Mais quand l'apprenti a beaucoup d'expérience, il apprend à perfectionner son double avec l'Intention, et celui-ci devient de plus en plus net, opaque et ressemblant avec une précision totale à sa personne physique jusqu'à pouvoir être confondu avec elle par d'autres personnes qui le connaissent.

La conscience de cette personne est vraiment dans le corps lumineux qui, en somme, se rêve lui-même jusqu'à se dédoubler physiquement. Des chamanes de très haut niveau seraient même capables de créer plusieurs doubles d'eux-mêmes simultanément.

Le double ne peut remplir les fonctions physiologiques d'un vrai corps physique, il n'en a que l'apparence visuelle et tactile, il peut rire et parler et possède toutes les facultés psychiques de son original puisque la conscience du chamane l'habite, et peut même faire bouger des objets physiques par l'Intention.

Cependant, certains chamanes prétendent que les plus puissants d'entres eux seraient capables de créer un double intégral avec les organes internes et leurs fonctions, la matière n'étant après tout que la création de l'esprit !

La plupart du temps, le double rêve et voyage pendant que le corps du rêveur dort mais avec plus de pouvoir, celui-ci peut s'éveiller tout en restant en état de catalepsie et l'original et son double peuvent alors agir simultanément.

QU'EST EXACTEMENT LE DOUBLE ?

Les choses sont plus faciles à comprendre si nous nous reportons à notre dualité fondamentale : nous avons un corps physique et un corps lumineux. Bien que l'homme ordinaire ne soit le plus souvent conscient que de son corps physique, son corps lumineux est la partie essentielle, la clé et la part immortelle de sa personne (que certaines traditions appellent l'âme, bien que ce mot soit sujet à beaucoup de variations sémantiques).

Si nous sommes intérieurement « deux », il paraît naturel d'essayer de séparer les deux composants de notre totalité sans les détruire afin de les expérimenter chacune dans leur spécificité. En état d'éveil et de conscience ordinaire nous expérimentons donc le corps physique et tous ses plaisirs et capacités et si nous sommes assez curieux et audacieux pour le faire, nous pouvons expérimenter le corps lumineux, en tant que double, en état de rêve conscient.

Bien sûr, vivre dans son corps physique tout en étant conscient qu'il est doublé d'un corps lumineux facilite l'émergence consciente de celui-ci, c'est le premier pas pour faire du Rêve.

Ces possibilités sont difficilement imaginables si nous raisonnons et essayons de les comprendre en conservant notre cadre intellectuel cartésien.

Il faut donc comprendre que dans l'état de la première attention, la conscience sélectionne les informations à travers les filtres du premier anneau de pouvoir et crée le monde solide que nous connaissons, lequel répond aux lois que nous déduisons à travers les mêmes filtres qui, à leur tour, renforcent notre perception ordinaire du monde : **ce qui veut dire que les lois et grilles qui définissent le « Réel » et « le Vrai » ne sont pas extérieures à la perception que nous avons de ce « Réel » et de ce « Vrai », ce qui explique la difficulté de se remettre en question pour accéder à d'autres mondes, à d'autres cohérences**.

Dans l'état de seconde attention, par un filtrage différent des informations, la conscience crée un autre monde qui correspond naturellement à de tout autres lois : le monde fluide de l'énergie.

La notion de filtrage nous ramène d'ailleurs aux notions capitales de « description » et « d'interprétation » du monde, utilisées en permanence dans l'ontologie chamanique : la matière, l'état solide des objets, nos propres corps sont une description que notre conscience ordinaire se fait à elle-même et que, ignorant totalement l'attention seconde, nous prenons pour la seule description possible.

En changeant de niveau de conscience pour passer dans l'attention seconde, nous changeons simplement de description : les objets, la matière, notre corps sont fluides et plus ou moins lumineux selon leur niveau de conscience. Mais le monde fluide et lumineux de l'attention seconde est comparativement beaucoup plus complexe que le monde matériel qui est une description « simplifiée et alourdie » limitée en termes de possibilités d'action et de créativité pour la conscience.

Ce monde ne nous paraît incroyable et étrange qu'à cause de notre attachement émotionnel et indéfectible à nos critères et grilles de ce qui est réel et vrai !

Tant que nous ne nous détachons pas de ce que nous estimons être le raisonnement juste et les critères de réalité et de vérité justes dans l'absolu, nous ne pourrons pas entrer dans d'autres états de conscience et connaître les immenses possibilités de celle-ci, donc les autres états de la réalité.

Prenons un exemple pour illustrer ce qu'est la relativité des repères et des codes. Si vous allez en Angleterre où les automobilistes conduisent à gauche, vous observerez qu'un certain nombre de règles du code de la route sont établies en fonction de cette coutume.

Si, en tant qu'Européen continental, vous acceptez de conduire à gauche mais en continuant d'appliquer dans votre tête les règles du code de la route français (la priorité à droite dans les croisements d'égale importance, par exemple ou d'autres règles encore) non seulement vous provoquerez des accidents mais trouvant tout cela absurde, vous vous couperez de la réalité du moment et finirez par trouver les Anglais stupides alors qu'ils ne font qu'appliquer une autre cohérence !

Il en est exactement de même si vous voulez comprendre les possibilités de l'attention seconde et du corps lumineux en lui appliquant les modèles de raisonnement et de validation logique que vous appliquez au monde de la première attention et au corps physique : c'est impossible et insensé !

Conclusion : la relativité des codes et des repères jusqu'au plus haut niveau (et surtout là) n'a pas de limites et si nous savons généralement la comprendre et l'appliquer pour des petits changements de cadre à l'intérieur du monde quotidien, pourquoi ne l'étendrions nous pas au-delà de celui-ci pour essayer d'expérimenter les mystères du monde non quotidien ?

DEUX CORPS, DEUX ATTENTIONS, DEUX MONDES

Le double a son temps propre, un rapport différent de notre attention au déroulement des événements.

Souvenons-nous que notre conscience de la réalité nous vient par le premier anneau de pouvoir dont le mécanisme repose sur l'intentionnalité : il y a toujours une mémoire en nous par rapport à laquelle, par résonance et similitude, nous croyons connaître chaque événement se déroulant en notre présence, alors qu'en réalité nous ne faisons que le re-connaître.

Mais dans l'attention seconde, ce processus est court-circuité, nous avons une connaissance directe et énergétique, non mémorielle des choses, qui n'est pas créée par résonance avec des standards cognitifs logés dans la mémoire ; ce que nous connaissons est toujours la réalité unique et originelle de l'événement parce que l'attention seconde nous dote d'une vitesse perceptuelle beaucoup plus grande correspondant au second anneau de pouvoir et que la perception de l'énergie des choses en dévoile la moindre évolution, la plus petite altération, c'est une perception de l'impermanence naturelle du monde sous-jacente à sa dimension solide et apparemment stable.

C'est peut-être une explication des impressions de « déjà vu ».

Dans certaines circonstances nous sommes peut-être fugitivement dans deux attentions à la fois, ce qui nous dote d'une sensibilité exceptionnelle aux choses qui sont en train de se dérouler. Et tout à coup nous avons l'impression d'avoir déjà rencontré cette personne, vu ce lieu, vécu cet événement alors que nous savons que c'est logiquement impossible, nous avons beau chercher, nous n'en trouvons pas les traces dans nos souvenirs. En fait, c'est exact, nous avons vécu cela deux fois, à une portion infinitésimale de seconde près : une fois dans l'attention seconde et une fois dans l'attention première, le télescopage des deux perceptions a été perçu comme une reconnaissance, une sensation de déjà vu. Ce qui dans l'attention première, nous échappe, alors que c'est tout le temps le cas, parce que dans ce type d'attention, nous n'avons pas cette sensibilité exceptionnelle pour le percevoir.

Si nous avions pu basculer totalement dans l'attention seconde à cet instant précis, nous aurions par contre totalement oublié toute la séquence de l'événement lors de notre retour dans l'attention première : la loi de la cohérence, reliée directement à l'anneau de pouvoir, est impérieuse, l'oubli est un lien constitutif du rapport tonal/nagual.

C'est pourquoi les guerriers de l'esprit ont un gros travail de remémoration de leurs vécus à faire en attention seconde, le but de celle-ci étant de mettre en communication le tonal et le nagual pour se préparer à la libération du noyau lumineux de l'œuf.

ENTRER DANS SON DOUBLE

Pour vivre dans son double et y voyager, le guerrier de l'Esprit doit déplacer son énergie vitale habituellement répartie dans son corps physique et dans son corps lumineux en plaçant sa conscience au centre abdominal, de façon à se sentir de plus en plus dans celui-ci.

Après un moment prolongé de fixation de l'attention sur le centre du nombril, en état de silence intérieur, le corps physique entre en état de catalepsie (vie ralentie maintenue par le fil de conscience de lumière qui le relie au double). En état de conscience normale, l'homme n'est pas conscient de son corps lumineux en tant que tel, il dispose uniquement d'une sensibilité au monde environnant et à lui-même, déterminée par son état de veille et correspondant à sa perception solide de ce monde et de son corps physique.

Par contre, en état de rêve conscient, et présent dans son corps lumineux, il peut témoigner de son corps physique mais comme s'il était un objet étranger et extérieur à lui, il n'a pas la sensibilité habituelle de celui-ci avec les sensations de pesanteur, de solidité et de chaleur lui correspondant. Tous les paramètres habituels de la matière, du temps, de l'espace, de la force gravitationnelle et toutes les fréquences d'énergie auxquelles il est accoutumé et adapté en état de veille normale sont changés car ils sont perçus ou mis de côté à travers un autre type de filtrage que ceux de son premier anneau de pouvoir, ce qui n'empêche cependant pas la conscience du sujet de reconnaître les lieux, les événements, les personnes de son environnement ordinaire, bien qu'ils lui apparaissent altérés parce que perçus énergétiquement et sous d'autres fréquences non perçues en état de conscience normale.

Ce n'est pas le milieu « objectif » qui l'environne qui est différent, c'est un autre faisceau d'émanations intérieures au sujet qui s'assemble avec d'autres émanations de ce milieu ; le sujet crée donc une autre réalité insoupçonnable en état de conscience normale et qui, cependant, est là potentiellement, en permanence à sa disposition. C'est donc une affaire de relation sujétique que le lecteur comprendra mieux s'il a intégré le fait que, dans le chamanisme il n'y a pas de réalité objective fixe, définitive et universelle, indépendante du sujet qui perçoit car toute réalité est le fruit de la matérialisation de quelques informations sélectionnées par le tonal dans le potentiel infini du nagual.

RÊVER ET FAIRE DU RÊVE

Rêver est en fait du même ordre que le rêve ordinaire mais notre notion habituelle de ce qu'est celui-ci trouble notre compréhension de Rêver, en diminuant considérablement la portée du rêve ordinaire. La seule différence est dans le fait que dans « Rêver » nous savons que nous rêvons.

La connaissance officielle considère en effet le rêve ordinaire comme une activité abstraite et imaginaire de l'esprit, pouvant servir au mieux d'outil psychique de connaissance de l'inconscient et cela, toujours pour la même raison : pour elle, il y a le monde matériel, objectif et indépendant de la conscience d'un côté et cette conscience de l'autre côté. **Pour le chamane, créer sa réalité, au sens sujétique du mot, et la rêver sont une seule et même chose qui manifeste le pouvoir de l'esprit et l'immanence de l'Aigle.**

La différence essentielle entre les deux, est dans le fait que dans « Rêver » nous pouvons contrôler et diriger délibérément notre rêve parce que nous savons que nous rêvons et parce que nous avons mis dans notre volonté la croyance et le désir de l'explorer exactement.

Comme on explorerait un pays nouveau, ce qui nous amène bientôt à découvrir que ce monde est tout aussi réel que celui de notre vie diurne.

Quand nous faisons un rêve ordinaire, nous sommes en effet dans le nagual, mais pas volontairement, c'est pourquoi au réveil, soit nos rêves nous reviennent plus ou moins difficilement mais de toute façon déjà interprétés par le tonal, soit nous ne nous en souvenons pas, séparés d'eux par le mur d'oubli que l'Aigle a placé entre nos deux états de conscience.

Les expériences et contenus d'un rêve ordinaire, répétons-le, ne sont pas moins « réels » que ceux d'une journée au bureau ou d'un week-end à la campagne ; ils ont seulement été vécus dans une autre partie de notre conscience et du monde.

Le Rêve est en fait le Non-Faire du sommeil. Il permet aux chamanes d'utiliser activement le temps du sommeil pour apprendre des choses et résoudre toutes sortes de problèmes de la vie diurne. C'est comme si le Rêveur ne dormait plus mais il n'en ressent aucune fatigue ni aucun mal-être.

COMMENT LES ANCIENS CHAMANES DÉCOUVRIRENT LE RÊVE

Le double ou « corps de Rêve » est une projection plasmatique en trois dimensions du corps physique du rêveur qui a été fabriquée par l'attention seconde dont le maître est l'Intention. Pour elle ce n'est pas très difficile car, même chez l'homme ordinaire qui ne l'exerce pas, elle est présente inconsciemment, latente et en permanence en contact avec son corps physique qu'elle connaît intimement.

Notre corps total (physique et lumineux) est un ensemble de champs d'énergie que l'Intention, quand nous rêvons, dédouble en répartissant la lumière-conscience de façon à ce que le corps physique conserve sa vitalité et même son mouvement et apparaisse solide et objectif.

Les anciens chamanes avaient découvert que quand nous dormons, pendant que le corps lumineux se décolle un peu du corps physique, le point d'assemblage devient plus souple et commence à vibrer sur place.

Au cours d'un rêve ordinaire, il se déplace alors naturellement mais légèrement vers l'axe sagittal du corps (s'éloignant un peu de sa position extérieure et latérale). Ce mouvement met alors en contact des émanations de l'Aigle et des émanations intérieures au rêveur qui, en état de veille, ne sont jamais reliées.

Ces anciens chamanes commencèrent donc à travailler sur ce déplacement pour essayer de l'amplifier puis de le maîtriser afin de maintenir son nouveau point de fixation. Ayant réussi cela, ils constatèrent que c'est à ce moment-là que le corps de rêve se détache du corps global : cela équivaut en fait à une introduction du tonal dans le domaine du nagual.

Cette mise en relation délibérée de nos deux domaines de conscience qui, normalement s'excluent l'un l'autre, va se faire par un équilibre subtil entre le vouloir de l'Aigle et la volonté du Rêveur afin que ses commandements deviennent les commandements de l'Aigle.

Au départ, le Rêveur ne peut pas orienter le sens du rêve en maîtrisant le mouvement du point d'assemblage, ce mouvement est déterminé par le vouloir de l'Aigle, il peut seulement le maintenir là où il s'est nouvellement fixé.

Cette tendance irrésistible du point d'assemblage à se fixer exprime le rôle de la mémoire à faire de toute nouveauté un élément permanent du premier anneau de pouvoir. C'est pourquoi faire bouger le point d'assemblage, c'est-à-dire en fait rompre avec la mémoire et le connu, demande un énorme effort de volonté de la part du guerrier, proportionnel au degré de nouveauté, d'étrangeté du geste concerné par ce mouvement (ici : s'éveiller dans un rêve, quitter son corps en catalepsie, s'aventurer dans la dimension du nagual, etc.).

Cette résistance-fixité du point d'assemblage fut alors perçue par les anciens chamanes comme la conséquence ou le signe caractéristique de l'emprisonnement de la conscience de l'homme dans son tonal et de son attachement excessif à tout ce qu'il est, à tout ce qu'il sait, à tout ce qu'il fait, à tout ce qu'il possède, autrement dit d'un déséquilibre existentiel s'étendant à tous les domaines sans exception de sa conscience et de ses comportements, en un mot, une position de vie extrémiste occultant sa double nature.

Ayant découvert simultanément la dualité dynamique, ils inventèrent, à partir de celle-ci, le comportement du guerrier-funambule et le mirent en pratique aussitôt dans leur quotidien pour se rééquilibrer, ce qui, d'une part, fortifie considérablement leur volonté jusqu'à ce qu'elle se transforme en Intention, et d'autre part, leur donna assez d'énergie pour, non seulement réussir à maintenir les nouvelles fixations du point d'assemblage dans de nouveaux domaines de conscience, mais aussi pour orienter délibérément le mouvement de celui-ci.

Ils étaient entrés de plain-pied dans une relation de réciprocité avec l'Aigle en devenant capables de concilier abandon aux commandements de l'Aigle et introduction de leurs propres commandements dans la force de l'Aigle.

Bien entendu, le lecteur aura compris que l'élément-clé de Rêver et du double est l'Intention, une fois de plus.

Quand le chamane a réussi, par un silence intérieur prolongé, à mettre sa conscience au centre abdominal pour ensuite agir à partir de celui-ci, il y a « mise en phase » de l'énergie de l'intention et de l'énergie du corps lumineux, et prise en charge de celle-ci par celle-là. Dès lors, notamment pour des prouesses impliquant le corps physique du chamane ou des objets matériels ou un rapport dynamique avec ses derniers, le rôle d'interface énergétique du corps lumineux entre la matière et l'esprit joue pleinement son rôle, les vibrations lourdes de la matière étant véhiculées, portées par l'harmonisation vibratoire entre l'Intention et le corps lumineux.

À QUOI SERT LE RÊVE ?

Le double a donc du pouvoir, le fait même d'être consciemment dans son double **est** une manifestation de pouvoir importante et les chamanes l'utilisent pour accomplir des exploits.

Certes, débarrassé de la pesanteur, débarrassé de la connaissance intellectuelle raisonneuse et analytique des choses, débarrassé même de la matérialité de son corps aux multiples contraintes et limites mais par contre imprégné puissamment d'une Intention déjà renforcée par le fait même d'avoir pu se séparer de son corps, la conscience du rêveur est comme un oiseau sauvage dont on vient d'ouvrir la cage après des mois d'emprisonnement !

Elle est prête à expérimenter tout ce qui va se présenter à elle et les sollicitations ne vont pas manquer mais le guerrier de l'Esprit est supposé avoir un tonal fort, nanti d'objectifs précis sans lesquels il risque de se perdre dans les dédales illimités des mondes parallèles au nôtre.

Il y a toujours, dans les activités non ordinaires du chamane, deux sortes d'objectifs et de bénéfices. La pratique du Rêve favorise considérablement l'atteinte de tous les objectifs du développement personnel : plus d'énergie, plus d'équilibre émotionnel, une meilleure santé, une plus grande confiance en soi, une meilleure aptitude à l'auto-guérison, voire à la guérison énergétique des autres.

Enfin si l'on envisage le Rêve comme l'outil spécifique du voyage dans le nagual, aventure que le chamane considère comme la véritable mission de l'âme humaine, il permet au guerrier de relier ses deux attentions : de retour de « Rêver », il enrichit son tonal du contenu des expériences qu'il a vécues et retourne vers le Rêve avec un tonal à la fois plus vital, plus sobre et plus souple.

Rêver lui permet aussi de consolider son œuf lumineux fragilisé par les profondes et perpétuelles remises en questions que le guerrier de l'Esprit a introduites dans sa vie.

En effet, l'œuf lumineux, en plus de sa partition verticale, est fait de couches concentriques de faisceaux eux-mêmes constitués de multiples fils lumineux et au centre du cocon se trouve un noyau plus brillant qui est l'attention du nagual.

Ce noyau, en train de devenir conscient, ne cesse de pousser sans arrêt vers l'extérieur pour se libérer de la pression des parois mais ceci affaiblit le chamane et finirait même par provoquer sa mort s'il ne compensait pas et ne contenait pas un peu cette poussée en Rêvant, ce qui satisfait le noyau et restaure la cohésion des couches de lumière. Cette libération du noyau central est cependant ce qui se passera finalement à la mort de tout être humain de façon naturelle ou, de façon délibérée, lors du saut dans la troisième attention que le chamane décidera de faire pour devenir immortel si cela est son choix lorsqu'il se sentira prêt à accomplir cette ultime prouesse.

Le Rêveur peut utiliser son pouvoir pour faire trois sortes d'expériences :

– il peut voyager sur la fréquence de conscience humaine dans l'espace sans limites (y compris hors de notre système solaire) et dans le temps passé et futur ;

– il peut aussi voyager en quittant la fréquence de la conscience humaine, sur celle des autres règnes pour expérimenter les états de conscience des minéraux, des végétaux et des animaux ;

– enfin, il peut sortir de la fréquence du monde organique et entrer dans les mondes où vivent des êtres dotés de conscience mais dépourvus de corps physique. Dans ces mondes, il pourra trouver des entités particulières qui, en fonction d'affinités spécifiques, deviendront ses alliés et avec lesquels il pourra échanger des pouvoirs, des connaissances, de l'émotion ou d'autres énergies (les animaux totems ou animaux de pouvoir en font partie).

Nous verrons plus en détail dans le chapitre sur les pouvoirs, comment le chamane pourra expérimenter toutes sortes de possibilités, afin d'apprendre et de renforcer des capacités qu'il pourra ensuite mettre à profit dans la vie ordinaire.

Ne cachons pas au lecteur que toutes ces expériences ont leur prix : le chamane doit mener une vie très disciplinée, très équilibrée, renoncer à un certain nombre de choses de la vie ordinaire et consacrer beaucoup de temps et d'attention à son impeccabilité énergétique.

Nous en parlerons dans l'éthique du chamane.

L'IMPULSION DE LA TERRE ET LE RÊVEUR

La Terre possède aussi un corps lumineux. Elle est un être sensible et conscient. Quand le chamane est capable d'entrer en communication avec elle, elle peut agir comme un intermédiaire de premier plan entre lui et le vouloir de l'Aigle.

L'homme étant le fils de la Terre et du Soleil, elle contient naturellement dans son œuf lumineux toutes les émanations spécifiques à l'œuf de l'homme ainsi que celles de tous les êtres vivants, y compris celles des êtres inorganiques.

Quand le chamane fait bouger son point d'assemblage pour vivre d'autres états de conscience et entrer dans d'autres mondes, l'œuf lumineux de la Terre est une sorte d'amplificateur intermédiaire qui donne aux fréquences de son intention la résonance nécessaire pour atteindre les émanations de l'Aigle et se mettre en phase avec elles puisque celles-ci sont toutes présentes dans le cocon de la Terre. Cette utilisation de la conscience terrestre pour entrer dans l'inconnu s'appelle « impulsion de la Terre ».

Les modalités exactes selon lesquelles la Terre intervient dans le travail du guerrier sont assez complexes et Don Juan, par l'intermédiaire de son apprenti, n'est pas toujours très précis sur ce point !

En me référant à mes propres expériences et au principe énergétique de la dualité dynamique, je dirai que la Terre représente le pôle yin et diversificateur de vie par opposition polaire au Soleil, lui-même relié au centre de notre galaxie, qui représente le pôle yang et unificateur. La Terre figure la matière et le corps, le Soleil l'esprit. Considérée sous l'angle purement physique, la Terre émet plusieurs sortes de fréquences énergétiques. On parle d'énergies telluriques, de géomagnétisme et de plusieurs réseaux de diverses fréquences vibratoires quadrillant la planète, sans compter, bien sûr l'attraction gravitationnelle et les divers types de radio-activité naturelle. Diverses particules la traverseraient aussi de part en part (antineutrinos) et se mettraient éventuellement en phase avec ses propres vibrations. Il est dommage que la science, empêtrée dans ses dogmes et ses réticences irrationnelles au monde spirituel, n'ouvre pas plus ses filtres car dans ce cas nous découvririons certainement de multiples phénomènes énergétiques dont la subtilité viendrait confirmer les affirmations sur le rapport de la conscience avec le monde environnant et notamment avec la Terre que les chamanes expriment, sur la foi de leurs expériences, dans leur langage hylozoïste.

Un chamane chinois me décrivit la Terre exactement comme un être humain : elle serait dotée d'un véritable réseau de lignes d'énergies comparables aux réseaux des méridiens humains avec des points de tension plus grande comparables aux points-carrefours du réseau de méridiens du corps de l'homme. Elle aurait divers pouls ainsi qu'une pulsation centrale similaire à celle d'un cœur.

Ce serait ces diverses vibrations que le chamane capte empiriquement par le double contact très attentif de son corps physique et de son corps lumineux avec la Terre pour faire bouger son point d'assemblage et agir à partir de son centre abdominal.

Teilhard de Chardin parlait de la noosphère, sorte de réseau subtil d'énergie entourant la Terre et constitué des consciences de tous les êtres vivants qui l'entourent.

Il est évident que les intentions de toutes les consciences forment une couche psychique autour de la Terre qui fait partie de son œuf lumineux et sur laquelle les chamanes se branchent pour augmenter leur pouvoir en cas de besoin. Ce réseau est, bien entendu, hylozoïste (tous les règnes sont dotés d'un niveau de conscience : le minéral, le végétal, l'animal et l'humain) et par le mouvement de son point d'assemblage le chamane a la capacité de se mettre en phase avec l'une ou l'autre des fréquences de l'œuf lumineux terrestre et d'agir sur les rochers, les arbres, les poissons ou les hommes, par exemple, et même sur la Terre elle-même.

Quand le guerrier de l'Esprit veut utiliser cette impulsion de la Terre, il combinera le silence intérieur, l'Intention et son attention seconde pour percevoir certains phénomènes terrestres particulièrement énergétisants tels que la lumière rasante du Soleil au sommet de certaines montagnes, le bruit d'une chute d'eau, la liquidité d'un lac d'eau pure, etc. et percevoir ainsi directement des messages importants ou se recharger puissamment en énergie. Le chamane peut augmenter sa vitalité, se guérir de certaines affections et apprendre beaucoup de choses en entrant dans le temps simultanéiste de la Terre. Pour lui, la Terre est véritablement la source de la vie et de tous les pouvoirs, mais aussi celle de la mort, sous une forme appelée « le culbuteur ».

Le culbuteur est une sorte d'énergie consciente de destruction, composée de fréquences terrestres et animées par une émanation très particulière de l'Aigle, qui prend la forme d'un tourbillon lumineux d'énergie se dirigeant vers toute créature sur le point de mourir et le frappant au centre abdominal jusqu'à ce que l'œuf lumineux s'ouvre et laisse s'échapper le noyau intérieur de celui-ci vers l'Aigle qui s'en nourrit.

Les chamanes de très haut niveau arrivent à détourner la pulsion destructrice du culbuteur et à en utiliser l'énergie pour faire bouger le point d'assemblage jusqu'à la libération totale mais volontaire du noyau lumineux de leur cocon.

LA GÉNÉROSITÉ ET L'INTELLIGENCE INFINIE DE LA TERRE

L'homme a maintenant assez longtemps ignoré que la Terre est un être vivant et conscient, nous nous sommes trop longtemps conduits comme des voyous qui crachent au visage de celle qui nous a donné la vie en la traitant comme un vulgaire objet.

Il est largement temps de nous éveiller car, impitoyable et juste comme l'Aigle, elle finira par ignorer ces rejetons ingrats, grossiers et aveugles et nous anéantira pour faire naître une autre engeance. Quelques minorités agissantes ont pris conscience de cela depuis quelques décennies mais notre écologie manque de force, elle n'a pas de fondement spirituel et utilise le même cadre logique et mathématique que ses opposants les techno-économistes, son combat risque en conséquence de s'éterniser sans convaincre les masses puisqu'elle ne les touche pas au niveau du cœur mais uniquement au niveau intellectuel et matériel.

Cette force spirituelle qui manque à l'écologie, les chamanes en sont les dépositaires depuis plusieurs dizaines de milliers d'années. Nul doute que ce fil de mémoire jamais rompu avec les premiers sages de l'humanité, resurgit aujourd'hui pour que nous nous souvenions à temps, espérons-le, des secrets simples et cependant oubliés de la vie.

Pour conclure ce paragraphe, je souhaite citer l'un des plus beaux passages de toute l'œuvre de Carlos Castaneda dans lequel il évoque en quelques phrases le double lien affectif et magique que les chamanes entretiennent avec la Terre. La scène se passe au moment où les guerriers du clan de Carlos, promus au rang de chamanes, vont réaliser leur premier saut dans le précipice afin de confirmer leur capacité à se dédoubler et à « atterrir » sains et saufs, une centaine de mètres plus bas par photoportation (transport du corps physique par le corps lumineux).

Le Maître et Don Genaro, le Benefactor de Carlos, leurs font leurs adieux en s'exprimant ainsi :

« **On ne peut se libérer de sa tristesse que si on aime cette Terre d'une passion inébranlable...** (Don Juan accroupi, caresse le sol en parlant.) **Un guerrier est toujours heureux parce que son amour est inaltérable et que sa bien-aimée la Terre l'embrasse et lui octroie des cadeaux inestimables... Cette chose merveilleuse, qui vit jusque dans ses derniers replis et qui comprend chaque sentiment, m'a apaisé et m'a guéri de mes souffrances et lorsque j'ai enfin réussi à comprendre l'Amour que je ressentais pour elle, elle m'a appris la liberté...** »

DON JUAN

PUISER LA CONNAISSANCE DANS LA RÉALITÉ ÉNERGÉTIQUE DES CHOSES

Le Rêve, c'est aussi le grand livre de la mémoire réelle et non interprétée de l'univers que le rêveur peut vivre et dont il peut s'instruire en direct.

Quand nous apprenons par les livres l'histoire des dinosaures, des sumériens ou de Jeanne d'Arc, nous savons que toutes ces connaissances ont subi deux sortes de grandes altérations : d'abord l'interprétation-création sujétique de celui qui les a vécues et/ou transcrites verbalement une première fois et ensuite les réinterprétations successives, liées aux différentes idéologies et objectifs de ceux qui les ont ensuite répandus auprès des publics de leurs époques.

Ce qui fait que l'homme actuel, par exemple, nourrit son cerveau à 95 % d'une nourriture virtuelle, falsifiée plus ou moins volontairement et donc finalement morte.

À l'opposé, le Rêveur, non seulement peut vivre son présent, à savoir ses expériences personnelles, dans leur double nature, ordinaire et énergétique, ce que ne peut pas faire la conscience de l'homme ordinaire, mais surtout, il peut aussi se promener dans la substance vivante du temps simultanéiste pour connaître et vivre chaque état de conscience, chaque situation, chaque phénomène passés et à venir tels qu'ils sont survenus dans leur présent local et dans leur nature énergétique.

Sa conscience est donc nourrie de connaissance vivante et sa richesse intérieure est incomparable avec celle de la connaissance « historique » des choses.

Il y a autant de différence entre ces deux types de connaissance qu'entre la descente vécue d'un long fleuve tumultueux en canoë kayak et le fait de se baigner en youyou de caoutchouc dans la piscine javellisée d'une villa citadine. C'est paradoxalement le fait de Rêver consciemment qui fait du Rêveur un homme beaucoup plus réaliste que l'homme ordinaire, celui-ci croyant vivre la réalité alors qu'elle est le plus souvent pour lui, le résultat de plusieurs, voire de multiples couches d'interprétations, donc de virtualités.

L'Intention étant le mode de conscience-volonté active spécifique de la seconde attention, c'est précisément en se trouvant dans la nécessité de l'exercer en permanence pour Rêver et voyager dans son double que le guerrier pourra le mieux la développer. (C'est en forgeant qu'on devient forgeron !) Et, bien sûr ce développement de l'Intention pourra être « réinvesti » dans toutes les circonstances de la vie, notamment dans la mission éventuelle de guérisseur. Les chamanes peuvent rêver ensemble et se rencontrer, en tant que doubles, dans les autres dimensions de la réalité.

C'est en Rêvant que Carlos rencontra un tigre à dents de sabre, quinze mille ans en arrière et apprit de lui la respiration abdominale.

C'est en voyageant en Rêve dans la seconde attention, en état de transe, que le chamane puise l'énergie grâce à laquelle il pourra intervenir sur le corps lumineux des personnes qu'il soigne énergétiquement.

C'est toujours dans son double qu'il rapporte à ses patients des messages de la part d'ancêtres de ceux-ci ou de personnes avec qui ils ont eu des relations émotionnelles très fortes pour les délivrer de blocages psychologiques.

C'est encore en Rêvant qu'il leur apportera des techniques ou des modèles de comportements ou des gestes énergétiques particuliers qui leur permettront de retrouver le bien-être et le calme affectif.

C'est en rêvant que j'ai moi-même ramené du nagual le symbole du serpent sacré.

RÉALITÉ OU RÊVE... RÊVE OU RÉALITÉ... ?

Les chamanes aborigènes ont un très joli proverbe :

« Quand l'homme comprend qu'il rêve la réalité, alors il peut commencer à réaliser ses rêves. »

Toute personne ayant, au moins une fois dans sa vie, fait un rêve conscient, restera toujours troublée par l'aspect profondément réaliste de ce qu'elle a vécu ; une sensation qui ne fera que s'intensifier lors des prochaines expériences jusqu'à l'amener à se questionner sérieusement sur la notion même de réalité !

Quand ils parlent de l'anneau de pouvoir, les chamanes chinois disent fréquemment « rêver sa réalité » au lieu de « créer sa réalité ». Qu'est-ce qui fait que nous décidons que les contenus de nos journées sont réels et que ceux de nos rêves sont des rêves (sous-entendus : pas réels) ?

Un énorme a priori !

Dans chaque état de conscience, l'état éveillé du jour et l'état de rêve de la nuit, nous interprétons un matériau brut d'Êtreté dont nous ne connaissons pas la source, selon des normes préétablies par la philosophie et l'ontologie.

L'énergie perçue dans l'attention seconde ne l'est pas dans l'attention première parce que les codes de celle-ci n'acceptent que le décodage matériel totalement séparé du décodage psycho-énergétique.

Par contre, dans l'attention seconde, le Rêveur voit la forme solide des objets s'il le désire mais par son Intention il peut la laisser totalement s'évanouir et accorder exclusivement son attention avec l'énergie vibrante des choses.

Avec le temps et l'expérience le chamane considère toute hiérarchisation des états de conscience fondée sur le caractère de réalité comme totalement inapproprié et inutile.

Le chamane Rêveur ayant totalement intégré le fait que sa vie diurne n'est pas moins un Rêve que ses Rêves ne sont réels, peut vraiment commencer à réaliser ses rêves. Comment ?

Il dispose d'un certain nombre de capacités de faire passer sa volonté dans le monde quotidien. Ces capacités sont appelées des pouvoirs. Leur description fait l'objet du chapitre XII dans lequel nous verrons aussi la distance que nous devons prendre avec ce mot.

CONCLUSION

Le corps lumineux est un hologramme psycho-créatif de l'univers total et, ce qui manifeste et rend physiquement réel chacun des mondes parallèles qu'il contient, est le changement d'endroit puis la fixation à cette nouvelle place du point d'assemblage.

C'est l'Intention du rêveur qui permet cela.

CHAPITRE IX

Tierce attention l'inimaginable défi de l'Aigle

Nous sommes mortels par manque d'ambition spirituelle...

DYNAMIQUE ET SPLENDEUR DE LA MORT

La mort est un mystère...

Mais quelle qu'en soit la clé, son premier visage est d'abord celui de la peur.

Déjà dure à beaucoup d'hommes, l'existence leur promet en plus l'inéluctable aboutissement de la pourriture.

Grande injustice, absurdité démesurée d'une vie insensée que celle de l'infortuné qui se fie uniquement aux lois de la matière, à l'apparence d'une disparition physique emportant avec elle son rire, ses paroles, ses rêves et toute cette impalpable et immatérielle présence d'où, comme d'une fenêtre, il regardait passer la vie...

« N'était-ce que cela ? Mais alors, pourquoi avoir été ? Est-il possible d'exister en cet instant et de ne plus exister l'instant suivant ? » dira-t-il avec stupeur, ayant, au crépuscule de son existence, mais trop tard, l'intuition que le spectacle et lui ne faisaient qu'un et qu'il était en somme à la fois le spectateur, l'acteur, le décor et l'auteur de cette inestimable pièce en train de s'achever sans que l'énigme en ait été levée. C'est alors que la question émerge en lui dans son implacable simplicité : « Que devient ce sentiment d'être que l'on appelle **conscience**, cette certitude immédiate, continue et absolue d'être là, qui n'a besoin d'aucune preuve, d'aucune validation, qui par la joie, le désir, ou la peur, met en mouvement ce corps, le fait respirer l'air, marcher sur les chemins, se chauffer au soleil et plonger dans l'eau fraîche des rivières, que devient-elle cette omniprésence, quand ce corps définitivement s'immobilise, blêmit puis se dilue dans la terre ? »

Sans réponse à sa question, car seule la mort répond aux questions sur la mort, il envisage l'absurdité de la vie… et pourtant !

Bien qu'ombre menaçante du Néant (il essaie d'imaginer ce qu'est le Néant d'être, la non-présence totale), bien que promesse insurmontable de putréfaction dont le spectacle d'autres corps sème dans son esprit un inutile dégoût, la mort joue pour lui et pour tout ce qui vit, de façon extraordinairement inattendue, ludique et exubérante, le rôle du plus puissant des stimulants de la vie ! La mort est présente dans chaque parcelle de temps, d'espoir et de joie que nous vivons ! Nous ne pouvons pas imaginer ce que serait cette vie quotidienne s'il n'y avait la mort ! Tout ce que nous faisons est organisé en fonction de son omniprésence, elle nous fait goûter tout ce que nos sens peuvent caresser, elle nous fait bâtir les plus belles demeures, créer les plus belles œuvres d'art, elle donne toutes ses nuances d'intensité à l'Amour et, pardessus tout, elle nous donne le pouvoir de transmettre l'existence à de nouvelles créatures ! S'infiltrant dans l'espace entre les polarités opposées de toute forme de vie, elle en accentue encore la différence pour faire surgir entre elles le désir de se rapprocher et le plus surprenant des pouvoirs terrestres : d'un seul corps embrassant et étreignant un autre corps surgit bientôt un troisième corps, une troisième vie, une nouvelle présence ! Chacun de nous a-t-il jamais pris la peine de mesurer la magie de la procréation ? Car ce n'est pas la vie, comme phénomène durable, qui est l'inverse de la mort, mais bien la procréation ! Elles sont intimement inséparables (c'est pourquoi ceux qui dénaturent la procréation dénaturent aussi la mort, ils se coupent de son immense sagesse et n'en comprennent plus les majestueuses leçons). La mort, sœur aînée de toutes les créativités, dévoile le sens de tout ce qui existe car tout ce qui existe se transforme. Tout meurt donc pour exister… Elle est la clé de l'Être ! Ensorcelante inspiratrice de toutes les nostalgies, de toutes les odes à la vie, rien n'aurait de sens sans elle.

La mort a donné la mémoire au tonal pour permettre au temps de se séparer en ses trois composantes, futur, présent et passé et, simultanément, elle est comme l'instant présent, sans durée, fugitive, comme le battement d'une porte qui s'ouvre et se referme entre deux mondes.

… CE N'EST QU'UNE PORTE ENTRE DEUX PIÈCES…

Imaginez que vous habitiez une immense demeure aux pièces et appartements innombrables. Cette demeure est à vous, elle EST vous, elle est votre potentiel, tout ce que vous pouvez, dans l'absolu, être et vivre, mais vous, vous ne connaissez que la pièce où vous habitez pour le moment, votre vie présente. Vous n'êtes jamais sorti de cette pièce, vous ne connaissez qu'elle et vous ignorez être le propriétaire de cette demeure immense. Votre attention est donc entièrement captivée par cette pièce et son contenu, vous ne connaissez que ce que vous pouvez y faire. Hors de cette pièce, pour vous, c'est l'inconnu. Cela vous fait très peur et vous vous accrochez à votre pièce rassurante et tranquille, à votre vie actuelle.

Qu'y a-t-il au dehors ? Peut-être le Néant !

Pour vous, la mort est peut-être cela : tout autour de cette pièce, un vide total sans espace ni temps, mais vous ne pouvez pas vraiment savoir ce qu'est le Néant. Au mieux, quelque chose existe autour de cette pièce mais c'est quelque chose de menaçant, au moins d'inquiétant, vu ce qui arrive au corps des gens qui en sont sortis. Quelque chose de ces personnes demeure-t-il après que leurs corps aient disparu ?

Parfois vous y pensez mais comme vous êtes aussi un peu rationaliste, il vous manque un petit brin de conviction parce que vous n'avez jamais rencontré « l'un de ces êtres qui pourrait survivre à la mort de son corps ».

Qu'y a-t-il juste à côté de la pièce où vous êtes ?... Ces êtres éventuels... y seraient-ils ?

Un jour, vous recevez un message qui vous dit : « Non, la mort n'est ni la pièce qui se trouve derrière la tienne, ni celle du dessous ou du dessus, ni un vide d'être autour de ta pièce, la mort est seulement la porte qui sépare ta pièce de la suivante, car il y a effectivement d'autres pièces, beaucoup de pièces et chacune d'entre elles est séparée des autres par une porte, par une mort. Chaque pièce est comme un arrangement de caractéristiques réunies qui font un individu, une personnalité unique, mais une partie infime du potentiel illimité de conscience de son œuf lumineux dont il n'est pas conscient. À chaque existence ordinaire un homme ne développe qu'une facette minuscule de ce potentiel.

« Pour aller d'une pièce à l'autre, il faut passer une porte, il faut passer une mort. La mort est un passage, pas un état, **la mort n'a ni espace ni temps à elle, la mort est seulement le temps de passer une porte pour entrer dans un autre temps, pour développer une autre facette de ce potentiel illimité**. »

L'AUTRE FACE DE L'OUBLI

Ainsi, la mort déploie la vie, son scintillement sans limites, son infinie discontinuité, la richesse incommensurable de ses facettes, ouvrant une à une les portes de sa demeure immense pendant que s'affirme, toujours et toujours, volage et oublieuse de la pièce précédente, l'Êtreté toujours présente de la conscience individuelle.

Mais alors, pourquoi donc les guerriers de l'esprit passent-ils une vie entière à rechercher l'immortalité ? **Pour se souvenir de la pièce précédente quand ils passent dans la suivante et devenir capables d'habiter toutes les pièces en même temps** !

Le problème de la conscience est la mémoire. En passant d'une pièce à l'autre, elle oublie la précédente et cependant c'est en affaiblissant le pouvoir de la mémoire que le guerrier ouvre la porte de l'éternité qui se trouve dans l'instant présent ! Encore le paradoxe !

La mort fut inventée par l'Aigle, dit un dicton chamane, pour donner aux êtres humains trop attachés à leur tonal, une chance de changer et de connaître leur immense potentiel !

Le guerrier de l'Esprit, fluide et libre de la mémoire, donc capable de toutes les transformations au cours de sa vie terrestre, n'a plus besoin de la mort et c'est pourquoi l'Aigle le laisse passer.

Comment ce passage peut-il s'effectuer et sous quelles conditions ?

LA RÈGLE DU NAGUAL ET LE DON DE L'AIGLE

Le chamanisme n'étant pas une religion il n'a pas de textes saints mais il repose tout entier sur une révélation : si conforme à la nature dualiste de tout l'univers soit l'alternance de la procréation et de la mort, l'homme peut se dérober à ce suprême commandement de l'Aigle selon lequel tout être vivant doit mourir pour que celui-ci se nourrisse de sa conscience et la redispense à d'autres êtres naissants.

Je voudrais maintenant citer textuellement le passage de la règle du nagual que Carlos Castaneda, dans un style simple qui en souligne la grandiosité, nous transmet dans l'un de ses ouvrages et qui dévoile le destin possible de tout homme désirant s'éveiller.

Après avoir décrit comment l'Aigle se nourrit des consciences des êtres vivants qui sont morts l'instant d'avant et précisé que celui-ci, étant le reflet de toutes les choses vivantes de la même façon et en même temps, l'homme n'a donc aucun moyen ni aucune chance de lui demander des faveurs et d'espérer miséricorde, étant donné que la partie humaine de l'Aigle est trop insignifiante pour exercer un effet sur le tout, ce texte révèle ce qu'est cependant la contrepartie possible de cette solitude métaphysique : **le don de l'Aigle.**

« C'est seulement à ses actes qu'un voyant reconnaît ce que désire l'Aigle. L'Aigle, quoique insensible aux conditions de toutes les choses vivantes, a accordé un don à chacun de ces êtres. Chacun d'eux, à sa manière et dans sa mesure, possède, s'il le désire, le pouvoir de conserver la flamme de la conscience, le pouvoir de désobéir à l'ordre de mourir et d'être consommé (par l'Aigle). Chaque chose vivante, si elle le désire, a reçu le pouvoir de rechercher une ouverture. Pour le voyant qui voit cette ouverture ou pour les créatures qui la franchissent, il est évident que l'Aigle a accordé ce don afin de perpétuer la conscience. »

LE DÉSIR ET L'AUDACE DE LA DÉROBADE SUPRÊME

Chacun des mots de ce texte est capital et lourd de sens et ces quelques lignes sont la quintessence du chamanisme toltèque. Elles contiennent six choses essentielles que nous allons maintenant voir en détail.

1 - **L'Aigle est insensible aux conditions de tous les êtres et cependant il leur a accordé à tous un don**.

C'est la dualité dynamique inhérente à l'Aigle et à l'univers, sa manifestation suprême. L'Aigle n'est pas une nounou, un grand-père protecteur qui nous gâte et nous prodigue sans compter pardons et sucreries. Il est donc inutile de lui adresser des prières et d'essayer d'attirer sa clémence.

Ce qu'il accorde, c'est beaucoup plus que cela : le pouvoir de conserver la flamme de la conscience, autrement dit l'immortalité de celle-ci.

2 - **Chacun d'eux, à sa manière et dans sa mesure, possède, s'il le désire, le pouvoir de conserver la flamme de la conscience, etc.**

Ce don est déjà en chacun de nous, dès le début de notre existence. Ce n'est donc pas à l'extérieur de nous que se trouve l'essentiel, nous l'avons en nous-mêmes, disponible à n'importe quel moment, c'est l'immanence du chamanisme.

3 - **S'il le désire, etc.**

Nous avons à désirer cette immortalité.

Si ce désir n'est pas en nous, c'est comme si nous n'avions pas ce pouvoir potentiel, nous voulons nous ignorer et ne pas croire en nous et en notre âme. Par contre, le désir, si timide soit-il, nous portera vers la connaissance des moyens nécessaires. Le verbe « désirer » est écrit deux fois dans cette partie de la règle.

4 - **Chaque être vivant a le pouvoir de désobéir à l'ordre de mourir.**

L'esprit du guerrier qui désire conquérir l'immortalité est un esprit de défi vis-à-vis de l'Aigle. Il doit désobéir à l'ordre de mourir et d'être consommé par l'Aigle, pour concrétiser le don.

Le travail nécessaire pour accomplir celui-ci, inclura une lutte contre des pouvoirs intérieurs à l'homme exercés par l'Aigle lui-même pour mettre le guerrier au défi d'en modérer la puissance délibérément excessive et pour le pousser vers le nagual, l'inconnu, dont la conquête sera donc un combat contre l'Aigle. C'est l'organisation de l'Aigle mise en place dans les êtres conscients qui est le terrain de bataille du guerrier de l'Esprit.

5 - **Il devra rechercher cette ouverture.**

Il s'agit d'une mission, la plus importante de l'homme sur la Terre, il y consacrera une partie essentielle de son énergie et de sa vie. C'est ici et maintenant, sur cette Terre, que se conquiert l'immortalité, c'est dans ce monde que se présentera cette ouverture. Il ne s'agit pas de prier l'Aigle, de l'implorer et d'attendre, satisfait et fier de ses bonnes intentions. L'Aigle veut des actes, pas des mots, ni des vœux ni des soupirs. Et si nous sommes prêts il le veut maintenant même.

6 - **Il est évident que l'aigle a accordé ce don afin de perpétuer la conscience.**

En fait, étant lui-même pure conscience-énergie-lumière, c'est pour faire entrer les créatures vivantes dans cet état de liberté et de divinité suprême que l'Aigle a organisé ainsi la dynamique universelle.

LE CHAMANISME, MÉTAPHYSIQUE DE LA LIBERTÉ ICI ET MAINTENANT

Les religions ont toujours clairement représenté aux hommes que les contraintes et barrières essentielles n'étaient pas en dehors d'eux mais bel et bien en dedans d'eux. « **Esclaves de leur ignorance, de leurs faiblesses, de leurs péchés, de leur égoïsme, etc.** » C'est ainsi que leurs sages et prophètes interpellaient inlassablement leurs croyants, les appelant donc à se libérer de tous ces obstacles en se tournant vers leur créateur.

Mais, dans le cadre religieux, cette offre de libération fait l'objet, au mieux, d'un profond malentendu, au pire, elle est un piège : pour se libérer, l'homme s'en remet au créateur, il doit faire appel à la **Providence divine**.

D'où vient le mot « providence » ? du latin *providere* qui veut dire « prévoir » et qui donne aussi « pourvoir ». En somme, du moins dans la cadre des religions institutionnalisées, le créateur a tout prévu pour le croyant, c'est déjà programmé, prêt à emporter, il suffit de prier et de le demander, avec suffisamment de ferveur quand même, s'il vous plaît ! Et il sera **pourvu** des moyens (ils lui seront fournis).

Si dans ce cadre, le pouvoir divin est une providence (pour-voyance ou pré-voyance), il ne l'est pas dans le chamanisme, tant s'en faut ! Et c'est même tout le contraire : même si un germe de savoir suprême a été déposé au cœur de chaque être vivant par l'Aigle **(« j'ai déjà reçu le pouvoir qui gouverne mon destin »)** c'est le guerrier qui doit lui-même devenir voyant, pourvoyeur et pré-voyeur de son immortalité et ce ne sera pas toujours une partie de plaisir ! L'Aigle, archétype du paradoxe chamanique, a accordé un don à toute créature vivante : le pouvoir de triompher de la mort, mais ce pouvoir est potentiel comme son nom l'indique et s'il n'est pas actualisé par l'homme qui n'en a pas le désir, la conscience de celui-ci sera au menu de l'Aigle au dîner suivant et redistribuée, dans la discontinuité de l'oubli, à de nouvelles créatures en train de naître.

Einstein a dit : *« Dieu ne joue pas aux dés »*, le chamane dit : *« Dieu ne joue pas aux assistants ! »*

Finalement, cette implacabilité psychophage de l'Aigle est la contrepartie de la très haute idée qu'il se fait des êtres vivants qu'il croit capables, par créativité spirituelle, d'atteindre le statut divin, le sien… s'ils l'osent, s'ils le désirent !

En somme, le seul mal est la faiblesse de notre conscience personnelle, sa non-liberté, notre laisser-aller à la puissance hypnotique de la mémoire et à son exploitation par la socialité qui détourne les individus de la réalité de l'instant présent pour les entraîner dans une description d'un niveau toujours plus abstrait de celle-ci vouée à des projets égocentriques ou collectifs dont il devient l'esclave aveugle.

C'est par l'auto-libération que chaque être humain conquérra simultanément sa liberté quotidienne et la conscience totale de l'immortalité.

Nous sommes mortels par manque d'ambition spirituelle et parce que sous-estimant la signification de l'énergie qui est en nous, nous ne savons ni la maîtriser ni l'accumuler ni la sublimer.

L'INSTANT DU SAUT DANS LA TIERCE ATTENTION

Le chamane toltèque s'est longtemps préparé au saut dans la troisième attention. Il a appris non seulement à déplacer son point d'assemblage sur n'importe quelle positon de son corps lumineux, sur n'importe quel faisceau des cinq règnes, pour visiter les autres états de conscience possibles de sa totalité mais il s'est aussi entraîné à le déplacer sans l'arrêter, sur la totalité des champs d'énergie de son cocon pour qu'au moment du passage définitif, celui-ci se consume dans son intégralité afin de libérer le noyau central, dans cette ultime étape de son chemin. (voir fig. n° 10 « Les quatre étapes de l'évolution de la conscience totale vers la tierce attention », page suivante).

Cette libération signifie que les deux attentions ont définitivement et entièrement fusionné. Cette fusion existe aussi, pour les êtres humains ordinaires, au moment de leur mort, mais dans ce cas, elle sert seulement à nettoyer le noyau central avant qu'il ne s'élève vers l'Aigle pour être consommé par lui et être redistribué, comme conscience, à de nouveaux naissants sans qu'aucune trace de leur incarnation précédente ne puisse demeurer dans la mémoire de ceux-ci.

De plus, cette conscience, en passant d'un être qui meurt à l'Aigle pour être ensuite rendue à un être qui naît, est éparpillée en plusieurs parties, elle ne passe pas nécessairement entière d'un être à l'autre, ce qui est cohérent avec le fait qu'au travers de ce que nous appelons notre personnalité, nous ne vivons à chaque vie qu'une toute petite partie de la conscience potentielle globale dont seuls les Immortels peuvent disposer à leur gré.

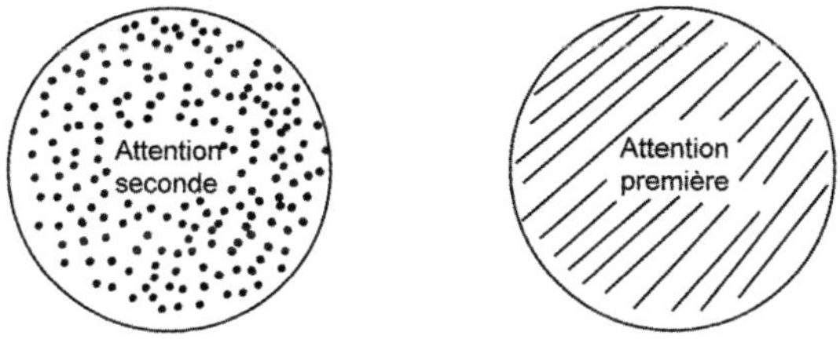

A/ - Pas de communication entre les deux attentions.
Passage rare, difficile ou inexistant de l'inconnu au connu

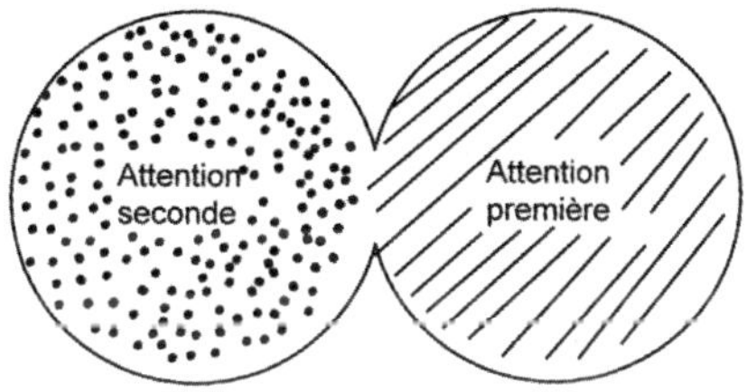

B/ - Communication occasionnelle mais faible parce que non exploitée, entre les deux attentions (pendant le sommeil par les rêves ordinaires ou pendant le jour mais sans prise de conscience)

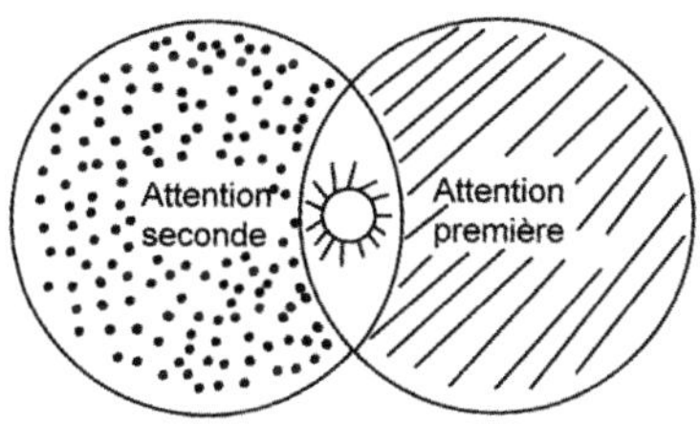

C/ - Interpénétration partielle des deux attentions par le travail délibéré du guerrier de l'esprit
Naissance du Pouvoir et développement d'Intento

D/ - Fusion maîtrisée des deux attentions dans la tierce attention
Libération du noyau lumineux vers l'immortalité

Figure N° 10 : « Les quatre étapes de l'évolution de la conscience totale vers la tierce attention »

C'est en sautant du haut d'un profond précipice, lorsqu'il a achevé la totalité de son apprentissage et qu'il s'est, à plusieurs reprises entraîné à cette prouesse en présence de son benefactor, que le chamane déploiera les ailes de sa perception et transformera tout son corps physique en pure lumière-conscience-énergie, libérant ainsi le noyau lumineux de son cocon pour devenir un immortel individualisé qui se souviendra non seulement de cette ultime incarnation ordinaire mais aussi de tout le potentiel de son œuf lumineux. On ne retrouvera bien sûr jamais aucune trace physique du chamane libéré.

C'est la maîtrise totale de son double par le guerrier de l'Esprit pendant de longues années, qui va lui permettre non seulement de sortir de son corps comme il l'a fait à de multiples reprises en répétant ce saut, mais aussi de transférer définitivement sa conscience cellulaire de son corps physique à ce double. C'est seulement dans ces conditions de maîtrise que le corps physique sera entièrement transmuté en pure lumière-énergie-conscience.

Le saut dans le précipice n'est en fait qu'un booster, un petit coup de pouce pour concentrer la puissante énergie émotionnelle qu'il libère et la mettre en phase avec toutes les fréquences qui constituent la totalité énergétique du chamane.

Cela n'a, bien entendu rien à voir avec un suicide, ni dans l'esprit ni dans la réalité concrète de l'acte, c'est même tout le contraire : une authentique naissance à un état supérieur d'existence, l'apothéose de l'éveil total du divin dans l'homme, longuement préparé, intensément désiré et réalisé en toute lucidité et dans la joie.

Cependant, ce saut dans le précipice n'est pas la seule modalité de passage dans la troisième attention. Les chamanes peuvent aussi utiliser le passage d'un pont ou le passage dans une sorte de tunnel intérieurement spiralé dont ils doivent inverser le sens de rotation pour faire avancer la roue du temps.

En échange de l'immortalité, le chamane aura au préalable offert à l'Aigle un double énergétique de sa personne fabriqué à l'aide de tous les sentiments et émotions vécus dans son existence et reconstitués au cours d'un exercice de récapitulation effectué sur plusieurs années (voir la pratique au chapitre XIV).

Il vient d'accomplir le sens de l'Êtreté dans l'absolu. Il réalise le projet de l'Aigle dont nous parlerons dans le paragraphe suivant.

Le guerrier est devenu une « version individualisée » de l'Aigle, disposant de l'énergie, des pouvoirs et du champ de conscience total lui permettant d'expérimenter à volonté les Sept Mondes et de se rematérialiser dans le monde terrestre s'il le désire.

Le saut dans la tierce attention n'est pas un mythe, mais un exploit spirituel, énergétique et physique dans la conscience éternelle, qui paraît invraisemblable pour la conscience ordinaire.

Rappelant à Carlos la règle du nagual qui prévoit que la conscience peut être conservée par chaque individu au lieu de la perdre en mourant, Don Juan lui décrit le passage dans la troisième attention comme un magnifique embrasement de connaissance au moment duquel chaque cellule du corps devient consciente d'elle-même et du corps entier.

Si le chamane n'a pas atteint le niveau énergétique de la troisième attention et même s'il maîtrise l'aptitude à entrer dans son double, sa conscience sera réabsorbée par l'aigle comme celle des hommes ordinaires et recyclée dans le grand flux vital. D'une certaine manière elle reste donc immortelle mais comme quantité de conscience. Pour mieux s'identifier à l'être individuel qu'elle est devenue, elle ne se souviendra pas de son existence précédente.

Est-il possible d'apporter à cet exploit difficilement imaginable pour nos consciences imprégnées de logique scientiste, un semblant d'explication rationnelle ? C'est ce que j'ai tenté de faire dans les lignes suivantes.

HYPOTHÈSE D'EXPLICATION RATIONNELLE DU SAUT DANS LA TIERCE ATTENTION

Tout ce qui existe, du plus subtil et abstrait au plus dense et concret est énergie et vibration.

Émettre une pensée, un sentiment, un désir c'est émettre sur une fréquence. Ce sont des choses totalement abstraites mais que l'on peut cependant décrire comme une forme d'énergie dont on ne connaît d'ailleurs pas toute la nature énergétique.

À l'extrême opposé, en termes de densité, se trouve la matière, chez l'homme, le corps. C'est aussi de l'énergie, certes une forme beaucoup plus « grossière », mais on sait que toute la matière d'un objet donné, fût-il organique, peut être réduite à de l'énergie.

Beaucoup d'autres fréquences (bioélectricité, magnétisme, radioactivité et d'autres encore), circulent dans le corps humain, en provenance de la terre, de l'air, du soleil, de l'eau et de l'espace cosmique. En travaillant sur lui-même, le guerrier a découvert que son corps physique est doublé d'un corps lumineux, plus subtil, qui est la somme des émissions d'UV (mais peut-être d'une autre fréquence encore que nous ne sommes pas capables de la mesurer scientifiquement actuellement) en provenance des ADN des milliards de cellules de son corps physique, et qu'au niveau du nombril se trouve un centre d'action et de conscience silencieuse qui exprime l'ensemble des milliards de « nanoconsciences » de ses cellules.

En état de conscience ordinaire et pour l'homme normal, ce cocon lumineux et son centre ne sont pas actifs, et ne sont pas conscients, car la conscience de cet homme s'exerce dans une modalité cérébrale, verbale et descriptive, qui a mis en veilleuse cette forme de conscience.

Et cependant ce centre de connaissance, dite « silencieuse » parce qu'il n'utilise ni la pensée ni la parole pour agir, est capable d'émettre une forme de **« connaissance-volonté-action »** très puissante dépassant largement les capacités de la conscience mentale. De plus il possède une fréquence qui permet la mise en phase des fréquences les plus abstraites, celles de l'esprit, et des fréquences les plus denses, celles du corps, pour unifier toutes celles de l'être humain.

Ce phénomène, maîtrisé par la volonté du guerrier, s'appelle l'Intention, elle est définie comme la force basique, « la volonté d'être » universelle qui pousse les choses à être et à devenir ce qu'elles sont **spécifiquement**, du dedans. Une puissance immense qui, partagée en deux chez tous les êtres, maintient leur équilibre par la dualité dynamique. En acceptant cette dualité et en plaçant sa volonté au juste milieu des fréquences extrêmes du corps et de l'Esprit, le guerrier va réaliser leur fusion, créant un nouvel état de conscience grâce auquel il « verra » l'ouverture et pourra passer dans un état unitaire d'énergie, l'énergie de l'Aigle, le Vouloir suprême.

De façon très schématique, la tierce attention se définit comme le centre d'une croix qui figure la fusion du tonal et du nagual donc des deux attentions, celle de l'esprit et de la matière (voir fig. n° 11 « La Tierce attention, fusion avec l'Aigle, ci-dessous).

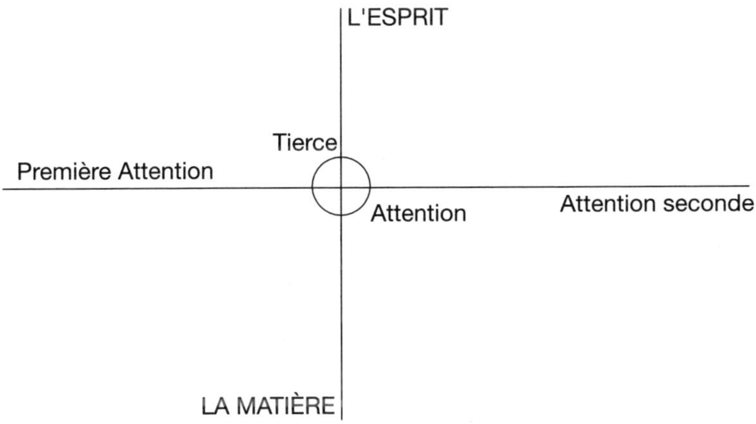

Figure N° 11 : La Tierce attention, fusion avec l'Aigle

DOMESTIQUER SA MORT

Cette double fusion libère au centre de la croix un nouvel état d'être, un état de surhumanité que les chamanes identifient au Pouvoir suprême, celui des Immortels.

Au niveau corporel, le chamane annule le processus du temps linéaire qui s'exprime habituellement par le vieillissement du corps en s'appropriant par l'intention la maîtrise des mécanismes de renouvellement cellulaire.

Au niveau du corps lumineux, les ADN, porteurs de la mémoire spécifique de chaque être vivant ne sont ainsi que le niveau matériel le plus élémentaire de la relation entre le corps physique, le corps lumineux de l'individu et l'Aigle, le corps lumineux étant lui-même composé de deux couches dotées de deux fonctions différentes auxquelles les hommes de connaissance font d'ailleurs très rarement référence et qui correspond probablement au corps éthérique et au corps astral d'autres traditions spirituelles. **Ainsi, pour parvenir à l'immortalité individuelle, les chamanes devancent et même, en quelque sorte, manipulent la mort en en distillant savamment et de façon maîtrisée le principe moteur.**

SACRALISATION DE L'HUMAIN ET HUMANISATION DU SACRÉ

La transcendance religieuse fige le rapport de l'homme au divin dans un climat d'humilité sans bornes liée à l'idée d'imperfection humaine. Face à l'idée d'une divinité parfaite, l'intellect fixe ce que le cœur révère sur un cliché statique sans correspondance avec la Réalité du monde : c'est l'idéalisme religieux, une forme extrémiste, stérile et dichotomique de la spiritualité qui explique et renforce le statisme de l'homme face à son intuition de la rédemption et de son potentiel magique.

Rien de semblable dans le chamanisme que son immanence rend doublement actif : par les concepts et par la stratégie.

Ici, non seulement l'imperfection humaine n'est pas déplorée, étant considérée comme un ingrédient essentiel de la dynamique dualiste de l'Aigle mais, au-delà, elle est considérée comme le plus puissant des stimulants de la conscience, et même l'outil ultime du détachement, le guerrier sachant que si le chemin n'a pas de fin, l'imperfection du monde n'en a pas non plus !

Quant à la stratégie, elle repose sur le défi de l'Aigle : le guerrier est invité à briser le premier anneau de pouvoir pour le transformer en spirale de pouvoir puis en second anneau de pouvoir et c'est au cours de ce duel, que le guerrier découvrira son identité avec... son mystérieux adversaire ! Entrant peu à peu dans l'univers du nagual, il ne cessera de s'appuyer sur son ignorance pour entrer dans l'inconnu, développant ensuite peu à peu son pouvoir dans ce combat du divin contre le divin. L'imperfection se révèlera alors à lui comme l'invention la plus parfaite du Grand Esprit et la tentation de la dévotion se dissoudra immédiatement pour ne pas dilapider toute l'énergie nécessaire à ce combat alchimique de titans.

Il est évident qu'un tout autre rapport va ainsi s'installer entre le guerrier de l'Esprit et l'image personnifiée qu'il se fait du Pouvoir suprême. Il sera fait d'humour, de détachement, de sobriété et d'une sorte de pudeur délicate face à la quotidienneté du sacré.

Les chamanes se préservent des effets paralysants de la dévotion et de la solennité que pourrait entraîner la rencontre intérieure du divin, et qui nourrirait funestement leur ego, en se traquant eux-mêmes.

Ils vivent leur combat en le décérébralisant bien sûr le plus possible et en le désentimentalisant jusqu'à la dérision.

C'est ce que fait par exemple Don Genaro, le benefactor de Carlos Castaneda quand il lui fait remarquer, après que la règle du nagual lui ait été transmise par Don

Juan sans qu'une certaine solennité ait pu être évitée, que l'appellation d'Aigle, pour désigner le Grand Esprit, appelle irrésistiblement l'image, certes peu respectueuse mais drôle, d'un gros oiseau qui pourrait aussi bien pondre des œufs que des crottes !

En désolennisant le symbole et en le démystifiant, Don Genaro fait deux choses :

– il ramène Carlos à la véritable réalité, infiniment abstraite du Pouvoir ;

– il l'amène à la sacralisation de l'humain, par l'humanisation (voire, en l'occurrence, l'animalisation !) du sacré.

Le paradoxe est partout dans le chamanisme, non seulement dans sa logique, mais dans les outils didactiques qui permettent aux chamanes de retrouver leur équilibre émotionnel, vital, entre tous les extrêmes qu'ils côtoient quotidiennement et sans l'aide desquels ils pourraient risquer de tomber dans le désespoir, la folie ou le délire mégalomaniaque.

DOGMATISME SCIENTISTE ET IMMORTALITÉ

Ainsi, après s'être projeté dans le monde matériel et les êtres vivants à travers les quatre règnes – le minéral, le végétal, l'animal et l'humain –, le Grand Esprit accomplit le cycle fermé de l'éternel retour en accordant au dernier venu, l'homme, le pouvoir de se souvenir de lui et de revenir à sa nature initiale divine. Le Rêveur s'éveille à lui-même. Cette circularité concrétise le principe de la conservation de l'énergie et le principe de la réversibilité de la transformation de l'esprit en matière. Ce principe est en contradiction totale avec celui de l'entropie, si cher aux scientistes. Faut-il s'en étonner ?

L'HOMME, DERNIÈRE MUTATION DE L'AIGLE

Si le monde manifesté est en perpétuelle transformation, dans un état éternel d'évolution, l'Aigle, son Créateur et la source de sa conscience, peut-il être achevé et donc statique ?

Et s'il n'était pas fini lui-même ? S'il était lui-même en perpétuelle voie d'achèvement ? S'il s'autocréait lui-même en permanence à travers l'univers ? Supposons-le !

Ainsi débarrassés de ce dogme encombrant, rigidifiant et stérile de perfection et d'achèvement, nous pouvons, sans le moindre obstacle, imaginer le Pouvoir suprême comme un monstre incommensurable, au désir d'Être sans bornes, fait de tous les contrastes de l'univers, vibrant dans un équilibre en permanence instable, amoureusement présent au cœur de la moindre créature, du plus petit grain de pierre, de la plus modeste plante, du plus minuscule insecte, aux géants galactiques emmenant dans leurs immenses ballets spiralés des univers entiers de soleils brûlants, une hydre omniprésente de conscience pure, conduisant, infléchissant mais, avant tout, expérimentant lui-même, à travers la lente et cosmique poussée de l'évolution, l'ultime aventure, sa dernière mue : l'individuation du Divin, à travers celui-là même qui un jour, sur la Terre, s'est mis debout pour témoigner de son accord et accepter le combat sublime, l'homme.

Comme un soleil géant explose en millions d'étoiles, l'Aigle s'achève en nous, donnant naissance au peuple des Anges.

QUETZALCOATL, L'HOMME DEVENU DIEU

Le mythe de l'éternel retour appartient à toutes les grandes traditions spirituelles. Celui du Phénix, oiseau symbolique du pouvoir de mourir et de renaître à soi-même par l'autoconsomption, semble correspondre à celui de **Quetzalcoatl**, le Dieu Oiseau-Serpent du Mexique ancien.

Cette légende aztèque révèle, selon les chamanes toltèques, le projet grandiose de l'Aigle. Quand les conquistadores arrivèrent au Mexique, les Aztèques, abasourdis par leur apparence physique, leurs barbes, leurs canons et mousquets et leurs chevaux, inconnus sur leur continent mais surtout fortement impressionnés par leur folle bravoure, les prirent tout simplement pour des dieux.

Ils assimilèrent Hernan Cortès au dieu Quetzalcoatl, le Serpent à plumes, dont leur spiritualité, par ailleurs très sanguinaire, annonçait le retour cyclique destiné à réformer et guider l'humanité. De profondes transformations devaient nécessairement accompagner son retour parmi les hommes.

En fait, cette légende appartenait à la civilisation toltèque qui avait précédé celle des Aztèques, ces derniers en ayant profondément altéré le sens en l'incorporant à leurs propres croyances religieuses. La prophétie de Quetzalcoatl annonçait le retour du Grand Esprit à lui-même par la transfiguration divine de l'homme, dernier maillon de la longue chaîne de vie dans laquelle l'Aigle avait projeté la Conscience, transfiguration que celui-ci aurait été mis au défi d'accomplir par un travail de mort et de renaissance à lui-même. Tel était le véritable message que le nagual avait murmuré aux sages toltèques, des milliers d'années avant l'arrivée des Aztèques, mais hélas pour eux, telle ne fut pas l'interprétation qu'en donnèrent les prêtres de l'empereur Moctézuma.

En paiement de leur terrible erreur, leur société fut anéantie par les conquistadores, mais la véritable connaissance du don de l'Aigle et de la transfiguration possible de l'homme en immortel continua d'être transmise et pratiquée en secret, de clan en clan, par les chamanes toltèques jusqu'à nos jours.

⁂

Et c'est pourquoi la profession de foi du guerrier toltèque s'achève par les mots suivants :

L'Aigle me laissera passer serein et détaché jusqu'à la liberté.

Quand le juste moment est venu, ayant accompli sa tâche sur la Terre, le chamane utilise la mort pour accéder à la liberté pendant que l'homme ordinaire utilise sa vie pour en faire un esclavage. C'est tout ce qui fait la différence entre un homme de connaissance et un homme ordinaire : transmuter sa peur de l'inconnu pour suivre un chemin qui a du cœur.

Un chamane russe, originaire de Sibérie à qui je racontais la prophétie de Quetzalcoatl et le saut dans la tierce attention des chamanes toltèques commença par me confirmer que, présentée sous une autre forme métaphorique, sa tradition spirituelle prévoyait la même possibilité pour les êtres humains, puis il ajouta :

« Mais alors, d'après toi, seuls ces "super naguals" peuvent "sauver leur peau" (il employa cette expression) *et conserver la continuité de la conscience ? »*

Je répondis que oui et que les autres humains conservaient aussi **LA** conscience dans la mesure où **leur** conscience était transférée à un autre ou à d'autres êtres vivants en train de naître mais que ces derniers ne s'en souvenaient pas et qu'en somme il y avait continuité globale de La Conscience mais dans la discontinuité des consciences successives, donc oubli total d'une vie à l'autre.

Il réfléchit puis me dit qu'il croyait savoir qu'il y avait une deuxième solution pour les guerriers qui n'avaient pas pu passer délibérément dans la troisième attention et que cela consistait à tenter le passage au moment de leur mort naturelle. Pour cela, il fallait aborder celle-ci dans un état d'acceptation totale, de sérénité et de joie pleine et entière, le corps nettoyé par un long jeûne, l'esprit et le cœur purifiés par une récapitulation complète, les yeux bien ouverts et en chantant son chant de guerrier, debout, la moëlle épinière bien dans le prolongement du rayon terrestre, dans un état de silence absolu du mental, et l'Intention placée sur la vision du dos de l'Aigle et non de ses yeux.

Évidemment cette possibilité nécessitait de prévoir avec beaucoup de précisions le moment exact et naturel de la fin pour organiser tout cela, traverser le passage en toute clairvoyance et *« bondir instantanément et sans hésitation sur le dos de l'Aigle »* ajouta-t-il en éclatant de rire et pour expliquer la raison de ce geste destiné à éviter d'être irrésistiblement aspiré par la lumière des yeux de l'Aigle.

« Ce sont des immortels de second ordre, conclut-il en éclatant de rire, *et ils n'ont quand même pas les mêmes possibilités que les autres, mais finalement c'est encore une façon que ce "démon" a de ruser avec nous et de nous cacher son immense appétit de conscience enrichie par la vie terrestre et l'impeccabilité des guerriers. »*

J'ai passé trois semaines avec ce chamane. Chacun de ses gestes, chacune de ses attitudes, tout ce qu'il faisait était rempli de délicatesse et de pouvoir vis-à-vis de tout ce qui l'entourait. À travers sa désinvolture de traqueur accompli, j'ai cru sentir que c'etait l'Aigle qui riait de lui-même et pendant un bref instant mes sens et mon esprit ont chaviré.

IMMORTALITÉ ET EXTASE SEXUELLE

L'intuition profonde qu'a l'homme de sa possible immortalité associée à la logique d'économie d'énergie nécessaire pour y parvenir est sans doute à l'origine de l'abstinence volontaire de certains ordres religieux ainsi qu'à celle de la notion de péché qui s'attache au plaisir sexuel dans beaucoup de religions.

Si l'homme, en effet, choisit de se reproduire, c'est un aveu implicite qu'il ne croit pas à son immortalité. Celle-ci est en quelque sorte une aberration du monde vivant fondé naturellement sur le cycle mort/naissance. Soumis à la loi de ce cycle, l'homme ordinaire se prolonge à travers ses descendants, ne sachant pas ou ne voulant pas croire qu'il peut se pérenniser en tant qu'individu par la sublimation de l'énergie de la conscience.

Il y a donc une logique de choix mais, curieusement, à part dans le taoïsme et dans le chamanisme, les traditions spirituelles ont préféré occulter le potentiel d'immortalité de l'homme tout en en laissant la trace indirecte dans l'abstinence sexuelle. La prouesse de la résurrection du Christ n'est pas considérée comme celle d'un être humain mais elle est transfigurée par sa divinité dans un cadre théologique transcendantaliste.

L'orgasme sexuel absorbe et libère une forme précieuse d'énergie mais, dans certaines conditions très précises il peut par contre favoriser l'éveil du corps lumineux et par là, l'entrée dans l'attention seconde voire préparer à la tierce attention.

Dans ce cadre il doit résulter d'un lien amoureux de très haute qualité impliquant une fusion simultanée des énergies mentale affective et physique et une complémentarité très ajustée des polarités des deux amants, pour porter le désir à son plus haut niveau.

Dans ces conditions, le flux énergétique de l'orgasme, très puissant parcourt l'axe vertical du corps lumineux entraînant une mise en phase de toutes les fréquences énergétiques de chaque partenaire qui peut les propulser dans l'attention seconde, a fortiori si l'homme pratique la rétention de l'éjaculation.

Mais la conjonction nécessaire de toutes ces conditions rend cette prouesse difficile et c'est pourtant uniquement dans ces circonstances que l'acte amoureux peut jouer un rôle dans l'accès futur à l'immortalité.

CHAPITRE X

Philosophie du chamanisme

> Laisse chacun de tes actes devenir ta dernière bataille sur Terre...
>
> Don Juan

Toute voie spirituelle comporte un aspect philosophique.

Il est intéressant de voir comment le chamanisme aborde les quatre thèmes de la liberté, de la socialité, du progrès et de l'amour par comparaison critique avec la façon dont ils sont abordés dans la pensée moderne pour nous faciliter l'approche pratique de la voie des guerriers de l'esprit.

LA LIBERTÉ, CLÉ DU DÉVELOPPEMENT DE LA CONSCIENCE

La liberté, faut-il le préciser, est au centre de la pensée spirituelle.

Le mode de vie le plus élémentaire et le plus naturel, celui dont seules quelques peuplades peuvent encore jouir aujourd'hui, comporte cependant de multiples contraintes qui se manifestent dans chaque circonstance de la vie quotidienne mais, considérées par ces sociétés comme inhérentes au fonctionnement même de la nature, elles sont non seulement acceptées mais intégrées à leur métaphysique.

Cependant, en amenant les êtres humains à vivre en groupes de plus en plus importants et en accroissant ainsi leur interdépendance, la socialité a généré des systèmes d'organisation collective de plus en plus sophistiqués et de plus en plus contraignants pour les individus.

C'est non seulement le processus naturel de dominance et de hiérarchie sociale mais aussi les multiples aspects relationnels de type familial, ou guerrier ou encore régissant la propriété, l'habitat, le voisinage, l'hygiène, l'agriculture, l'industrie, le commerce, etc. qui devaient se codifier pour pouvoir vivre ensemble.

Ainsi, peu à peu, les lois religieuses se combinant aux lois politiques, la liberté initiale de l'homme primitif se vit-elle encore réduite en quelques millénaires jusqu'à la taille d'une peau de chagrin.

Dans les sociétés modernes, étant donné le principe compensatoire bien connu qui veut que « moins on en a, plus on en parle », l'évocation de la liberté est omniprésente dans chaque parcelle de discours religieux, politique, médiatique ou privé et les multiples codes du système social qui prétendent protéger la liberté des hommes, imprègnent tellement le champ des consciences que ceux-ci en ont presque totalement oublié que la liberté la plus importante n'est pas la liberté extérieure dont nous venons d'évoquer les limites (issues de la nature ou de la socialité) **mais la liberté intérieure qui dépend entièrement de chaque individu**.

Le chamanisme s'intéresse bien entendu beaucoup plus à la liberté intérieure car elle peut résoudre et dissoudre les contraintes d'origine extérieure alors que l'inverse est rarement vrai.

La liberté intérieure est une conquête de toute la vie par laquelle le guerrier s'affranchit de toutes les mémoires qui limitent son champ de conscience, trouvant dans ce combat la joie, la vitalité et le sens du mystère.

En bon traqueur, il utilise d'ailleurs les limites de sa liberté extérieure, réelles ou seulement ressenties comme telles, comme des tremplins pour augmenter toujours plus sa liberté intérieure : **pour le chamanisme, c'est la liberté au-delà de la liberté**. Ce livre est tout entier une tentative d'en fournir la clé au lecteur.

Fondement philosophique du couple dépendance-liberté

Une liberté totale signifierait en fait la mort de l'être vivant qui voudrait la réaliser. Nous sommes en effet, en tant que cellules individuelles de vie, reliés à tout ce qui nous entoure beaucoup plus que les apparences de notre finitude corporelle ne nous le font penser. Nous dépendons de l'atmosphère, donc des végétaux et de l'océan pour respirer. Nous sommes gravitationnellement attachés à la masse terrestre. Nous recevons du fin fond de l'espace, et en tout premier lieu du soleil et de la lune, toutes sortes de radiations qui nous conditionnent cellulairement. Nous dépendons de la flore et de la faune pour nous alimenter. En tant qu'êtres humains ayant développé une grande spécialisation intellectuelle et opérationnelle, nous sommes profondément dépendants des autres membres de la société, au moins de la tribu et de la famille. L'homme et la femme sont dépendants l'un de l'autre pour assurer la survie de l'espèce, etc. et, par dessus tout, notre corps lumineux est relié au Pouvoir suprême, à l'Aigle.

Chacun de ces domaines d'interdépendance comporte un potentiel de limitation des libertés de chaque être individuel dans un monde où la loi suprême de la survie est la prédation et l'équilibre des pressions mutuelles que chaque niche écologique, chaque société impose aux autres pour survivre et conserver son identité. La liberté devient ainsi l'enjeu d'un combat permanent et multiforme mené par les individus autant que par les groupes et les sociétés mais quel que soit le degré d'organisation de ces groupes la liberté est avant tout **un acte de libération et non un état initial et statique**. Cette poussée vers la liberté est un trait vital de la conscience qui anime toute forme de vie et elle ne peut venir que de l'initiative de chaque individu.

Voici un petit conte d'inspiration orientale qui illustre cette idée :

> « Un roi réputé pour son esprit philosophique avait fait mettre un voleur notoire en prison. Celui-ci, ayant entendu parler de la réputation du roi, lui fit parvenir une lettre dans laquelle il lui déclarait que se considérant comme un homme libre, il était très malheureux dans cet endroit et qu'il le suppliait de l'en faire sortir. La lettre étant bien tournée et non dénuée d'intelligence, le roi lui fit répondre qu'il compatissait à son malheur mais qu'il ne pouvait accéder à sa demande par respect pour les termes mêmes dans lesquels le voleur l'avait tournée et il concluait sa réponse par les mots suivants : "De quelle liberté me parles-tu ? Si je te libère, tu tiendras cette liberté de moi, dont tu deviendras ainsi dépendant, or tu sais que la liberté est le contraire de la dépendance ! Personne d'autre que toi-même ne peut donc te libérer et personne ne pouvant t'empêcher de le tenter, je te conseille donc de t'enfuir, car c'est seulement ainsi que tu prouveras que tu es un homme libre… Si tu y parviens, viens me voir car j'apprécie la compagnie des hommes libres, fussent-ils des voleurs… Voler le bien d'autrui vient du prix qu'on lui attribue mais ayant peut-être découvert que la liberté n'en a pas et qu'elle ne peut être ni achetée ni volée mais conquise, tu auras gagné ton pardon…" »

« L'homme n'est pas né libre, disait un autre philosophe, mais il est libre de se libérer. »

C'est aussi ce que dit au voleur ce roi d'une sagesse originale.

Un autre aspect de la liberté par rapport à nos propres limites intérieures ne concerne rien moins que le succès ou l'échec global de notre vie : celle-ci est une succession d'expériences au cours desquelles alternent succès et échecs ponctuels. Tant que nous ne nous tournons pas vers nous-même pour trouver la cause des échecs, nous risquons de refaire toujours les mêmes erreurs en en rejetant la cause sur le monde extérieur envers lequel nous nous sentons ainsi faussement dépendants alors qu'en réalité c'est de notre suffisance que nous le sommes !

Les sentiments que nous avons pour nos semblables engendrent ainsi tout un univers de dépendance et nous aborderons cela dans les paragraphes suivants.

CHOIX ET LIBERTÉ

On entend souvent dire : « Je n'avais pas le choix ! » Le problème du choix est bien sûr très proche de celui de la liberté.

En réalité le non-choix est presque toujours un prétexte pour ne pas assumer sa liberté et pour justifier nos propres faiblesses.

En fait, nous avons toujours le choix, même dans les situations extrêmes. Ce choix très particulier et ultime est celui d'accepter ou de refuser la situation que nous affrontons.

> La liberté de l'homme ordinaire s'arrête où commence celle des autres.
> La liberté du guerrier de l'Esprit est d'un autre ordre : elle commence quand il comprend qu'il a toujours, en dernier recours, le choix d'accepter ou de refuser la situation qu'il vit…

Et cela change tout dans notre esprit donc dans le déroulement des événements en cours !

Être libre, c'est assumer la situation quelles que soient les circonstances ; cette attitude donne un sentiment exaltant de liberté car elle transforme profondément notre relation au monde en mouvement dans lequel nous sommes emmenés comme l'est un navigateur sur son embarcation.

Une métaphore peut faciliter la compréhension de cette attitude : l'être humain est comme un cavalier dans un manège. Deux situations sont possibles, celle du débutant qui, bien que placé au-dessus de son cheval, semble à l'évidence emmené où celui-ci a envie d'aller, il a beau tirer sur les rênes, donner des coups de reins, d'éperons et de cravache, il ne maîtrise pas la situation, il est dépendant des caprices de l'animal et n'acceptant pas les principes qui gouvernent les réactions de sa monture, il finira probablement par tomber ; et puis celle du cavalier expérimenté qui, acceptant dans son corps la dynamique de son cheval finira, malgré la force de celui-ci, par le dominer.

Les Chinois taoïstes ont une belle expression pour évoquer la capacité d'un homme à se mettre en harmonie avec le monde qui l'entoure et à donner l'impression avérée que loin d'en être dépendant et de se heurter à toutes les aspérités de la vie, il en devance tous les imprévus, en contourne habilement tous les angles, en maîtrise tous les changements de rythme et de direction par sa simple mais profonde acceptation des principes fondamentaux qui en régissent le cours, ils l'appellent « **chevaucher le tigre** ».

La liberté est inséparable de la responsabilité. Ce sont les deux faces d'une même médaille. C'est bien pourquoi, bien qu'il en parle beaucoup, la liberté fait peur à l'homme ordinaire.

Ne sachant pas qu'il crée sa réalité selon le processus de l'anneau de pouvoir, il ne se sent pas responsable de ses perceptions et très souvent, estimant que ses pensées, raisonnements et croyances s'appliquent à une réalité indépendante de lui, il ne les assume pas non plus et les confond même avec celles-ci.

La liberté, pour lui, n'est qu'un mythe et même un leurre quand elle est d'origine socialitaire, au mieux un idéal inaccessible.

L'apprenti chamane qui découvre l'anneau de pouvoir n'échappe pas toujours, tout au moins au début, à cette peur tant le potentiel de liberté et de responsabilité entrevu est énorme. C'est comme s'il recevait un message lui disant : « **Vois, prends la mesure de ce dont tu es responsable et à quel point tu l'es ! Mais comprends aussi quelle immense liberté se cache derrière cette responsabilité... Oui tu fais ce monde ! Tu l'as toujours fait mais tu ne le savais pas, alors maintenant, il ne tient qu'à toi de le faire autrement... Comme tu as toujours eu envie qu'il soit...** »

Ainsi Don Juan explique-t-il à Carlos que la sorcellerie ne consiste pas en tours de passe-passe mais qu'elle illustre la liberté de percevoir non seulement le monde quotidien tel que l'homme ordinaire le perçoit mais aussi tout ce qu'au-delà de celui-ci il est possible de percevoir. Cependant il précise encore que le plus souvent cet homme rejettera la sorcellerie non par peur réelle de celle-ci mais par peur inconsciente de la liberté qu'elle lui procurerait.

En effet, la plus grande dépendance de l'homme est celle qui limite sa perception du fait même que son identification exclusive à son corps physique la réduit à un usage local.

Lors d'un autre entretien, Don Juan rappelle à Carlos que le troisième point de référence qui libère la perception de l'homme des limites que lui imposent les lois physiques c'est l'Intention qui le lui fournira, nommant ce troisième point, « **saut périlleux de la pensée dans l'impensable** ».

Cette possibilité, c'est l'ubiquité perceptuelle libérée par la maîtrise du corps lumineux.

Telle est la liberté promise et réalisée par la pratique approfondie du chamanisme, la capacité de percevoir en même temps ici et là-bas, maintenant avant et après pour ressentir la complétude du monde.

LIBERTÉ ET CRÉATIVITÉ

Il est évident que c'est en fonction du degré de liberté avec lequel fonctionneront les mécanismes de sa conscience et, en particulier, son attention, que chaque individu exprimera sa créativité.

Si notre réceptivité, nos filtres sont exclusivement formatés par la société, c'est-à-dire s'ils sont conformistes, nos productions le seront aussi.

L'artiste, que l'on qualifie couramment d'original, connaît cette liberté et l'exprime dans ses œuvres, qui sont d'ailleurs souvent une invitation discrète à regarder le monde autrement.

Mais être créatif n'est pas seulement produire des œuvres d'art, c'est même avant tout avoir des perceptions, des pensées et des ressentis qui viennent d'une approche personnelle et originale de la vie. C'est ce que l'on appelle notre créativité existentielle ; elle s'applique à ce que nous sommes, vivons et ressentons, c'est une forme de qualité de vie nécessitant une prise de distance avec la pression de la pensée collective, et cela ne mène pas nécessairement à une carrière artistique ou originale. Un balayeur sachant chevaucher le tigre pourra mener une telle vie et en retirer du bonheur. Sans nécessairement traduire sa créativité en œuvres d'art, l'homme libre intérieurement pourra expérimenter des moments de conscience élargie même s'il n'est pas sur un chemin spirituel délibéré.

Beaucoup de personnes ne s'épanouissent pas dans leur vie professionnelle et la conservent cependant par manque de liberté intérieure. Ayant une faible créativité existentielle, ils n'osent imaginer de changer leur existence.

La pratique du chamanisme et la conscience de soi qu'elle entraîne pourraient les conduire à en prendre la décision et à le faire sans à-coups ni conséquences négatives ou, en restant dans leur situation, à la vivre autrement par une autre façon d'utiliser leur attention et par un changement dans leur anneau de pouvoir.

LA LIBÉRATION EST UN MOUVEMENT VERS LE HAUT

Une existence quotidienne dans laquelle règne la routine par nécessité familiale, professionnelle, à cause d'une attention non développée ou à cause de tout type d'autre « contrainte » n'est pas un obstacle pour l'éveil de la conscience, bien au contraire, c'est une chance précieuse car dans ces situations, la seule variété possible est celle que peut apporter le progrès personnel, l'évasion vers l'immensité intérieure du nagual et la libération vers le haut.

Ainsi, pour prendre un exemple extrême, un homme enfermé dans une prison, mais qui aimerait intensément la vie, aurait plus de chances de devenir un guerrier de l'Esprit qu'un homme libre physiquement et pouvant profiter de cette liberté pour voyager, changer d'environnement, d'occupation professionnelle ou de distraction à volonté.

Dans ce cas, la vie du prisonnier serait l'illustration typique de ce qu'on appelle en chamanisme le travail du traqueur.

Le très beau film de Bartabas, *Chamane*, est une illustration inoubliable de la manière dont la vie, acculée dans ses limites extrêmes, fait un bond vers l'esprit en libérant l'homme de limites dont il n'avait pas conscience auparavant.

En résumé, l'étude attentive de ce qu'est la liberté met en évidence le fait essentiel qu'on ne peut ni l'organiser ni la réaliser pour quelqu'un d'autre, c'est un non-sens formel, une contradiction, une sinistre bouffonnerie. La liberté ne peut être que le fait d'une décision, d'une conquête personnelle et spontanée. Tout comme l'homme est libre de se libérer, il est aussi libre de ne pas le faire (avec deux sens différents du mot « libre »). On peut seulement, en tant que guide, amener un individu au début du chemin et faire quelques pas avec lui, c'est tout. La liberté est un acte, non un état : c'est un challenge dont le Pouvoir suprême a semé la graine aux origines de la vie pour qu'elle en guide le cours tumultueux et témoigne de son omniprésence et de la magie potentielle de la conscience fleurissant jusqu'au retour à Lui-même.

Quelle liberté, concrètement ?

Il est difficile pour la conscience ordinaire d'imaginer une autre libération que celle des contraintes qui pèsent sur notre vie quotidienne !

La liberté promise par la troisième attention est d'abord celle que réalise le détachement total vis-à-vis des polarités émotionnelles et affectives que la loi de la dualité dynamique impose à l'être humain tant qu'il n'est pas un funambule. Il est extrêmement difficile dans le cadre de la conscience ordinaire de ne pas basculer en permanence dans la souffrance d'une attitude d'attachement extrême à son opposé : le sentiment de solitude extrême, par exemple. Et tant que nous vivons à un niveau de conscience ordinaire nous ne pouvons pas concevoir une troisième position qui n'aurait ni les inconvénients de l'une des deux positions ni ceux de son opposée. Pour l'atteindre il faut renoncer à des mémoires et des filtres qui nous ont toujours contraints à basculer en permanence d'un extrême à l'autre. Ces mémoires et ces filtres sont la conséquence de notre incomplétude, de notre incapacité à explorer les autres possibilités de notre cocon lumineux que celles qui sont allumées par la position rigide de notre point d'assemblage et qui définissent notre personnalité. Dès que nous apprenons, par toutes les techniques chamaniques, à faire bouger ce point d'assemblage nous nous détachons de celle-ci parce que nous commençons à découvrir les autres possibilités d'être conscient, de ressentir, et de raisonner qui nous appartenaient potentiellement mais que la domination exclusive de notre tonal nous empêchait de connaître.

Le détachement n'est pas l'indifférence, bien au contraire, il est la **liberté** de vivre les myriades d'états de conscience qui nous attendent dans notre cocon lumineux sans nous accrocher en particulier à l'un d'entre eux mais en les goûtant par pleine présence à chacun.

LA SOCIALITÉ ET LA CONSCIENCE

Origine de la pensée collective

Le mot « socialité » vient du latin *socio* qui veut dire « compagnon ». La socialité fut d'abord le fait, pour des êtres vivants, de prendre l'habitude de se regrouper pour vivre et agir ensemble, puis elle évolua pour devenir aussi le fait de penser, de connaître et d'évaluer les phénomènes de la vie dans un certain état d'interdépendance et d'osmose psychique, émotionnelle et comportementale.

À l'origine, l'homme primitif vivait sans doute en familles isolées puis en petits groupes mais pour être plus efficace, notamment à la chasse, il commença à s'associer avec d'autres hommes. Peu à peu ces regroupements d'individus se fixèrent, augmentèrent en taille et se refermant en partie sur eux-mêmes, adoptèrent une identité spécifique pour constituer des clans, des tribus puis plus tard des hordes et des nations.

La sédentarisation liée à l'agriculture et l'artisanat de plus en plus élaboré jouèrent un rôle évident dans l'évolution de cette socialité jusqu'à nécessiter l'élaboration de codes comportementaux et de traditions procédurales permettant aux hommes de réglementer leur vie en commun, de réguler leurs échanges et d'assurer la transmission des acquis techniques d'une génération à l'autre. Le langage fut évidemment la clé de voûte de cette socialité, entraînant avec lui l'enrichissement exponentiel de la pensée, de la communication, de la curiosité et de la créativité partagée.

Ainsi, peu à peu, s'élabora une intelligence collective issue de l'association des intelligences individuelles nourrissant celles-ci à leur tour.

Il s'établissait de cette façon une manière collective de raisonner, de ressentir, de connaître et de comprendre différente pour chaque culture, qui s'introduisait peu à peu dans les consciences individuelles en s'associant à la pensée personnelle de chacune d'entre elles.

Mais voici environ quinze à vingt mille ans, les premières étincelles de questionnement métaphysique s'allumèrent dans la conscience des hommes. Debout sur la Terre, le regard interrogeant l'espace infini, ils commençaient à découvrir quelques principes subtils fondamentaux et concrets régissant l'environnement et la vie en même temps qu'ils prenaient conscience de leur double nature, physique et abstraite. Ils s'aventurèrent alors dans des expériences de plus en plus audacieuses pour explorer les relations entre la matière et l'esprit et découvrirent peu à peu les pouvoirs de la conscience et l'existence d'une immense puissance voilée derrière celle-ci. Ils étaient les premiers chamanes.

À cet instant, l'équilibre régnait sans doute entre la part d'attention que chaque individu exerçait **personnellement** sur le monde pour le connaître et le maîtriser et l'influence qu'exerçait sur cette maîtrise la pensée collective encore modérée et **c'est probablement cet équilibre**, qui respectait encore la libre expression des créativités individuelles, qui permit l'épanouissement spirituel fulgurant des hommes dans les siècles et millénaires qui suivirent.

Ce fut sans doute un âge d'or où tout était possible mais qui, d'évidence, ne put se perpétuer.

La tradition toltèque rapporte que dans leurs extraordinaires découvertes et expériences ces chamanes originels très puissants ne surent pas maintenir la sobriété et la sagesse nécessaires pour éviter la dégradation de leur savoir.

Leurs sociétés ayant atteint un certain niveau d'organisation, la socialité continua d'augmenter, ils avaient acquis une grande maîtrise de la pensée collective et abusèrent de leurs pouvoirs pour dominer leurs semblables puis, institutionnalisant leurs systèmes spirituels, ils en perdirent eux-mêmes peu à peu les pouvoirs pendant que ceux-ci se transformaient en religions qui renforcèrent encore plus la socialité, désormais grande dévoreuse d'attention humaine.

C'est ainsi que se rompit l'équilibre entre l'intelligence individuelle et l'intelligence collective au bénéfice de la seconde, ces grands aventuriers de la conscience n'ayant pas su maintenir la primauté de la première, vaincus par la tentation d'abuser des pouvoirs que leur avait pourtant procurés celle-ci. Depuis, la socialité n'a cessé de s'accroître, **s'appuyant, depuis l'avènement du christianisme et d'autres religions, sur la structuration idéologique de l'affectif humain pour augmenter son emprise croissante sur les hommes**.

Situation présente et avenir de la conscience humaine

Chaque individu peut donc nourrir sa conscience, nous l'avons vu, à deux sources différentes bien qu'interdépendantes : sa propre observation et son expérimentation personnelle des phénomènes qui le composent d'une part et d'autre part la description abstraite et consensuelle du monde partagée par le groupe. Imaginons un instant cet individu seul, obligé de survivre par ses propres moyens, dépourvu de toute connaissance théorique héritée de ses semblables. Il va exercer son attention, raisonner sur son vécu, en tirer des stratégies, agir et ressentir des émotions et sentiments vierges de toute influence culturelle et collective. Son intelligence personnelle est intensément sollicitée, sa vie en dépend, il est un individu complet dans le meilleur sens du mot (individu veut dire : indivisé, monolithique, donc complet donc indépendant). Appelons cette mise en œuvre personnelle, solitaire et vitale de toutes ses capacités de survie : **sa créativité cognitive individuelle**.

Imaginons maintenant, face aux mêmes nécessités de survie, mais plongé dans un environnement social imprégné de l'intelligence collective de celui-ci, un homme qui représente évidemment l'antithèse du premier. Statistiquement, on peut prévoir que ses réactions seront beaucoup moins personnelles, il se reposera, pour survivre, beaucoup plus sur sa « culture » et beaucoup moins sur sa **créativité cognitive individuelle**.

Appelons la façon qu'a le premier homme d'utiliser sa conscience **l'attention verticale**, celle qu'il exerce directement sur le monde, et appelons **l'attention horizontale** la façon qu'a le second d'utiliser la sienne par forte perméabilité à l'intelligence collective.

Schématisons maintenant le rapport entre la part d'attention verticale et la part d'attention horizontale qui caractérise chaque individu par une croix dont les deux branches varient en fonction de ce rapport, sachant, bien sûr, qu'aucune des deux n'est entièrement réduite à zéro chez quiconque même si, pour la clarté de l'exemple, nous avons supposé des situations imaginaires extrêmes.

Le rapport A correspond à un individu connecté avec ses semblables mais modérément ouvert à l'imprégnation de l'intelligence collective parce qu'il privilégie sa connexion empirique directe avec l'univers par l'usage d'une attention intense à la réalité de chaque situation présente et concrète.

Le rapport B montre une égalité de répartitions entre d'une part son attention directe au flux toujours présent

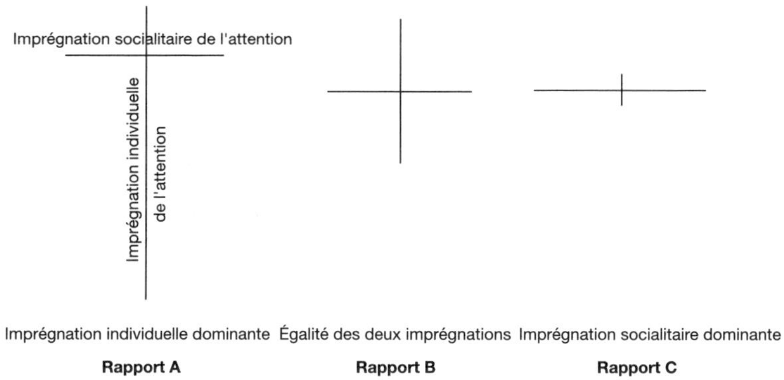

Figure N° 12 : La croix du rapport imprégnation individuelle/imprégnation socialitaire de l'attention

des phénomènes et situations et l'analyse personnelle qu'il en fait et d'autre part son attention horizontale aux modèles descriptifs en provenance de l'intelligence collective.

Le rapport C représente la situation d'une personne très imprégnée de la pensée collective et agissant donc plus à partir de celle-ci qu'à partir de ses observations et analyses strictement personnelles.

Ce rapport variable entre les deux façons d'utiliser sa conscience concerne aussi bien le domaine affectif, les valeurs et les échanges énergétiques que le domaine cognitif, il joue donc un rôle essentiel dans le destin de chaque personne et **dans son degré de liberté intérieure**.

Cependant, il est essentiel de bien comprendre la différence entre une conscience humaine majoritairement horizontale et une conscience humaine majoritairement verticale.

La conscience collective en tant qu'égrégore cognitif n'est pas à proprement parler de la conscience. Elle a pris en partie la place dans l'esprit d'un individu, de sa connexion directe, cognitive, affective et énergétique avec l'univers pour lui fournir une sorte de « prêt à penser et à ressentir » qu'il n'a plus qu'à appliquer pour vivre. C'est une description du monde nécessairement fondée sur le gommage de son infinie variété. Parce que consensuelle **c'est une modélisation qui est destinée en retour à faire agir le sujet selon l'orientation choisie par le groupe et supposée assurer le bien de tous.**

Elle est donc abstraite et nécessairement fausse par rapport à la réalité unique de chaque instant. Mais ces modélisations de l'univers proposées par l'intelligence collective comme réalité éloignent les consciences individuelles d'une mission sacrée : expérimenter et naviguer dans le véritable mystère, le nagual, dont l'accès est exclusivement une affaire de conscience individuelle et d'instant présent.

Avec la pensée collective, la description mentale et verbale du monde s'empare de l'attention et l'oriente vers la seule autre issue possible : imiter la nature et manipuler la matière après l'avoir modélisée et représentée abstraitement par les sciences, un domaine où le tonal est, bien sûr, tout à fait à l'aise.

Bien entendu, la socialité est loin d'être entièrement négative pour le développement harmonieux de l'être humain, c'est exactement comme la mémoire dans la dualité tonal/nagual, ce qui est capital est de la contrôler, de la limiter pour laisser se développer la conscience dans sa dimension verticale, **celle de sa libre aventure vers le mystère** afin que demeure active et créative la véritable conscience.

À ses origines, la socialité eut pour rôle d'être au service des individus, la situation actuelle est inverse, ce sont les individus qui sont au service de la socialité. Elle est devenue un moloch abstrait qui n'a même pas besoin de coercition physique pour maintenir les hommes sous sa domination, elle s'est d'elle-même moralisée et sacralisée dans les cerveaux des individus en s'appuyant sur un certain nombre de mythes concernant la liberté, l'amour, le progrès, le bonheur idéal et la solidarité. Véhiculés, rabâchés, rythmés de façon incantatoire à tous les propos, sur tous les plans, à tous les âges, par tous les moyens, ils sont la trame même de la pensée collective et fournissent 99 % de la matière du tonal des individus.

Qu'est donc devenue cette merveille confiée par l'Esprit à la matière cosmique en évolution et que nous appelons « conscience » ?

En route vers la cellularisation des êtres humains

L'inconscient collectif sent bien que quelque chose ne va pas, qu'il y a peut-être erreur sur l'itinéraire choisi par la vie à l'aube des civilisations mais les vraies prises de conscience sont rares. Il y a plutôt une réaction généralisée dans le mauvais sens qui ne fait qu'accélérer le phénomène et bien que de plus en plus d'individus commencent à pressentir que la socialité leur a volé leur âme, que leur conscience ne leur appartient plus, ils se contentent d'un repli amer sur eux-mêmes et au lieu d'essayer de redevenir des **« individus pensant par eux-mêmes »** ils deviennent des **« individualistes pensant pour eux-mêmes »**, ce qui les enferme doublement.

Pendant ce temps, sous leur nez, se met en place un gigantesque réseau mondial qui achève le décervelage des êtres humains.

Imaginez un corps humain et ses milliards de cellules. Vous ne les entendez pas s'exprimer, chacune fait son travail lié à l'organe auquel elle appartient, sa conscience personnelle se réduit à assumer ce rôle, elles sont les esclaves dociles de l'ensemble du corps qui lui-même est gouverné par le système nerveux central, seul dépositaire d'une conscience digne de ce nom.

Eh bien la même situation semble se mettre en place, la planète entière figurant ici le corps et les hommes ses cellules.

Avec la socialité toujours croissante, l'usage vertical de l'attention individuelle s'amenuisant chaque jour, des millions d'êtres humains s'apprêtent, comme dans une fourmilière, à devenir de simples cellules du grand corps terrestre. Un système nerveux central constitué de quelques centaines d'individus dirigera l'ensemble de la Terre par une informatique implantée dans les moindres recoins de l'espace vital des hommes et jusque dans leur corps.

Ils deviendront encore plus que maintenant et irréversiblement spécialisés (la polyvalence étant dangereuse pour ce système car facteur de conscience individuelle accrue). Il y aura les ouvriers, les soldats, les faiseuses d'enfants (*in vitro* bien sûr ou par clonage). La sexualité sera organisée comme dérivatif apaisant des restes de conscience individuelle, l'humanité tout entière sera un seul être vivant sphérique doté d'une conscience mécanisée, comme nos cellules musculaires, osseuses ou autres, chaque homme sera définitivement conscientisé de façon descendante.

L'espèce humaine se serait-elle coincée dans une niche écologique non évolutive par hypertrophie socialitaire ?

LA SOCIALITÉ ASSISTANALE AU SERVICE DE LA CELLULARISATION DES CONSCIENCES

Déjà se met en place une forme de terrorisme intellectuel destiné à diaboliser l'aspiration à une libre conscience et le travail sur soi qui pourrait y donner accès et que je peux illustrer par l'anecdote suivante. Au cours d'une conférence que j'animais voici quelques années sur le thème de « l'utilité du développement personnel », une personne se leva et s'exprima ainsi :

> « Je trouve vos déclarations sur le développement personnel assez dangereuses voire immorales (*sic !*) Pour moi, le développement personnel est une démarche égocentrique et même égoïste, son nom l'indique déjà. En travaillant sur soi-même, votre "guerrier de l'Esprit" enlève à la société toute l'attention qu'il se consacre à lui-même, soit disant pour progresser, il se désolidarise ainsi de ses semblables, il ferait mieux de les aider car ils sont nombreux à en avoir besoin, il progresserait ainsi beaucoup plus en développant son altruisme. »

Je lui répondis que la générosité de ses propos, toute théorique au demeurant, me semblait « apprise » ; cela, je prenais le risque de le parier, alors que moi-même je l'avais désapprise pour me consacrer à une autre forme de partage, celle de la liberté, de l'autonomie, de l'éveil de la conscience dont les résultats, je l'avais constaté à de multiples reprises, donnent aux êtres humains l'occasion de profiter d'une sorte de générosité autrement plus puissante que celle dans laquelle on confine les personnes par l'institutionnalisation extensive de systèmes multiples de dépendance.

Je ne nie pas l'utilité et le plaisir spontané d'aider des êtres humains dans la détresse (ce qui ne devrait pas être un devoir mais une chose naturelle à la condition de ne pas être de l'assistanat préjudiciable à la liberté de vivre et de survivre de celui qui en fait l'objet) mais il est cependant évident que la solidarité et l'entraide dogmatisées sont, compte tenu de leur trop évidente positivité, l'un des plus puissants leviers de la cellularisation en marche des consciences.

L'INCOMMUNICATION SOCIALITAIRE

Il y a une autre conséquence majeure de la socialité sur le développement de la conscience libre des hommes, c'est la fringale relationnelle appelée « communication », une autre forme de dépendance qui se manifeste par une verbalisation ininterrompue qui absorbe une énorme partie de l'attention humaine.

99 % des échanges verbaux entre les personnes sont inutiles, 100 % ne servent qu'à parler de soi. Le langage étant un code collectif derrière lequel chacun met cependant ses propres vécus subjectifs, non seulement celui qui parle, quoi qu'il dise, ne fait en réalité que décrire sa propre perception du monde, c'est-à-dire lui-même, mais celui qui écoute ne fait qu'entendre ce qu'il dirait lui-même s'il employait les mêmes mots que son interlocuteur. Cela nous

laisse rêveur sur les illusions que nous entretenons concernant cette mythique communication dont le monde moderne est tellement friand et sur l'immense gâchis d'énergie psycho-émotionnelle dépensée dans cette supercacophonie terrestre.

Pourquoi vouloir ainsi communiquer ? et surtout par un moyen qui ne le permet que si mal ?

On voit bien, à travers les profonds et innombrables malentendus qui divisent les hommes à tous les niveaux et malgré une mécanisation pléthorique des moyens mis en œuvre (informatique, robotisation télécommunicationnelle et services publics, etc.) que plus l'homme veut à tout prix communiquer, moins il y parvient ! Il suffit de constater la croissance exponentielle des conflits personnels, sociaux, politiques, conjugaux, parents/enfants, enfants/enseignants, patrons/ouvriers ainsi que l'augmentation de la malfaisance quotidienne et banalisée et l'armée de psychologues, psychiatres, avocats, rééducateurs et policiers voués à leur résolution, pour s'en convaincre : la socialité ronge la liberté et la créativité des hommes mais ne réussit même pas à compenser cela par une véritable harmonie entre eux.

Le silence, l'attention sensorielle aux autres permettant de redécouvrir le langage infiniment riche du corps et du visage seraient beaucoup plus efficaces tout en respectant la discrétion et la sérénité qui manquent tant à notre civilisation.

En épargnant toute cette énergie absorbée par la socialité, combien de personnes pourraient explorer les territoires en friche de la conscience élargie et s'y épanouir ?

LA MAGIE NOIRE DE L'INTELLIGENCE COLLECTIVE

La socialité est le ciment qui fixe notre point d'assemblage dans une position d'où nous lui interdisons ensuite de changer, c'est elle qui fixe donc en grande partie notre tonal dans son parcours circulaire bien régulier et bien invariable.

Don Juan n'hésite pas à qualifier la socialité de magie noire qui emprisonne la conscience des individus et présente le fait de s'en écarter comme la première condition de l'évolution de chaque être humain.

L'erémitisme n'est pas non plus la bonne solution pour évoluer spirituellement. Le guerrier de l'Esprit doit pouvoir appliquer son funambulisme à la polarité individu/groupe et être soi tout en étant avec les autres.

On peut se libérer de la pensée collective sans pour cela devenir asocial, il y a là matière abondante à se traquer soi-même, la technique majeure du chamanisme côté tonal, pour acquérir une forme très particulière de socialité distanciée, humoristique mais très féconde qui manquera gravement à l'ermite.

En résumé, seule une conscience claire de la loi de la dualité dynamique et l'acceptation d'être un funambule peuvent nous permettre de restaurer notre créativité cognitive individuelle pour nous reconnecter à l'Esprit et éviter de devenir (tous ensemble et solidairement !) des mécanismes cellulaires de la conscience planétaire.

> « La solitude du guerrier est une solitude heureuse parce que n'étant pas attaché à ses semblables, c'est ainsi qu'il les aide le mieux. Il les croise, échange un sourire, un oiseau passe, le guerrier montre l'oiseau et ils lèvent les yeux et s'en réjouissent. Quand ils baissent enfin la tête, le guerrier n'est plus là, déjà sur un autre chemin… »
>
> Ayeoha

LE PROGRÈS ET L'ÉPANOUISSEMENT DE LA CONSCIENCE

Quand les premiers philosophes de l'humanité eurent compris la loi universelle de la dualité dynamique et ayant observé l'un de ses effets les plus frappants, à savoir que toutes choses, tout être vivant ou phénomène étaient le résultat de deux forces abstraites contradictoires et complémentaires – **la force de permanence** tendant à faire durer les choses, à les conserver ou à les faire se reproduire à l'identique et **la force de changement** tendant à leur transformation irréversible – ils réalisèrent, poussés par les difficultés de la lutte pour la vie, que leur envie de transformer leur environnement afin de faciliter leur existence quotidienne n'était, après tout, qu'une façon de devancer, de prendre en mains, de se couler habilement dans le gigantesque flux de la force de changement pour en tirer profit, et qui sait, un jour, pour la maîtriser.

Ils appelèrent cela « **le progrès** » et appelèrent la prise en considération de la force de permanence, son opposée-complémentaire « tradition » ou « respect des ancêtres ». Tel qu'ils l'envisagèrent longtemps, les hommes du passé considéraient que le progrès était au service de l'homme, et qu'il était fait pour lui apporter des conditions de chasse, d'agriculture et de travail manuel plus faciles et plus efficaces. L'objectif évident était d'augmenter son bien-être et de libérer son esprit, avide de se tourner vers l'univers pour le connaître et en goûter la beauté. Logiquement, ce progrès était aussi supposé épargner les ressources naturelles du monde dans lequel il vivait afin d'en préserver le bénéfice pour lui-même et ses descendants.

La socialité croissante mais encore modérée de ces époques reculées n'avait pas encore déséquilibré la dynamique entre progrès et tradition.

L'intelligence, celle des individus et celle de la collectivité, et le bon sens individuel avaient encore suffisamment d'importance collective pour freiner les excès éventuels de cette course à l'évolution.

Qu'est devenu aujourd'hui ce bel élan évolutif qui, voici à peine quelque centaines d'années connut une violente accélération liée à l'avènement d'une nouvelle philosophie, le matérialisme ?

Le progrès est-il toujours au service de l'homme ? L'observation attentive de la destruction alarmante des écosystèmes de la planète, de l'appauvrissement exponentiel de la biodiversité dont les plus hauts responsables politiques avouent eux-mêmes qu'elle va conditionner la survie de l'humanité dans les prochaines décennies, la baisse dramatique de la qualité de l'air, de l'eau et des aliments, la dégradation généralisée de la santé, exploitée par le médicalisme et entraînant une dépendance normalisée par celui-ci, tout cela répond pour nous : **non, le progrès n'est plus au service de l'homme, c'est bel et bien l'homme qui est au service du progrès.**

En se combinant à l'instauration de collectivités humaines standardisées et de plus en plus larges, le progrès augmente peu à peu la prise en charge intellectuelle, sanitaire, économique et même affective des individus en échange d'une servitude de plus en plus totale au système techno-économiste. Il réduit ainsi leur liberté morale, psychique et physique à une peau de chagrin et devient inexorablement le plus grand ennemi du progrès des consciences individuelles.

Il n'y a qu'un seul progrès indéniable dans cette situation planétaire : c'est celui de la dépendance technologique et de l'abêtissement humain qui en découle !

« On n'arrête pas le progrès ! » bêlent en cœur les malheureux êtres humains entièrement façonnés par le système ! Certes, mais alors c'est lui qui nous arrêtera ! Cette gigantesque machine abstraite, devenue un monstrueux moloch, broie, détruit, avilit, aliène des millions et même maintenant des milliards d'individus incapables de réagir en analysant par eux-mêmes et avec réalisme quel type de bonheur leur apporte le progrès et de quel droit les gens qui conduisent le char de la mort progressiste le font !

LA NOUVELLE RELIGION DU MONDE MODERNE

Pourquoi l'instinct vital des hommes ne se réveille-t-il pas ? C'est que le progrès est devenu une religion ! Et, comme toute religion, il est porté par une socialité hypertrophique et décervelante à coups de dogmes sacralisés dont toute logique, tout respect de la vie et toute modération sont exclus !

Pour ne rien arranger, cette socialité s'appuie depuis plus d'un demi-siècle sur un gigantesque réseau médiatique planétaire qui prend peu à peu, on l'a vu dans le paragraphe précédent, la place du cerveau des individus et leur martèle jour et nuit la description d'un bonheur matériel dû au glorieux progrès qu'ils sont supposés vivre et qui n'a de correspondance réelle que pour quelques milliers d'individus à peine sur toute la Terre. **Tous les autres vivent un mythe, dans le pire sens du mot**.

Selon ce gigantesque rêve collectif du progrès, tout ce qui est nouveau est forcément bien, beau, libre et gratifiant. Il suffit que cela soit répété sans arrêt pour devenir vrai (puissance réalisatrice de la mémoire !). Tout ce qui ne vient pas juste de sortir, d'être découvert, d'être mis sur le marché est automatiquement dépassé, aliénant, ringard et honteux. Acheter est le credo car, bien sûr, la religion du progrès c'est aussi celle du profit : la circulation de l'argent est le vrai moteur de ce culte planétaire.

LE BESOIN D'UN PROGRÈS ÉTHIQUE

Jour et nuit, où que vous alliez, dans quelque direction que vous tourniez les yeux et les oreilles, le message officiel est martelé et vrillé dans votre esprit : le mercantilisme appelé « les affaires » est la plus belle occupation de l'homme, la possession des biens matériels est la récompense de l'homme intelligent et actif, celle d'une profusion de gadgets le signe de sa supériorité sociale, le consumérisme compulsif et la goinfrerie alimentaire la marque de son soutien au système, de sa solidarité avec le monde du travail, la sexualité banalisée révèle sa liberté d'esprit et son culte de l'apparence dénote tout simplement la générosité avec laquelle il donne aux autres une bonne image de lui-même !

Les hommes du monde moderne sont enchaînés dans leur conscience au cercle vicieux production/consommation avec la même irresponsabilité qu'ils étaient esclaves mentalement d'un système religieux il y a plusieurs siècles. Mais si cette nouvelle religion a tant de dévots, en particulier en Occident, c'est précisément parce qu'il n'y a plus de véritable culture de l'esprit, la religiosité ayant rendu celle-ci totalement vide de sens, théorique et insipide. Le champ était donc libre pour permettre au matérialisme (et au scientisme, sa caution intellectuelle) de s'emparer des consciences. Nous sommes, il faut bien le reconnaître, plongés dans une société extrémiste affectée d'un grave déséquilibre entre culture de l'esprit et culture de la matière (et indirectement du corps) ce qui touche à la plus cruciale et la plus intime des dualités dynamiques de l'être humain. **Le progrès est en fait l'alibi majeur du consumérisme.**

Quand un principe de l'importance de la dualité dynamique est oublié par une civilisation tout entière, de grands désordres sont à prévoir : un funambule ne peut pas se maintenir longtemps sur le fil de la vie s'il ne rectifie pas promptement la positon déséquilibrée de son balancier !

LE VÉRITABLE PROGRÈS EST PERSONNEL ET INTÉRIEUR

Mais alors le progrès est-il une malédiction ? Devons-nous retourner à l'ère préhistorique ?

Non bien sûr !

Nous avons à notre disposition deux possibilités de reprendre en main la force de changement dont la maîtrise nous a échappé :

– la mise en place d'une éthique mondiale réellement appliquée, fondée sur le contrôle rigoureux de la compatibilité entre d'une part toute découverte, toute réalisation innovante d'ordre technologique, scientifique et médical, et, d'autre part, le respect absolu de la vie, de la nature, de sa biodiversité, correspondant à un niveau de qualité de vie et d'humanisme individualisé digne de ce nom ;

– la mise en place d'une éducation planétaire visant à généraliser la pratique du plus important des progrès : **le progrès individuel par le travail sur soi** pour canaliser positivement la course irrépressible à l'évolution qui anime toutes choses.

Nous ne pouvons pas ne pas progresser ! La force du changement est partout à l'œuvre dans l'univers, des galaxies aux consciences des hommes qui, l'associant à la course à la survie, se sont coulées dans son flux mais en oubliant imprudemment l'existence de la force de permanence ou plutôt compensant la frénésie évolutive collective et technologique par la stagnation spirituelle et individuelle. Il est temps maintenant d'inverser le sens des deux énergies ! Le progrès personnel qui va réveiller les consciences de leur long assoupissement est l'outil naturel d'un progrès collectif et technologique mesuré et respectueux de la vie. Une nouvelle façon de vivre ensemble peut être découverte par l'homme réinvesti de son espace intérieur pour relancer l'humanité dans sa véritable aventure : celle de la conscience.

L'AMOUR ET SES MYTHES

L'amour est un vaste sujet sur lequel il n'est pas facile d'apporter du nouveau et qui cependant reste la grande affaire de l'humanité, tant il est l'objet d'une insatisfaction quasi permanente et de malentendus profonds.

Il reste finalement un mystère et un immense paradoxe car, en son nom, d'effroyables souffrances ont été imposées, que ce soit collectivement, à travers les mythes religieux propageant l'amour par le feu et par le sabre ou individuellement par la recherche aveugle de son expérience et la tyrannie intérieure qu'il allume au cœur de l'homme.

L'amour possède un opposé-complémentaire qui peut s'appeler la haine, ou le mépris bien qu'il prétende avec une éternelle obstination dépasser cette dualité et se révéler le principe suprême et unifiant de l'univers.

Mais l'homme a-t-il compris la nature exacte de cette unification ?

On peut en douter !

Dans la religion occidentale, cette unité par l'amour inconditionnel est synonyme de disparition du mal et de toutes les valeurs négatives incarnées par Satan vaincu à la fin des temps par un Dieu du bien absolu. En attendant, disent les hommes « de bonne volonté », aimons-nous les uns les autres ! Une proposition qui fait chaud au cœur mais que voyons-nous en réalité pendant que sont rabâchées ces belles paroles depuis des millénaires ?

Un monde prédateur qui ne cesse de se détruire en permanence pour se reconstruire inlassablement, de s'autodévorer pour renaître éternellement de ses cendres. L'histoire humaine n'est que celle d'invasions innombrables et meurtrières au nom de la survie ou d'un territoire nourricier dans les premiers temps de l'humanité, au nom, plus hypocrite, de Dieu, de la liberté ou de la démocratie aux époques contemporaines.

Malgré l'évidence de la réalité guerrière du monde et contre toute logique métaphysique, la litanie de l'amour est omniprésente chez l'être humain sans la moindre trace d'application réelle.

Cette cérébralisation de l'amour a fini par dénaturer gravement l'expérience réelle de l'amour. L'affectivité collective est en fait majoritairement constituée de divers programmes d'amour de commande qui participent à la mise en place de la cellularisation planétaire des consciences. Peu d'individus en réchappent car retrouver sa vérité intérieure de l'amour nécessite un gros travail de libération psycho-émotionnelle que peu de personnes osent entreprendre. Parmi ces programmes affectifs censés exprimer l'amour on trouve : l'amour mièvre, l'amour-devoir, l'amour-pouvoir, l'amour compassionnel et assistanal, l'amour narcissique, l'amour-sacrifice.

Commençons par ce dernier.

Nature exacte du sacrifice

Voilà comment les chamanes voient le sacrifice : au sens spirituel du mot, le sacrifice n'est pas le don de soi pour rien mais un échange. Celui qui fait un sacrifice renonce à quelque chose qui lui est cher (cela peut être sa propre vie) pour avoir quelque chose d'autre d'un niveau spirituel plus élevé que le bien sacrifié.

Si cela se passe d'une personne à l'autre, le don qui est ainsi fait à autrui est le passeport d'une promotion spirituelle à un niveau naturellement plus élevé que s'il s'agit du sacrifice d'un bien matériel. Dans le travail sur soi, le guerrier sacrifie les bénéfices de son laisser-aller pour augmenter son pouvoir par le développement d'Intento.

Le saut dans la troisième attention que font les chamanes de haut niveau ou les futurs immortels taoïstes pour devenir ensuite des guides invisibles de l'humanité dans le nagual peut être considéré comme un sacrifice délibéré de leur vie terrestre, bien que la longue préparation stratégique qu'ils suivent avant ce saut et l'âge généralement avancé qu'ils ont atteint lorsqu'ils sont prêts à le réaliser ne présentent pas l'aspect « sacrificiel » au sens « compassé » du mot que nous associons généralement à ce genre d'action. Le vrai sacrifice n'est donc pas un geste gratuit, triste et mélodramatique mais quelque chose de joyeux, de fort et de triomphal dont le but est toujours l'élévation du niveau de conscience, un bien très précieux et très convoité de toute personne spiritualiste mais qui enlève au sacrifice sa fausse réputation de « don sans retour » car dans l'univers c'est la loi de l'échange qui règne, y compris dans le processus de la transmutation spirituelle.

Pour les guerriers de l'esprit, Jésus, qui était lui-même un chamane passé dans la troisième attention, ne s'est pas sacrifié pour l'humanité, il a fait beaucoup mieux que cela, il a démontré clairement, de façon publique et spectaculaire, que l'homme était apte à l'immortalité et que par son impeccabilité, il pouvait rejoindre l'Esprit du Grand Être.

Quant à l'acte de souffrir délibérément, cela n'a pas de sens en soi mais seulement si c'est pour vaincre la souffrance et démontrer ainsi le pouvoir de la conscience. C'est pourquoi les chamanes déplorent le choix du Christ en croix pour symboliser son message. Il aurait été beaucoup plus fidèle à celui-ci de choisir une image du Christ apparaissant joyeux et triomphant de la mort devant ses disciples avant de disparaître dans la troisième attention.

Quant à la compassion, qui veut dire « subir avec », ce qui est somme toute assez négatif, c'est une forme forte d'empathie consistant à comprendre la souffrance d'autrui, et surtout, à agir pour qu'elle cesse, ce qui jusque-là semble très bien. Mais elle peut aussi cacher trois choses moins jolies :

1) **L'autocompassion déguisée**

Elle consiste en fait à s'identifier à la personne qui souffre, ce qui veut dire, quelque part, qu'en fait c'est de nous-même que nous avons pitié.

Don Juan fait remarquer à Carlos, qui tente de lui vanter les valeurs du christianisme, qu'avoir de la compassion pour quelqu'un revient très fréquemment à un désir caché de le manipuler puisque c'est vouloir qu'il devienne comme soi, qu'il soit à notre place. Il conclut en disant que l'impeccabilité du guerrier prévoit assez de retenue dans l'élan compassionnel pour respecter la liberté de l'autre se fiant à lui de surmonter son problème par ses propres moyens et de devenir ainsi lui-même impeccable.

Tel est le respect de la liberté d'autrui vu par les chamanes.

2) **La compassion institutionnalisée**

Le chamanisme stigmatise une tendance caricaturale bien que très répandue de l'homme moderne à afficher une compassion de commande, institutionnalisée par le fonds religieux et la socialité de sa société qui, à cause de cela, empiète sur la liberté qu'on ne laisse plus aux personnes affaiblies de faire l'effort salutaire et très important de s'en sortir par elles-mêmes.

Cette institutionnalisation est loin d'être uniquement d'origine charitable, elle embrasse toute une gamme d'assistanats dont le plus grave est celui de la conscience et qui, à travers l'apparence de la solidarité, maintient l'être humain dans sa passivité et son semi-esclavage subtil. L'assistanat aliène les individus car il fonctionne selon le processus cybernétique suivant : la faiblesse entraîne l'assistanat, celui-ci entraîne la dépendance et la dépendance affaiblit l'homme qui a encore plus besoin d'assistance (processus circulaire négatif).

Notre société semble avoir bien occulté le pourtant très chrétien proverbe « **Aide-toi, le ciel t'aidera** » que l'on peut en toute légitimité décliner : « **Aime-toi, le ciel t'aimera.** » Car celui qui est de plus en plus assisté sait très bien qu'il perd aussi peu à peu confiance en lui et qu'il s'aime ainsi de moins en moins et pour recevoir la richesse amoureuse de l'univers, on va le voir plus loin, il est impératif de s'aimer soi-même car c'est précisément là qu'elle se cache.

La mentalité assistanale et compassionnelle du monde moderne ne laisse pas à ceux qui ont le plus besoin de s'aimer eux-mêmes le loisir de le faire puisque rien d'autre ne peut amener un homme à s'aimer lui-même que d'être fier de lui-même, en se libérant lui-même.

3) **La compassion par sentiment de culpabilité**
Une troisième face cachée de la compassion est la culpabilité déguisée en amour. Elle consiste à aider l'autre pour se pardonner à soi-même un bien-être, un bonheur et une insouciance que l'on n'assume pas vraiment.

Une autre forme dégradée de l'amour est l'amour mièvre et sucré qui imprègne beaucoup de relations : celle de couples, celle des parents qui protègent trop leurs enfants et les submergent dans l'abondance matérielle, celle de la relation « mièvre » à la nature et aux animaux qui témoigne d'une sensiblerie déplacée et, en réalité, peu écologique. Les chasseurs de culture chamaniste qui croient en l'immortalité de l'âme envoient une pensée affectueuse au pécari ou à la gazelle qu'ils vont tuer dans un instant et leur disent : « tu es beau et fort, tu es belle et rapide, je te respecte mais j'ai besoin de ta chair pour survivre, en te mangeant tu deviendras moi et je deviendrai toi » et ils tirent. Ce genre de chasse qui ne déséquilibre en rien la nature est tout à fait écologique. Quant aux végétariens, par souci de ne pas tuer d'animaux, ils semblent oublier que les végétaux ont une conscience et une sensibilité, il suffit de s'informer auprès des scientifiques qui la constatent couramment en laboratoire (clichés Kirlian) pour le savoir.

Ce n'est pas en s'aveuglant sur la nature prédatrice de l'univers que l'on résoudra les problèmes d'humanisme mais en l'acceptant, en la régulant et en cessant de l'industrialiser et de la mercantiliser.

Non, tout cela n'est pas l'amour selon le chamanisme.

Pour le guerrier de l'Esprit, l'amour est seulement une façon d'être par laquelle celui-ci n'a pas besoin d'être pensé, prévu, attendu et nommé. L'amour vient toujours dans le silence et quand il est là on le sait, le temps se condense, les sensations se mettent à surexister. Mais il ne faut surtout pas essayer de retenir l'amour, il vient et il repart quand il veut, il ne peut pas s'imposer, aucun système d'idées, aucune institution ni aucune religion ne peuvent le procurer, il est comme le vent, libre et imprévisible. C'est une affaire d'attention, et de disponibilité. Quant à la compassion, souffrir avec l'autre ne sert à rien, on ne sauve pas un noyé en se jetant à l'eau avec lui. Quand un autre est malheureux et que vous voulez l'aider, tenez-vous à la frontière de son intériorité sans vous identifier à lui, soyez là, présent et dans le silence attentif de votre cœur, incitez-le à se lever tout seul et quand il le fera, éclipsez-vous discrètement comme si rien ne s'était passé pour vous. Car si vous restiez là avec ostentation, vous lui retireriez le plus important de son soulagement : la sensation de sa force intérieure, ce dont il a le plus besoin. C'est de la « **transpassion** ». Mieux que la compassion, c'est l'art de faire bouger l'autre pour qu'il dépasse la passion (le fait d'être passif).

L'attente de l'amour éloigne l'amour

Beaucoup de gens attendent l'amour sous cette forme et ce nom, ou sous la forme du respect, de la considération. C'est une attitude erronée. L'amour ne peut jaillir que du dedans vers l'extérieur, il ne peut exister que librement et spontanément, mais s'il est centripète, c'est-à-dire que vous le recevez du dehors, c'est parce que vous avez su être disponible et sans attente. Par contre, si on l'attend, ce sera sous une forme précise, donc avec filtre, un couloir étroit et rigide qui vous rendra indisponible à toutes les manifestations potentielles que vous ne connaissez pas encore de lui. Ne pouvant pas éviter de faire sentir à l'autre la pression de votre attente, vous susciterez de sa part un amour faux.

L'angoisse de recevoir et d'être aimé est comme un trou noir qui ne peut produire que plus d'angoisse encore car elle attirera celui qui est dans l'angoisse de donner.

Cette rencontre hyperpassionnelle n'aura hélas le plus souvent qu'une durée éphémère qui replongera chacun dans une même angoisse.

L'amour du chamane : marcher sur un chemin qui a du cœur

L'amour du chamane n'est pas sentimental au sens larmoyant et addictif du mot, il ignore le regret ou la nostalgie pour le passé autant que l'avidité pour le futur, **car il est tout entier investi dans l'action de chaque instant présent**.

Cette attitude qui s'appelle « **cœur actif** » est la pierre d'angle des pouvoirs chamaniques : **l'Intention**.

En quoi consiste-t-elle ?

C'est très simple à décrire mais ça prend un peu de temps pour se mettre en place : cela consiste dans une présence totale et une adhésion totale à tous les actes que l'on accomplit, qu'ils soient considérés a priori comme plus importants ou très anodins, voire prosaïques.

Ainsi, par exemple, le guerrier de l'Esprit nettoie les latrines avec autant d'amour qu'il taillerait une améthyste, préparerait un délicieux plat pour ses amis ou accomplirait une invocation matinale à l'Aigle.

Cette attitude, répétée le plus souvent possible puis devenue une règle de vie constante, a un pouvoir énorme, elle unifie le mental, le cœur et le corps du guerrier et développe son Intention. Grâce à elle, il perd la notion toute relative des choses importantes et de celles qui ne le sont pas, donc il devient détaché car, par ailleurs, le fruit de ses actes finit par compter de moins en moins pour ne plus compter du tout, du fait que son besoin de plaisir est comblé par l'action pure.

L'amour du chamane peut donc être exprimé par le paradoxe suivant : « Prenons tous l'habitude de vivre avec le cœur actif et devenant tous, grâce à cela, des guerriers de l'esprit, nous deviendrons tous autonomes et vivrons dans la plénitude de notre êtreté, et de ce fait, personne n'aura plus besoin d'amour ni encore moins de compassion. Ainsi, **le véritable amour pourra enfin apparaître** ».

Le guerrier de l'Esprit vit de façon quotidienne en état d'amour pour ce qu'il perçoit, ressent et fait, mais n'attendant pas l'amour des autres il le reçoit avec plaisir quand il vient. Mais la source principale de son équilibre c'est son ouverture énergétique aux commandements de l'Aigle.

Cette attitude entraînera une impeccabilité comportementale qui nous permettra de répondre à toutes les sollicitations de nos semblables, positives ou négatives par des réactions toujours justes et rien ne peut être plus généreux pour eux.

Le sens de la transe émotionnelle

L'artiste, le poète, le musicien en particulier, sont des êtres extra-sensibles, des guides affectifs et spirituels pour l'humanité en marche vers elle-même qui, dans leurs créations ressentent des élans de pur amour qui nous procurent parfois une véritable transe émotionnelle. C'est alors que souvent, nous tournant autour de nous, nous regardons nos semblables et pensons naturellement que ce transport émotionnel trouve dans l'horizontalité la voie privilégiée de son épanchement. Nous avons, à cet instant, envie de donner sans compter, sans même penser à la moindre réciprocité tant nous sommes submergés par cette énergie. C'est précisément là que nous devrions savoir maîtriser cette force sans la brimer pour profiter de son potentiel vertical et ne pas la répandre tout entière au niveau horizontal de nos semblables car cette énergie nous a en fait été donnée, comme un cadeau alchimique, par l'Aigle, comme un vaisseau offert pour l'ouverture de la conscience en la gaspillant sur le plan horizontal.

Quelque chose au-delà de l'amour

C'est comme si nous disposions d'un beau voilier et qu'au lieu d'appareiller vers le large, nous le gardions au port, les voiles toutes flasques, en nous contentant d'organiser pour tout voyage une surprise partie à bord avec nos amis.

L'amour n'est qu'un constituant partiel de la conscience universelle.

L'homme a quatre domaines d'êtreté : ses six sens, son mental ou intellect, son cœur (affectivité, émotivité) et son corps.

Notre civilisation moderne semble considérer l'amour comme la clé ultime du sens de la vie et de l'accès au divin.

Certes, l'amour est une énergie fondamentale mais le chamanisme la considère comme un simple ingrédient de la conscience globale et affirme que c'est une fusion des quatre énergies qui donne naissance à une cinquième énergie que la conscience ordinaire de l'homme ne peut même pas imaginer et qui est profondément différente de chacune de celles qui la composent.

C'est le mystère de l'alchimie spirituelle par laquelle est créé quelque chose d'entièrement nouveau à partir de plusieurs choses pourtant connues.

L'exemple est trivial mais néanmoins parlant : une vache mange de l'herbe, boit de l'eau et respire de l'air mais celui qui mange une entrecôte ne reconnaît dans celle-ci aucun de ces trois ingrédients. L'amour n'est peut-être que l'air ou l'eau de la conscience supérieure à laquelle nous avons accès par le travail chamanique mais à lui tout seul il ne suffit pas à expérimenter celle-ci même s'il en est un élément indispensable, c'est la fusion qui est importante, un travail intense qui requiert justement la mise en place du cœur actif : il existe un état de conscience qui, tout en englobant l'Amour le dépasse largement et que l'homme a pour destin de conquérir.

La poursuite du bonheur

Nous ne pouvons pas vivre que des instants de bonheur, de succès et de plénitude. Nous le savons tous, il y a un philosophe qui sommeille en chacun de nous mais, quand les mauvais moments arrivent, nous n'avons pas toujours la force d'aligner notre humeur avec ce savoir inné.

Si nous pouvions atteindre un état de bonheur continu, même au prix de grands efforts, le monde n'aurait aucun moteur pour s'accomplir par le mouvement et le changement.

L'Aigle fait le monde double et tous les aspects négatifs, le malheur, la souffrance, le mal, le manque, nous sont donnés en cadeau par lui pour que nous évoluions vers le haut, car telle est la loi suprême de la conscience.

Quand tout va bien, nous n'apprenons rien ou très peu, car nous sommes occupés à profiter de notre bien-être.

Le guerrier de l'Esprit est celui qui sait cela et agit en cohérence parfaite avec ce savoir et c'est pourquoi, malgré l'implacabilité de cette loi, il est quand même toujours satisfait car dans les moments de bonheur et de succès, il jouit pleinement de ceux-ci et quand vient le malheur, les échecs, la faiblesse, il sait que c'est le moment d'apprendre et de renforcer Intento et il se réjouit de cela car apprendre est pour lui la source des plus grandes satisfactions.

C'est sans doute le vrai sens d'une parole chrétienne qui a été très déformée : **« Heureux les pauvres en esprit car le royaume des cieux leur appartient. »** Le royaume des cieux est cet espace de plus en plus lumineux vers lequel se dirige pour l'éternité des temps la conscience de l'homme qui a compris l'Aigle en apprenant toujours et encore avec simplicité, acceptation et discrétion, en **« chevauchant le tigre »**. Les pauvres en esprit ne sont pour moi ni les fous ni les gens manquant d'intelligence mais ceux qui, n'ayant pas reçu au départ les talents, l'équilibre intérieur ou l'élévation culturelle et sociale qui rendent la vie et les succès plus faciles aux gens brillants, et souffrant de cela, vont chercher à changer, s'ils ont toutefois le désir de le faire, mais, je le répète, ils sont considérés comme « heureux » par cette parole chrétienne parce que la souffrance et le manque sont le meilleur levier du changement.

Plus que ceux qui ont talents et dons en abondance, ils peuvent bénéficier de la dynamique du désir de changer leur sort et de devenir les créateurs de leur bonheur, ce que ne seront jamais ceux qui en avaient déjà les ingrédients au départ, c'est pourquoi Jésus les qualifie d'heureux.

À lui tout seul ce proverbe est une reconnaissance implicite mais claire de la dualité dynamique de l'Univers et de l'intérêt pragmatique pour l'être humain de saisir ici et maintenant toutes les opportunités, en particulier ses lacunes, ses points faibles et ses malheurs, pour travailler dans une optique large du bonheur, celle qui tient compte de la nature éternelle de sa conscience.

Une fois qu'il est éveillé, ne serait-ce qu'un tout petit peu, à cette vision dynamique de son être, n'importe quel homme malade, invalide, sans motivation, n'importe quel « mal-aimé de lui-même » peut commencer à voir qu'une lumière lui montre un chemin. C'est le chemin qui a du cœur, le même qu'il croyait être un tunnel, l'instant d'avant et cette lumière, c'est l'œil de l'Aigle qui là-bas, tout au bout, l'invite à y pénétrer.

CHAPITRE XI

Éthique du chamanisme

> Un guerrier ne désire, malgré tout, absolument rien car il a acquis un appétit silencieux pour la vie et toutes les choses de la vie...
>
> Don Juan

LA PROFESSION DE FOI DU GUERRIER TOLTÈQUE

Les guerriers de l'Esprit toltèques ont une profession de foi qui, en cinq principes, résume à la fois la quintessence de leurs croyances, leur objectif ultime et la stratégie qu'ils mettent en place pour atteindre celui-ci. Extraite de l'œuvre de Carlos Castaneda, la voici dans toute la beauté du castillan, langue originelle du premier nagual de la nouvelle lignée des chamanes toltèques :

« Ya recibi al poder que a mi destino rige.
No me agarro ya de nada para así no tener
Nada que defender.
No tengo pensamientos para así poder *ver*.
No temo ya a nada para así poder acordame de mí.
Sereno y desprendido,
Me dejará el Águila pasar a la libertad. »

« J'ai déjà reçu le pouvoir qui gouverne mon destin.
Je ne m'accroche à rien pour n'avoir rien à défendre.
Je n'ai pas de pensées pour pouvoir *voir*.
Je ne crains rien pour pouvoir me souvenir de moi-même.
L'Aigle me laissera passer, serein et détaché, jusqu'à la liberté. »

Nous allons aborder ces cinq principes, en particulier les quatre premiers, (car le cinquième fait l'objet du chapitre sur la troisième attention) pour en dégager une partie de l'éthique du chamanisme toltèque que l'on retrouve, identique quant au fond mais exprimée différemment, dans les autres cultures chamaniques de la planète.

L'immanence du Pouvoir suprême

« J'ai déjà reçu le pouvoir qui gouverne mon destin. »

C'est dans la foi totale qu'il possède en lui un noyau du Pouvoir suprême que le guerrier de l'Esprit tire toute l'énergie qui va l'amener à rejoindre celui-ci au moment du saut dans la troisième attention (« L'aigle me laissera passer, etc.). En soi, cette foi dans le premier principe entraîne toute l'attitude autonome, responsable, optimiste, confiante et d'une grande persévérance qui va conduire le guerrier au succès mais aussi lui faire vivre une vie quotidienne joyeuse et remplie à ras-bords de créativité.

Il sait qu'il a l'essentiel en lui et que ce n'est pas au-dehors qu'il faut chercher de l'énergie ni du secours. De là son attitude affective discrète et non assistanale vis-à-vis des autres car, s'il a en lui le pouvoir qui gouverne son destin, les autres, bien sûr, l'ont aussi !

Mais le fait d'avoir en lui ce pouvoir pourrait tout aussi bien être interprété comme une invitation fataliste à ne

« pas s'en faire », les dés étant, en quelque sorte, joués au départ !

Non ! Car il y a les trois principes qui suivent et qui, inséparables du premier, ne vont pas lui laisser le loisir de se reposer sur cet acquis initial, celui-ci ne s'actualisant que par la pratique concrète des trois suivants.

La foi dans le premier principe est en somme le cadeau inestimable que l'Aigle fait à l'homme en le déposant dans son cœur, mais qui restera totalement inutile s'il n'est pas utilisé pour aller à la conquête de la liberté promise.

Le guerrier de l'Esprit a foi en lui-même parce qu'en lui-même est lové l'Aigle qui ne s'éveillera en lui que lorsqu'il se mettra en route sur le chemin qui a du cœur.

Le détachement et le désintéressement du guerrier

« Je ne m'accroche à rien
pour n'avoir rien à défendre. »

Le détachement se retrouve dans toutes les traditions spirituelles mais il n'est pas toujours bien compris. Il est fréquemment assimilé à l'indifférence, à l'hermétisme, à l'asociabilité, à l'apathie.

Il n'est rien de tout cela en réalité mais seule son expérience concrète permet de le comprendre. Le chamanisme, ne l'oublions pas, est totalement pétri de logique paradoxale, le paradoxe étant la conséquence de son principe de dualité dynamique. C'est pourquoi le guerrier de l'Esprit peut aimer intensément la vie et en être détaché en même temps. De plus, la distance qu'il prend avec la socialité ne l'empêche pas d'aimer ses semblables… avec détachement, ce qui veut dire sans en être dépendant.

Comment cette attitude est-elle possible ?

Souvenons-nous que le corps lumineux de l'être humain contient potentiellement toutes les possibilités d'existence, toutes les caractéristiques psychologiques, tous les ressentis et les états d'âme de l'Univers. Le guerrier de l'Esprit est donc, selon sa vocation, destiné à la navigation dans l'immensité de la conscience cosmique. Or, s'attacher veut dire s'immobiliser, s'attarder préférentiellement dans l'un de ces innombrables états de conscience, dans un système de connaissances précis, dans un point de vue, ce que le premier anneau de pouvoir, régi par la mémoire, nous incline à faire et ce qui est le sort de la plupart des êtres vivants. À l'opposé, le combat du guerrier de l'Esprit résulte au contraire d'un défi que lui propose de relever l'Aigle : s'arracher à la force magnétique et fixatrice de l'anneau pour multiplier les mémoires et le rejoindre finalement dans sa complétude cosmique. Le détachement qui appartient à la discipline de vie du guerrier de l'Esprit se dessine déjà comme une nécessité parfois douloureuse mais vitale dans la vie de l'homme ordinaire. Le guerrier de l'Esprit ne fait qu'en élever la pratique à la puissance ^{n} parce que ses besoins de liberté dépassent de beaucoup ceux de cet homme et parce que, d'autre part, il connaît l'énorme pouvoir de ce détachement.

L'un des messages essentiels de Don Juan est le fait qu'être un nagual implique de n'avoir aucune opinion à défendre.

On imagine la somme d'énergie subtile colossale que peut ainsi économiser le guerrier de l'Esprit qui, ayant compris la vanité du « vrai » et l'arbitraire de toute position unipolaire, peut investir toute cette énergie pour... simplement agir ! Car n'être attaché à aucune position ni point de vue ne veut pas dire que l'on ne choisit pas une façon de faire ou d'être.

La hantise de précérébraliser tout choix par une étiquette et surtout celle « d'avoir raison » est remplacée chez le guerrier de l'Esprit par l'intuition grandissante de l'acte juste, instantané et créatif qui part, non de la tête, mais du ventre, guidé par **l'Intention**.

C'est surtout parce qu'il applique son détachement à lui-même, à ses croyances et convictions, à ses valeurs et même à ses projets, ou encore aux personnes de son entourage, famille, enfants, amis, compagnons de travail, que le guerrier de l'Esprit n'a rien à défendre. Cependant il peut aimer les autres et le leur montrer sans être attaché à eux.

Même vis-à-vis de son projet ultime de guerrier de l'Esprit – la liberté totale par l'entrée dans la troisième attention – le chamane se doit d'être détaché sinon il tombe dans l'avidité spirituelle qui lui interdira cet état particulier, à la fois émotionnel et physique qu'est l'abandon, complément indispensable et paradoxal de la maîtrise.

Cet « abandon » entraîne une grande disponibilité de l'attention et de la sensibilité et repose sur l'idée que, tout étant égal, tout a de la valeur mais n'a rien à voir avec l'attitude négative de renoncement que pourrait suggérer ce mot. Cet abandon est aussi le fait de ne pas résister à la nature active, à l'énergie qui flue en lui et demande à s'exprimer. S'abandonner c'est aussi ne pas se retenir, ne pas se réfréner quand il faut agir… avec maîtrise !

Sur le plan émotionnel, le détachement est l'équanimité, une capacité précieuse pour le chamane et sans laquelle il ne pourra sortir de son premier anneau de pouvoir, mais que tout un chacun rêve de posséder tant elle est utile dans la vie quotidienne.

Évoluer, donc apprendre, est en effet la vocation du guerrier de l'Esprit. Or l'attachement émotionnel à nos convictions est un facteur puissant d'immobilité. Peut-être le mot « apprendre » possède-t-il un secret ? Considérons que le « a » de apprendre soit privatif. Pour apprendre il faut « a-prendre », c'est-à-dire éviter de prendre, de retenir, d'accrocher, de posséder, la meilleure façon d'apprendre est donc de ne pas s'attacher à ses acquis, ce que dit très joliment ce proverbe que j'ai déjà cité :

« Ne fais pas de ce que tu sais aujourd'hui un obstacle à ce que tu peux savoir demain. »

Le silence intérieur et le « voir » des chamanes

« Je n'ai pas de pensées pour pouvoir *voir*. »

Cette phrase ne veut pas dire que le chamane ne pense jamais mais qu'il contrôle son mental, peut s'arrêter de penser quand il le désire et que, de fait, il pense beaucoup moins souvent que l'homme ordinaire tout simplement parce qu'il a développé un moyen de connaître beaucoup plus sûr et efficace : le « voir ». 99 % de nos pensées ne sont que du rabâchage, notre description de notre propre vision du monde tournant inlassablement dans un ordinateur dont nous n'avons même pas le contrôle. Le chamane fait ainsi une énorme économie d'énergie qu'il pourra réinvestir dans son apprentissage du « voir ».

Se souvenir de soi en dissolvant les peurs

« Je ne crains rien pour pouvoir
me souvenir de moi-même. »

Si l'homme a peur, c'est tout simplement par ignorance de lui-même. La plus fondamentale des peurs, celle qui engendre la plupart des autres, est celle de la mort. Quand l'homme découvre que son âme est l'essentiel de sa personne et que cette âme est immortelle, alors de quoi pourrait-il encore avoir peur ?

D'ailleurs le guerrier pratique cette proposition dans les deux sens : il travaille à découvrir concrètement son âme pour anéantir ses peurs et travaille sur ses peurs pour découvrir son âme.

En apprenant à dissoudre ses peurs l'une après l'autre, l'apprenti libère son cœur de la bête immonde qui n'était en fait que l'accumulation de mémoires négatives, idées, croyances, préjugés ayant finalement transformé la peur de mourir en peur de vivre !

Toutes ces souffrances, ces humiliations, ce désespoir, ces innombrables erreurs dans lesquelles nous entraînent les peurs, cette amnésie métaphysique qui frappe la condition humaine tout entière, pourquoi l'Esprit nous l'inflige-t-il ? Pour nous donner envie du contraire, pour nous pousser à nous souvenir. La vie est toujours un voyage de retour à ce que nous sommes réellement, il n'y a de voyage aller que pour l'Aigle, dans le jaillissement de vie qu'il projette dans la nuit de l'oubli. Ainsi la loi qui gouverne le mystère de l'âme au plus haut niveau est la même que celle qui, dans le quotidien le plus banal, pousse toute créature vivante à fuir l'ignorance, la douleur ou le manque, souvent d'ailleurs avec de grandes résistances de sa part, peut-être parce qu'il s'est attaché à cette nuit de l'oubli.

Et l'ultime ironie du sort, c'est que, finalement, nous n'avons pas vraiment le choix : la vie qui est en nous nous pousse irrésistiblement, même si c'est parfois en freinant des quatre fers, vers la liberté.

LE CHAMANISME, UNE ÉTHIQUE DE L'ÉNERGIE

Ce que la pensée collective actuelle appelle avec un certain dédain « la morale » est un ensemble de règles de vie d'origine religieuse concernant tous les secteurs de l'existence quotidienne et dont l'application permettait à chaque individu de se respecter lui-même, de respecter les autres et de vivre ainsi selon les critères du « bien » défini par sa religion et son groupe social.

Cette pensée moderne et matérialiste feint de ne voir dans la morale que son aspect dogmatique et puritain pour mieux la rejeter au nom d'une soi-disant liberté qui n'est en fait que l'alibi hypocrite d'une culture uniquement fondée sur des intérêts économiques nourris par le laisser-aller des hommes.

Indépendamment du fait que la « nouvelle morale » propagée par le système techno-économiste n'est pas moins restrictive de la liberté individuelle que ne l'était l'ancienne, l'étant même certainement plus par la pression énorme de son assistanat intellectuel et comportemental, le chamanisme reste autant étranger à l'une qu'à l'autre, car son éthique est avant tout énergétique.

Peut-être le lecteur ne verra-t-il pas immédiatement le rapport entre l'énergie et la morale et c'est pourquoi il me paraît important de le renvoyer au chapitre IV où sa définition en est donnée puis au chapitre XIV (« Pratique du traqueur ») où seront exposées plusieurs techniques d'impeccabilité énergétique.

L'économie, la conservation, la concentration, la maîtrise, la dépense maîtrisée et le bon usage de son énergie sont la référence unique du système éthique du chamane. Tous les registres de l'existence humaine sans exception peuvent être vécus, décrits et régulés en termes d'énergie, y compris les plus subtils, les plus abstraits et les plus nobles.

De la relation à la nature et à autrui à la gestion de la santé personnelle, en passant par l'objectif majeur des chamanes, qui est l'élargissement de la conscience, le guerrier de l'Esprit règle ses actes, ses comportements, ses objectifs et ses stratégies, ses rapports humains et tous les aspects de sa vie quotidienne en fonction de l'énergie. Pour expérimenter les états de conscience modifiés et se préparer à la liberté totale qui en est l'aboutissement final, il lui faut en effet économiser beaucoup d'énergie, et, en particulier, cette énergie intérieure subtile qui peu à peu va produire en lui l'Intention. Il va donc mettre en place un comportement spécifique dans sa vie quotidienne appelé « l'impeccabilité énergétique » ou tout simplement « impeccabilité ».

Pour cela, il lui faudra briser le pouvoir exorbitant d'une autre forme d'énergie, celle de la mémoire, la force de permanence, afin de conquérir les territoires inconnus de son cocon lumineux par le déplacement du point d'assemblage, une prouesse très exigeante en énergie qui ne lui permet pas de gaspiller la moindre parcelle de celle-ci.

ÉNERGIE ET STRATÉGIE DU FUNAMBULE

Cette « morale » du guerrier n'est pas un but en soi, seulement un moyen, et il devait en être de même dans la phase initiale des religions. C'est seulement lorsqu'elles devinrent des systèmes socialitaires plus ou moins destinés au pouvoir politique que cet aspect passa au second plan et que les masses n'en virent plus que l'aspect moral, puritain et contraignant. L'avènement du matérialisme en Occident eut alors l'effet d'un mouvement de bascule dans le sens opposé. Comme le plus souvent dans l'histoire de l'évolution des civilisations, on était passé d'une position extrême à une autre position, tout aussi extrême et l'immense majorité des hommes continue d'ignorer le secret merveilleux du juste milieu.

À l'opposé, les chamanes sont des fanatiques de la modération.

Hélas, pour notre société actuelle, le mot « modération » fait beaucoup plus penser à une attitude timorée, hésitante, craintive qu'à une position de grande force, qu'il désigne pourtant. Rien n'est en effet plus difficile ni plus exigeant que de se tenir au juste milieu des choses mais rien ne donne plus de pouvoir sur la réalité et rien n'est plus gratifiant en termes de vitalité, de joie et de sérénité ! Avez-vous déjà essayé de tenir sur un fil d'acier et de passer un précipice muni d'un balancier ? Essayez d'en faire l'expérience. Bien que ça ne soit pas aisé, c'est quand même plus abordable qu'il n'y paraît, mais quelle joie, quelle sensation de bien-être profond cela vous apporte. La modération, c'est cela car, en effet, toute circonstance, toute situation de vie présente toujours trois possibilités quant au dosage des énergies que nous devrons y investir pour la traverser avec succès : le « trop », le « trop peu » et le « juste assez ».

C'est toujours la solution la plus efficace si l'on ne cherche pas seulement des résultats à très court terme, si l'on considère la situation d'un point de vue global. C'est le chemin des hommes de pouvoir, c'est aussi, porté à la puissance [12], celui des chamanes qui, en toutes circonstances s'exercent à ce funambulisme dont le but, en ce qui les concerne, n'est pas le règlement de problèmes relationnels quotidiens, même s'il peut être un bon terrain d'exercice, mais le développement intérieur de la troisième position énergétique.

LA PRISON DE L'ÉGO

Le mot « ego » est devenu un lieu commun de la pensée contemporaine depuis plus d'un siècle et les mouvements spirituels de ces dernières décennies en ont fait leur bête noire sans toutefois montrer toujours une claire compréhension de ce qu'il représente précisément.

Dans l'esprit du chamanisme, l'ego est une chose entièrement naturelle, qui vient du fait que nous sommes des êtres spécifiques, conscients de l'être et s'attachant à le rester, ce qui est pratiquement synonyme de survivre sauf que !...

L'ego est l'ensemble de toutes les connaissances, de toutes les opinions, de toutes les sensations, les pensées, les souvenirs que nous avons de l'être spécifique que nous appelons « moi », l'individu, au centre duquel nous sommes présents. Chaque être humain, pour survivre en tant qu'individu, doit réaliser un équilibre fragile entre fermeture et ouverture au monde qui l'environne. L'ouverture est destinée à recevoir de ce monde toutes les énergies et informations nécessaires à cette survie qui est son but essentiel. La fermeture est destinée à le conserver dans son identité, sa spécificité, sans lesquelles il n'est plus un individu.

En s'ouvrant, chaque être humain peut donc à la fois recevoir et donner ces énergies et informations. Quand l'équilibre entre « s'ouvrir » et « se fermer » est réalisé, le sujet se sent en harmonie avec le monde extérieur, il est en situation d'échange et c'est bon pour la vie. Mais si, d'une part il ne s'ouvre pas assez par peur de se perdre, de se fondre, de se diluer dans le monde extérieur, de n'être plus lui-même, il va manquer d'énergie et être faible, il va manquer d'informations et ne plus évoluer et si, d'autre part, il s'ouvre trop, il risque de perdre sa spécificité, son unicité, il va être psychiquement et même physiquement ballotté par la puissance immense de ce monde extérieur, devenir sa chose, voire sa proie (voir le conte de l'huître dans le chapitre III, p. 89).

L'image classique et négative d'un ego excessif est celle d'une personne qui veut bien recevoir énergies et/ou informations mais ne donne pas grand-chose ou rien en échange. L'être vivant est naturellement porté à cette attitude parce que, l'Univers étant prédateur, il ne fait qu'obéir à la loi. Jusqu'à certaines limites il se condamne lui-même aux multiples pathologies psycho-émotionnelles ou physiques de rétention d'énergie car la loi de prédation est équilibrée par la loi de l'échange d'énergies et de la nécessaire fluidité de sa circulation (encore deux opposées-complémentaires de la dualité dynamique).

L'ego se manifeste aussi par une excessive préoccupation mentale et affective de soi qui amène le sujet à offrir la description constante de lui-même en échange de ce qu'il reçoit des autres, soit de façon positive (regardez quel être formidable je suis) soit de façon négative (regardez quelle victime je suis). L'élément le plus renforçateur de l'ego est le dialogue intérieur, le mouvement brownien incessant des pensées qui s'accompagne fréquemment d'une verbalisation excessive, car, on l'a vu plus haut, pensées et paroles ne sont finalement qu'une description permanente de soi. Le chamane ne peut pas se permettre de laisser son ego maîtriser sa vie, tout simplement parce que son objectif principal étant l'expérimentation de tout ce qu'il n'est pas dans sa vie ordinaire, de tous les états de consciences, personnages et points de vue qui l'attendent dans les autres points de son œuf lumineux, et l'ego étant la fixation et la sauvegarde de son identité actuelle, les deux choses sont formellement contradictoires. De plus, par sa vocation fréquente de guérisseur, il se doit d'être un réceptacle très transparent de l'énergie du nagual, c'est-à-dire posséder une perméabilité dans les deux sens : recevoir et donner, tellement large que l'autocontemplation générée par un ego fort ne pourrait que contrarier cet exercice.

La tradition toltèque n'est pas avare d'avertissements répétés à l'intention des apprentis chamanes pour les avertir que l'autocontemplation est ce qui avait séparé l'homme de l'Esprit du Grand Être.

Une métaphore imagée illustre bien cette remarque de Don Juan : c'est celle d'un homme qui flotte dans l'espace sidéral, enfermé dans une sorte de bulle transparente qui représente la conscience de soi de ce personnage.

Malgré cette transparence, l'homme est entièrement captivé par sa propre image, déformée et amusante que lui renvoie la paroi intérieure de la bulle et sur laquelle il focalise la totalité de son attention pendant que les plus grandes beautés, étoiles, comètes, galaxies de toutes les couleurs lui échappent, hors de la bulle, au-delà de la paroi-miroir. C'est l'auto-hypnose égocentrique qui est le grand drame de la conscience humaine ordinaire et le prive de sa nature magique. Aussi les guerriers de l'Esprit font-ils du travail sur la suffisance et l'autocontemplation la première de leur tâche.

« C'est seulement lorsque nous ne sommes plus rien, dans nos pensées, ressentis et désirs, c'est-à-dire quand nous ne pensons ni ne ressentons plus rien à notre propre sujet, que nous devenons Tout » insiste souvent Don Juan auprès de son apprenti parce que c'est dans cet état de conscience que celle-ci est ouverte à son maximum sur notre réalité globale.

SENS, USAGE ET LIMITES DES POUVOIRS

Le mot « pouvoir » fait souvent grincer les dents des débutants dans la voie du chamanisme, aussi me semble-t-il utile de préciser ce que cela veut dire.

Par le travail intensif sur la conscience auquel ils se livrent, les chamanes, nous l'avons vu dans le chapitre VIII, développent des capacités de perception, d'action et de guérison naturelle qui restent incompréhensibles au regard de la logique officielle et que l'on appelle des pouvoirs.

En fait, l'homme ordinaire n'appelle ainsi ces capacités, pour lesquelles il peut éprouver soit de la méfiance, soit de la peur, soit un étonnement admiratif, que parce qu'il croit que le monde « normal » et total se réduit à ce qu'il en perçoit.

Il est évidemment tentant pour certains chamanes d'en abuser, avec d'autres objectifs que de guérir leurs semblables, d'améliorer leurs conditions de vie ou leurs relations à la nature, et effectivement certains d'entre eux le font.

Mais le danger le plus fréquent consiste pour le chamane, en particulier le jeune chamane, à s'enorgueillir de ses prouesses, ce qui est un facteur défavorable à son évolution puisque son ego s'en trouve renforcé.

Il s'agit donc d'un défi supplémentaire pour le guerrier de l'Esprit qui en connaît l'enjeu et c'est ainsi que ces tentations seront considérées par l'homme de connaissance pour qui, aussi bien l'utilisation de ses pouvoirs à des fins de manipulation psychologique ou de gains lucratifs que les plaisirs de l'autocontemplation, ne valent pas l'arrêt de son ouverture à la conscience totale.

Les chamanes ont ainsi observé qu'un principe mystérieux s'applique dès que l'un des leurs utilise trop longtemps les pouvoirs qu'il a acquis sur la voie pour en abuser sans mesure dans le monde quotidien : il les perd. C'est comme une intervention directe de l'Aigle qui veut nous rappeler ainsi qu'en fait le sens de ce pouvoir c'est essentiellement d'être transmis, de voyager comme toute forme d'énergie le fait. Un pouvoir conservé sans être transmis c'est un peu comme une concentration d'énergie immobilisée dans un point d'acupuncture, la maladie et peut-être la mort surviendront tôt ou tard.

CONQUÊTE DE SOI ET CONQUÊTE DU MONDE

Le monde se présente à tout être humain comme le champ de deux types possibles de conquête.

Le premier type est celui de la conquête des biens matériels, des postes de leader, de la notoriété, de la considération sociale ou encore de la conquête guerrière d'un territoire. Celui qui choisit de s'adonner exclusivement à ces types de conquête le fera en s'appuyant sur la faiblesse, l'ignorance et la peur de ses semblables pour se hisser à leur tête. **C'est le monde de la conquête extérieure.**

Le second type de conquête est celui de la conscience, le champ d'action du guerrier de l'Esprit qui se servira de sa propre faiblesse, de sa propre ignorance et de ses propres peurs comme d'un levier pour se hisser dans les espaces inconnus de la perception du monde. **C'est l'espace de la conquête intérieure.**

Celui qui s'adonne exclusivement à celle-ci a toutes les chances de devenir un ermite. Cependant remarquons que cette alternative des deux conquêtes illustre, une fois de plus, le principe de la dualité dynamique.

En tant qu'être social et bien que prenant ses distances avec la socialité, le guerrier de l'Esprit a besoin, comme tout être humain, de s'affirmer pour survivre, d'occuper un territoire, de jouer un rôle.

En privilégiant sa conquête intérieure, il sera naturellement avantagé pour s'affirmer dans le monde extérieur tout en respectant la vie autour de lui et la liberté des autres.

LA SOBRIÉTÉ DU CHAMANE ET SA RELATION À LA NATURE

Il s'agit d'un autre aspect de l'éthique des chamanes. Totalement convaincus qu'il y a de la conscience dans les êtres des quatre règnes, que toute chose a donc une âme, ils ont évidemment un rapport à la nature très différent de celui qu'a l'homme ordinaire avec celle-ci. La « modernité » risque d'ailleurs d'être le mot qui conclura l'épitaphe collective de l'homme « moderne ». « Il est mort pour la modernité » dira de lui d'un air étonné un extraterrestre débarqué sur une Terre entièrement déserte. « Et que disait la modernité ? » demandera son compagnon. « Qu'elle allait faciliter la vie » répliquera le premier en reposant sur la tombe de l'homme moderne le livre de Descartes, celui là même qui nous fit don d'un bien sinistre héritage philosophique en écrivant :

> **« Connaissant la force et les actions du feu, de l'eau, de l'air, des astres, des cieux et de tous les autres corps qui les environnent, nous les pourrions employer en même façon à tous les usages auxquels ils sont propres et ainsi nous rendre comme maîtres et possesseurs de la nature. »**

Terrible orgueil anthropocentriste qui donne à l'homme l'illusion et la prétention d'être le centre et le roi de l'Univers et qui prépara incontestablement le déferlement aveugle de biophobie auquel nous assistons actuellement dans le monde entier.

On est très loin de la sagesse et de l'intelligence globale des gardiens de la terre dont la culture partout sur la planète allait faire les frais de ce délire collectif, et qui s'exprima par cette phrase si simple et si avancée sur son temps, voilà plus d'un siècle :

« La nature n'appartient pas à l'homme,
c'est l'homme qui appartient à la nature… »

à laquelle répond comme un écho et un appel de détresse celle d'un grand guerrier de l'écologie :

« Le monde n'est pas une marchandise. »

Honneur à lui et aux hommes courageux qui le soutiennent !

Le rapport du guerrier de l'Esprit à la nature est le rapport d'un être vivant à la vie, c'est un rapport pragmatique autant que spirituel, dans lequel il entre non seulement de la prévoyance mais ce type d'attention très spécifique des chamanes grâce à laquelle ils échangent de l'énergie avec elle et peuvent même se guérir de maladies.

Si l'homme actuel demeure sceptique à ce sujet, c'est parce que son niveau d'attention est très faible, il ne sait plus se connecter avec la vie, il lui tourne le dos, il se déplace trop vite, il est trop enfermé dans sa tête, il n'a d'yeux et d'oreilles que pour les machines ou pour les « pièges à capter son attention pour capter son argent » que sont les milliers de systèmes médiatiques mis en place par le système techno-économiste pour vampiriser sa conscience et dévorer sa vie.

Dans la nature, grâce à son attention, non seulement le guerrier reçoit de l'énergie et peut se guérir mais il reçoit des messages, des connaissances instantanées sans ouvrir un seul livre ni émettre une seule question.

Dans la nature, le spectacle paisible et éternel de la vie et de la mort qui s'entrelacent partout avec une telle force esthétique apaise toutes nos peurs : nous sentons la permanence de l'âme des êtres à travers cet éternel recommencement et nous arrivons même à ressentir leur intériorité psychique, nous recevons secrets et pulsions de joie.

« Toutes les pierres sont vivantes et détiennent des pouvoirs secrets. Certaines peuvent pénétrer l'ombre des pensées, l'améthyste par exemple pénétrera dans la partie droite du cerveau alors que le cristal transparent ira du côté gauche... »

Archie Fire Lame Deer
Homme médecine Lakota

La sobriété du guerrier de l'Esprit

Ce contact en somme égalitaire avec les quatre règnes amène évidemment le chamane à pratiquer la sobriété en tous domaines ; il est un funambule de l'esprit mais il l'est aussi dans les domaines les plus prosaïques. Ce n'est pas par morale ou par goût de la macération et de l'austérité qu'il est sobre mais parce que cela lui apporte beaucoup d'énergie sans pour cela le priver de plaisirs, bien au contraire, la sobriété étant ce qui donne la plus grande intensité sensorielle à la satisfaction de nos besoins physiques et la sobriété mentale et émotionnelle étant ce qui donne à nos pensées toute leur puissance créative et à nos ressentis toute leur délicatesse.

Bien sûr, cette sobriété permet de ne pas dilapider stupidement toutes les ressources naturelles que nous offre la Terre et lui montrer ainsi notre respect.

Les Ashuars, tribu amazonienne de la nation des Jivaros, considèrent la sobriété alimentaire comme le signe d'une humanité évoluée et ont un grand respect pour ceux qui la pratiquent. Ils seraient certainement écœurés, eux qui vivent pourtant encore quasiment à l'âge de pierre, s'ils assistaient aux abus alimentaires auxquels se livre la majorité de nos contemporains.

LA SEXUALITÉ DANS LE CHAMANISME

Il est logique que, l'immortalité de la conscience individuelle étant, du point de vue chamanique, accessible à l'homme quand il le décide et quand il y est prêt, les chamanes aient une conception spécifique de la sexualité.

Celle-ci est en effet la fonction par laquelle l'individu transcende sa mort personnelle par la continuité de son espèce. Si elle est, en général, synonyme de plaisir, c'est parce que l'Univers du vivant s'assure ainsi de cette continuité. L'homme ordinaire est en quelque sorte, par la vie sexuelle, compensé de son inévitable fugitivité.

Dans la polarisation des deux sexes, l'attirance magnétique que chacun exerce sur l'autre entraîne la fusion charnelle et le renouvellement permanent de la vie.

L'immortalité rendant logiquement la sexualité inutile et celle-ci représentant une importante perte d'énergie, le chamane qui ambitionne de trouver le passage de son vivant, va donc en faire l'économie pour la consacrer à cette tâche.

Mais cette ascèse sexuelle calculée n'est pas toujours mise en place dès les débuts du cheminement chamanique. Aussi rencontre-t-on des chamanes ayant femme et enfants.

Il existe d'ailleurs une alternative qui est pratiquée à une étape moins avancée du travail chamanique et qui consiste à utiliser la fusion sexuelle pour progresser dans le travail d'élargissement de la conscience. On parle alors d'amour sacré, mais bien sûr celui-ci se pratique dans un cadre exigeant où l'élévation des sentiments, la pureté de l'Intention et la fusion totale des deux partenaires jouent un rôle essentiel.

Dans ce cadre, le partenaire masculin est invité à pratiquer la rétention de l'éjaculation qui demande une grande discipline et n'est pas incompatible avec l'extase des deux partenaires.

Dans la vie ordinaire, les chamanes conseillent aussi aux personnes qui, sans nécessairement se vouer au chamanisme de façon exclusive et vocationnelle, désirent seulement vivre « le plus chamaniquement possible », de pratiquer leur sexualité avec beaucoup d'exigence qualitative, afin que le plaisir qu'ils en retirent les élève spirituellement ce qui, concrètement, veut dire de ne pas se précipiter dans l'acte sexuel en étant uniquement poussés par l'émotionnel et l'attirance physique mais d'inclure la fusion affective et intellectuelle dans les conditions de son accomplissement.

Bien loin d'être assimilé à de la morale et sans rapport avec des attitudes inhibitrices, cette exigence qualitative entraîne une intensité dans le plaisir partagé que les accouplements banalisés ne peuvent produire.

LE RAPPORT FEMME/HOMME

L'homme et la femme sont l'incarnation du principe cosmique de l'énergie et de la dualité dynamique : le pôle – n'existe que par le pôle + et vice-versa. L'idée d'inégalité entre les deux sexes est donc une aberration aux yeux des chamanes. Par contre, il est tout aussi aberrant à leurs yeux de les considérer comme identiques, semblables, interchangeables. Un mouvement idéologique du début du XXe siècle a fini par établir une confusion dramatique pour notre société entre « inégalité » et « différence ». Un crayon et un jambon sont différents mais nous viendrait-il à l'esprit de penser pour cela que cette différence entraîne avec elle une inégalité ? C'est absurde ! Et cependant cette absurdité est reprise en cœur, depuis plus d'un demi-siècle par des millions de personnes dont le cerveau semble bien entièrement téléguidé par la pensée socialitaire, avec les conséquences dramatiques que l'on connaît, notamment la destruction de centaines de milliers de couples et l'augmentation exponentielle des psychopathologies.

Parmi celles-ci, la plus marquante est certainement l'homosexuallité que la société « moderne » tente actuellement de normaliser quitte à faire passer les hétérosexuels pour des malades inhibés.

Dans la vision chamanique du monde, l'homosexualité est considérée comme une pathologie psycho-énergétique : un mental, totalement coupé du corps, se dépolarise et entraîne celui-ci à s'accoupler avec un autre corps de même polarité. Loin d'être critiqués, les homosexuels doivent être aidés pour se soigner.

L'ambivalence psycho-énergétique des homosexuels peut d'ailleurs présenter un avantage pour devenir chamane. On sait en effet que le chamane cultive, non pas sexuellement mais au niveau de son psychisme et de sa sensiblité, la capacité de percevoir le monde à travers les deux attentions, féminine et masculine.

Les sociétés amérindiennes, de spiritualité chamanique, avaient une fonction sociale et spirituelle, le clown sacré, appelé par les blancs « bardache », heyoka chez les sioux lakota, dont le rôle était de réveiller constamment la conscience de la tribu du sommeil hypnotique du conformisme, de son anneau de pouvoir collectif en somme. À cet effet, ils vivaient en permanence dans le « non-faire » (nous aborderons quelques exercices de non-faire dans la partie pratique du livre) c'est-à-dire en faisant tout à l'inverse du mode d'action logique et traditionnel des autres membres de la tribu. Ils s'habillaient notamment souvent en femme et vivaient avec un homme mais malgré ce que certains observateurs ont voulu faire croire, ils n'étaient pas homosexuels, sauf peut-être pour certains d'entre eux par dérive personnelle, tout d'abord parce qu'en temps que chamanes, et parmi les plus puissants, ils avaient besoin de beaucoup d'impeccabilité énergétique pour atteindre de hauts niveaux dans leurs pouvoirs et, en second lieu, parce l'homosexualité était considérée comme une aberration répugnante de la nature.

On peut imaginer que l'homosexualité est une mauvaise utilisation d'une très bonne inclination à la conscience élargie et à la bi-sensibilité, tout à fait favorable au chemin du chamane, mais qui ne nécessite absolument pas de s'appliquer au domaine sexuel proprement dit et pour devenir épanouissant.

Pour conclure ce paragraphe, il me semble important de bien souligner qu'éthique et hédonisme ne sont pas incompatibles et qu'en tout cas les chamanes les associent avec d'autant plus d'aisance qu'ils sont des maîtres du paradoxe. Ils cultivent le plaisir dans l'élégance, la joie dans la sobriété (ce que nous appelons « jubiler »). C'est même pour eux un élément essentiel du travail sur soi ainsi que me le précisait un de mes maîtres, un chamane chinois, dans les termes suivants :

> « Tu ne commenceras à récolter les fruits d'une nouvelle mémoire dans ton quotidien, que lorsque tu y auras trouvé du plaisir. »

Pour Don Juan, la joie persistante est véritablement le signe de l'accomplissement du guerrier.

NON, LA PAIX DANS LE MONDE N'EST PAS UNE UTOPIE !

Il peut paraître étrange qu'une voie spirituelle fondée sur l'acceptation intégrale de la dualité dynamique, donc du principe antagoniste/complémentaire et de la prédation parle de paix dans le monde et prétende même posséder un moyen réaliste pour y parvenir !

S'en étonner serait ignorer deux choses :

– que le chamanisme repose aussi sur un principe d'amour même si la définition qu'il en a et les façons qu'il a de l'exprimer diffèrent sensiblement de celles de notre société actuelle ;

– que le chamanisme est fondamentalement paradoxal… comme la vie !

Non, rien d'étonnant à cela : si le guerrier de l'Esprit a les moyens de faire la paix en lui-même et d'en retirer de substantiels bénéfices, comment ne trouverait-il pas un moyen de l'appliquer collectivement ? Si chaque homme sur Terre parvient de la même façon à être réellement en paix au-dedans de lui tout en restant fort et inébranlable au-dehors, les guerres collectives s'arrêtent demain !

Rappelons d'abord le principe universel de la dualité dynamique : tout comme le bien n'existe que parce qu'existe le mal, la vie n'existe que parce qu'existe la mort, la paix n'existe que parce qu'existe la guerre. Toute chose est le fruit d'une rencontre entre deux entités à la fois antagonistes et complémentaires, deux polarités opposées ou pour reprendre cette belle image de la mythologie celtique :

« C'est en se heurtant à l'aile du moulin que le vent transforme le grain en farine. »

Autrement dit : le précieux aliment est le fruit d'une confrontation radicale entre une force gigantesque et indomptable et un obstacle que le meunier astucieux a mis en travers de son chemin pour finalement positiver cet antagonisme.

La socialité ayant, depuis de nombreux millénaires agglutiné les êtres humains en groupes de plus en plus nombreux, a engendré par la guerre de grandioses civilisations et aussi de fantastiques découvertes qui sans les guerres, les conquêtes et les invasions, n'auraient sans doute pas vu le jour. Pour cela, elle a toujours utilisé la dualité dynamique inscrite au cœur de l'homme, la pulsion incontournable de l'antagonisme à laquelle elle offrait la parure flatteuse du patriotisme ou l'étendard glorieux de la religiosité partagée et a disposé de cette énergie fabuleuse pour emmener à la mort programmée des milliards d'individus, chacun d'eux ignorant que cette même énergie ainsi absorbée horizontalement possédait un prodigieux pouvoir vertical.

Que proposent donc les chamanes comme solution réaliste pour mettre en place une paix entre les hommes, devenue maintenant assez nécessaire compte tenu des moyens ouvertement biophobiques et géodestructifs que l'espèce humaine a mis au service de la guerre ? (Ainsi d'ailleurs qu'au service de la paix quand on voit le nombre de personnes qui meurent ou deviennent progressivement stériles rien qu'en respirant, en mangeant ou en utilisant d'innombrables et apparemment inoffensifs gadgets.)

Ils proposent un moyen non pacifiste car, disent-ils, les pacifistes sont de doux rêveurs qui planent là-haut à de très grandes distances des réalités : ils proposent de faire la paix par la guerre, **la guerre au-dedans !**

Les pacifistes nient délibérément ou ne veulent pas reconnaître la dimension naturellement antagoniste de l'Univers !

On ne peut pas nier la pulsion antagoniste du monde parce que c'est elle aussi qui donne la vie, **on ne peut que la détourner, la canaliser, l'intérioriser, ce qui permet de la respecter tout en la rendant positive et féconde, par le travail sur soi.**

Quand le principe antagoniste est tourné au-dedans mais sans mépris ni haine, avec respect, parce qu'on a compris la nature de l'Aigle, on est totalement dans l'harmonie avec la création permanente dans laquelle il est intégralement lui-même impliqué. Le guerrier de l'Esprit n'a plus envie ni besoin de s'engager dans une guerre extérieure quelconque car il a bien trop à faire dans son combat au-dedans contre ses points faibles, son laisser-aller, son inertie et sa suffisance !

Cela ne veut pas dire qu'il ne va pas s'affirmer et agir selon ses convictions et donc rencontrer des opposants, mais, par son cheminement au-dedans, il va trouver des centaines de solutions, de façons de faire, de répondre et d'esquiver les coups, le sang-froid et la maîtrise de soi grâce auxquels il pourra toujours transformer l'opposition de ses interlocuteurs en complémentarité, ou la faire s'anéantir elle-même : les arts martiaux internes orientaux tels que l'aïkido ou le taïchichuan sont d'excellentes applications physiques de ce comportement du guerrier de l'Esprit qui prend d'abord appui au-dedans pour devenir un « ballet guerrier » s'achevant toujours dans l'élégance du geste et du sentiment, ainsi que dans le respect des autres.

Compte tenu des circonstances technologiques, la paix entre les hommes et entre les nations, par l'instauration généralisée du travail sur soi, apparaît non seulement comme vivement souhaitable mais comme une urgente nécessité, pour changer totalement les conceptions socialitaires et métaphysiques de l'humanité.

Cette paix est réalisable s'ils savent, sans la nier, maîtriser la pulsion de guerre et la positiver en verticalisant la direction de leur attention par ce travail intérieur.

LE BIEN ET LE MAL, EX-PLICATION ET IM-PLICATION DANS LA DUALITÉ DYNAMIQUE

Au premier abord, parce qu'il est fondé métaphysiquement sur l'équivalence des polarités négatives et positives du monde, le principe de la dualité dynamique pourrait faire penser qu'il justifie la souffrance, l'injustice, la violence, la cœrcition, le crime, etc. Et de façon plus générale toutes les valeurs négatives de la vie quotidienne.

Il n'en est rien.

La dualité dynamique n'est pas elle-même un système de valeur mais, au-delà de la justification, elle est un mécanisme fondamental de l'univers qui touche tous les phénomènes concrets ou abstraits sans exception.

Regardons le symbole du serpent sacré du chapitre IV qui représente ce mécanisme. On constate que, partant de la tête du serpent pour le parcourir dans sa totalité, le sens est d'abord dextrogyre (ce que nous avons codé « positif ») puis, arrivé au centre du 8, il s'inverse et devient lévogyre (ce que nous avons codé « négatif ») pour, finalement, par un second passage au centre et jusqu'au retour dans la gueule du serpent, redevenir dextrogyre, ce qui signifie que, bien que le pôle négatif des choses soit partie intégrante de tout ce qui existe, c'est la polarité positive qui par les deux processus de transmutation au centre du 8 et d'autoprédation (conservation de l'énergie) dans la gueule du serpent, gagne finalement le grand combat cosmique.

Exprimé au niveau ontologique c'est aussi le règne absolu de l'Êtreté et l'inexistence du néant ou son illusion.

C'est donc par un combat contre les valeurs négatives que peuvent exister les valeurs positives : le monde n'existe pas statiquement, il existe par cette dynamique.

En clair ***le mal est nécessaire parce que le bien consiste uniquement à le vaincre, il n'y a donc pas***

d'existence a priori et définitive du bien, il n'y a pas d'existence du bien sans le mal.

La dualité dynamique nécessite donc de notre part d'être capable d'avoir deux attitudes : le regard **expliquant** et le regard **impliquant**.

Avec le regard ex-pliquant (ex = dehors) vous êtes un sujet extérieur aux choses pour mieux les observer, pour comprendre puis accepter l'équivalence nécessaire à la dynamique du monde des deux types de valeurs.

Avec le regard im-pliquant (im = dedans) vous entrez dans la dynamique des réalités, vous vous y engagez pour faire triompher les valeurs que vous estimez positives mais comme vous êtes aussi capable du regard expliquant, vous le faites sans haine ni mépris, avec sérénité et cela vous apporte une plus grande maîtrise de cette situation paradoxale ce qui fait de vous un guerrier de l'Esprit.

L'ATTITUDE PARADOXALE DU GUERRIER DE L'ESPRIT : DÉSIRER SANS DÉSIRER

N'attend pas tes pouvoirs chamaniques... laisse-les venir à toi tout en y travaillant car dans le mot « attendre » il y a « tendre » et le nagual fuit la tension autant que l'avidité...
En désirant avec avidité ta volonté est dans le futur... Or pour émerger en toi le nagual a besoin qu'elle soit tout entière dans l'instant présent... C'est là que tu le rencontreras...

CHAPITRE XII

Les pouvoirs des chamanes

Pour que la magie puisse s'emparer de nous, il faut chasser les doutes de notre esprit. Une fois que les doutes ont disparu, tout devient possible.

Don Juan

QU'EST-CE QU'UN POUVOIR ?

Avant d'entrer dans ce sujet proprement dit, il convient de clarifier à la fois ce que nous entendons en général par le mot « pouvoir » et le sens particulier qu'il prend dans le cadre du chamanisme.

Le mot « pouvoir » signifie d'abord le fait d'avoir à sa disposition tous les moyens nécessaires pour accomplir un acte donné. Dans le sens social du mot, il définit une certaine puissance que possède une personne pour agir, le plus souvent au sein d'une structure collective : la société quand cet acte est de nature politique, une entreprise quand il est de nature socioprofessionnelle, le milieu financier quand il est de nature économique, etc.

Le pouvoir, au sens chamanique du mot est tout autre chose.

Il décrit la capacité pour un individu à créer la réalité qu'il désire réellement, par une certaine maîtrise de sa conscience et de son énergie, pour réaliser des actes habituellement considérés comme irréalisables par un être humain ordinaire.

La clé des pouvoirs chamaniques est l'exercice d'un type particulier de volonté appelé **l'Intention** et celui d'une façon inhabituelle d'utiliser sa conscience, notamment son attention, qui découle d'une relation très particulière que cet individu entretient avec le Pouvoir suprême à laquelle il consacre sa vie entière et que nous avons décrit dans le premier chapitre sous le nom de « Second Anneau de Pouvoir ».

Par une attitude particulière de réceptivité totale, le guerrier de l'Esprit accepte ce « Vouloir » de l'Aigle, il se coule dans ce flux d'énergie consciente et par le développement de sa volonté, il en infléchit peu à peu la courbe, il en modifie subtilement la force contraignante puis il y infuse en retour, de façon circulaire, ses propres commandements qui fusionnent finalement avec les commandements de l'Aigle, devenant ainsi peu à peu un canal et un élément intime du Pouvoir suprême. Le paradoxe s'est tout doucement métamorphosé en un second anneau de pouvoir, non contradictoire avec le premier mais l'englobant.

LES POUVOIRS CHAMANIQUES

Le pouvoir est donc un processus circulaire. On dit d'un chamane très expérimenté qu'il a beaucoup de pouvoir et ce pouvoir ne semble pas avoir de limites. Pourquoi en aurait-il ? L'Univers est infini donc illimité, en création permanente ! Nous ne sommes et ne pouvons être en dehors de cette création… Le pouvoir commence quand nous comprenons que non seulement nous en sommes des participants à plein temps mais que nous sommes tout à la fois les yeux, les mains, le cœur et la pensée de celui qui le crée en permanence et que nous avons en plus la chance d'en être les spectateurs privilégiés !

Il est courant qu'en Sibérie ou en Amazonie, des chamanes se jalousent ou se craignent l'un l'autre à cause de rivalités de pouvoir. Certains, qui en ont abusé (mais sont-ce de véritables hommes de connaissance ou des chamanes-placebo, les plus nombreux ?) se font parfois assassiner, soit par d'ex-clients ligués contre eux, soit à la suite d'un complot organisé par un chamane rival.

Le chamane qui a beaucoup de pouvoir est un chamane qui a une forte Intention et qui, connecté avec le Vouloir de l'Aigle, a transformé et transformera toute sa vie les commandements de l'Aigle en ses propres commandements.

Cependant, même si nous avons bien fait la distinction entre le pouvoir au sens habituel et social du mot et le pouvoir chamanique, ce mot conserve quelque chose d'équivoque et il me paraît intéressant de bien clarifier ceci : les capacités hors du commun des chamanes dont nous allons parler ci-après ne sont des pouvoirs que si on les observe avec l'état d'esprit rationaliste et à travers les normes de la philosophie officielle de notre société actuelle.

Même sans s'engager dans le chamanisme ni dans aucune pratique chamanique, toute personne ouverte, curieuse d'esprit et non dogmatiquement attachée aux grilles ontologiques de notre culture matérialiste, pourra, après la lecture de ces quelques chapitres, envisager intellectuellement ces pouvoirs soi-disant mystérieux, comme l'aboutissement logique d'une tout autre vision du monde et d'une utilisation très différente de la conscience et du corps.

Si, comparativement à un chamane, l'homme moderne n'a aucun pouvoir, c'est tout simplement parce qu'il n'a aucune connaissance de lui-même !

Un éclaireur mexicain me raconta un jour la métaphore suivante pour illustrer cette affirmation :

« L'homme ordinaire est un peu comme un chauffeur de poids-lourds qui aurait eu pour mission de transporter le contenu d'un camion énorme et poussif jusqu'à une destination très lointaine, sans savoir que dans celui-ci se trouve une jaguar luxueuse et toute neuve. Il va faire un très long et très pénible voyage et au bout du compte, livrera cette voiture, rapide et confortable, sans en avoir eu la moindre connaissance, la moindre expérience, ni la moindre jouissance parce qu'il n'aura ni imaginé son existence à l'intérieur du camion ni osé penser qu'il pouvait au moins la voir et, qui sait, l'essayer. »

C'est un peu ce qui arrive à l'homme ordinaire lorsqu'en fin de vie, il remet sa conscience à l'Aigle qui se l'approprie, sans même avoir le moins du monde profité de ce bijou magique par un regard à l'intérieur de lui-même.

Les pouvoirs chamaniques sont les capacités naturelles d'un guerrier de l'Esprit qui a travaillé à l'ouverture de sa conscience bien au-delà des normes habituelles.

QUELS SONT LES POUVOIRS CHAMANIQUES ?

Il existe un pouvoir qui appartient à tous les êtres dotés de conscience sans exception et qui présente une particularité : très peu d'individus sont conscients de le posséder et c'est cette petite différence entre ceux qui l'ignorent et ceux qui le découvrent qui va déclencher le développement de tous les autres pouvoirs.

L'apprenti chamane commence son chemin au moment précis où il réalise que sa conscience fonctionne selon un processus circulaire grâce auquel il crée sa réalité.

Le seul fait de découvrir et de comprendre que c'est par ce processus, appelé premier anneau de pouvoir, que nous connaissons les choses et qu'en même temps nous les créons telles que nous les connaissons, même si nous réalisons simultanément que nous ne contrôlons pas ce processus, représente la plus grande découverte que puisse faire un être humain sur cette Terre. Une fois que cette prise de conscience est faite, cette personne va irrésistiblement être portée par le désir de faire de ce pouvoir involontaire un pouvoir délibéré. On peut même dire que c'est uniquement la levée de ce voile d'inconscience qui sépare l'homme ordinaire du chamane et que c'est elle qui va transformer une vie imprégnée d'un sentiment plus ou moins persistant d'impuissance et d'absurdité en une existence magique.

Les deux pouvoirs fondamentaux qui suivent la révélation de l'anneau de pouvoir sont celui de « Voir » et celui de développer son Double.

LE POUVOIR DE VOIR

Voir, que nous écrirons avec un V pour le distinguer de l'acte ordinaire de voir avec ses yeux, consiste dans la capacité de percevoir le corps lumineux ou l'énergie radiante des êtres vivants, de la Terre et des objets. Ce n'est pas un « voir » visuel mais corporel.

Tout le corps du chamane est impliqué dans l'acte de Voir. C'est son corps lumineux qui en fait est directement connecté avec la *lumière-conscience-énergie* des êtres qui l'environnent.

Cette capacité est à l'origine de la désignation vulgarisée et abusive de « voyant » et de « voyance » mais les personnes qui se présentent actuellement comme des voyants n'ont, dans leur immense majorité, pas grand-chose à voir avec cette capacité.

Voir implique que le guerrier de l'Esprit a été capable de faire taire sa conscience cérébrale suffisamment longtemps et de descendre dans la conscience de son corps physique puis dans celle de son corps lumineux suffisamment profondément pour éveiller son centre de connaissance silencieuse abdominal, afin de « voir » toutes choses non par réflexion lumineuse mais par l'énergie radiante directement émise par leur propre corps lumineux.

Ce « Voir » équivaut à une connaissance immédiate de ce qu'est, de ce que fait, de ce que veut cette chose, cet être perçu, dans sa nature absolue et non filtrée (par la connaissance mentale).

« Voir » est aussi, pour le chamane guérisseur, le premier pas et l'outil essentiel pour intervenir dans le corps lumineux des personnes.

« Voir », c'est percevoir la conscience/énergie/lumière des êtres vivants ou encore les traces de celle-ci laissées dans des objets, des lieux ou même des êtres vivants après un contact émotionnel prolongé avec d'autres créatures, ce qui permet au voyant une connaissance immédiate de choses abstraites comme des pensées ou des sentiments qui évoluent ou stagnent dans le corps lumineux d'une personne, pour aider celle-ci.

En fait, tous les êtres vivants Voient pendant qu'ils voient mais leur conscience est double et quelque chose en eux décide d'oublier le « Voir » énergétique des choses pour ne se souvenir que de la vision ordinaire et matérielle, car le tonal est le maître du premier anneau de pouvoir et il choisit de conserver la conscience de l'individu dans cette perception-là du monde pendant que le nagual continue inlassablement d'attirer notre attention sur le monde de l'énergie.

Le tonal, c'est la vision par lumière réfléchie, sauf pour ce qui est en feu : le soleil, des objets en combustion, la flamme d'une bougie, etc. C'est pourquoi ces choses-là ont un pouvoir d'éveil particulier. Ainsi habitués depuis des centaines de millions d'années à « voir » par lumière réfléchie, les yeux des êtres vivants et des humains actuels sont en quelque sorte des imitateurs imparfaits de notre centre abdominal, si étonnant que cela paraisse !

Pour beaucoup de voyants, Voir est accompagné d'une voix intérieure qui « commente », décrit et éclaire ce qui est Vu par eux. Il arrive même qu'en sortant de sa transe le voyant déclare que cette voix parlait une langue étrangère et inconnue qu'il comprenait bien qu'il ne la connût pas.

Cette faculté, si étrange soit-elle, s'explique par le fait que le sens de la vue et le sens de l'ouïe, la lumière et le son, correspondent aux deux types de perception que l'être humain a portés ces dernières centaines de milliers d'années au plus haut degré de raffinement et d'évolution et qu'il s'est ainsi créé dans quelque recoin de sa conscience un phénomène de résonance harmonique entre conscience visuelle et conscience auditive.

Ce que le voyant Voit, ne l'oublions pas, c'est le flux de l'énergie vivante et consciente qui constitue l'être absolu de ce qu'il Voit. Ce Voir est donc une compréhension totale du phénomène ainsi perçu en même temps qu'une sensation très nette, comme le raconte Carlos, de percevoir l'énergie fondamentale de l'univers elle-même !

Bien sûr pour Voir ainsi, l'apprenti doit remettre en question de fond en comble la façon dont il utilise son attention et c'est ce que nous envisagerons dans la partie pratique de l'ouvrage.

LE DOUBLE

Le « **Double** » consiste dans le fait de détacher le corps lumineux et conscient du corps physique pour se déplacer loin de celui-ci et agir ainsi dans le monde fluide de l'énergie.

Le chamane qui est dans son double Voit donc nécessairement. Nous avons déjà parlé du Double et nous dirons que bien que Voir et le Double soient les deux pouvoirs basiques du chamane procédant d'une même conscience acquise par celui-ci d'être un être de lumière et d'énergie doté d'un corps matériel, Voir se réfèrerait plutôt à l'acte de « connaître » et le Double plutôt à celui d'agir.

C'est en se dédoublant que le chamane peut voyager dans le temps qui est en réalité un espace-temps simultanéïste puisque les événements passés y sont encore et que les événements futurs y sont déjà. Cette possibilité est en filigrane dans la vision qu'Einstein nous a proposée de son espace-temps : chaque endroit de l'espace ayant son propre temps, la théorie de l'espace linéaire qui voudrait qu'un événement vécu à un endroit par un objet ne peut plus exister quand cet objet se trouve plus loin en train d'en vivre un autre ne semble plus être de mise dans le cadre actuel de la physique officielle.

Il est évident que le corps lumineux libéré du corps physique se déplace et agit selon des lois très différentes de celles qui régissent les déplacements et modalités d'action des corps physiques, même des plus audacieuses parmi celles que la science actuelle est en train de découvrir pour la matière et qui font d'ailleurs de plus en plus clairement allusion à des possibilités de retour en arrière dans le temps.

En conclusion, à partir de la prise de conscience du premier anneau de pouvoir qui devient le premier acte magique de l'apprenti chamane, le développement des capacités de « Voir » et du Double sera la base de tous les autres pouvoirs.

LES POUVOIRS CHAMANIQUES LES PLUS COURANTS

La télépathie

Le premier et le plus courant des pouvoirs dérivés est la télépathie qui consiste à entendre les pensées d'une personne sans qu'elle les exprime verbalement.

Rares sont les personnes qui n'en ont pas vécu l'expérience au moins une fois dans leur vie. Bien sûr, dans ces conditions purement occasionnelles, on peut invoquer le hasard et c'est pourquoi, dans ce cas, on ne parle pas de pouvoir mais d'intuition. La télépathie devient un pouvoir si elle est fréquente. Une personne a, par exemple, travaillé la sensibilité de son corps lumineux, son silence intérieur et se trouve ainsi perméable aux champs subtils d'énergie psychique qui vibrent en permanence dans notre environnement. Son contact à la terre est intime, elle est bien enracinée. Grâce à un travail régulier soutenu par une Intention croissante, elle « sentira », « entendra » les pensées de telle ou telle personne proche d'elle soit affectivement soit physiquement et pourra même lui répondre télépathiquement.

La nyctalopie

Capacité de voir clair la nuit, elle est la conséquence directe de Voir. Le nyctalope voit la nuit parce que tous les êtres vivants, humains, animaux et végétaux ainsi que les objets émettent une énergie lumineuse qu'il perçoit directement, même s'il a les yeux fermés puisque ce n'est pas par ses yeux qu'il voit mais par tout son corps (course de pouvoir des chamanes en pleine nuit dans des lieux chaotiques).

La pré- ou post-cognition

Capacité de connaître des événements précis avant qu'ils ne surviennent ou très longtemps après qu'ils aient eu lieu, à des époques antérieures à l'existence du sujet, c'est un phénomène de voyance. Le chamane se promène en réalité dans le temps simultanéïste et assiste (voire participe) aux scènes qu'il rapportera ensuite.

On peut dire que cette expérience est très proche du Rêve et d'ailleurs les phénomènes de précognition sont fréquemment relatés à la sortie du sommeil.

La téléportation (ou photoportation)

C'est la capacité de se trouver transporté instantanément à de grandes distances.

Deux possibilités existent pour le chamane.

Au premier degré, c'est le Double de celui-ci qui se transporte instantanément à n'importe quelle distance. Plusieurs personnes voient ce chamane dans deux endroits très éloignés l'un de l'autre au même moment et on parle donc **d'ubiquité**.

À un degré plus élevé de pouvoir, le chamane de très haut niveau se transporte instantanément à une très grande distance mais avec son corps physique et dans ce cas il n'est que dans un seul endroit à la fois. Étant donnée l'explication que je proposerai du saut dans la tierce attention dans le chapitre suivant, je parlerais plutôt alors de photoportation, c'est-à-dire de transfert spatial de la matière du corps par l'application de l'Intention à la lumière du corps lumineux (d'où le radical « photo » de photon), mais la télé et la photoportation sont évidemment une application directe du paradigme fondamental du chamanisme : le monde de la matière et la totalité de notre environnement sont une projection-création de la conscience, ils n'existent pas indépendamment de celle-ci. Seul existe réellement le Vouloir des choses ou leur Intention si nous nous plaçons du point de vue de la conscience d'un guerrier dont les commandements fusionnent avec ceux de l'Aigle.

Les déplacements agravitationnels

Capacité de déplacer son propre corps en violation totale de la loi de gravitation, on lui donne aussi le nom de lévitation. Citons l'image d'Épinal de la sorcière qui s'envole sur son balai derrière laquelle se cache en fait une prouesse tout à fait réelle pour un chamane, ou encore les multiples facéties au cours desquelles Don Genaro plane à plat ventre à vingt centimètres du sol pour tenter de faire entrer Carlos dans l'attention seconde ou encore lorsqu'il bondit soudainement à trente mètres de hauteur pour se percher au sommet d'un arbre, debout sur le tronc, parallèle au sol. Là encore le benefactor de Carlos est peut-être dans son Double, auquel cas c'est vraiment pour lui un jeu d'enfant, ou bien c'est une prouesse bien rôdée de photoportation.

Le multitransmorphisme

C'est la capacité de changer de forme, d'espèce vivante, d'apparence ou d'âge apparents. Le chamane peut prendre des formes physiques très variables, augmenter de volume, rapetisser, se désarticuler les membres sans dommage, avoir l'air très vieux ou très jeune en quelques minutes. Mais, chose plus étonnante encore, il peut se transformer en animal ou en arbre, prouesse d'un niveau plus élevé.

Toutes ces capacités ne lui viennent pas du jour au lendemain, tout un travail de préparation, ardu, répétitif et prolongé, est toujours nécessaire. Il devra d'abord longuement observer les animaux, puis apprendre à se déplacer comme eux, à les mimer en s'identifiant intérieurement à leur mental et leur émotionnel, à leurs motivations, il errera la nuit dans les bois en imitant leurs cris, voire en mangeant ce qu'ils mangent. Puis il entrera en état d'attention seconde, répètera intérieurement leurs déplacements, leurs attitudes et gestes, imprégné d'une Intention implacable d'être l'animal qu'il veut devenir, puis il apprendra à déplacer son point d'assemblage à l'endroit de son corps lumineux correspondant à ce dernier et à cet instant précis, sortira dans son double sous la forme désirée, tout cela s'apprenant au cours de multiples séances d'un entraînement progressif jusqu'à l'étape finale.

Le chamane pourra même se transformer en être végétal et expérimenter l'enracinement au sol et le niveau de conscience d'un arbre ou d'une fleur en se livrant au préalable au même travail minutieux de préparation.

La télékinésie et la psychokinésie

C'est la capacité d'agir sur des objets matériels soit pour les déformer soit pour les déplacer à distance, sans intervention physique bien entendu. L'épisode au cours duquel Don Genaro et Don Juan rendent Carlos Castaneda à moitié fou en faisant disparaître sa voiture et en la faisant réapparaître un moment après est bien connu.

Le passage à travers la matière

C'est apparemment le double qui réalise cela mais comme la conscience du chamane est pleinement dans celui-ci, il ressent la matière, les odeurs, même l'esprit des objets au travers desquels il passe (arbre, mur, rocher, etc.).

La xénoglossie

Le chamane en transe est parfois soudainement plongé dans une société et une époque ancienne ou lointaine dont il comprend instantanément la langue et il se met donc à la parler.

L'utilisation non ordinaire de la voix

Le chamane peut imiter les cris de certains animaux, ce qui lui sert aussi à entrer dans leur conscience.

Il peut aussi développer la capacité d'utiliser sa voix pour faire des sons étranges, mécaniques, très puissants, dangereux, paralysants ou mortels selon son Intention. Dans les arts martiaux de haut niveau cette capacité est cultivée pour paralyser certains centres nerveux de l'adversaire.

La matérialisation ou dématérialisation d'objets *ex-nihilo*

Je ne saurais dire si l'écureuil à lunettes qui apparaît soudainement dans la main de Don Juan (provoquant une forte nausée de Carlos !) est un véritable écureuil en chair et en os ou une sorte de double créé par l'Intention de celui-ci, mais de toute façon notre monde d'objets et de créatures vivantes étant le produit de nos Rêves individuels et de notre Rêve collectif, le chamane capable de cette prouesse n'est jamais qu'un grand maître du Rêve que rien n'arrête !

La psychométrie

Les objets peuvent conserver des énergies psycho-émotionnelles qu'y ont déposées les personnes qui les ont possédés, utilisés longuement et probablement aimés.

Le chamane peut connaître des éléments du caractère, des pensées et des émotions de ces personnes en touchant ces objets.

Le changement d'échelle

En se déplaçant dans la conscience de son Double, le chamane peut changer d'échelle et devenir très petit ou très grand pour visiter des lieux ayant des échelles de taille micro ou macroscopique (comme les organes et même les cellules de son propre corps).

La communication avec les êtres non organiques

Le chamane peut aller par l'intermédiaire de Rêver à la rencontre des êtres qui peuplent les autres dimensions de la réalité et que l'on appelle êtres inorganiques car ils n'ont pas de corps physique mais seulement une conscience et des sentiments. Il y en a une grande variété. Certains d'entre eux semblent appartenir intrinsèquement à ces mondes subtils, d'autres semblent avoir déjà vécu une existence corporelle dans notre monde ou dans d'autres mondes semblables au nôtre mais très éloignés dans l'espace. Contrairement à ce que l'on entend parfois dire, ce ne sont pas des êtres nécessairement « parfaits » mais ils sont comme nous engagés dans un processus perpétuel de transformation du fait même qu'ils existent et ont une conscience dynamique. Ils ont leurs sages, plus évolués que d'autres et aussi des représentants du monde animal dont certains, les animaux de pouvoir peuvent aider et conseiller les consciences humaines qui viennent à eux. Ces êtres peuvent créer un lien particulier avec des guerriers de l'Esprit, échanger avec eux des conseils, des secrets, des techniques, leur remettre parfois des messages pour des êtres vivants sur Terre qui se tourmentent et inversement être apaisés par un message venu de ces derniers. Parfois avides d'émotions ils peuvent s'attacher excessivement à une personne humaine qui les approche si celle-ci émet beaucoup d'émotions et même émerger jusque dans notre monde pour la parasiter énergétiquement.

Le guerrier de l'Esprit aura ainsi l'occasion, en entrant dans ces mondes, de travailler son impeccabilité énergétique afin de tirer profit de leur fréquentation sans tomber dans une relation unilatérale voire dangereuse pour lui.

Les mangeurs de soleil

Ils sont plusieurs dizaines de personnes actuellement dans le monde, parmi lesquelles une majorité de chamanes, à nourrir leur corps physique uniquement de la lumière du soleil.

N'oublions pas qu'après tout le corps physique n'est qu'une version dense de la lumière et que quel que soit notre mode alimentaire, végétarien ou carnivore, ce que nous mangeons vient de la transformation matérielle du soleil en protéines, graisses et sucres.

Le chamane héliophage court-circuite simplement la série de transductions énergétiques allant du soleil aux nutriments physiques et, grâce à un haut degré d'évolution de sa conscience, rend son corps capable d'assimiler directement l'énergie solaire avec un haut degré de rentabilité nutritionnelle. La conscience et la maîtrise qu'il a de son corps lumineux jouent évidemment un rôle essentiel dans cette capacité. Les mangeurs de soleil se servent principalement de la respiration, de leurs yeux et des deux entrées verticales de leur cocon lumineux (vertex et dessous des pieds) pour se nourrir de lumière.

Pouvoirs inconscients

Notre corps est en fait l'agglomération de milliards de milliards de tourbillons d'énergie tournant à des vitesses folles que nos cinq sens perçoivent, à une échelle énormément supérieure à ce phénomène, comme solide.

Ce décalage et la perception qui en découle est une véritable magie de nos sens : notre conscience transforme, le plus inconsciemment du monde, un phénomène fluide en phénomène solide. En fait, le chamane, pour être chamane, cesse paradoxalement et volontairement d'exercer cette magie pour se connecter avec la réalité, ultime et énergétique, du monde et l'on peut dire que pour devenir chamane il faut commencer par découvrir et expérimenter que l'on est déjà magicien et c'est cette découverte, qui n'est quand même pas un mince travail, qui fait du magicien inconscient qu'est l'homme ordinaire un chamane conscient et opérationnel car, dans l'exemple que nous avons pris, c'est de cette perception tourbillonnaire, vécue en état d'attention seconde que le chamane tirera ses pouvoirs.

LA GUÉRISON SPIRITUELLE CHAMANIQUE

Les chamanes sont surtout connus en Occident pour leurs pouvoirs de guérison.

On connaît moins bien le rôle de guide spirituel qu'ils jouent aussi auprès de leurs proches et cependant ces deux missions sont totalement liées, ce qui n'est peut-être pas évident pour nous mais paraît tout à fait naturel au regard de leur conception holistique du monde pour laquelle santé, respect des lois de la nature, ouverture spirituelle et comportement social sont les facettes d'un même et unique processus vital.

Que pourrait faire de mieux ce personnage pourtant tellement atypique et individualiste qu'est le chamane que de mettre à profit sa familiarité avec les mystères de la vie pour guérir ses semblables et les aider à ne pas être malades en partageant avec eux un art de vivre dont il connaît les merveilleux résultats ?

Cependant, s'écartant nettement des religions, le chamanisme ignore tout prosélytisme concernant cette guidance spirituelle. Quand on voit que le but fondamental de toutes les voies spirituelles est la libération de l'âme des êtres humains, on comprend que tout système d'idées ou de pensées qui utilise la violence, la manipulation et même la moindre insistance prosélytique pour les amener à y adhérer ne mérite pas le nom de religion, encore moins celui de spiritualité, car **la liberté ne peut venir que de l'individu lui-même**. Ce n'est qu'en se libérant soi-même qu'on devient libre. **C'est le travail d'auto-libération qui fait la liberté**... Si les hommes pouvaient comprendre cela, **seulement cela**, la face de la Terre changerait dans les jours qui viennent !

Les capacités de guérison ou d'induction à l'auto-guérison du chamane suffisent à asseoir son autorité quand il officie en tant que guide d'un groupe social ou d'une tribu, elles en valident l'exercice, notamment lorsque, par l'application des principes de l'art de vivre chamanique, les patients parviennent eux-mêmes à se guérir.

Comment le chamane guérit-il ses patients ? Nous avons vu dans le premier chapitre qu'il peut opérer à deux niveaux :

1) **GUÉRISON PLACEBO**

En utilisant la foi de son patient et, dans ce cas, la guérison de celui-ci est sa propre création de réalité par effet placebo et nous connaissons la puissance de cet effet depuis très longtemps bien qu'il n'ait été reconnu sous ce nom par la science médicale que depuis seulement quelques décennies. La guérison placebo est en fait une version par chamane interposé, de l'autoguérison spirituelle, celui-ci adjoignant le plus souvent à son rituel la prescription de plantes guérisseuses, quelques mesures d'hygiène de vie, un jeûne, ou le rappel de quelques interdictions alimentaires ou comportementales étranges parce que reliées dans le monde subtil à la maladie du patient qui ne connaît pas toujours ce lien.

2) **Guérison lumineuse**

Par intervention dans le corps lumineux de son patient, ce qui est la véritable guérison spirituelle (la première mériterait plutôt le nom de guérison psychique). Parfois le chamane utilisera des plantes psychotropiques, afin de placer son patient dans un état d'attention seconde facilitant sa propre intervention, ce que pourra faire aussi le chamane de la guérison psychique afin d'accroître l'efficacité de son rituel de guérison. Selon le chamanisme, une maladie quelle qu'elle soit a toujours des implications mentales et émotionnelles et par là, elle correspond à une certaine position ou vibration du point d'assemblage, ainsi qu'à certains arrangements des multiples champs d'énergie qui composent le corps lumineux du patient.

En se mettant lui-même en état de voyance de celui-ci, le chamane Voit les anomalies de ces champs d'énergie sous forme d'altérations chromatiques, de zones de stagnation, d'asymétrie ou d'inversion de circulation.

Par l'Intention et, si besoin est, par le recours à des champs d'énergie extérieurs au patient et mis à sa disposition par des alliés, il va remettre le corps lumineux en harmonie, provoquant, dans des délais variables mais souvent très courts, la guérison physique des parties du corps correspondantes.

Le chamane n'a pas systématiquement recours aux alliés car il possède aussi la capacité de puiser directement de l'énergie lumineuse dans le soleil ou la terre, à condition que le genre de pathologie qu'il traite le permette, il peut encore avoir recours aux deux à la fois (sachant par ailleurs qu'il y a des alliés en affinité avec les dominantes feu, terre, eau ou air de son patient).

On parle beaucoup des chirurgiens aux mains nues (Philippines, Mexique, etc.) qui soulèvent, bien entendu, beaucoup de scepticisme.

Ces chamanes opèrent fréquemment en présence d'un public plus ou moins restreint. Ils mettent les personnes présentes en état d'attention seconde et utilisent ainsi l'énergie du nagual collectif. Cette mise en état de conscience élargie de personnes qui, bien souvent, n'ont aucune expérience de ce genre d'attention est rendue possible par la puissance de l'Intention du guérisseur qui détourne leur attention première et la réduit grâce à l'effet spectaculaire d'une transe qu'il produit juste avant l'opération. Profitant du moment très court pendant lequel les témoins ont « stoppé le monde » (par arrêt même très bref de la pensée rationnelle), il appelle sur eux le nagual par le contact irradiant du sien et récupère ensuite l'énergie-nagual potentialisée du groupe pour intervenir plus puissamment sur la lumière du patient.

ENTRE MATIÈRE ET LUMIÈRE, LE CHAMANE EN ÉQUILIBRE

L'intervention physique réelle est parfois très spectaculaire, telle que : ouvrir l'abdomen avec un simple couteau de cuisine, sortir le foie, le laver dans un seau, le remettre en place et refermer instantanément l'ouverture sans presque aucune cicatrice puis enfin faire lever l'opéré qui s'en va avec le sourire. Bien sûr, celui-ci était en état d'attention seconde pendant l'intervention qui s'accompagnait d'une façon beaucoup plus discrète et même imperceptible au public d'une action sur le corps lumineux, constituant la partie essentielle de la guérison.

Dans le nagual, le corps du patient est momentanément plongé dans un état de remise en question de son organisation. C'est un état de grande fragilité et il ne doit pas durer même s'il est indispensable puisque c'est dans cet état que la puissance conservatrice (de la maladie en l'occurrence) du tonal est la plus faible et que c'est précisément ainsi que le chamane peut le mieux intervenir pour apporter son changement au niveau du corps d'énergie (n'oublions pas la vision systémique de la maladie qui est celle du chamanisme : même si elle semble toujours locale ou toucher un organe, ou un réseau bien particulier, elle est considérée comme un phénomène d'ensemble et la guérison sera donc elle-même une guérison globale d'où la nécessité d'intervention sur l'ensemble de l'énergie du patient).

Pendant ce temps, le tonal du chamane maintient l'équilibre avec les énergies du nagual en action, pour en maîtriser la puissance, contrôle sans lequel il pourrait détruire totalement le malade.

Mon sentiment est que les guérisons chamaniques par intervention du nagual sur le corps lumineux sont des guérisons profondes et définitives mais dangereuses si le chamane n'est pas à la hauteur de sa décision d'intervenir, ce qui est quand même rare.

Ce sont en fait des « interventions positives de la mort », si l'on considère la mort non comme la fin de la vie mais comme une porte, une transition profonde dans le processus éternel d'êtreté, une intervention non maîtrisée du nagual dans le cas de mort réelle et une intervention maîtrisée par le chamane, dans le processus de guérison spirituelle.

Don Juan parle souvent de la mort comme d'un compagnon familier et la considère comme un précieux conseiller

Elle est aussi une grande guérisseuse à condition de la connaître et de la regarder en face.

Pour mieux comprendre le rapport tonal/nagual dans le processus de guérison spirituelle, comparons le patient à un puzzle.

Avant d'être malade, le puzzle a toutes ses pièces en ordre, son image apparaît clairement. Cette cohérence correspond à un bon tonal qui maintient le sujet dans l'ordre de la santé.

Mais les pièces ne sont pas collées l'une à l'autre, un choc peut faire tomber le puzzle, renverser toutes les pièces et les mettre en désordre. Ce désordre potentiel, c'et le nagual (et qui sait si une autre image cohérente n'apparaît pas pour les pièces mises dans un ordre différent ?).

La maladie apparaît quand une ou plusieurs pièces sont déplacées de leur endroit juste, l'image est perturbée, on ne comprend plus ce que représente le puzzle. Le chamane va délibérément renverser le puzzle pour remettre tout en ordre. C'est un moment de chaos au cours duquel il plonge son patient dans le nagual, creuset de tous les possibles. Pendant ce temps très court, le patient est fragilisé mais le chamane réarrange très vite les pièces entre elles, pour retrouver la bonne image initiale du puzzle, ce qui correspond à son intervention dans la lumière du malade, pour la nettoyer, en changer certaines parties, rétablir le bon sens de sa circulation.

La confiance totale du chamane, (son implacabilité en termes de chamanisme toltèque), l'intervention d'un allié, le changement du point d'assemblage et de celui de toutes les personnes présentes y compris de celui du malade, sont les ingrédients essentiels de la guérison.

INTERVENTION DES ALLIÉS

Le chamane amènera en effet le point d'assemblage des participants à l'endroit du corps lumineux humain correspondant au type d'énergie extérieure qu'il fera intervenir (la Terre et son impulsion, le soleil, un allié guérisseur qui va le chevaucher, un autre allié du Temps pour réduire le délai de cicatrisation cellulaire, un allié des glandes immunitaires pour booster les défenses du patient). Il faut savoir que dans les mondes dits parallèles, il y a autant de sortes d'alliés que de domaines d'existence et de catégories dans notre monde, il y a des univers entiers d'organisations inconnues de la vie que, par son Intention, le chamane peut mobiliser et faire émerger dans notre monde quotidien en les « tonalisant » selon son projet précis.

Quand d'autres personnes sont présentes au moment de la guérison et à condition de s'abandonner mentalement à la situation, leurs points d'assemblage peuvent être déplacés par le guérisseur pour être harmonisés sur la position du sien afin que celui-ci profite de cette conjugaison d'énergies pour réaliser sa guérison.

Ces processus thérapeutiques sont en réalité très simples mais c'est nous qui les rendons étranges et incompréhensibles parce que nous voulons les expliquer logiquement, avec l'intellect, un moyen qui n'est pas du même ordre de réalité que l'énergie mobilisée par le chamane et qui ne peut donc en rendre compte.

Encore une fois c'est notre laisser-aller démesuré à la puissance de notre tonal qui nous maintient dans une vision du monde régie par la causalité linéaire et c'est notre certitude objectiviste et matérialiste qui nous fait qualifier de tels actes thérapeutiques de miracles, une appellation qu'il faut oublier complètement si nous voulons entrer sérieusement dans l'Univers du chamanisme, car les mots ont une très grande puissance en nous du fait qu'ils appartiennent à tout un réseau logique cognitif, un système codé fermé par nature à tout autre système et qui nous maintient, par sa seule présence abstraite dans notre conscience, d'un seul côté du monde, nous privant ainsi de la moitié de nous-même.

Le mot « miracle » par exemple appelle instantanément dans notre esprit la vision chrétienne des actes prodigieux du Christ, donc une intervention non humaine (selon le concept transcendantal le plus couramment partagé au sujet de la nature exacte du Christ) alors que dans un cadre de référence chamanique, ces actes démontraient le pouvoir d'un grand chamane guérisseur, pouvoir appartenant donc au potentiel énergétique de tout être humain.

Vu dans le cadre de référence matérialiste et rationaliste qui prévaut largement à notre époque, le mot « miracle » entraîne immédiatement avec lui des idées de bigoterie, d'attitude irrationnelle, voire de superstition, ce qui suscite une bonne dose d'incrédulité qui n'aide pas les consciences à briser les limites étroites du cadre rigide et fermé du matérialisme pseudo-rationnel.

FORCE GUÉRISSANTE DE LA TERRE

La terre est vivante et possède un corps lumineux, il n'y a donc rien d'étonnant au fait que les chamanes, communiquant avec tous les règnes représentés ici-bas, en particulier avec le règne minéral, aient une relation privilégiée sur le plan thérapeutique avec la terre. Nous avons vu ci-dessus qu'ils utilisaient les énergies des plans d'eau, de l'eau courante, les lumières du soleil rasant, certains reliefs terrestres, non seulement pour entrer en état d'attention seconde mais aussi à des fins de guérison. L'une de leurs pratiques les plus spectaculaires consiste à creuser un trou dans le sol, à y faire s'étendre un patient, à le recouvrir de terre et à le laisser séjourner plusieurs jours dans ce trou. L'effet est à la fois purificateur et régénérateur, en particulier si ce rituel est accompagné d'un jeûne.

La terre pompe et absorbe toutes les énergies négatives du patient et recharge son corps en énergies terriennes dont la connotation psychologique est : solidité et pragmatisme mental, pondération émotionnelle et réalisme comportemental. Bien sûr, par l'intermédiaire des multiples plantes, la terre nous prodigue aussi d'innombrables autres bienfaits thérapeutiques.

FORCE GUÉRISSANTE DES ARBRES

À l'opposé des cures d'enterrement, des séjours prolongés dans les arbres peuvent aussi guérir certaines affections. Les arbres sont très proches de nous et quand un voyant parvient à distinguer les différentes couleurs de notre corps lumineux, il Voit que la tranche humaine de celui-ci est de la même couleur ambrée que celle qui correspond à la tranche lumineuse des arbres. La forme extérieure de l'arbre présente en outre une grande similitude avec l'ensemble de notre réseau vasculaire. Ces fortes affinités avec l'arbre permettent de régler de nombreux problèmes de circulation sanguine et même d'autres affections liées au réseau sanguin par des séjours dans un arbre accompagnés de jeûne et de respirations particulières ainsi que de silence intérieur.

Nous verrons dans la partie de l'ouvrage consacré à la pratique une procédure d'auto-guérison utilisant ces affinités.

Les correspondances psychologiques de l'action énergétique des arbres sont l'inverse de celles du séjour dans la terre : elle apporte légèreté mentale, ouverture d'esprit aux choses subtiles et à l'abstrait, désintéressement et non-attachement.

AUTO-GUÉRISON CHAMANIQUE

Le chamane peut aussi guérir indirectement en enseignant l'auto-guérison.

Cette conception de la guérison caractérise le nouveau courant du chamanisme toltèque des hommes de connaissance qui voient en elle l'avènement d'une nouvelle étape spirituelle pour l'humanité car elle est fondée sur l'autonomisation totale des patients et associe le bien-être physique à la maturation spirituelle de l'être humain vers la liberté. La foi que le patient investit dans son guérisseur quand celui-ci lui apporte une guérison placebo ou une guérison lumineuse, se trouvera cette fois investie en lui-même, et c'est cela même qui va lui permettre de développer son Intention, le faisant pénétrer de plain-pied dans le chemin du chamanisme et de ses mystères en même temps qu'il se guérit. **C'est la véritable guérison spirituelle.**

Le pouvoir d'auto-guérison du chamanisme qui est l'expression la plus pure et la plus authentique de la liberté nous fait mesurer ce que notre culture moderne a fait à la fois de la santé et de la liberté en maintenant l'immense majorité des individus dans un système qui organise à des fins économiques la dépendance... à la pathologie.

Il est clair qu'en dehors de raisons économiques, la maladie représentant sans doute la source des plus grands profits dans le monde, les élites politiques sont particulièrement hostiles au développement de l'auto-guérison parce que son extension déclencherait immanquablement une prise de conscience massive des pouvoirs de l'esprit qui mettrait en danger l'organisation des sociétés techno-économistes fondées sur l'ignorance de soi.

L'auto-guérison spirituelle est fondée tout d'abord sur un premier acte de conscience et de confiance qui consiste à affirmer :

« Je ne suis pas malade, je suis seulement quelqu'un qui a momentanément oublié de vivre selon l'esprit de la vie. »

Comment retrouver cet esprit pour retrouver la santé ?

INTENTION ET AUTO-GUÉRISON

D'abord se penser sain pour guérir

Toute personne en mauvaise santé se pense malade, c'est logique. Or la pensée est très puissante, elle est à la fois l'outil et le matériau du troisième filtre de notre anneau de pouvoir qui parachève notre création de réalité, mais cette logique n'est pas si logique que cela, du moins dans le cadre de raisonnement chamanique, pour lequel il est vivement conseillé de commencer à se penser sain si l'on veut guérir.

Bien sûr, il ne s'agit pas d'une pensée ordinaire, car cela n'aurait aucune efficacité.

Il s'agit de la mise en place globale de tout un état d'esprit impliquant le mental, l'affectif-émotionnel et le corps.

L'état de santé d'une personne a des effets immédiats sur ces trois domaines de son Êtreté et aussi sur ses perceptions, sur ce qu'elle pense, les mots qu'elle emploie, sur ses émotions, ses humeurs, sur ses comportements, les mimiques de son visage, l'expression de celui-ci et des yeux et même sur son rapport gravitationnel à la terre.

Appelons tous ces effets, quand elle est malade, **les effets de résonance pathologique**. Le visage d'une personne malade par exemple n'exprimera pas dans ses traits, ses yeux, la position et la profondeur des rides, son tonus musculaire, la couleur de sa peau, les mêmes choses que ce qu'il exprimera quand elle sera en forme. Quand c'est le cas, les yeux brillent, elle sourit, les coins de la bouche sont plutôt relevés vers le haut, le visage est plus lisse, la peau plus rose, les rides moins marquées. Appelons ces effets : **effets de résonance de la santé**.

Or les effets de résonance pathologique retournent circulairement à la maladie et à l'état de faiblesse pour les renforcer, ils constituent avec ceux-ci un processus cybernétique dynamique de renforcement (autre modalité de l'anneau de pouvoir). C'est ce que décrit le concept un peu vague de « psychosomatique » en médecine moderne.

L'auto-guérisseur, conscient de cela, va donc afficher un visage, des attitudes physiques, émettre des pensées et ressentir des émotions correspondant exactement à l'état de bonne santé qu'il souhaite atteindre. Il pourra même exprimer à haute voix l'idée qu'il se sent bien, qu'il est réellement en train de guérir, de remonter la pente, qu'il est même en parfaite forme. Il respirera abdominalement avec volupté, redressera son corps. Il réactivera des états émotionnels euphoriques du passé comme s'il les vivait maintenant, il s'en pénètrera avec une conviction totale et enfin, dans la mesure de ses moyens et avec progressivité et modération, il mènera une activité physique consciente correspondant à celle qu'il mènerait s'il était en bonne santé.

La force guérissante d'intento et le temps simultaneiste

Mais ce qui compte le plus dans ce qui peut apparaître ici comme une mise en scène, ce qui est essentiel, c'est d'y croire, et même **de croire dans la puissance d'y croire**.

Toute cette mise en place constitue le premier volet de l'Intention mais **il est nécessaire de mettre de l'Intention dans la mise en place de l'Intention**.

Non, rien d'absurde là-dedans ! Cela est typiquement chamanique : l'anneau de pouvoir est partout. Si la maladie entraîne des modifications négatives dans les pensées, les émotions, le port du visage, l'attitude physique et le choix des mots et que tout cela en retour renforce la maladie, alors, en inversant la polarité des effets de résonance pathologique, comme décrit ci-dessus, ceux-ci, devenus effets de résonance de la santé, vont non seulement cesser d'alimenter la maladie, mais réactiver dans le corps les caractéristiques physiologiques de la santé auxquels ils sont associés dans la mémoire psychosomatique profonde.

Il y a donc une sorte de court-circuitage du temps linéaire dans l'Intention : on vit dès maintenant quelque chose qui, normalement, devrait se passer après et on inverse le processus causal de la logique ordinaire : le rétablissement de la santé devrait entraîner tous les effets de résonance de la santé, mais en chamanisme ce sont ceux-ci qui entraînent le rétablissement de celle-là (voir fig. N° 7 « L'anneau de pouvoir intérieur de la maladie et de la guérison », p. 328).

L'Intention de guérir mise en place à l'aide des éléments psychiques, émotionnels et physiques de la santé entraîne la réalité de la santé.

Transcendant le temps linéaire pour passer dans le temps simultanéiste, l'auto-guérison chamanique est l'actualisation de la capacité humaine : **« ne devenir ce que l'on est qu'en étant immédiatement ce que l'on veut devenir »**.

C'est ici que l'auto-guérison trouve ses limites : dans la liberté du malade : personne ne peut mettre la foi en soi dans le cœur d'une tierce personne. C'est par un acte délibéré de confiance en soi que se révèlera le pouvoir de s'auto-guérir du patient. **Autrement dit, c'est avec un peu d'Intention qu'on fait de l'Intention.** Désir de vivre, confiance en soi et liberté sont étroitement liés. Trop d'êtres humains ne peuvent accepter de posséder au moins un tout petit peu de pouvoir sur eux-mêmes. Chaque individu est à la fois libre de son « vouloir vivre » et de sa capacité à découvrir ce qu'il ne connaît pas de lui-même, de croire qu'il y a en lui de l'inconnu qui peut entrer dans son connu. Il est le dépositaire du pouvoir de réaliser cette volonté de vivre et d'apprendre. Il est, bien sûr, responsable du choix que cela implique : croire ou non dans son pouvoir personnel et jusqu'où !

En résumé, pour s'auto-guérir il faut avoir un minimum d'Intention mais inversement, s'engager dans une auto-guérison est la meilleure occasion de la développer.

Mais l'ego trouve dans la maladie une occasion exceptionnelle de s'exprimer, c'est l'auto-compassion. Cette idée peut choquer car la plupart des gens ne sont pas conscients de ce mécanisme : c'est l'ego négatif, l'auto-compassion, voire le victimat.

Sans aucun doute cette auto-compassion est-elle la cause d'un grand nombre de maladies. Fréquemment, ce n'est pas parce qu'il est en mauvaise santé que le malade ressent de l'auto-compassion, se plaint, cherche à attirer l'attention sur lui-même, mais c'est l'inverse : son besoin de s'occuper négativement de lui, de se plaindre, d'inspirer la pitié, ou de renforcer l'image négative qu'il a de lui, l'amène à tomber malade.

L'ego se révèle ainsi le plus fidèle garant de l'immobilisme spirituel du sujet en même temps que la cause de la maladie !

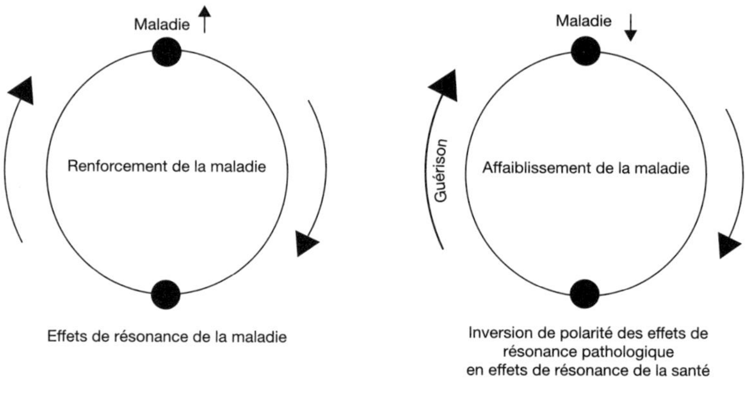

Figure N° 7 : L'anneau de pouvoir intérieur de la maladie et de l'auto-guérison

Concluons enfin que l'auto-guérison spirituelle n'est pas incompatible avec d'autres traitements, si possible par des moyens naturels.

CHANGER DE COHÉRENCE, CHANGER DE MONDE

Plusieurs mondes simultanés, plusieurs cohérences

Notre monde quotidien nous est rendu compréhensible et, sur le plan émotionnel rassurant et familier, par le phénomène de **cohérence cognitive** dont nous avons parlé précédemment.

Le cercle symbolise la cohérence mais quand le guerrier prend conscience que cette cohérence est aussi une prison, alors il rêve de sauter dans une autre cohérence. Il fait bouger son point d'assemblage et le fixe dans un nouvel endroit pour assembler un autre monde. Le monde ancien disparaît et le nouveau monde doit impérativement être en cohérence avec l'état de conscience et les dispositions actives de ce guerrier. Il ne saurait d'ailleurs en être autrement puisque c'est par une manœuvre volontaire de son point d'assemblage que celui-ci est entré dans l'état de conscience qui a fait apparaître ce monde. Il doit pouvoir s'y orienter, y agir, y vivre, et son tonal y veille. C'est son rôle à moins qu'une fuite en arrière de celui-ci ne tiraille le chamane d'un monde à l'autre ce qui signifierait qu'il ne maîtrise pas encore la dualité dynamique de son tonal et de son nagual, ou, s'il ne s'agit pas d'un guerrier de l'Esprit mais de l'incursion fortuite d'un homme ordinaire dans un état de conscience élargie, que le tonal paniqué de cet homme le ramène brutalement à un état de conscience ordinaire.

Quand cette maîtrise de la dualité dynamique entre le tonal et le nagual est suffisante, le tonal réorganise au fur et à mesure les nouveaux éléments d'inconnu expérimentés dans le nagual pour garantir la cohérence de cette nouvelle vision du monde.

Pour mieux comprendre cette multiréalité potentielle de l'Univers, nous allons utiliser une métaphore. Le lecteur connaît sans doute les stéréogrammes. Un stéréogramme est une image que vous regardez d'abord d'une façon normale et dans laquelle vous voyez une scène généralement faite de motifs enchevêtrés et souvent répétitifs, un dessin assez chargé (représentant par exemple toute une famille de pingouins sur une banquise et sur fond de ciel partiellement nuageux). On vous demande ensuite de regarder cette image autrement, en modifiant la distance à l'œil et en faisant varier lentement celle-ci, sans rien fixer. Alors, tout à coup, apparaissent d'autres motifs, et même plusieurs niveaux de profondeurs, parfois quatre, avec plein d'autres figures et personnages que vous ne pouviez voir au départ avec un regard normal, et qui pourtant étaient là.

L'auto-guérison et la guérison spirituelle ne sont en fait que des sauts dans une autre cohérence rendus possibles par l'exercice de l'Intention.

Il faut bien comprendre qu'il y a cohérence holistique entre notre vision du monde et notre état de santé. Une maladie quelle qu'elle soit, correspond à une combinaison psycho-émotionnelle qui, dans les labyrinthes complexes de notre conscience, n'est pas en cohérence avec le flux libre de l'énergie vitale qui circule dans le cocon lumineux. L'auto-guérison profonde impliquera donc d'intervenir sur le paramètre émotionnel en changeant certains filtres de l'anneau de pouvoir. La récapitulation générale ou des récapitulations partielles (exercices que nous décrirons dans le chapitre sur la pratique) faciliteront évidemment ce changement.

Ne restons pas confinés dans une seule pièce de notre demeure, ne laissons pas notre âme partir au grand recyclage sans l'avoir enrichie et sans nous l'être appropriée, apprenons à visiter notre propre multiréalité en nous autoguérissant et profitons en pour devenir des aventuriers de la conscience.

Maintenant que les grandes navigations terrestres n'offrent plus de terres à découvrir, soyons des navigateurs de l'Esprit !

La conscience est l'une des forme d'énergie de l'Univers, le chamane ne fait que l'utiliser comme telle.

SUJÉTIQUE ET POUVOIRS CHAMANIQUES

L'homme ne peut découvrir ses pouvoirs spirituels que lorsqu'il accepte de dépasser les limites qu'il s'impose à lui-même en s'abandonnant à l'évidence puissante mais fausse de la nature objective et extérieure du monde.

L'Intention du chamane est la source de ses pouvoirs. On peut la comparer à l'influence qu'exerce la force gravitationnelle d'un corps sur l'espace qui l'environne, telle que nous la décrit Einstein : de même que plus le corps est massif, plus l'espace se courbe autour de lui, pareillement, plus l'Intention du chamane est forte plus elle détermine le cours des événements autour de lui. Mais cependant ces pouvoirs ne sauraient susciter une quelconque avidité chez l'apprenti chamane dans la mesure où il apprend très vite que ce monde soi-disant objectif étant en fait le produit de sa conscience, exercer des pouvoirs sur ce monde ne consiste après tout qu'à le rêver autrement, ce qui n'est donc en fin de compte qu'exercer un pouvoir sur soi-même.

Si l'humanité ne s'auto-détruit pas par le matérialisme, dans quelques siècles, voire beaucoup moins, elle s'éveillera davantage à la magie authentique de la conscience et la longue quête qu'à travers les religions, la philosophie et la science que l'homme mène depuis des millénaires, et trouvera sa réponse.

Ce qu'il faut retenir :

On dit parfois que l'exercice des pouvoirs chamaniques présente un risque : celui de fortifier démesurément l'ego.

C'est exact mais il présente un avantage irremplaçable : leur obtention exige de la part de l'apprenti un travail concret intensif qui le préserve de l'intellectualisme spirituel, cette attitude qui consiste à suivre un chemin de façon religieuse, en se contentant d'en

croire les dogmes, d'en suivre la morale et d'en pratiquer les rituels, sans en retirer le moindre pouvoir sur la réalité.

Ce travail intensif garantit donc la créativité cognitive de l'apprenti : il devra expérimenter de A à Z et par des actes physiques, des pratiques énergétiques et des changements comportementaux, la conception métaphysique, philosophique et éthique du cheminement qu'il a choisi.

En conséquence, les guerriers de l'Esprit acceptent ce risque de l'ego comme un défi supplémentaire dont le dépassement couronnera leur travail.

Par ailleurs, nous l'avons déjà dit, la notion de « pouvoir » qui peut susciter une certaine avidité chez l'apprenti chamane sera vite relativisée par lui quand il aura progressé plus avant dans sa pratique car il comprendra très vite que ce mot recouvre en fait des capacités absolument naturelles de la conscience que tout être humain acceptant d'élargir le champ de celle-ci dans une perspective légitime de progrès, doit pouvoir développer à la mesure de l'intérêt qu'ils présentent à ses yeux.

CHAPITRE XIII

Le pouvoir du symbolisme dans le chamanisme

« Pour activer la puissance d'un symbole, tes yeux ne suffisent pas, ton Intention doit être chargée du sens de celui-ci... »

Piotr terenti,
Chamane evenk.

L'ÉNERGIE DES SYMBOLES

Tout ce que nos sens peuvent percevoir a une influence énergétique sur notre vie. Le rôle des sens va beaucoup plus loin que de permettre la survie des êtres vivants. C'est nous qui les avons réduits à cette fonction élémentaire par « manque d'ambition existentielle ». Les formes, les couleurs, les lignes qu'empruntent les objets et les phénomènes de notre monde quotidien émettent des fréquences qui ont un pouvoir, en particulier quand elles ont des correspondances dans le monde abstrait de nos concepts.

Cela est d'autant plus évident si l'on a compris que le monde extérieur est le produit de la conscience.

Le cercle, par exemple, signifie harmonie et équilibre parfait mais aussi continuité, fermeture et autocréation et, même si nous ignorons ce sens, le fait de contempler un cercle avec une certaine attention ou de vivre dans un environnement visuel où abondent les figures circulaires nous imprégnera quand même un peu de ces caractéristiques et aura une influence sur nos humeurs voire sur notre santé.

Par ailleurs, les cultures chamaniques ont, depuis la Préhistoire, attribué aux animaux des caractéristiques psychologiques ainsi que, pour certains d'entre eux, des pouvoirs en rapport avec celles-ci. L'animal emblématique le plus connu de ces traditions est, bien sûr, l'Aigle.

Prédateur suprême sans être la proie d'aucun autre animal (sauf de l'homme !) il représente fréquemment le Grand Esprit lui-même dont il est le messager ponctuel.

Un autre animal mythique particulier au chamanisme toltèque est le Quetzalcoatl, le serpent-oiseau au plumage merveilleux et multicolore d'arc-en-ciel. Il symbolisait pour les Toltèques puis pour les Aztèques le mythe de l'éternel retour de la sagesse et du progrès humaniste des hommes après des époques cycliques d'obscurité et d'errance spirituelle. L'oiseau Quetzal existe réellement mais n'ayant ni le regard implacable des reptiles ni l'aspect dominateur qui caractérise le serpent à plumes, certains chamanes identifient plutôt ce dernier à un aigle au plumage coloré et abondant.

L'homme ordinaire, trop pressé, trop cérébral et plutôt indifférent aux énergies naturelles et aux conceptions hylozoïstes, ne se rend pas compte de l'influence des formes qui l'environnement et croit encore moins aux correspondances psycho-énergétiques des animaux mais, pour l'homme attentif et très sensible qu'est le chamane, cette influence des symboles et des représentations d'animaux de pouvoir est non seulement très réelle mais elle peut être utilisée s'il en maîtrise la connaissance. Le hibou et le serpent sont réputés pour leur sagesse dans toutes les traditions chamaniques d'Amérique et d'Asie.

La figure N° 13 (p. 341) qui combine le signe du tao et un serpent dont le corps parcourt un cercle et un huit vertical avant de se refermer sur lui-même existait certainement, bien que totalement oubliée, depuis très longtemps, quand elle me fut donnée en vision au cours d'un rêve voici quelques années.

C'est un symbole très puissant car, dans un graphisme relativement simple dont une partie vient du taoïsme, il résume à lui tout seul et réveille dans notre nagual les six fondements métaphysiques du chamanisme toltèque :

– la dualité dynamique des opposés-complémentaires ;

– la transformation permanente et éternelle de l'Univers se nourrissant de lui-même (le serpent considéré dans son ensemble) ;

– la dualité de la conscience : le tonal, partie extérieure et circulaire du serpent et le nagual, partie intérieure en forme de 8 ;

– le pouvoir d'inverser les mémoires négatives ou limitantes en mémoires positives et créatives (le double « s » du 8), donc en définitive, la liberté promise à la conscience ;

– l'harmonie intérieure de l'homme debout sur la terre, entre la matière (la terre) et l'Esprit (le ciel) étant représentée par le fait que la partie renflée du poisson noir (la terre, le féminin) est en bas et la partie renflée du poisson blanc (le ciel, le masculin) est en haut ;

– le fait essentiel que lorsque la conscience de l'apprenti entre dans son nagual il est nécessaire qu'elle garde un noyau solide de tonal et vice-versa (le petit point blanc dans le poisson noir et le petit point noir dans le poisson blanc).

COMMENT UTILISER CONCRÈTEMENT LE SERPENT SACRÉ ?

Le symbole du serpent sacré peut livrer son pouvoir transformateur par la contemplation visuelle silencieuse et intentionnelle, le cœur étant fermement habité d'un objectif précis qui s'exprime en termes d'inversion de polarité : désirer changer la faiblesse en force, la maladie en santé, le mal-être en bien-être, le laisser-aller en maîtrise, la morosité en joie, etc.

Contempler pour voir

Le pouvoir des symboles s'adresse au sens de la vue. C'est donc l'énergie lumineuse qui est concernée mais c'est la puissance intentionnelle du contemplateur qui va être décisive ainsi que sa maîtrise du silence intérieur : rien d'autre ne doit occuper sa conscience que son désir (accompagné de détachement, ne pas oublier l'attitude paradoxale de la conscience du guerrier de l'Esprit) et la vision du symbole.

Rappelons que le silence intérieur est la capacité de suspendre de façon prolongée et continue le mouvement anarchique des pensées (nous verrons dans la partie pratique de l'ouvrage comment les chamanes procèdent pour y accéder).

Si cette maîtrise est suffisante et si l'intention du contemplateur est puissante, la vision ordinaire et lumineuse du symbole peut, après un moment de fixation de celui-ci, se transformer en « voir » de la voyance.

Précisons que ce que perçoit un voyant n'est pas exactement d'ordre oculaire mais d'ordre énergétique. Certains voyants disent d'ailleurs qu'ils « voient » par le centre de l'abdomen, c'est la sensation qu'ils décrivent, d'autres disent qu'ils voient l'énergie par un endroit situé au centre du front entre les sourcils, mais le plus souvent, quand la voyance énergétique se déclenche, elle se superpose pendant quelques instants à la vision lumineuse ordinaire, même si le voyant a les yeux fermés.

Il se peut qu'après un moment prolongé et s'il peut maintenir silence intérieur et intention du cœur, le contemplateur voit tout à coup le serpent s'animer, se dédoubler, tourner et se colorer, se délover et revenir en place. Il aura alors la sensation de recevoir un message, une connaissance, une émission affective de la part du serpent. Ce ne sont pas des illusions visuelles mais des effets du « **Voir** », le symbole devient vie, la puissance de l'intention crée une autre réalité.

CHANGER LA POLARITÉ DE L'ÉNERGIE

La contemplation du symbole, répétons-le, n'est qu'un élément du travail de transformation auquel se livre le contemplateur, un appui sensoriel du potentiel des formes et de la mémoire zoopsychique (influence psychique des animaux).

La contemplation du serpent sacré nous remplit d'abord d'énergie et de bien être parce qu'il rappelle à notre corps le principe universel de l'énergie ainsi que notre liberté potentielle, ce qui est le plus puissant stimulant de la conscience humaine. C'est, pour ainsi dire, l'usage généraliste qu'on peut en faire.

Dans ce cas, on émet à son égard des pensées d'amour, de reconnaissance et d'absorption de sa force inépuisable et de son esprit astucieux et pragmatique tout en le contemplant dans son ensemble.

L'utilisation, à des fins de transformation précise, d'une mémoire négative en mémoire positive nécessite au préalable de réactiver en soi le sens exact et quintuple du symbole.

Remarquons d'abord que le corps du serpent est orienté : si l'on part de la tête (la conscience) il tourne de façon dextrogyre et descend vers la droite ; cette polarité, et ce sens signifient la vie, le bien, la santé, tout ce que vous considérez comme positif. Le sens lévogyre (tourner dans le sens inverse des aiguilles d'une montre) signifie l'inverse.

Je crois savoir qu'on retrouve cette giration dextrogyre dans les brins d'ADN mais quoiqu'il en soit, même si c'est une simple convention arbitraire, c'est l'intention qu'on y met qui est décisive.

Partons de l'œil du serpent et dirigeons-nous vers le bas et la droite. Arrivé en bas, à 180° de l'œil, le corps du serpent pénètre au-dedans du cercle extérieur pour amorcer la première boucle d'un 8 qui figure la conscience cachée du nagual, **l'inconnu**, mais aussi la flexibilité de son pouvoir, sa créativité illimitée, le cercle extérieur figurant le tonal, **le connu**, la permanence, le non-changement. En suivant le corps du serpent, nous arrivons au centre du 8 correspondant dans notre corps au centre abdominal du corps lumineux, source de tous les actes de pouvoir. Là, imperceptiblement, il inverse le sens de sa giration pour devenir lévogyre, ce qui, symboliquement représente l'expérience de l'erreur, de la faiblesse, de la maladie, en un mot l'oubli momentané de la vie, la mort, toutes choses négatives mais inséparables de leurs opposés qui sont aussi les défis que l'Aigle met sur le chemin de la conscience pour lui donner un sens et que nous devons accepter pour mieux en triompher finalement.

Après avoir accompli le petit cercle du haut et revenu au centre du 8, le corps du serpent amorce une seconde inversion de sens donc de polarité pour s'engager à nouveau dans un cercle dextrogyre : le retour au positif, la volonté de vie, de santé, de bien-être, de force, d'équilibre, etc., et finalement revenir dans sa propre bouche (l'Univers n'a pas d'autre créateur que lui-même, il est tout entier **dans** sa création et en perpétuelle autocréation, il se nourrit de lui même).

En passant par le 8 de la transmutation, la conscience a transformé et fait évoluer la totalité du serpent sacré et son expérience lévogyre de l'erreur est l'élément sur lequel s'appuie l'Univers pour manifester sa nature dynamique.

Le 8 intérieur qui représente le nagual est constitué de deux « s », la lettre la plus chargée de pouvoir, la plus magique de notre alphabet. Si nous l'observons attentivement, nous découvrons le secret de la transformation des choses : en partant de n'importe laquelle de ses deux extrémités, nous décrivons un début de cercle et imperceptiblement, sans la moindre brutalité, il inverse son sens, c'est le symbole même de la souplesse, de la continuité dans le changement de l'inversion possible du négatif en positif.

Le signe du tao qui s'inscrit au dedans du serpent en est inséparable.

Indépendamment du fait qu'il figure aussi la dualité dynamique du yin et du yang, il apporte la notion de potentiel transformateur d'une chose par le fait que, quelle que soit sa polarité, elle contient toujours en germe, un embryon de polarité opposée (les deux points noir et blanc dans les « poissons » blanc et noir).

Sur le plan des nombres, le guerrier pourra parcourir visuellement le serpent sacré 3, 6 ou mieux 9 fois, ces trois chiffres étant ceux qui sont le plus en affinité avec le chamanisme, particulièrement le 9, chiffre de la renaissance à soi-même, du passage à la décimale supérieure de son être.

Concernant la respiration, le contemplateur du serpent sacré expirera en descendant et inspirera en montant (deux inspirs et deux expirs pour un serpent sacré). Une très légère pause pour ressentir l'instant du pouvoir sera marquée au deuxième passage au centre du 8.

Quel que soit l'objectif recherché, l'inversion de polarité sera pensée en termes positifs. On ne pense pas « maladie, mal-être, faiblesse, laisser-aller », mais « santé, bien-être, force et maîtrise » et dans le cœur du contemplateur il n'y a pas la moindre trace d'amertume au moment du parcours du cercle lévogyre mais reconnaissance de son rôle dynamique.

LA MORT SYMBOLIQUE DU CHAMANE

Devenir chamane nécessite une très profonde transformation personnelle destinée à se libérer du personnage ordinaire que l'on est et de toutes ses limites perceptuelles, mentales, émotionnelles et physiques. Cette transformation est tellement radicale qu'elle s'apparente à une mort symbolique suivie d'une renaissance dans la personnalité de l'être initié que l'on est devenu et avec les pouvoirs, notamment de guérison, qui correspondent au niveau de conscience acquis.

> « L'homme qui n'est pas né une seconde fois, disent les chamanes cheyennes, marche toute sa vie dans les mocassins de son père. »

Ces chamanes entendent par là qu'il se contentera de faire tourner toute sa vie l'anneau de pouvoir collectif que la tradition de ses ancêtres lui aura confié.

Selon cette tradition, la mort symbolique du guerrier qui s'accompagne d'épreuves, de souffrances et même de maladies initiatiques, entièrement acceptées par le futur chamane qui les considère comme le juste prix à payer pour atteindre les nombreux avantages et joies que procure la conscience élargie de l'initiation aboutie, prendra une tournure plus ou moins spectaculaire voire violente ou extrêmement exigeante en patience, en efforts incessants pour s'arracher au premier anneau de pouvoir, à toutes ses limites, routines, peurs mesquines et attitudes stériles, selon qu'elle se concrétisera dans le nagual, les mondes parallèles du « Rêver » ou dans le tonal, le monde quotidien. Les Sibériens, chez qui les pratiques de transe sont un élément central et souvent très spectaculaire de la « chamanisation », passent dans la dimension du nagual par toutes sortes d'épreuves telles que dépeçage en petits morceaux, ébullition jusqu'à réduction au simple squelette, décapitation, découpage en rondelles, crémation à vif, à l'issue desquelles leur allié principal les « ré-incarnera », dotés d'un corps et d'une personnalité tout neufs. La question, souvent posée, de savoir si ces épreuves sont réelles ou simplement « rêvées » et symboliques ne se pose pas à partir du moment où cela se passe dans les dimensions parallèles de la conscience où les critères de réalité ne sont pas les mêmes que dans le tonal et la vie ordinaire, mais je répondrai personnellement qu'en appliquant ces critères spécifiques au nagual, elles sont réelles.

Figure N° 13 : Le symbole du serpent sacré : l'esprit du Grand Être

Dans le chamanisme toltèque, la longue initiation nécessaire pour accéder à des niveaux élevés de pouvoir comporte aussi des épreuves dans le nagual, notamment des combats avec des alliés d'apparence effrayante ou repoussante qui mettent l'émotionnel de l'apprenti à l'épreuve. Quant à la mort symbolique dans le tonal, elle s'expérimente dans les nombreux exercices de traqueur qui émaillent la vie quotidienne de l'apprenti et au cours desquels, d'une façon certainement moins spectaculaire et impressionnante que du côté du nagual, il devra nécessairement peu à peu se défaire de toutes les réactions, habitudes, comportements, émotions, façons de penser, modalités d'hygiène de vie dont l'ensemble constituait son ancien personnage, et oublier celui-ci pour renaître à sa nouvelle Êtreté. Il s'agit bel et bien cependant d'une véritable mort et renaissance à soi-même qu'il faut être prêt à accepter avec une totale confiance, celle-ci conditionnant indubitablement et de façon incontournable le processus de naissance à une seconde vie. C'est encore ce que l'inversion de sens du 8 vers la gauche symbolise clairement.

CHAPITRE XIV

La pratique du traqueur

> « Chaque fois que tu te trouves dans le monde du tonal, ce n'est pas le moment de conneries irrationnelles mais chaque fois que tu te trouves dans le nagual, ce n'est pas le moment de conneries rationnelles… »
>
> Don Juan

Comme toute voie spirituelle authentique, le chamanisme est d'abord une pratique. Non que les concepts psychométaphysiques que sont l'anneau de pouvoir, la dualité dynamique, l'Intention et les trois attentions soient sans importance mais sans la pratique, le chamanisme n'est que jolis discours ou folklore indianiste.

À l'inverse, une pratique du chamanisme dénuée de ces fondements théoriques manquerait du sens, de la force et de l'ampleur affective de la vision du monde des chamanes.

Croire dans ces concepts psychométaphysiques est essentiel mais pour les chamanes cette foi ne devient vivante que si elle engage l'apprenti dans les expériences actives par lesquelles il les validera et les fera siens. Dans le chamanisme, la pratique n'a rien à voir avec un temps de prière répété plusieurs fois par jour, ni avec l'application de jolis préceptes moraux, ni avec l'exercice de la charité. Elle est intensive, permanente et concerne tous les niveaux de conscience, du mental au corporel, et c'est l'énergie qui en sera le dénominateur commun. C'est elle qui assure la liberté de l'apprenti et le préserve de devenir un adorateur de dogmes et de livres saints, un suiveur de gourou ou un religieux. Car, si spontanés et sincères puissent être ceux qui optent pour une conception non expérimentale de la spiritualité, leur adhésion et leur compréhension du message spirituel restent cérébrales et une partie de leur conscience, la plus importante, reste irrémédiablement dans l'obscurité.

C'est d'ailleurs bien là le rôle de l'acquisition des pouvoirs chamaniques, si modeste soit-elle pour l'apprenti, qui fait de lui l'acteur intégral et responsable de sa croyance spirituelle.

Le travail du chamane toltèque se divise en deux grands axes : celui du traqueur et celui du rêveur.

Nous allons commencer par traiter la pratique du traqueur en précisant toutefois qu'il existe pour chaque axe, en particulier pour le traqueur, des centaines et des centaines d'exercices et que nous n'allons pas en faire la liste complète, ce que ne servirait pas à grand-chose, mais simplement en décrire un ou deux pour chaque type de rubrique.

Le travail du traqueur correspond au tonal.

Disons, pour être plus précis, qu'il a une affinité particulière avec le tonal : il s'adresse directement à lui pour le nettoyer, le préparer au contact du nagual, alors que le travail du rêveur a une affinité plus grande avec le nagual, il nous met plus « abruptement » en contact avec lui. Mais les amateurs d'émotions fortes auraient tort de négliger le travail du traqueur, ce serait faire preuve d'une suffisance qui pourrait leur coûter cher.

L'IMPECCABILITÉ, NETTOYER LE TONAL

Quand Don Juan parle ***d'impeccabilité***, c'est à ce travail qu'il fait allusion.

Nettoyer ce tonal de toutes les pensées, croyances, émotions, habitudes, comportements superflus, complaisants, autodestructifs, égarants qui constituent une bonne partie de notre vie quotidienne.

Le mot « traqueur » fait référence à une attitude furtive de chasseur et c'est un peu de cela qu'il s'agit : notre tonal est très fort et très malin, il a le pouvoir, il domine notre vie ordinaire et il faudra surtout éviter de le prendre de front et de se couper soi-même en deux ; même si c'est un combat, c'est un combat amoureux, le tonal est utile, vital, incontournable. Bien nettoyé, c'est notre guide dans le quotidien. Il ne peut et ne sera jamais anéanti, la dualité dynamique universelle s'exprime en nous dans la maîtrise du couple tonal-nagual, non dans un mouvement de bascule chaotique de l'un à l'autre (voir citation en exergue à ce chapitre).

Il est simplement encombré d'un tas de choses tellement vaines qu'il ne peut même plus jouer son rôle de répondant dynamique au nagual. Une image me vient à l'esprit : un homme ayant acheté une maison et vu qu'elle possèdait un très beau grenier aux magnifiques poutres apparentes décida sur-le-champ de faire installer deux beaux Velux dans son toit mais cela ne servit à rien, aucune lumière ne permettait d'admirer ce magnifique enchevêtrement de vieilles poutres en chêne et pour cause : le grenier était encombré jusqu'aux tuiles d'un véritable capharnaüm de vieilleries sans valeur. C'est après avoir vidé tout cela que la lumière entra à flots dans le lieu et qu'il put en profiter pleinement. Le grenier est notre tonal, la lumière extérieure c'est le nagual, l'immensité de l'inconnu qui ne demande qu'à entrer dans notre conscience mais dont nous ne pouvons profiter parce qu'elle est encombrée de milliers de choses qui ne servent à rien et nous font perdre une énorme quantité d'énergie, nous laissant exsangues et sans espoir de changement réel ni de découverte.

Le traqueur va donc travailler avec patience, tact et ténacité à se « traquer lui-même » avant de traquer « tout court ».

Ce mot désigne en effet deux choses en chamanisme toltèque et bien qu'elles procèdent du même objectif général : **le nettoyage et l'assouplissement du tonal**, la première désigne ce même travail considéré en général et la seconde une attitude relationnelle, parfois pédagogique, que j'expliquerai plus loin dans ce chapitre.

Bien que portant le même nom, la seconde pratique est donc une partie de la première, plus ciblée, plus spécifique qui s'appelle aussi « folie contrôlée ».

Par l'encombrement du tonal, nous perdons donc beaucoup d'énergie. Cela signifie qu'au départ nous en avons beaucoup mais que nous la gaspillons. L'impeccabilité énergétique consistera donc non seulement à économiser de l'énergie, mais surtout à l'investir là où il faut, car c'est bel et bien cela le grand problème de l'être humain.

« Chacun a assez de pouvoir personnel pour quelque chose. Pour moi, la stratégie a consisté à le faire passer de la nourriture à mon projet de guerrière » raconte la Gorda, l'une des compagnes de Carlos qui utilisa son obésité pour se traquer en déplaçant la gestion de son énergie de l'obsession alimentaire au développement de son intention, finissant par diviser en deux son poids initial. Ce qui nous amène au point le plus important d'un changement de vie quel qu'il soit : avoir un dessein, ce que l'on appelle, dans notre monde actuel, avoir une motivation, un projet qui nous enthousiasme et dans lequel nous mettons une grande quantité d'amour actif.

C'est ici que la foi dans les connaissances, si théoriques soient-elles, que nous pouvons avoir d'un chemin spirituel, réapparaît, donnant une impulsion puissante, une espérance qui nous fera entrer dans le travail du guerrier et, balayant sur son passage toutes les hésitations, toute l'inertie, les doutes et les erreurs passées.

Le guerrier va donc travailler sur son tonal puis ayant acquis de l'énergie supplémentaire grâce à ce travail, il va, soit directement à partir d'un exercice de traqueur poussé très loin, soit par un exercice de rêveur, prendre contact avec le nagual. Par cette expérience, il apprendra quelque chose, acquérra ou renforcera un pouvoir et retournera, fort de ce pouvoir, travailler de nouveau sur son tonal et ainsi de suite, un peu comme le marcheur qui progresse en avançant alternativement et régulièrement sur ses deux jambes. Ainsi, l'Intention se fortifiera en s'appliquant dans les expériences de ces deux domaines de conscience. Passons maintenant à quelques exercices fondamentaux de cette impeccabilité énergétique.

LA RESPIRATION CONSCIENTE

À l'égal de toutes les fonctions exercées en permanence et au quotidien par l'homme, la respiration est très largement méconnue de celui-ci et dramatiquement banalisée. Et cependant elle joue un rôle considérable dans le maintien de notre santé, dans la qualité de nos vécus, dans notre bien-être et dans notre évolution personnelle et spirituelle.

On sait que l'oxygène que nous respirons a trois fonctions majeures : combiné au glycogène (un sucre) qu'il permet de brûler, il fait fonctionner tous les muscles rouges et blancs du corps, il assure le fonctionnement du cerveau en se combinant au glucose (une autre sorte de sucre), enfin il permet le travail cellulaire de reconstitution de tous les tissus usés du corps (l'anabolisme). 30 % de tout l'oxygène que nous respirons sont utilisés pour le seul travail du cerveau, c'est dire l'influence de la respiration sur nos capacités mentales !

Notre système vasculaire mesurant dans sa totalité 80 000 km (deux fois le tour de la Terre, le 8 du serpent sacré), on imagine l'extraordinaire auto-massage que nous nous offrons à nous-même quand nous faisons ne serait-ce que dix à quinze minutes de respiration consciente et profonde chaque jour, compte tenu du bain intérieur d'oxygène frais que véhicule notre sang à ce moment-là.

Il est intéressant de savoir que quatre des mots les plus significatifs pour la vie et l'énergie – **esprit**, **espérer**, **spirale** et **respirer** – possèdent la même racine indo-européenne dont sont issus les mots latins *spiritus*, *spiro* le souffle vital, *spero*, j'espère et « spirale » la forme la plus dynamique de l'Univers.

La respiration consciente et maîtrisée est l'éveilleur physique de l'énergie cosmique, source de toute vie et de toute conscience.

Par elle, nous sortons du cocon hermétiquement clos de nos petites routines, de nos certitudes et de notre léthargie chronique. Les chamanes toltèques considèrent la respiration comme un acte magique, qui peut développer puissamment les pouvoirs de l'homme et ils en font usage comme tel.

La respiration abdominale retrouvée va permettre de mettre en place la respiration complète qui va non seulement apporter beaucoup d'énergie et de vivacité mentale à l'apprenti dès les premiers mois de son apprentissage, mais aussi réveiller la conscience organique puis cellulaire de son corps, pour, ultérieurement, y accompagner proprioceptivement le flux de l'énergie subtile qui le maintient vivant.

Interface énergétique entre le corps et l'esprit, la respiration consciente permet au chamane de véhiculer dans chaque partie de son corps, l'intention précise de l'acte qu'il est en train d'accomplir. Cet acte peut être une procédure d'auto-guérison, ou une prouesse chamanique ou une mise en état d'attention seconde se caractérisant par une respiration très spécifique, qui peut être très rythmée et rapide ou très fine, discrète et lente.

Les états de conscience modifiés recherchés par le guerrier de l'Esprit sont naturellement favorisés par la respiration profonde et maîtrisée. Aussi routiniers dans le quotidien pour respirer que nous le sommes dans la façon d'utiliser notre mental, il est évident que notre respiration ordinaire, qui nous maintient en quasi-semi-asphyxie permanente tant elle est sous-utilisée, oxygène toujours les mêmes circuits neuronaux. En changeant cette façon de respirer et en commençant à nous gorger d'oxygène nous constatons après quelques semaines un très net changement dans notre activité cérébrale, les perceptions visuelles et sonores sont plus vives, des tas d'idées inhabituelles surgissent en nous, des envies originales nous motivent, bref la vie retrouve en nous sa forme évolutive de « spirale ».

TECHNIQUES BASIQUES DE RESPIRATION

Toutes ces respirations s'exercent en position assise.

1) La respiration du portail

Il s'agit d'une respiration fondamentale parce qu'elle est destinée à rééduquer rapidement et astucieusement la souplesse de notre diaphragme dans le but de retrouver notre respiration abdominale, généralement très atrophiée chez l'homme moderne.

Assis, commencez par vous relâcher musculairement et mentalement. Utilisez pour cela la technique d'acceptation gravitationnelle décrite plus loin dans l'exercice de la position du guerrier debout. Toutes les tensions du corps se dissolvent quand on accepte de laisser le poids de celui-ci tomber vers le centre de la Terre, tout en restant suspendu au sommet du crâne par un fil d'énergie qui nous soutient avec légèreté. Les paupières sont seulement semi-fermées, en « rideau » pour ne pas causer des tensions faciales par une fermeture totale ne correspondant pas au réflexe diurne.

Puis mettez votre attention au centre abdominal de connaissance silencieuse pour bien vous centrer en ressentant simultanément le dessous des pieds et le sommet de la tête. On ne réussit pas à faire parfaitement tout cela dès les premiers jours mais avec « **cœur actif** » et votre objectif d'apprenti, vous allez bientôt sentir vos progrès et rapidement trouver du plaisir à la pratique.

Sachant qu'à l'inspir votre diaphragme descend vers le bas et presse sur les viscères et qu'à ce moment-là la ceinture abdominale doit se détendre totalement pour que celles-ci s'avancent librement vers l'avant, étant coincées vers le bas par les limites du bassin, vous commencez à inspirer tranquillement par le nez, sans rapidité, mais surtout le plus régulièrement possible pour faire durer votre inspir plus longtemps que les petits inspirs inconscients que votre corps fait dans la journée. Mais vous n'augmenterez la durée de ces inspirs que très progressivement chaque jour pour éviter les réactions désagréables de toutes sortes, par lesquelles le corps, très routinier, va réagir, vu que vous dérangez ses habitudes. Vous en faites six de cette sorte, l'expir, par le nez ou la bouche étant, lui aussi, allongé chaque jour un peu plus.

L'exercice proprement dit va commencer maintenant. Il va s'agir de favoriser l'ouverture et la détente de la sangle abdominale dont dépend la bonne descente du diaphragme, les deux muscles travaillant en couple inversé (quand le diaphragme descend et se tend, la sangle abdominale se lâche et s'avance et l'inverse pour l'expir). Pour cela, nous allons imaginer que la ceinture abdominale est un portail de jardin qui s'ouvre lentement des deux ventaux à l'inspir et se referme au même rythme à l'expir, de trois façons différentes utilisables séparément et au choix ou toutes ensemble :

a) un geste lent des deux avant-bras et des mains s'ouvrant et se refermant comme un portail ;

b) la visualisation d'un portail quelconque de votre choix ;

c) la sensation proprioceptive et interne que les muscles abdominaux s'avancent et s'ouvrent vers l'avant comme le fait un vrai portail.

Bien sûr, vous travaillez dans l'esprit chamanique qui s'appelle « trois ou quatre exercices en un », c'est-à-dire que vous êtes conscient que pour faire cet exercice avec efficacité vous avez besoin d'y maintenir votre attention et pour cela de la volonté. Vous faites donc quatre exercices en un : un exercice d'énergie, un exercice pour votre santé et votre bien-être (la respiration consciente est le plus puissant antistress qui existe), un exercice de conscience du corps et un exercice d'Intention.

Réjouissez-vous de cela pour renforcer « cœur actif », la version soft d'Intento, qui consiste à mobiliser le cœur pour faire ce que l'on fait avec joie et amour. Le chamane est toujours très friand d'efficacité car il sait que si les promesses du chamanisme sont très ambitieuses et magiques, le travail, c'est normal, est très exigeant et exclusif.

Faîtes douze respirations du portail.

2) La respiration du squelette-soleil

Assis, ressentez d'abord votre ossature partie par partie, au centre de tous vos membres ainsi qu'au centre du bassin et du buste. Puis commencez des respirations abdominales longues, régulières et douces en imaginant et en ressentant que le flux d'énergie de l'air respiré passe d'abord au centre abdominal pour tourner comme une galaxie spiralée, s'élever dans la colonne vertébrale et entrer à l'intérieur de tous les os. Après plusieurs séances d'entraînement cette première partie de la pratique génère de la chaleur et une sensation de densification des os. À l'expir ressentez la lourdeur de votre squelette et visualisez-le en train de briller comme de l'or.

Commencez à faire cet exercice partie de squelette par partie : pieds, jambes, cuisses, bassin, etc, puis, quand vous êtes capable de sensations proprioceptives globales, ressentez tout votre squelette en même temps comme indiqué ci-dessus.

Cette respiration chamanique est très puissante et ne doit être pratiquée que lorsque vous maîtrisez bien la respiration abdominale et la sensation du point ventral. Elle développe une grande puissance physique, une longévité active et la puissance sexuelle. Elle entre dans le cadre des procédures d'auto-guérison.

3) La respiration de l'éponge

Même principe de présence à son acte, d'allongement progressif et de régularité du souffle. Cette fois-ci, nous identifions notre corps à une éponge, comme si l'air inspiré et expiré passait par des milliers de petits pores de toute la peau de notre corps. Notre attention est à moitié sur la qualité du geste respiratoire et à moitié sur la sensation de notre peau, partout sur notre corps, respiration douce, lente, régulière et allongée un peu plus chaque jour.

4) La respiration de la dualité

Nous assimilons l'inspir à la tension sans pour cela nous tendre physiquement, bien au contraire, l'expir étant assimilé au temps de relâchement et de descente du poids du corps vers le bas, ce qui se ressent sous les cuisses et les fesses.

Imaginez que vous gonflez d'air un ballon d'enfant. Plus vous soufflez, plus la peau est tendue. Maintenant laissez-le se dégonfler peu à peu, il se relâche et devient tout mou. Vivez sur douze respirations cette dualité relative mais tout en restant, malgré tout, le plus relâché possible dans les deux temps, la différence de tension entre les deux étant ce qui importe.

5) La respiration de l'effondrement gravitationnel

Toujours assis, l'apprenti va commencer cette respiration fondamentale destinée à réveiller son centre de connaissance silencieuse et à le rendre opérationnel.

Elle s'apprend en deux temps. Le premier temps va consister à se familiariser avec les rétentions à plein et à vide.

Inspirez lentement, doucement, régulièrement et silencieusement sur 5 à 20 secondes (on s'habituera progressivement, comme déjà mentionné, à allonger ses inspirs et ses expirs sans qu'ils entraînent des tensions ou des réactions telles que vertiges, chaleurs, étoiles, picotements, etc.). En fin d'inspir, retenez l'air de 5 à 20 secondes (même progressivité) en veillant à ce que tout le corps demeure détendu, le poids tombant vers le bas, le menton légèrement rentré vers le dedans. Puis, en maîtrisant la régularité du souffle, expirez sur 5 à 20 secondes. Pendant cet expir, imaginez – désirez – croyez et ressentez que le poids et les tensions de tout votre corps se rassemblent par vagues concentriques au centre de connaissance silencieuse, dans votre abdomen, quelques centimètres sous le nombril et à l'intérieur de votre corps, comme si ce centre devenait comme un trou noir, doté d'une masse de plus en plus grande pour un volume de plus en plus petit. On peut le visualiser comme une étoile dans la nuit, devenant de plus en plus minuscule sans toutefois cesser de briller. L'apprenti vide bien ses poumons sans toutefois vouloir expulser les derniers millimètres cubes d'air, ce qui provoquerait des tensions musculaires indésirables. Pendant l'expir, toute son attention est sur le centre abdominal, il vit proprioceptivement cet effondrement gravitationnel avec la sensation d'une profonde détente de tout son corps et, normalement, il ressent un phénomène de douce chaleur dans le centre de l'abdomen. Il réinspire doucement et régulièrement et refait 9 à 12 fois cet exercice.

Ayant assimilé cette première partie, après une ou deux semaines, il pratiquera une rétention à vide de 3 à 10 secondes avant de réinspirer.

Outre l'objectif exposé ci-dessus, cette respiration est un très puissant stimulant de l'anabolisme et du catabolisme, elle n'est plus une simple respiration thoracique mais une respiration cellulaire et peut donc être utilisée efficacement pour des séquences d'auto-guérison, accompagnée d'une Intention précise et de la visualisation du serpent sacré.

6) La méditation des cinq respirations

Notre respiration comporte en fait cinq phases différentes. Cette respiration/méditation qui consiste à les vivre consciemment est un très puissant outil de vitalité, de conscience approfondie du corps et d'élargissement de conscience. C'est l'un des plus beaux échanges énergétiques que nous puissions avoir avec l'Univers.

A) ***La respiration du 3e œil***

En passant dans les fosses nasales, l'air caresse et stimule la glande pinéale.

B) ***La respiration pulmonaire***

L'air entre dans les poumons et se répartit dans les millions d'alvéoles à la rencontre du flux sanguin.

C) ***La respiration sanguine***

L'air se combine à l'oxyde de fer du sang (l'hémoglobine). Il devient liquide et se répartit dans les 80 000 km de notre réseau sanguin.

D) ***La respiration cellulaire***

Il entre dans les cellules du corps pour intervenir non seulement dans la dynamique musculaire ou cérébrale mais aussi dans le métabolisme (mort et renaissance des cellules) permettant aux tissus du corps de se renouveler.

E) ***La respiration lumineuse***

Les milliards de mini-combustions auxquelles il participe à cet effet fournissent une chaleur qui, combinée avec son énergie la plus subtile (le chi, en chinois, l'énergie/conscience/lumière de l'Intention), retourne au corps lumineux.

Il existe des milliers d'autres respirations mais ces cinq respirations sont vraiment basiques.

Il est essentiel que l'apprenti fasse chaque jour au moins vingt à trente minutes de respiration consciente pour commencer à sentir revivre son corps physique puis à sentir vibrer son corps lumineux.

Cette revitalisation globale s'exprimera par un besoin de plus en plus fréquent dans la journée, hors exercice, de respirer profondément 5 ou 6 fois de suite, pour se détendre, pour le plaisir, en faisant quelques mouvements d'étirement, puis, peu à peu, par la conscience que tout ce que nous faisons, paroles et discussions, gestes, attentes, distractions, tâches précises, se respirent et deviennent de plus en plus agréables et efficaces si nous les respirons. À ce stade, l'apprenti commence à être naturellement centré, confiant en lui-même et son attention commence elle aussi, à être de plus en plus aiguë.

Plus le guerrier avance dans la maîtrise de la respiration, plus celle-ci est intériorisée, discrète et voyage profond dans les cellules.

N'oublions jamais que quoi que nous désirions transformer en nous-même, rien d'important chez l'homme ne peut être changé s'il ne change pas sa respiration car, comme le dit Piotr Terenti, un chamane sibérien…

« Le souffle d'un homme raconte avec précision la nature et la profondeur de ses pensées ainsi que toute la mosaïque de ses émotions… »

En changeant notre façon de respirer et en en devenant conscients le plus souvent possible nous nous connectons avec ce qu'il y a de plus profond en nous.

Le mot « expirer » désigne à la fois le pôle émetteur de la respiration et l'acte de mourir. Le rythme binaire de la respiration vécu avec attention nous introduit dans l'intimité de la « grande conseillère » pour nous révéler qu'au-delà de la discontinuité du souffle, existe toujours un avant pour l'inspir et un après pour l'expir comme pour ce qui se passe avec le premier inspir et le dernier expir de notre vie.

ENTRER DANS LA CONSCIENCE DU CORPS

Ayant remarqué chez son élève une pudeur corporelle excessive, Don Juan lui dit un jour, en lui donnant deux ou trois tapes dans la poitrine : « Et pourtant mon ami, c'est là dedans que se trouve tout le secret du chamanisme. »

En fait ce qu'il voulait dire c'est que ce secret ne réside pas exactement **dans le corps** mais dans la **conscience du corps**, autrement dit dans l'unité corps-esprit.

Don Juan, en pédagogue astucieux, cherche la plus grande simplicité et même la ruse avec un apprenti suprêmement retors et intellectuel, et cette phrase suffit pour attirer l'attention de celui-ci sur son corps, ce qui est en fait le seul but du maître.

L'instant présent a un espace spécifique privilégié : c'est notre corps. Si vous avez du mal à vous concentrer, à finir ce que vous commencez, si vous êtes une personne dispersée, ou manquant de réalisme, entrez dans votre corps, parcourez-le en profondeur. Le corps est le lieu où l'instant présent, dans son étrange absence de temporalité, peut déclencher notre rencontre avec la sensation concrète du temps simultanéïste où réside notre corps lumineux.

La conscience silencieuse dont le siège se trouve quelques centimètres sous le nombril dans l'abdomen a bien sûr une affinité avec le corps physique. Elle est l'intelligence oubliée du corps mais de façon beaucoup plus profonde que ce que l'on entend d'habitude par ces mots.

C'est en passant par le corps que nous rejoindrons et réveillerons cette intelligence qui englobe l'intelligence cérébrale et qui permet de connaître directement l'intention de toutes choses sans avoir besoin de raisonner sur elles.

Dans les exercices de conscience du corps il y a toujours plusieurs exercices en un :
– rapprochement du corps lumineux ;
– travail sur l'attention (tournée au-dedans) ;

– développement de l'intention ;
– exercice de santé et de bien-être.

Mais tous, finalement, fusionnent en un seul : le développement des états de conscience élargie et l'ouverture au nagual.

RESSENTIR DES PARTIES PRÉCISES DE SON CORPS

Le travail de conscience du corps commence par des choses très modestes et simples pour devenir progressivement de plus en plus difficile et complexe. Il est conseillé aux apprentis débutants, quelle que soit l'expérience qu'ils ont déjà d'un travail similaire, de ne pas brûler les étapes par suffisance, les exercices de base sont très importants. Ils sont comme les pierres d'angle d'une maison en construction. Faites-les avec beaucoup d'application et surtout soyez très exigeant sur leur qualité, chaque fois que vous recommencerez une série d'exercices, refaites les premiers comme si vous ne les aviez jamais faits car c'est avec cet état d'esprit chamanique que vous développerez votre « cœur actif » puis l'Intention. Le sentiment qui s'exprime par la phrase « je sais déjà tout ça, passons à autre chose ! » est une ruse de la mémoire pour saboter la mise en place de sa grande rivale, l'attention-vigile.

Asseyez-vous sur une chaise, calmez-vous et rendez-vous mentalement disponible à ce que vous allez faire par 6 ou 9 respirations calmes, lentes et profondes, avec une partie de votre attention sur la tombée naturelle du poids du corps à chaque expir.

Puis commencez à sentir différentes parties de votre corps : poing gauche, genou droit, oreille gauche, tempe droite, etc. Après quelques minutes, essayez de ressentir toujours du dedans (proprioceptivement) deux parties différentes en même temps. Il ne s'agit pas de « penser » ces parties du corps mais de les ressentir sensoriellement.

Dans quelques semaines vous pourrez essayer de ressentir trois parties différentes du corps simultanément.

La progressivité dans la difficulté des exercices est un grand secret du progrès personnel.

Dans deux ou trois mois, vous essaierez de ressentir des organes intérieurs (foie, rate, estomac, rein, etc.) en vous aidant au besoin d'une bonne visualisation. Finissez par quelques minutes de respiration consciente puis essayez maintenant de ressentir tout votre corps globalement avec les sensations les plus précises possibles.

LA RELÂCH-ACTION DU CORPS ALLONGÉ
(un exercice bien connu)

Vous vous allongez confortablement. Vous vous mettez en condition par quelque 9 ou 12 respirations profondes, lentes et régulières.

Puis vous allez monter dans votre corps, de vos pieds jusqu'à votre tête (le dessous des pieds, puis les orteils, puis le cou-de-pied, puis les talons, puis les chevilles, etc.), de façon lente et détaillée, avec votre attention intérieure, en faisant trois choses à chaque partie du parcours : sentir cette partie, désirer qu'elle se relâche (encore plus qu'elle ne l'est déjà) puis la sentir cette fois bien relâchée, passant ensuite à la partie suivante du corps. Aux épaules, vous descendez jusqu'au bout des doigts, puis remontez aux épaules et vers le sommet de la tête. Prenez votre temps, cherchez la qualité du travail, prenez plaisir à entrer peu à peu dans une conscience de plus en plus profonde de votre corps.

S'EXPANSER DANS LES SIX DIRECTIONS

Debout, commencez par quelques respirations et éventuellement la position du guerrier debout dont l'explication va suivre, pendant quelques minutes.

Essayez maintenant de sentir le dessous de vos pieds (ce qui fait déjà partie de l'exercice en question), puis le sommet de votre tête, puis les deux en même temps.

Ensuite essayez de sentir le centre de votre poitrine, au niveau du plexus solaire puis ensuite le milieu du dos entre les deux omoplates, puis les deux simultanément.

Enfin essayez de ressentir la partie extérieure de votre épaule droite, puis la partie extérieure de votre épaule gauche, puis les deux simultanément. Dans deux ou trois semaines, vous commencerez à ressentir deux par deux, puis trois par trois de ces six points de contact de votre corps avec son espace extérieur immédiat, puis enfin quatre, cinq et six points en même temps. Vous serez alors dans la sensation globale et extérieure de votre corps (ubiquité sensorielle). Soyez patient, exigeant et confiant : cela ne paraît pas bien mystérieux ni peut-être « très chamanique » selon vos idées sur le chamanisme et pourtant, bien réussis, ces exercices vont vous mener peu à peu, combinés à d'autres, à la conscience de votre corps lumineux, à la maîtrise de votre attention et à bien d'autres choses encore. Une fois que vous aurez la maîtrise de la sensation simultanée des points de contact extrêmes de votre corps avec l'espace dans les six directions, vous allez commencer une respiration abdominale, lente, douce et régulière avec la sensation de vous expanser, d'augmenter de volume, en partant de ces six points pour finalement vous sentir comme une sphère sensible qui se gonfle dans l'espace à l'inspir et diminue de volume à l'expir ; c'est, de toute façon, une réalité physique mais avec le développement de votre attention propioceptive, en particulier aux six points, cette sensation doit prendre une ampleur sans commune mesure avec la toute petite augmentation et diminution de volume réelle du corps physique.

Maintenant, sachant que vous avez un corps lumineux, sachant qu'il respire lui aussi, vous allez « imaginer – croire – désirer » qu'à chaque inspir, il s'expanse de plus en plus, revenant à sa taille normale à chaque expir et dans quelques temps, vous allez tout simplement ressentir que cela est une réalité ; le corps lumineux peut ainsi s'expanser à plusieurs mètres, plusieurs dizaines de mètres tout autour de votre centre abdominal et même aller beaucoup plus loin, aussi loin que votre conscience est capable d'avoir l'Intention qu'il aille. Ne pratiquez pas l'expansion du corps lumineux autour de vous avant de bien ressentir sensoriellement et de façon nette les six points haut-bas, devant-derrière et gauche-droite simultanément car vous risqueriez d'accentuer des asymétries préexistantes de votre corps lumineux dans l'espace et d'augmenter les dysharmonies psycho-émotionnelles de votre personnalité qui leur correspondent. L'exercice fait avec une base proprioceptive bien établie dans les six directions a, au contraire, pour conséquence positive de vous rééquilibrer sur ce plan.

Toute tension physique doit être progressivement éliminée de tous les exercices corporels du chamanisme, une Intention de plus en plus développée remplaçant peu à peu l'effort physique. C'est à la fois un moyen et un but.

MOUVEMENT PARADOXAL

Cela consiste à faire en même temps deux choses de polarités opposées avec deux parties du corps, généralement le haut et le bas, mais parfois la gauche et la droite, le bras gauche et la jambe droite, etc.

Le plus classique est le suivant : l'apprenti se tient debout, en position du guerrier debout. Il lève lentement les bras, articulations souples et déverrouillées, devant lui, jusqu'à ce que les doigts soient dressés vers le ciel. Il « imagine – croit – désire » qu'un fil d'énergie s'accroche à ses deux majeurs, ou que son corps lumineux émet, à partir de ceux-ci, deux fils de lumière-énergie qui montent vers l'infini, rejoignent le soleil puis, à travers celui-ci, se dirigent jusqu'au cœur noir de notre galaxie. Il est alors soutenu par ces deux fils et peut se lâcher complètement dans ces trois articulations : chevilles, genoux et hanches. **Il est entièrement mou et inerte en bas et étiré vers le haut, tout le poids de son corps tombe du nombril vers le dessous des pieds et une force partant du nombril vers le ciel, en passant par les doigts, se dirige vers le haut.** La masse des hanches est comme une breloque qui pend librement au bout de la colonne vertébrale. L'apprenti maintient cette position autant que le permet l'inspir qu'il a pris à la montée des bras, puis repositionne son bassin sur les têtes des fémurs et redescend lentement les bras.

MOUVEMENTS CONSCIENTS ET LENTEUR

La lenteur est un puissant allié pour la maîtrise de l'attention et la conscience du corps. Les chamanes toltèques ont mis au point toute une gymnastique de mouvements conscients qui ont une forte ressemblance avec des chikongs et la pratique méditative du taïchi-chuan d'origine taoïste. Il est difficile de les décrire verbalement et des schémas statiques ne sont pas non plus d'une grande aide mais le principe en est simple et n'importe quel apprenti chamane, doté d'une base extraite de ces disciplines, peut s'inventer sa propre gymnastique avec le plaisir supplémentaire d'en être le créateur. Des mouvements très lents et très conscients, couplés avec des respirations, l'inspir sur l'ouverture du corps, l'expir sur la fermeture, mimant des attitudes animales ou reproduisant une danse personnelle, exprimant des sentiments pour la nature et l'espace environnant, alternant étirements et replis sur soi, mouvements vers le bas et le haut, la gauche et la droite, et dirigés alternativement vers les quatre directions de l'espace, constituent une excellente gymnastique énergétique pourvu que l'attention intérieure au corps soit en éveil constant et la respiration en harmonie avec les gestes.

On n'imagine pas à quel point le relâchement profond de notre corps est important. Tous les muscles rouges et blancs, les tendons, les articulations et cartilages, le système nerveux, les parois des vaisseaux sanguins sont concernés par ce travail.

La relâch-action est comme la respiration et le silence intérieur : un préalable incontournable aux états de conscience modifiée. Il s'agit ni plus ni moins de laisser l'énergie de l'Intention émerger et couler librement à partir de la fusion de l'esprit et du corps.

Il y a trois niveaux de tension donc de profondeur dans le corps, qui correspondent à trois niveaux de relâchement.

Apparemment, allongée et bien détendue, toute personne normale peut croire de bonne foi être réellement relâchée mais nos tensions, particulièrement celles de second et troisième niveaux sont tellement ancrées dans notre corps et depuis si longtemps qu'on ne les sent plus : l'ossature tout entière est déplacée de sa position d'équilibre et d'énergie optimale ce qui en retour renforce ces tensions chroniques. Aussi, l'idée *« tout va bien... je suis détendu... c'est évident... passons maintenant à autre chose de plus excitant »*, est fatale pour la progression de l'apprenti trop pressé.

Il faut aller très loin dans le corps et avec une attention vigile impeccable pour le libérer de tensions profondes, ce qui déclenchera l'apparition de changements psycho-émotionnels et comportementaux substantiels.

La relâch-action exécutée à ce niveau de profondeur est une véritable thérapie à elle toute seule.

CONSCIENCE DU CORPS ET ATTENTION SECONDE

On peut faire un parallèle entre ce qui se passe entre l'homme et son corps et ce qui se passe entre la conscience individuelle et la conscience planétaire de la socialité en expansion. C'est une tendance vers toujours plus d'abstraction : de même que nous sommes menacés de cellularisation par la mise en place d'une intelligence collective planétaire, de même par le développement hypertrophique de son intellect voué à la description abstraite de la réalité, l'homme s'est peu à peu coupé de son corps et a progressivement privé chaque cellule de celui-ci d'une forme de conscience cellulaire et énergétique, la somme totale de ces minuscules consciences constituant le centre de connaissance silencieuse de l'abdomen avec lequel il n'est plus connecté.

Le but du chamane, qui développe sa conscience corporelle, est de permettre à chaque organe de retrouver cette conscience cellulaire sans supprimer la conscience globale centralisée dans le mental. Ainsi retrouve-t-on la dualité tonal/nagual et son équilibre dynamique.

Chaque cellule du corps du chamane est appelée à redevenir consciente et c'est la maîtrise regroupée au centre de l'abdomen de ces milliards de petites consciences qui va permettre l'acquisition de pouvoirs chamaniques.

Le cancer, qui se définit sommairement comme un processus de croissance cellulaire anarchique pourrait être, comme bien d'autres maladies, un signal envoyé par le corps et le nagual de l'individu pour rappeler à l'homme son oubli de la conscience cellulaire et la nature uniquement cérébrale et abstraite de sa conscience.

LA POSITION DU GUERRIER DEBOUT

La position du guerrier debout est un exercice de conscience du corps mais elle est aussi beaucoup plus que cela, c'est pourquoi nous lui accordons un paragraphe spécifique.

Elle est en réalité l'exercice physique le plus important du chamanisme avec son application dynamique, la marche du guerrier car :

> **« Comme le séquoia se trouve tout entier en puissance dans l'une de ses simples graines, tous les pouvoirs du chamanisme s'amorcent dans la simple position du guerrier debout. »**
>
> Unayuma

Enfin, « simple position » est une façon de parler car ce n'est pas un exercice que l'on peut qualifier de facile. Il se compose en effet de la mise en place de points précis tous aussi importants les uns que les autres, de telle sorte que s'il en manque un, ou si l'un d'entre eux n'est pas correctement exécuté, la position n'est pas opérationnelle du tout. L'énergétique chinoise, parfois très proche du chamanisme dans ses conceptions et dans certains de ses exercices, possède avec la « position du pieu » quelque chose d'à peu près équivalent mais elle n'est pas expliquée de façon aussi limpide, notamment en ce qui concerne la relation à la terre et l'éveil de l'attention seconde.

Dans une phase plus avancée de sa pratique, la position du guerrier debout devient la transe gravitationnelle puis la marche du guerrier quand elle est dynamique.

L'extrême exigence de qualité qui concerne la mise en place de ses quinze points n'est pas superflue, elle découle simplement de l'expérience millénaire qu'en ont les chamanes toltèques qui, ayant pu constater les effets prodigieux de sa pratique à haut niveau, ont toujours insisté dans la formation des éclaireurs appelés à leur succéder, sur la perfection nécessaire de son exécution.

Comme pour tous les exercices chamaniques majeurs, la position debout :

– apporte la santé, la vitalité et le bien-être ;

– permet de s'auto-guérir d'un certain nombre d'affections et de maladies ;

– donne une occasion de travailler intensément l'attention vigile (interne) et l'Intention ;

– permet de comprendre directement par le corps l'une de nos dualités majeures : l'axe terre-ciel et ses énergies ;

– d'élargir le champ de la conscience et d'atteindre l'attention seconde (en particulier quand elle devient la transe gravitationnelle).

EXÉCUTION DE LA POSITION DU GUERRIER DEBOUT

L'homme est le seul être vivant dont la moelle épinière est en permanence (sauf quand il dort allongé) dans le prolongement du rayon terrestre qui, partant du centre de la terre, passe par son axe vertical, son centre de gravité, et ressort par le sommet de sa tête. Sans doute cette relation gravitationnelle particulière à la Terre a-t-elle joué un rôle dans son évolution et dans le développement de sa conscience actuelle. Mais l'homme, dans son ensemble, n'a pas encore fini de conquérir cette verticalité qui, grâce aux chamanes et aux sages taoïstes qui l'ont portée à un très haut niveau de pouvoir, lui réserve encore bien des surprises. La plupart des êtres humains en effet sont inconscients du merveilleux cadeau qu'ont fait à leurs descendants les premiers hominiens qui se sont redressés sur leurs membres postérieurs pour y rester définitivement.

Nous allons maintenant étudier la mise en place des quinze points spécifiques de la position

L'apprenti se met debout dans un endroit calme où il ne sera pas dérangé (ceci est nécessaire au début car après une période d'entraînement il pourra faire la position n'importe où).

Ses pieds parallèles écartés de la largeur de ses épaules, il commence par faire quelques respirations abdominales, calmes, profondes et lentes pour calmer son esprit. Il ressent le dessous de ses pieds et en en relâchant tous les muscles de façon à ce qu'ils reposent bien au sol, notamment par les neuf points de contact marqués sur la figure N° 14.

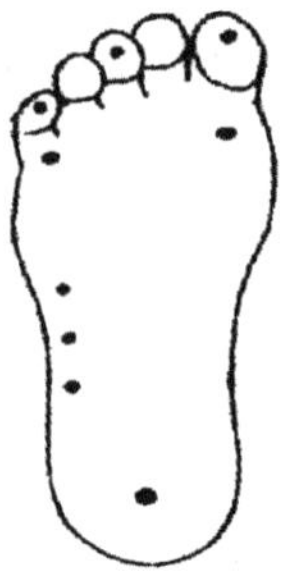

Figure N° 14 : Les neufs points de contact du pied

Le contact du point du talon est particulièrement important. Généralement, l'homme moderne étant toujours pressé, il est plutôt sur le devant de ses pieds que sur ses talons. Sentir le dessous des talons ne suffit donc pas, l'apprenti se rendra compte, au fur et à mesure de sa pratique et à sa grande surprise, qu'il va vraiment relâcher les muscles de ses pieds graduellement et il ressentira seulement au bout d'un certain temps ce qu'est le fait de se relâcher vraiment dans les talons et ce qu'est le fait de toucher le sol avec les neuf points de contact de façon égale partout. Ce sera une sensation réellement nouvelle pour quasiment toutes les personnes qui expérimenteront avec persévérance la position indiquée à la figure N° 15 (mise en place du point n° 1, voir p. 368).

L'apprenti va maintenant passer aux quelques points suivants. Ils sont en fait cinq et doivent se mettre en place simultanément. Il s'agit de fléchir très légèrement, pour les déverrouiller en même temps que pour les relâcher musculairement, les paires d'articulations des chevilles, des genoux et des hanches (points n° 2, 3 et 4). C'est un fléchissement léger et subtil, l'attention de l'apprenti doit être en éveil pour en moduler la modération. En même temps, l'apprenti va très légèrement écarter l'ensemble jambes/cuisses et leurs articulations vers l'extérieur et sur les côtés comme pour arrondir l'entrecuisse (point n° 5). Bien sûr, étant inhabituel, ce geste provoque des tensions musculaires locales qui annulent la détente des trois paires d'articulations du bas du corps et décollent même légèrement les pieds du sol. Il faut, par l'entraînement et l'intention, arriver à garder cet écartement sans pour cela annuler les mises en place précédentes (points 2, 3 et 4).

C'est comme si on avait un cheval entre les jambes, avec un dos arrondi dont nos jambes voudraient épouser la forme sans tensions. Cet écartement, qui concerne les deux jambes, de la cheville au périnée, doit être ressenti comme si dans l'espace ainsi agrandi entre les deux piliers des jambes, il voulait laisser passer tout le haut du corps et c'est avec cette petite métaphore qu'il va imaginer que le bassin se « décoince » de sa position légèrement cambrée et bascule vers l'avant, comme libéré de l'appui des deux têtes de fémurs qui le maintenaient jusque là dans cette cambrure (point n° 6). L'image, c'est que le bassin, maintenant que les deux piliers des jambes sont maintenus un tout petit peu plus écartés qu'avant, pend librement comme une breloque au bout d'une ficelle qui serait la colonne vertébrale. Le lâcher-prise des tensions autour des deux têtes de fémurs est essentiel pour libérer le bassin et le mettre en situation de « breloque » suspendue au bout de la colonne vertébrale.

Nous allons maintenant passer au septième point qui consiste à ouvrir le dos pour que l'énergie qui va bientôt commencer à monter et descendre dans la colonne vertébrale puisse circuler. Cette ouverture se fait en écartant très légèrement les bras du corps et en faisant une petite rotation des coudes vers l'extérieur (point n° 7).

Il faut ensuite recourber les quatre doigts des mains rondement et sans tension vers le pouce (conservation de l'énergie qui, autrement, s'enfuit abondamment par les mains, attirée par la Terre) (point n° 8).

Il faut maintenant décambrer et ouvrir le cou en rentrant légèrement et sans tensions musculaires le menton vers l'arrière (point n° 9).

L'idée est de « faire respirer » les vertèbres du cou, la tête étant généralement trop basculée vers l'arrière et le menton porté trop en avant par réaction à un dos voûté et affaissé par le sédentarisme, la position assise et la conduite automobile. Le point sommital de la tête (le vertex) se trouve ainsi juste au point d'émergence du rayon terrestre qui vient du centre de la Terre et passe par le centre de gravité du corps.

Le silence intérieur le plus complet est installé dans la conscience du pratiquant (point n° 10).

Nous allons maintenant « *imaginer-désirer-croire* » qu'un fil d'énergie lumineuse qui part du vertex s'élève vers le ciel, traverse le soleil et aboutit au cœur de la voie lactée en nous soutenant totalement de sorte que nous pouvons nous relâcher musculairement complètement sans tomber (point n° 11). Ce soutien est en même temps un canal par lequel nous recevons de l'énergie de polarité yang alors que l'énergie que nous recevons de la Terre et dont nous allons parler maintenant est yin.

À partir du vertex, nous accompagnons par l'intention la descente naturelle du poids du corps qui, de chaque cellule de celui-ci, obéit à la force gravitationnelle exercée sur lui par le centre de la terre (point n° 12).

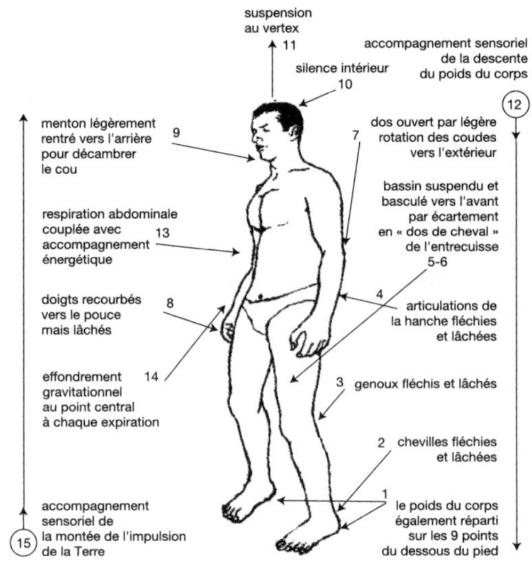

Figure N° 15 : La position du gerrier debout

Cette force d'attraction est d'une grande importance pour nous. En tant qu'objet terrestre, nous y sommes soumis mais par les tensions multiples de notre corps nous y résistons inconsciemment. Tout stress mental/émotionnel s'accompagne d'un stress physique, celui-ci s'exprimant en partie et toujours par une tension musculaire et articulaire retenant le poids du corps vers le haut, là où elle s'exerce, et, si le stress persiste et s'accroît, par une atteinte organique.

Lâcher le poids du corps vers le bas, outre que ce soit le meilleur antistress, nous met en relation avec le centre de la Terre, c'est comme une acceptation de sa puissance physique, de la façon dont s'exprime l'énergie de la matière partout dans l'Univers, mais le merveilleux bénéfice ne nous en est accordé que si, par l'Intention, nous accompagnons en retour la montée de ce que les chamanes appellent « l'impulsion de la Terre » et qu'en langage rationnel on pourrait qualifier de « train d'ondes ascendantes en phase » (point n° 15).

Les pieds deviennent comme des pompes et les jambes comme des tuyaux creux dans lesquels monte l'impulsion de la Terre. Pour cela, tout le corps soutenu au vertex par le fil d'énergie lumineuse doit se lâcher totalement du vertex au dessous des pieds. L'impulsion de la Terre nourrit le corps lumineux et éveille le centre de connaissance silencieuse. Des tas de petits signaux physiques et énergétiques informent l'apprenti qu'il commence à bien exécuter la posture, notamment une salivation très abondante, des sensations de chaleur dans l'abdomen, dans le coccyx, dans la colonne vertébrale, dans les mains et bien d'autres signaux encore.

La respiration abdominale, douce, profonde et régulière accompagne la descente du poids du corps à l'expir et la montée de l'impulsion de la Terre à l'inspir (point n° 13).

Une sensation d'effondrement gravitationnel ressentie au centre abdominal à chaque expir, comme si toute la masse du corps se concentrait en un point irradiant de plus en plus petit à cet endroit est induite par l'Intention pour être un jour réellement perçue (point n° 14).

L'énergie ascendante de la Terre nourrit le corps lumineux et stimule les flux complexes d'énergie qui le constituent.

Pour recevoir l'énergie de la Terre, vos pieds doivent devenir de véritables aspirateurs à énergie tellurique mais de façon non volontariste, par pur relâchement passif et réceptif.

LA TRANSE GRAVITATIONNELLE

L'apprenti s'entraînera à maintenir la position du guerrier debout de plus en plus longtemps en état de silence intérieur. C'est un exercice difficile mais prodigieusement riche. À lui tout seul il peut permettre de faire basculer la conscience de l'apprenti dans l'attention seconde, ce qui nécessite, selon les personnes et selon mon expérience, au moins une heure trente, voire deux à trois heures de pratique ininterrompue.

L'exercice s'appelle alors « **transe gravitationnelle** ».

C'est l'ouverture optimale du corps, son lâcher-prise gravitationnel complet entraînant la montée de l'impulsion de la Terre et son intégration puissante aux flux du corps lumineux qui va, plus ou moins soudainement, faire basculer l'apprenti dans la transe.

Les réactions et souvenirs varient un peu selon les sujets mais les plus courantes sont les suivantes : sensation de suspension totale sans contact avec le sol malgré que les yeux voient celui-ci à la distance normale, voyance lumineuse de l'environnement immédiat, sensation de jambes infiniment longues et touchant le centre de la Terre par un contact « ouateux », « spongieux », sons métalliques ressemblant à un long frottement, sons de clochettes tintinnabulantes, transpiration abondante (linge de corps trempé), etc. Quand on revient en état d'attention première, on est généralement très très détendu et profondément calme et bien.

Il peut arriver que l'apprenti, pris par la transe, se mette à danser en rond, ou à prendre l'allure de son animal de pouvoir puis il cessera progressivement cette démonstration pour tomber dans un sommeil profond, ce qui est une autre des réactions possibles.

La transe gravitationnelle et la position du guerrier debout qui en est la première phase ne sont pas à proprement parler des préparations à une séance de guérison. Leur objectif, je l'ai déjà dit, est beaucoup plus général et global. Néanmoins, quand l'apprenti les pratique depuis longtemps et pendant des séquences assez longues, elles peuvent, et c'est l'un de leurs objectifs, l'amener à un voyage dans l'attention seconde.

Dans ces cas-là, l'apprenti quitte son corps et y revient en fin de voyage, se « réveillant » dans la position debout de départ.

L'idéal, pour faire une bonne séquence de position debout, est d'avoir totalement digéré son repas précédent ou, mieux encore, de l'avoir passé. La position du guerrier debout est le moyen le plus radical pour forger Intento et atteindre l'attention seconde. De plus, elle remplit l'apprenti de force vitale et de joie sereine. Soyez aussi naturel qu'un arbre qui, simultanément, se lâche totalement vers le bas et se dresse totalement et sans effort vers le haut… Voyez son élégance et sa force !

LA MARCHE DU GUERRIER

La position du guerrier debout se marche. Pour la marcher, il faut ajouter aux quinze points, les éléments suivants :

– le guerrier pose le premier pied en partant du talon puis en posant le point latéral, puis les coussinets des orteils puis la pulpe des orteils, en particulier le gros, le petit et celui du milieu. C'est comme si le dessous de ses pieds était courbé comme un pneu, ses pieds roulent et ce « poser » est conscient, senti à chaque pas. Les articulations des chevilles, genoux et fémurs sont toutes lâchées. Les chevilles, en particulier sont comme celles d'un chat ou d'un tigre, toutes molles mais le pied adhère à la terre à chaque pas. Le corps lancé vers l'avant est doté d'une force d'inertie dont le marcheur est conscient, ce qui va l'amener à faire le moins d'efforts possibles pour tous les autres pas, en marchant à partir du bassin où se trouve son centre de gravité : le premier pas étant fait, il suffit d'avancer l'autre jambe pour ne pas tomber : la marche n'est, somme toute, que le rétablissement répété de l'équilibre du corps par l'avancée alternative des deux jambes, il y a donc beaucoup moins d'efforts à faire pour marcher si l'on pratique cela en plus de tous les autres points mis en place. On peut marcher la position du guerrier debout pendant des heures et des heures sans se fatiguer sauf pendant les premières semaines d'apprentissage pendant lesquelles le corps, perturbé dans ses habitudes, va réagir par courbatures, fatigue, lassitude, toutes défenses mises en place par la mémoire pour ne pas changer.

L'apprenti n'oubliera pas de recourber les doigts doucement vers les pouces pour ne pas laisser l'énergie du cocon lumineux s'échapper par les doigts et de respirer sa marche, en état de silence intérieur et avec un regard panoramique, il pourra, au bout de deux heures de marche, atteindre la transe marchée.

Il est important aussi de ne pas regarder le sol en marchant comme le font instinctivement beaucoup de randonneurs, pour deux raisons : l'axe vertical du corps est rompu au niveau du cou, ce qui perturbe la bonne montée de l'impulsion de la Terre jusqu'au vertex et, en second lieu, on ne favorise pas le développement de la « vision » corporelle par le centre de connaissance silencieuse. Nous yeux sont notre sens le plus mental et le plus utilisé dans la vie moderne. C'est donc le sens de la vue qu'il faut supprimer dans le cadre des non-faire que nous étudierons plus loin, pour retrouver le **« Voir »** du corps lumineux dont le centre est dans l'abdomen. Au cours des nombreuses marches que j'ai effectuées pendant mon apprentissage, l'un de mes maîtres me disait sans arrêt pour casser mon réflexe de regarder le sol : **« c'est le ventre uniquement qui doit te guider, si tes yeux regardent la terre tes pieds vont aller au ciel** », signifiant par là qu'ils allaient perdre, en se reposant sur mes yeux, le vrai contact à la terre dont le corps a besoin pour **« qu'il nous pousse des yeux au bout des pieds »** (comme le disait ce chamane) ce qu'un autre chamane mexicain exprimait de façon presque identique par le proverbe indien :

**« Les pieds sont faits pour la terre,
les yeux sont faits pour le ciel. »**

Enfin, le pas du marcheur ne doit pas être trop grand mais de taille modérée, juste adapté à son entrejambe, et donner une impression de confort, permettant au corps de rester dans son rayon terrestre, sans tensions musculaires, pour marcher des heures sans fatigue. Les yeux ne focalisant sur rien en particulier (regard panoramique) mais embrassant tout également, la conscience est contrainte au silence intérieur et peut basculer dans l'attention seconde en une heure ou deux.

LA MARCHE DE POUVOIR

Il s'agit d'un exercice pour apprentis confirmés permettant de se déplacer dans le noir absolu et sur n'importe quel terrain inconnu, y compris parsemé d'obstacles tels qu'arbres et rochers, et cette fois, à n'importe quelle vitesse.

Cet exercice ne doit pas être abordé avant une sérieuse préparation destinée à développer la **voyance** du coureur.

De nombreuses heures de position et de marche du guerrier ainsi que des exercices d'action en aveugle font partie de cette préparation. Ces exercices en aveugle consistent à faire toutes sortes de choses, marcher, courir, accomplir des tâches domestiques chez soi, avec les yeux bandés, et étant guidé, quand cela est nécessaire par un partenaire. Il s'agit toujours de remplacer le sens de la vue par le sens oublié du **« Voir »**. Dans ces circonstances, l'esprit de l'apprenti n'est pas : « oh la là ! il faut que j'arrive à faire ceci ou cela, bien que je n'y vois rien. Il faut que je fasse attention, c'est délicat, c'est peut-être dangereux ! » mais : « J'accepte de ne pas y voir avec mes yeux, quelle chance ! Je vais pouvoir retrouver mon pouvoir de **« Voir »** qui était endormi, tout mon corps est en train de commencer à « voir-sentir » ce qui est autour de moi. » Cet « esprit chamanique » n'est pas un détail de l'apprentissage, il en est la partie essentielle, le *« cœur actif »*.

Enfin, bien sûr, des marches de nuit de plus en plus longues, équipé au début d'une lampe de poche que l'on n'utilisera qu'en cas de besoin absolu, sont une préparation indispensable à la marche de pouvoir. Non seulement elles vont favoriser le développement du *« Voir »* (ne pas oublier le silence intérieur) mais aussi permettre de s'imprégner de l'énergie de la nuit, très différente de l'énergie du jour et que notre corps aime beaucoup. Dormir dans la nature avec un sac de couchage, sans tente, est aussi un excellent exercice chamanique pour réveiller sa propre « nuit intérieure ».

Nettoyage émotionnel

Toute maladie du corps ou de l'esprit s'accompagne de tensions affectant les tissus musculaires, articulaires, vasculaires et nerveux dans des zones très variables du corps qui perturbent la posture de celui-ci et sa connexion avec les deux sources d'énergie de la Terre et du ciel.

Par la pratique conjuguée des relâch-actions couchées, de la position du guerrier debout et de la marche du guerrier, on peut déprogrammer entièrement tous les réflexes émotionnels négatifs et les croyances qui leur correspondent pour purifier entièrement l'émotionnel par l'action du corps sur l'esprit. La position debout et la marche du guerrier sont une véritable thérapie holistique de cet ordre. La récapitulation, que nous verrons plus loin, est bien sûr un autre outil très puissant pour le nettoyage émotionnel.

Passer de la force physique à l'intention

Un acte est accompli avec l'efficacité et la perfection du pouvoir chamanique quand il n'y a plus de volonté en lui, plus précisément de volonté ordinaire.

À ce moment-là, l'Esprit coule librement dans le corps de celui qui agit, c'est l'Intention, à la fois personnelle et cosmique, qui réalise l'acte et cet acte peut accomplir des prouesses non ordinaires. Mais auparavant l'apprenti doit passer par les phases de la volonté ordinaire puis de la volonté « douce » et enfin par l'abandon maitrisé.

LES EXERCICES D'ÉQUILIBRE

Vu l'importance que joue le centre de gravité dans le développement de la conscience corporelle et en tant qu'application énergétique de l'attitude du funambule, il n'est pas étonnant que les exercices d'équilibre soient très prisés des guerriers de l'Esprit.

La maîtrise de l'équilibre physique est la façon dont on peut exprimer dans son corps la dualité dynamique universelle. On pourra donc s'exercer à marcher sur des poutres ou des arbres de plus en plus étroits au-dessus de ruisseaux et de rivières puis à s'y exercer les yeux bandés en prenant les précautions correspondant à son niveau d'entraînement. Le travail dans les arbres reliés par des réseaux de cordes permet aussi de développer ce centrage.

LES NON-FAIRES

Les non-faire sont des façons de faire les choses opposées ou au moins différentes des façons habituelles de les faire. Leur but est, bien sûr, de briser le pouvoir exorbitant de la mémoire pour sortir du tonal, pour le nettoyer, et pour entrer peu à peu dans le nagual.

On peut dire d'une certaine façon que tout l'apprentissage du chamanisme n'est qu'une interminable série de non-faire destinée à « stopper-le-monde » pour entrer dans l'autre attention, mais certains exercices sont plus caractéristiquement des non-faire que d'autres. Les Heyokas, clowns sacrés et puissants chamanes amérindiens en pratiquaient certains avec ostentation, tels que monter à cheval à l'envers, s'habiller en femme, dire « Au revoir » au lieu de dire « Bonjour », dormir sur un échaffaudage pour les morts, dormir le jour, travailler ou chasser la nuit, etc.

Le plus classique et parmi les plus puissants non-faire du chamanisme toltèque est la marche à l'envers. Il s'agit de marcher à l'envers pendant des séquences de plus en plus longues, de une à cinq à six heures, voire plus pour perturber profondément tout l'équilibre énergétique subtil du corps afin de réveiller notre attention seconde.

Au début, l'apprenti marche vraiment à l'envers, son corps exprime la crainte de tomber. Il ne faut pas regarder en arrière, bien sûr, et dans des régions aux accidents de terrain imprévisibles, un groupe de marcheurs a un guide qui veille à sa sécurité mais peu à peu le corps développe son **« Voir »** et ces imprévus sont ressentis et contournés sans aide. Il y a une façon particulière de s'arrêter pour ne pas perdre le bénéfice de l'exercice. Pendant la marche, l'apprenti a un regard panoramique sur le paysage dont il sort et son mental est le plus silencieux possible. Il apprend à son corps à marcher en arrière avec la même confiance que lorsqu'il marche en avant.

Pour introduire des non-faire dans votre vie quotidienne, cherchez tous les gestes et actes quotidiens que vous exécutez de façon routinière et changez-les systématiquement, faites-en un défi personnel. Par exemple, allez au restaurant et commander votre repas de façon à le manger à l'envers : le café d'abord, ensuite le dessert puis le fromage pour finir par l'entrée. Faites cela très sérieusement sans le moindre fou-rire comme si c'était pour vous la chose la plus naturelle du monde. « Traquez » toutes les routines que vous estimez peut-être justifiées par le plaisir ou la rationalité et qui cependant, sont presque toutes arbitraires, conventionnelles, socialitaires ou éventuellement nocives pour votre santé dans votre façon de manger, votre façon de vous habiller, d'enfiler vos vêtements, de vous laver, votre chemin pour aller au travail, vos loisirs.

Lancez-vous le défi d'inventer de nouvelles façons de faire tout, de nouvelles façons d'être rationnel, d'avoir du plaisir, d'être efficace, et découvrez-vous hors tonal.

Le grand objectif des non-faire, ne l'oubliez pas, est de faire bouger le point d'assemblage et vous savez désormais qu'il peut occuper des milliers d'endroits différents de celui que vous appelez « **ma** vie, **mes** goûts, **mes** convictions, **mes** plaisirs, etc. » et qui sont tout autant que ces derniers votre vie, vos goûts, vos convictions, vos plaisirs. Ne vous contentez pas d'être une goutte d'eau alors que vous êtes en réalité un océan de conscience.

Les non-faire sont aussi des exercices sensoriels demandant une certaine patience.

Couchez-vous sous un arbre à la vaste ramure bien feuillue et, au lieu de contempler les feuilles, ne vous occupez que des innombrables petits trous de lumière entre les feuilles. Au bout d'un moment vous pourrez être saisi de contempler des milliers de lucioles sur fond de nuit, c'est-à-dire la sensation inverse de ce qui est là.

Au bord d'un lac ou d'une rivière aux eaux très calmes, contemplez le reflet des arbres dans l'eau comme si, au lieu d'eau, c'était un ciel à l'envers, s'ouvrant vers le bas, que vous contempliez. Au bout d'un moment vous pourrez être pris d'un vertige comme si vous alliez tomber dans ce vide, car vous ne verrez plus le lit calme d'une rivière avec des reflets d'arbres mais vraiment un ciel immense avec des arbres la tête en bas vous aspirant vers le bas.

Marchez sur un chemin ensoleillé. Tous les petits graviers et cailloux ont une ombre, regardez ce chemin dans tous ses détails, tout en marchant calmement, mais ne vous intéressez plus qu'aux ombres des cailloux et non aux cailloux eux-mêmes. Au bout d'un moment, vous verrez véritablement le chemin d'une autre façon : l'ombre des choses révèle une vie insoupçonnable !

N'oubliez pas la dualité dynamique : toute chose est le résultat de la rencontre de deux choses de polarités opposées ; par notre conventionnalisme et nos routines, nous ne vivons plus qu'un seul pôle de toutes choses et notre énergie s'affaiblit jusqu'à en mourir. C'est toujours le tonal des choses que nous privilégions mais dans le nagual se trouve une quantité fabuleuse d'énergie à laquelle nous tournons obstinément le dos.

Si vous êtes quelqu'un d'agité et d'hyperactif, pratiquez l'immobilité du corps et de l'esprit, non comme une discipline ou encore moins une corvée, mais comme un non-faire énergétique particulièrement puissant pour vous. N'oubliez pas non plus que les non-faire sont le plus fantastique exercice de détachement qui puisse exister, tout cela est dans la logique chamanique : l'attachement aux habitudes est étroitement lié à l'ego et au premier anneau de pouvoir.

Jeûner est un très puissant non-faire du « faire » alimentaire. Faire le ménage ou la cuisine les yeux bandés, dormir à l'envers dans son lit sont d'autres non-faire.

Les non-faire pratiqués avec appréhension, lassitude, sans y croire, sont bien entendu inutiles. On peut inventer des milliers de non-faire, les possibilités sont inépuisables mais attention ce ne sont pas que des jeux anodins, il est essentiel de les faire avec de l'attention-vigile pour mesurer les progrès de notre détachement.

LES EXERCICES DE CONTEMPLATION

La contemplation est le non-faire de l'attention visuelle ordinaire. Pour contempler, il faut « **cesser de regarder les choses pour les voir** » car notre regard habituel, prisonnier de la mémoire, ne peut rien nous livrer de nouveau sur les choses que ce que celle-ci a déjà enregistré.

Bien sûr, certaines personnes assez observatrices seront capables de déceler des petits changements dans des lieux ou sur des personnes sans nécessairement avoir recours à la contemplation mais ici il s'agit d'aller au-delà de ces petits changements, il s'agit de saturer la mémoire sensorielle en regardant « comme si » on n'avait, d'instant en instant, jamais vu l'objet contemplé ce qui, au bout d'un temps variable peut, tout à coup, déclencher le « **Voir énergétique** » de celui-ci. Bien sûr, l'exercice requiert un silence intérieur total mais, en même temps, il est un excellent exercice pour développer celui-ci (trois exercices en un si l'on ajoute le développement d'Intento).

Asseyez-vous confortablement car cela va durer un moment. Prenez une feuille morte et contemplez-la sur une feuille de papier blanc, dans tous ses détails, sans les nommer ni les qualifier ni les comparer intérieurement. Quand vous avez l'impression de la connaître par cœur ou d'en être las, recommencez en renouvelant votre motivation. Vous savez que vous attendez quelque chose : c'est votre entrée dans l'attention seconde, mais attendez-la sans avidité, avec patience et humilité. Recommencez l'exercice en augmentant chaque jour le temps de contemplation jusqu'à ce qu'un jour la feuille devienne tout à coup autre chose. Ajoutez trois ou quatre feuilles mortes et recommencez.

Il vaut mieux avoir quelqu'un avec vous quand surviendra un saut dans la seconde attention, surtout si vous n'êtes jamais entré dans celle-ci. Je me suis personnellement retrouvé ligoté par une sorte d'arbre spiralé en liane autour de moi qui était sorti de la feuille (de son nagual) et cet arbre vivait et respirait avec moi. Je ressentis d'abord un certain malaise mais repris mes esprits et retrouvai vite mon état d'esprit habituel, curieux et attentif. Au bout d'un moment la situation s'estompa pendant que je revenais en attention première.

Comme toutes les situations inhabituelles, les expériences d'attention seconde peuvent nous impressionner, voire nous effrayer. N'oublions pas que le dépassement des peurs est un enjeu majeur de l'apprentissage et qu'il conditionne ni plus ni moins le destin du guerrier de l'Esprit (voir le troisième principe de la profession de foi toltèque).

C'est le tonal de l'apprenti qui, au « coup par coup » le protégera des actes excessivement audacieux ou, s'il n'est pas prêt pour devenir guerrier de l'Esprit, le ramènera dans le monde de l'attention première.

Les exercices de contemplation peuvent se pratiquer avec n'importe quel objet, proche ou lointain pourvu qu'il soit délimité au départ ; patience et confiance seront déterminants pour les réussir.

Le guerrier investit sur ce qu'il possède en matière de « vertus » et la principale de celles-ci est le fait d'avoir un objectif de guerrier et d'y croire. Si les non-faire et les exercices de contemplation sont difficiles c'est parce qu'ils exigent une grande quantité d'énergie psychique nécessaire pour s'arracher à l'attraction mémorielle du premier anneau de pouvoir (comme il faut une grande quantité d'énergie à un corps tournant autour d'une étoile ou d'une grosse planète pour s'arracher à son attraction gravitationnelle). C'est précisément en percevant ou en agissant de façon maîtrisée à l'opposé de notre façon habituelle de percevoir ou d'agir que nous allons forger Intento, la force qui fait le monde, la force créatrice et libre qu'est l'Aigle pour « **voir ce que l'on n'avait jamais vu dans ce que l'on avait toujours vu** ». L'enjeu est incommensurable.

LE REGARD PANORAMIQUE

Les yeux sont le canal privilégié pour les entrées d'information dans le tonal. C'est pourquoi l'usage de nos yeux, sans que nous nous en rendions compte, est régi par celui-ci : il y a une logique dans l'usage que nous faisons de nos yeux et dès qu'elle est dérangée, le tonal est troublé, le point d'assemblage commence à trembloter.

La marche prolongée, la randonnée silencieuse (verbalement et mentalement) est l'un des exercices qui apportent le plus de vitalité physique et le plus d'énergie psychique.

En y ajoutant le regard panoramique, l'apprenti-chamane peut en faire un exercice pour entrer dans l'attention seconde.

Il suffit de ne pas fixer un point particulier du paysage, mais de « recevoir tout » sans rien privilégier, ce qui est le contraire de ce que font nos yeux qui passent sans arrêt d'un objet à l'autre, pratique exigeante qui requiert une maîtrise permanente de notre attention sur « tout à la fois » de façon « activement passive ».

Il est impossible de penser à quoi que ce soit dès que l'exercice est bien fait (l'un des meilleurs exercices de silence intérieur qui soit). Bien entendu, il est conseillé de posséder déjà une bonne maîtrise de la position marchée du guerrier debout pour bénéficier des avantages de celle-ci sans pour cela devoir consacrer trop d'attention aux quinze points.

Au bout d'une ou deux heures, voire plus, il se peut que votre conscience bascule dans l'attention seconde ; ne craignez rien, car dans cette méthode douce de transe, votre tonal reste très présent et vous protège de tout problème. Par prudence supplémentaire et si vos craintes devaient vous empêcher de travailler l'esprit libre, pratiquez cette marche à plusieurs.

LE SILENCE INTÉRIEUR

Le silence intérieur est l'une des pratiques de base les plus importantes du chamanisme car il est la meilleure façon, avec les non-faire, de « stopper-le-monde ».

Rappelons le sens exact de « stopper-le-monde ».

Nous « faisons le monde » par notre premier anneau de pouvoir en appliquant à tout ce que nous recevons du nagual, le triple filtrage, sensoriel, affectif-émotionnel et intellectuel. Nous créons ainsi le monde familier du tonal. Par la force conservatrice de la mémoire, cette production de réalité est fixée de façon puissante et tenace sur l'étroite bande de conscience-univers du corps lumineux que nous appelons « le monde normal », que nous croyons être la seule réalité.

Pour nous ouvrir aux autres plans de réalité, nous devons donc « stopper-le-monde ».

Quand nous faisons du silence intérieur de façon totale et prolongée, nous faisons tomber un à un tous ces filtres jusqu'au filtre sensoriel inclus.

À un moment donné, tout en étant conscient, nous ressentons que notre corps est devenu rigide et engourdi et qu'il ne répond plus à nos sollicitations motrices : notre conscience est prête pour accéder au plan de réalité suivant.

Par la vacuité du mental, l'énergie vitale descend au centre abdominal et réveille la conscience énergétique de l'apprenti.

Il s'agit de suspendre toute activité mentale : pensées, souvenirs, paroles, pendant un temps qui soit le plus long possible pour permettre ce recentrage de la conscience au siège du corps lumineux. C'est un exercice assez difficile mais qui mérite tous les soins et la persévérance du guerrier de l'Esprit car c'est lui qui va déterminer le passage de celui-ci à un niveau véritablement sérieux du chamanisme.

Il peut se pratiquer dans n'importe quelle position physique : couché, assis, en position seiza, debout ou encore en marchant. Carlos avait appris de Don Juan une position fœtale très particulière qui facilitait grandement l'entrée dans le silence : il s'agissait de ramener les cuisses vers la poitrine en position assise, les bras entourant l'ensemble des jambes, les chevilles serrées par un foulard de façon à glisser entre elles un morceau de bois dont la partie supérieure élargie venait soutenir le menton.

Connu de toutes les voies spirituelles passant par le corps et l'esprit, il décourage généralement la majorité des pratiquants, en partie parce qu'il n'est pas enseigné de façon suffisamment claire, mais aussi parce que l'activité mentale et verbale a atteint chez l'homme moderne des limites inimaginables. Il m'est arrivé fréquemment dans des petits stages d'initiation ou des conférences sur le chamanisme d'entendre des personnes sensées et cultivées me dire avec une totale conviction : « Monsieur, c'est impossible de cesser de penser ! »

Répétons-le, le silence intérieur fait peur et rebute fortement car ses débuts sont très ingrats. L'apprenti qui le pratique assidûment a non seulement l'impression de s'isoler des autres mais aussi de se couper d'une partie essentielle de lui-même en renonçant à ses pensées. Il a l'impression qu'on le prive d'un besoin de communication légitime alors que ce silence va le projeter dans une communication beaucoup plus riche et magique avec l'Univers.

Le silence intérieur étant considéré comme « la porte de tous les possibles », son enseignement et sa pratique font l'objet des plus grands soins pédagogiques du chamanisme et d'une grande ferveur de la part des apprentis. De plus, nous avons un concept qui en facilite grandement l'accès.

L'apprenti commencera par choisir un endroit calme, une pièce aux rideaux un peu baissés par exemple et s'asseoir sur une chaise ou, si ces positions lui sont déjà confortables, en lotus ou en seiza, et s'assurer qu'il ne sera pas dérangé dans les trente minutes suivantes (plus par la suite). Il va calmer sa respiration, en accompagner attentivement le flux et le reflux en se relâchant au maximum, en particulier à l'expir pendant lequel il accompagne la descente naturelle du poids du corps vers le bas, le dessous des pieds, des cuisses, des bras et du menton. Toutes les tensions sont emmenées avec les « gravitons » qui tombent vers le bas, pendant qu'avec un bon appui de sa base, il sent la montée naturelle de l'énergie ascendante de la Terre dans son corps.

Bien sûr, pour éliminer les pensées, il ne faut pas lutter contre elles, se les interdire, car plus nous faisons cela, plus il y en a.

Se mettre en état 100 % réceptif yin

En chamanisme nous ne pratiquons pas non plus la méthode qui consiste à dire : « Une pensée surgit ? Bon, je la laisse passer, je ne m'oppose pas à elle et peu à peu l'esprit se calmera... ! » (J'en connais qui attendent encore l'arrêt des pensées !)

La méthode du chamanisme pour réussir le silence intérieur dérive, encore une fois, de la dualité dynamique. La voici : quand nous parlons ou pensons, nous sommes émetteurs, c'est-à-dire yang et actifs mais quand nous nous contentons purement et simplement de recevoir les sensations qui proviennent soit du dedans, notre corps, soit du dehors, le monde extérieur, nous sommes récepteurs, soit yin et passifs : cela ne contrarie pas le silence intérieur ; il va donc s'agir de ne rien accrocher à toutes les perceptions que nous allons recevoir, ni pensées, ni commentaires, ni associations d'idées, ni évaluations, ni comparaisons, il va seulement falloir recevoir de simples sensations mais, pour ne pas laisser la place à la moindre émission que le mental est irrésistiblement tenté d'échanger avec cette série de réceptions, **nous allons littéralement nous gorger, en état de pure passivité yin, de toutes les sensations qui se présentent à nous, saturer littéralement le cerveau perceptuel jusqu'à ce que submergé par ce « tsunami sensoriel », il renvoie ce trop plein d'informations vers le centre de connaissance silencieuse pour que celui-ci le traite de façon énergétique et non plus abstraite**. Tant que le mental émetteur est actif, il n'y a, en effet, aucune chance d'entrer en état d'attention seconde.

Le leitmotiv de Descartes « **je pense donc je suis** » fait bien rire les chamanes qui savent à quelle portion congrue de notre conscience nous réduit l'activité intellectuelle du cerveau.

Accordons-lui le bénéfice du doute en imaginant que par le terme « penser », il voulait peut-être dire : « **être conscient** ».

Quoiqu'il en soit, on a trop longtemps confondu conscience et pensée, donnant à la seconde l'importance de la première alors qu'elle n'en est qu'une modalité parmi d'autres. Le langage qui structure la pensée (qu'à cause de cela on appelle la pensée langagière) et lui impose sa logique est, bien sûr, le grand responsable de cette confusion mais aussi de la réduction pour beaucoup d'êtres humains de leur conscience à la simple pratique de cette forme réduite de conscience que nous appelons en chamanisme le « dialogue intérieur » parce qu'en fait elle consiste à se parler à soi-même. Elle occupe cependant une telle place dans la vie consciente de l'homme actuel qu'en quelques dizaines de milliers d'années elle a provoqué l'atrophie quasi totale du centre de connaissance silencieuse, et de sa capacité de perception directe de l'énergie des objets, des êtres vivants et des phénomènes qui caractérisent la conscience chamanique et ses pouvoirs. On pourrait donc paraphraser Descartes et affirmer :

« Je ne pense pas donc je suis. »

Car penser, au sens langagier et descriptif du mot, nous confine irrémédiablement dans une zone très réduite de notre conscience où nous ne faisons que décrire le monde après l'avoir identifié par analogie avec des sensations du passé et des codes verbaux abstraits.

En se gorgeant de seules sensations, l'apprenti cesse de réduire le monde à sa mémoire, c'est-à-dire à lui-même, il devient ce qu'il perçoit, son ego est ainsi momentanément hors service, car il n'est plus dans la connaissance du monde extérieur par identification à ses contenus mémoriels, mais dans la connaissance du monde par identité à ce qu'il est réellement dans l'instant, et c'est bien pourquoi notre tonal fait tout ce qu'il peut pour nous détourner du silence intérieur, c'est bien pourquoi une peur inconsciente mais néanmoins très profonde nous empêche d'y parvenir : le tonal a une peur panique de se dissoudre dans le nagual !

Avec cette méthode fondée sur le rappel de l'alternative yang-émetteur ou yin-récepteur et sur la ferme détermination d'adopter pendant une demi-heure, une heure ou deux heures une attitude résolument et exclusivement réceptrice, l'apprenti peut parvenir à des séquences de plus en plus longues de silence intérieur. Attention à ne pas s'endormir, ce n'est pas le but et c'est encore un subterfuge du tonal pour garder le pouvoir !

Il me semble essentiel, même si cela a été répété à plusieurs reprises dans ce livre, d'insister sur l'importance du silence intérieur. **Il est la porte et le passage incontournable vers l'attention seconde et tous les pouvoirs chamaniques.** C'est le plus gros « lâcher-prise » de l'homme qui cherche, c'est la clé qui ouvre toutes les prisons du cœur et de l'esprit.

« Pour percevoir directement l'énergie de la vie, il faut vider ton attention de tous les mots, idées, raisonnements et valeurs qui l'occupent et contempler le monde avec la fraîcheur innocente et la pure curiosité sensorielle d'un petit enfant qui ne sait pas encore parler. Par

l'écoute du chant de l'oiseau, tu peux retrouver ta nature d'oiseau, par l'écoute du bruissement de la rivière, tu peux retrouver la fluidité de l'eau, par le contact de tes pieds à la terre tu peux retrouver tous les pouvoirs de celle-ci. » (Ayehoa)

SILENCE INTÉRIEUR ET TEMPS DU NAGUAL

Le temps est l'un des éléments de notre existence les plus intimement liés aux mystères de la conscience. Nous avons vu dans les chapitres précédents qu'il existe plusieurs échelles de temps, notamment le temps linéaire, celui de la conscience ordinaire qui s'écoule du futur vers le passé en passant par le présent puis un autre temps, le temps simultanéiste qui ne s'écoule pas de la même façon car tout y est présent en même temps. Pour entrer dans ce temps, il faut commencer par déconnecter le lien évident pour cet état de conscience entre le temps et l'espace rempli d'objets du monde extérieur car le temps est beaucoup plus psychique c'est-à-dire subjectif (et même sujetique) que nous ne le percevons généralement.

Par la séparation du temps en futur-présent-passé, la conscience ordinaire organise en fait le monde de la même manière abstraite qu'elle le fait en créant les objets solides de l'espace, mais tout comme ces objets-événements définis sensoriellement, affectivement et intellectuellement par leur forme, leur valeur, leur nom et leur sens ne possèdent tout cela que par l'anneau de pouvoir du sujet, par son « faire-le-monde », de même le temps trilogique (futur-présent-passé) n'est rien d'autre qu'un outil du tonal pour organiser ce monde.

L'instant présent occupe vraiment une place très particulière dans cette exubérance onirique, il est notre seul lien avec l'autre partie de nous-même, le nagual. Il est comme un puits, un passage vertical étroit, une ouverture minuscule mais essentielle dans le temps ordinaire qui fait communiquer celui-ci avec le temps simultanéiste. Pour traverser ce passage, il faut développer de façon aiguë notre attention à chaque instant qui passe, et parvenir au silence intérieur complet. Capables de nous laisser tomber dans ce puit de conscience vivante nous pourrons, comme les chamanes, passer de l'autre côté de nous-même, émerger dans le temps simultanéiste et en ramener des connaissances profondément transformatrices et un sentiment d'existence cosmique très intense et très jubilatoire.

ATTENTION-VIGILE ET INSTANT PRÉSENT

Où que nous soyons, quoique nous fassions, un trésor sans prix est toujours avec nous : **notre attention à l'instant présent**. C'est le développement de cette attention-vigile, le plus souvent possible exercée sur la réalité concrète du moment présent, qui va nous permettre de passer de l'attention ordinaire, sélective et esclave de la mémoire, à l'attention seconde. Tout exercice de conscience du corps est un exercice d'attention vigile à l'instant présent. Toute marche du guerrier dans la nature, avec regard panoramique ou ordinaire, pourvu que nous nous absorbions dans la simple perception du paysage, le plus exclusivement possible, est un exercice d'attention vigile.

Il est important de ne pas être pressé, de s'accorder avec tout ce qui est là, même s'il s'agit de choses « ordinaires », en oubliant qu'on les connaît déjà, de « savoir » qu'il existe quelque chose derrière cette perception, pour apprendre peu à peu cette sensation qu'un vieux chamane de ma connaissance appelait « sensation du premier matin », décrivant par là la capacité d'avoir ce regard toujours neuf et cette sensation de fraîcheur émotionnelle qui étaient les nôtres quand, enfants, nous découvrions le monde.

Les exercices d'attention-vigile sont aussi très reposants et servent de transition relaxante avec un long moment d'activité tendue. Vous êtes, par exemple, chez vous ou au bureau. Vous venez d'exécuter une longue tâche. Prenez l'habitude, après cela, de faire un arrêt sur image, et en silence, après 4 ou 5 minutes de respiration profonde sur le centre abdominal, ouvrez les yeux et regardez attentivement des objets de votre espace, observez tous les détails : les objets les plus banals ont une poésie, une présence, ils ne demandent rien mais après cet exercice, on peut presque ressentir qu'ils nous sont reconnaissants de ce regard enfin attentif pour eux.

Ce sont des exercices simples mais qui nous apprennent à nous poser dans l'instant présent, ce constituant exclusif du temps qui n'a cependant aucune durée et qui recèle tout le mystère envoûtant de l'existence.

MAÎTRISER LA MÉMOIRE SENSORIELLE

La mémoire est notre grand maître, l'une des deux facettes de l'Aigle. Il est donc intéressant d'essayer d'inverser les rôles, et de recréer mentalement des images, des sons, des odeurs, des goûts et des touchers qui sont rangés dans ses innombrables tiroirs. Ce sont les réactivations sensorielles.

Plusieurs apprentis travaillant ensemble, l'un d'eux va citer toute une série d'objets que chacun va essayer de voir, les yeux fermés, avec le plus possible de précisions : forme, couleur, ombres. Puis un autre proposera toute une série de sons à réactiver, et ainsi de suite pour les trois autre sens. Le travail se fait assis, détendu, après quelques minutes de respiration. Le développement de la capacité de réactivation sensorielle facilitera le travail du rêve, en permettant au rêveur, d'une part, de vivre avec plus d'intensité sensorielle ses rêves volontaires et, d'autre part, de faciliter l'intégration de leurs enseignements dans le retour au tonal.

Il existe une variante aux réactivations sensorielles : il s'agit de réactiver, immédiatement après l'avoir perçu, la sensation d'une chose : on se promène, par exemple, dans la nature, on regarde un objet, un arbre, un nuage, puis on ferme les yeux et on essaie de le reproduire le plus fidèlement possible au-dedans en visualisation.

En salle (pour mieux contrôler l'exercice), on peut faire la même chose avec des sons : un apprenti fait toutes sortes de sons, et, à chaque son, les autres le reproduisent intérieurement. Le même exercice peut être fait avec le toucher et l'odorat.

Beaucoup d'exercices ludiques permettent de développer l'attention-vigile : avec des balles rebondissantes en salle, avec des balles rebondissantes et phosphorescentes, des parties de freesbies phosphorescents en pleine nuit, avec des pommes de pin, des pierres, dans la nature, les apprentis sont amenés à forger leur Intention par des jeux de plus en plus exigeants en attention-vigile, à dépasser leurs limites, à effacer la mémoire d'idées toutes faites négatives sur leur adresse physique.

À de multiples reprises, Don Juan amène Carlos à dévorer le monde avec ses sens, comparant le guerrier de l'Esprit à un chasseur de pouvoir à qui chaque chose contemplée en état d'attention-vigile révèle un secret.

C'est quand l'apprenti, ayant longuement entraîné son attention vigile, découvre qu'une même chose n'est jamais semblable et que chaque instant présent est réellement unique, qu'il commence à recevoir non seulement de l'information mais aussi de l'énergie des choses qu'il perçoit. C'est alors qu'il commence à devenir chamane.

Indépendamment de cette connexion énergétique avec la réalité extérieure, il est évident qu'un tel niveau d'attention procure une efficacité redoutable sur les situations et les phénomènes, la définition de l'intelligence : « **capacité d'adaptation aiguë à toute situation nouvelle** » prenant ici tout son sens.

L'HYGIÈNE DE VIE ALIMENTAIRE DU GUERRIER

Le guerrier de l'Esprit a besoin de beaucoup d'énergie. Son impeccabilité énergétique va nécessiter une certaine hygiène alimentaire.

Manger, en effet, peut tout aussi bien nous fournir de l'énergie que nous en enlever, ce qui est le cas des hommes modernes qui, dans leur immense majorité, s'épuisent et s'affaiblissent par une nourriture trop abondante, trop riche, trop chimique et absorbée dans de très mauvaises conditions.

Ils mangent beaucoup, vite et mal, alors ils vont voir leur médecin qui leur donne d'autres choses à manger, beaucoup plus toxiques encore. L'homme, toujours malade, devient peut-être conscient de l'ignorance arrogante de la médecine moderne et se tourne alors vers les médecines douces et se met à absorber plein de compléments alimentaires mais bien souvent ça ne va toujours pas mieux, alors que faire ?

Quand Carlos demande à Don Juan ce qu'il « **fait** » pour être aussi en forme, celui-ci lui répond qu'il ne « **fait** » rien et qu'en fait le secret de sa vitalité réside beaucoup plus dans ce qu'il « **ne fait pas** » à son corps que dans ce qu'il « **fait** » pour lui.

Ce « ne pas faire » d'un autre ordre, c'est surtout laisser son corps avoir vraiment faim avant de le remplir de nourriture. L'immense majorité des Occidentaux n'ont jamais su et ne sauront jamais ce qu'est avoir réellement faim car ils mangent trop, à des heures fixes comme des robots et trop souvent leur corps n'a jamais l'opportunité de connaître la vraie faim, **la faim cellulaire**, celle qui pourtant est si bonne pour le corps car quand il la connaît, ce qu'il absorbe est beaucoup mieux intégré au niveau des besoins réels de nos cellules.

Aussi est-ce le premier principe de l'hygiène alimentaire des chamanes :

1) Ne manger que lorsque l'on a vraiment faim

Si l'on veut connaître et apprécier ce principe, il faudra peut-être supprimer un repas pour savourer le suivant. Le déjeuner matinal est pris alors qu'on a mangé huit heures avant et, en principe, dormi de suite après. La plupart des gens l'avalent par habitude, par gourmandise, par réflexe stomacal (fausse faim due à la sécrétion de suc liée à l'habitude fixe de manger à cette heure). Le matin une boisson chaude suffit généralement quitte à faire un léger petit déjeuner après quelques heures de travail en cas de vraie faim.

2) Manger lentement pour mâcher tout en purée avant d'avaler.

Pour faciliter cela, reposer les deux couverts après chaque bouchée, pendant que l'on savoure. En mâchant ainsi, les parfums et saveurs ressortent beaucoup plus. **« La masse alimentaire tombe vers le bas et nourrit le corps, les parfums et saveurs montent et nourrissent l'esprit. »**

Il est conseillé de faire une petite pause toutes les quatre bouchées.

3) Manger modérément

Non seulement quatre repas et même trois par jours est trop, même pour un gros travailleur, s'il mange lentement et mâche tout en purée, mais pour chaque repas, cinq à six plats et même trois plats différents représentent une quantité et une variété excessive (la variété est bonne mais d'un repas à l'autre). 90% des maladies de notre société sont dues à une alimentation excessive. Il faut donc paradoxalement s'alimenter moins pour se nourrir mieux car une masse alimentaire excessive est presque toujours insuffisamment imprégnée par les sucs digestifs et de ce fait les nutriments nécessaires ne sont pas assimilés.

Nous épuisons notre corps par un travail de digestion qui dure pendant des heures.

4) Manger des aliments vivants, sains et le moins transformés possible, cultivés sans engrais chimiques, sans pesticides ni fongicides.

5) Manger consciemment
Consacrer toute son attention à l'acte alimentaire et au plaisir sensoriel.
Ne pas avoir de discussion soutenue, parler très peu ou, mieux, pas du tout. Éviter les montées d'émotion.

6) Manger du cru à chaque repas

7) Ne pas boire d'alcool et plutôt boire de l'eau avant le repas

8) Éviter les desserts sucrés le plus souvent possible
Si l'on en prend de temps en temps, que ce soit au titre de repas, en milieu de journée si l'on a vraiment faim, mais pas après le repas.

9) Manger les fruits en entrée ou seuls
Ou, comme déjeuner, en milieu de matinée et en cas de vraie faim.

10) Éviter les boissons acides après manger (café, thé, alcool).
La nourriture prise dans d'autres conditions que celles-ci éteint votre sensibilité et endort votre attention.
Si les Occidentaux réapprenaient à manger pour avoir de l'énergie et s'habituaient à prendre deux repas par jour, ils retrouveraient leur joie et leur bon sens, les laboratoires pharmaceutiques se recycleraient en centres sportifs, les médecins en professeurs de respiration et de méditation et le monde entier, cessant d'être pillé par eux, mangerait à sa faim.
Certains dans le monde meurent de ne pas manger, en Occident beaucoup de gens mangent à en mourir !
Il s'agit d'un même événement.

AUTRES MESURES D'HYGIÈNE DE VIE DU CHAMANE

Toujours pour les mêmes raisons d'impeccabilité énergétique, les guerriers de l'Esprit ne boivent pas d'alcool et ne fument pas. Ils aiment l'eau fraîche pour se laver, et se baignent souvent dans des rivières d'eau très froide car cela stimule leur système immunitaire qu'ils appellent le « soleil intérieur ». Ils font cela, bien sûr, avec un esprit très positif, le corps bien relâché et pratiquent, avant d'y entrer et à la sortie, des respirations profondes avec rétention et des mouvements conscients.

Ils marchent pieds nus le plus souvent possible et dorment dans des pièces sans chauffage quitte à se couvrir plus en dormant.

UNE PRATIQUE D'AUTO-GUÉRISON ET D'ÉNERGIE : RECEVOIR LA RAMIFIANCE DANS SON ARBRE INTÉRIEUR

La pratique que nous allons décrire est considérée comme susceptible d'améliorer tous les problèmes de santé car elle concerne le système vasculaire appelé en chamanisme « l'arbre intérieur » pour sa similitude avec la forme d'un arbre. La capacité d'un système de prendre cette forme pour distribuer l'énergie (le sang chez l'être humain, la sève chez l'arbre) est appelée la « ramifiance ».

Nous avons déjà une relation très intime avec les arbres, ils nous fournissent de l'oxygène qui sera ensuite distribué par le sang dans notre arbre intérieur puis dans toutes nos cellules et nous leur fournissons en retour du gaz carbonique. Mais cet échange matériel et énergétique peut être associé, par l'Intention, à un échange plus subtil, celui de la ramifiance de l'arbre dont nous avons besoin pour maintenir la tonicité, l'élasticité et l'ouverture de notre réseau sanguin.

L'apprenti choisira un arbre qui lui plaît et se tiendra à un certaine distance de lui de façon à pouvoir l'embrasser tout entier du regard. En position du guerrier debout, il le contemplera d'abord en silence pendant que sa respiration s'approfondira, se régularisera et deviendra consciente (voir fig. N° 16 « L'exercice de l'arbre intérieur et de la ramifiance »).

L'apprenti se mettra en position du guerrier debout. Puis il commencera à respirer avec l'intention d'absorber un peu de la ramifiance de l'arbre en même temps que l'oxygène que celui-ci produit pour lui, tout en ressentant-visualisant tout son système vasculaire comme un arbre. Il affirmera mentalement une fois : « En accord avec toi, je prends ton oxygène et un peu de ta ramifiance (l'esprit de l'arbre) pour que mon arbre intérieur soit tonique, flexible et bien ouvert au passage du sang jusque dans les moindres recoins de mon corps. »

L'exercice sera prolongé au moins 10 à 15 minutes et répété chaque jour, si possible deux fois par jour si le besoin est pressant. N'oublions pas que toutes les affections du corps sont concernées par la circulation du sang et qu'une tonification de celle-ci ne peut qu'en favoriser la guérison, en particulier si elle est accompagnée d'une respiration profonde et lente de nettoyage cellulaire.

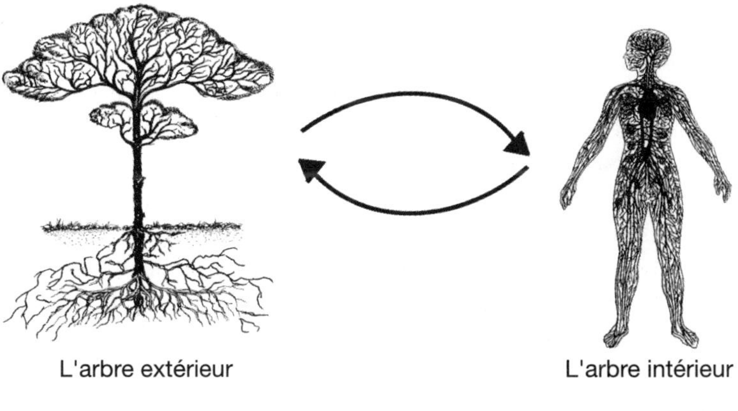

Figure N° 16 : L'exercice de l'arbre intérieur et de la ramifiance

DÉVELOPPER INTENTO

Intento est la force vitale, consciente et créatrice qui fait le monde.

Rappelons que l'on peut décrire l'Intention comme le produit de la fusion des forces de l'esprit et de celles de la matière, force qui fait tout ce qui existe dans l'Univers.

Le sommet de la tête ou « vertex » est le point du corps humain (et du corps lumineux) le plus perméable à l'entrée des énergies de l'esprit, il est polarisé + (yang), les dessous de pied (les neuf points) sont les points les plus perméables pour l'entrée des énergies de la matière, en relation particulière avec le centre de gravité de la terre, ils sont polarisés. C'est au centre ventral de la connaissance silencieuse que fusionnent les deux énergies, c'est de là que l'Intention agit sur le sujet et sur le monde extérieur. L'homme ordinaire est gouverné par le Vouloir, la force de l'Aigle qui commande la vie et la mort de tous les êtres des cinq règnes. Quand un être humain commence à désirer la liberté, il développe peu à peu Intento, le souffle de l'Aigle, qui consiste à « s'approprier » le Vouloir, à accepter le don de l'Aigle pour réveiller son corps lumineux.

Tous les exercices faisant intervenir le dépassement de soi, destinés à stopper le monde, nécessitant de développer persévérance, présence totale et investissement du cœur dans l'action fortifient l'Intention. On peut donc dire que tous les exercices de chamanisme sont des exercices pour l'Intention. Mais Intento n'est pas que la volonté, il implique aussi la fusion des énergies de l'esprit et de la matière déjà présente en filigrane dans l'alignement de la volonté du mental (le projet), des sens (attention) et du corps qui agit mais qui, par le silence intérieur et l'interface corps/esprit qu'est la respiration, va porter cet alignement au-delà des conditions ordinaires de l'action en transférant le siège de la conscience au point abdominal de la connaissance silencieuse par lequel le sujet et son environnement sont plongés dans l'univers énergétique et omnicréatif du nagual régi par l'Intention.

Cependant, même si tout l'apprentissage du chamanisme converge vers le développement d'Intento, certains exercices, en dehors des pouvoirs d'auto-guérison et de guérison, sont plus particulièrement propices à cet objectif.

Notons, pour les apprentis bien avancés : la marche de pouvoir, la transe gravitationnelle et la marche du guerrier pendant plusieurs heures, et, dès le début de l'apprentissage, tous les non-faire parmi lesquels les suivants :

CHANGER SES GOÛTS PAR L'ACTION

Notre volonté est fixée par nos goûts et nos valeurs. Il y a des choses que nous aimons et celles que nous n'aimons pas, les choses que nous aimons faire et celles que nous détestons faire, les gens que nous aimons fréquenter et ceux que nous ne fréquenterions à aucun prix. Briser notre premier anneau de pouvoir est le fondement du second anneau, celui de notre action délibérée, celui d'Intento. Amusez-vous à bricoler, à faire la vaisselle, à jardiner si vous détestez cela ; faites du tennis si vous avez ce sport en horreur ; fréquentez et entrez en relation avec des gens que vous aviez classé jusque-là comme « sans intérêt », « infréquentables », « idiots », etc. Mais attention, et toute la puissance de l'exercice est dans cette précision : il n'est pas question de faire cela à contrecœur, sans y croire, à reculons, ça ne servirait à rien, vous perdriez votre temps, et sortiriez de là écœuré de tout et de vous-même, ce ne serait que violence inutile. Non ! Faites-le avec « le cœur actif », c'est-à-dire comme si c'était les choses à faire et les gens à fréquenter les plus délicieux du monde. Investissez entièrement votre attention, votre foi, votre temps dans cette expérience, croyez-vous capable de découvrir de nouveaux goûts, une nouvelle attention, de nouvelles sensations en vous. En fait, une fois votre détermination en place, l'essentiel est fait, les filtres sont prêts à tomber, vous avez accompli les trois quarts de l'exercice… mais faites-le quand même et surtout jusqu'au bout !

Vous allez être étonné et transporté par la découverte de votre pouvoir, car vous venez de créer une autre réalité et tout le chamanisme repose sur ce principe, maintenant cela ne tient plus qu'à vous de ne plus avoir de limites dans le développement ultérieur d'Intento. Le détachement que vous allez devoir investir et acquérir en faisant cet exercice est une avenue royale, un tapis rouge que vous vous offrez à vous-même pour accéder aux états de conscience élargie car il dévérouille considérablement votre point d'assemblage.

TRANSFORMER L'EAU EN HUILE

Ce n'est qu'une expression !

Cet exercice n'est peut-être pas tout à fait pour des débutants car il nécessite la maîtrise préalable et prolongée de deux compétences dont l'une est majeure : celle du silence intérieur et la capacité de fixer longtemps quelque chose sans ciller des yeux.

Je suis toujours partisan de fournir au mental une explication ou une hypothèse d'explication d'un phénomène, en particulier avec des apprentis de culture occidentale, pour faciliter la réalisation d'un exercice qui dépasse le rationalisme.

Nos yeux perçoivent le mouvement d'un objet comme quelque chose de continu à partir de la vitesse de 24 images/seconde, c'est pourquoi les pellicules de cinéma défilent à cette vitesse. En deçà, le mouvement est perçu comme discontinu et saccadé, au-delà comme ralenti.

Mais si c'est bien le nombre de vues que perçoivent nos yeux face à un ruisseau qui court, il n'en demeure pas moins qu'entre chacune d'entre elles l'eau qui court envoie de la lumière, donc d'autres images. Si nous les percevions, nous verrions l'eau qui court ralentir et passer devant nous comme de l'huile. C'est ce que peuvent faire les guerriers de l'Esprit.

Asseyez-vous devant un ruisseau qui court, si possible pas trop bruyant pour ne pas avoir une trop grande partie de votre attention capturée par le son du ruisseau. Faites 5 à 10 minutes de respiration douce, profonde et paisible en vous relâchant au maximum. Mettez-vous ensuite en état de silence intérieur puis commencez à regarder une portion du ruisseau que vous avez choisie pour son mouvement et cessez de cligner des paupières (l'entraînement vous permettra d'y parvenir avec quinze à vingt séances, pas besoin de ruisseau pour cette partie de l'entraînement, c'est un petit exercice de volonté à lui tout seul).

Selon votre maîtrise des deux capacités et votre patience, un jour, tout à coup, vous allez voir l'eau au ralenti, couler un peu comme de l'huile épaisse. Attention de ne pas vous faire piéger par l'eau, si votre tonal n'et pas encore très fort, il vaut mieux être avec une autre personne qui ne fait pas l'exercice.

Ne pas se faire piéger consiste à concilier cet état d'attention seconde avec un maintien discrètement coopératif mais cependant vigilant de votre attention première (maîtrise et abandon en même temps) pour que votre esprit ne soit pas parasité ou emmené par l'esprit de l'eau.

APPELER L'INTENTION PAR LE CHANGEMENT DE SENTIMENT

Un être humain est un ensemble complexe. Il a un dedans et un dehors, lui-même est condamné à être toujours au-dedans mais cependant tout ce qu'il fait, pense et ressent a un impact au dehors. Nous avons déjà parlé dans le chapitre sur l'auto-guérison de l'impact puissant que peuvent avoir nos humeurs sur notre état et même sur notre destin. L'immense majorité des hommes est prisonnière de ses routines émotionnelles.

Vous êtes constitué d'un corps, d'un mental, d'un système affectif-émotionnel, d'un système de perception. Tout cela fonctionne ensemble. Quand vous avez peur, quand vous êtes pessimiste, cela correspond à certaines pensées précises, cela génère des émotions puis un certain ralentissement de la circulation d'énergie dans votre corps, voire de blocages locaux de celle-ci, et cela correspond à une position de votre axe vertical, à un certain contact à la terre, à une certaine décoloration de votre visage, à un certain faciès aux yeux ternes et tombants, enfin à un certain volume sonore de votre voix et à une certaine vibration de celle-ci, à une certaine élocution. Tous ces signaux extérieurs de votre corps non seulement vont participer à une création de réalité dans votre environnement immédiat qui sera exactement déterminée par eux (bien que pas uniquement) mais ils vont avoir un impact en retour sur vous-même qui sera très puissant et qui **renforcera** cet état négatif (voir le chapitre sur le premier anneau de pouvoir). Si vous êtes mal dans cet état, vous pouvez le changer en brisant ce cercle intérieur de renforcement. Comment ? En appelant l'Intention du bien-être, de la vitalité, du succès.

Avec le cœur actif, vous appelez dans votre mémoire le ressenti émotionnel d'un état très positif et joyeux, que vous avez connu dans le passé, puis vous changez tous les signaux extérieur négatifs de votre corps en signaux positifs, posture, ouverture du visage, aplomb au sol, tonicité du corps, sourire et rire, cri de victoire, bras levés en « V » vers le ciel, vous mettez surtout du rire, de la joie, de la force dans vos yeux, faites rouler vos yeux dans les orbites neuf fois dans le sens des aiguilles d'une montre avec une expression très vitale en eux car les yeux sont directement reliés à l'Intention. Puis, dès que possible, faites une série d'actes physiques accompagnés de respiration profonde mais avant cela pratiquez six séries de six respirations du tigre : cinq respirations très toniques, puissantes et rapides suivies d'une respiration très douce, lente, profonde et abdominale avec une rétention à la fin de l'inspir, cela six fois de suite.

Répétez cette pratique tous les jours et même deux fois par jour, si possible dans la nature. Vous allez bientôt sentir disparaître tristesse et pessimisme.

Les moments de joie et de vitalité vécus dans votre existence passée mais aussi les archétypes de ces sentiments sont conservés quelque part dans la mémoire de notre œuf lumineux. Ils sont à notre disposition.

Je sais que bon nombre de dévots du rationalisme vont sourire en lisant ces lignes ! Ils ignorent en effet que le premier principe du rationalisme, l'empirisme, consiste à ne pas se prononcer sur une proposition, quelle qu'elle soit, sans l'avoir expérimentée. L'homme moderne, coupé de son corps, en a complètement oublié tous les prodigieux secrets.

Après avoir couru à toutes jambes entre rochers et arbres dans la nuit la plus noire et sans connaître l'endroit, en s'abandonnant à son pouvoir de le faire, Carlos finit par admettre que pour réaliser cet acte peu commun *« son corps devait savoir des choses sans qu'il lui fût nécessaire d'y penser »*.

La mise en place conjuguée et délibérée de tous les éléments constitutifs d'un état d'humeur par l'Intention, permet réellement de créer celui-ci et de retrouver l'énergie qui va, en retour, favoriser l'efficacité personnelle.

DEVENIR GAUCHER OU DROITIER

Un bon défi pour développer l'Intention est de décider de devenir gaucher si l'on est droitier et vice-versa.

Vous pouvez vous exercer à n'importe quel jeu d'adresse soit dans la nature, soit chez vous.

Dans la nature, à une distance de 5 à 10 mètres, exercez-vous de votre main la plus « faible » à toucher une branche, un poteau, un piquet avec des cailloux, mobilisez votre attention, votre cœur actif et appelez Intento. Considérez déjà maintenant que vous allez parvenir à devenir parfaitement ambidextre et persévérez. Si vous ne pouvez aller dans la nature, mettez une poubelle à 4 ou 5 mètres de vous et travaillez avec des boulettes de papier. Les guerriers de l'Esprit sont très ludiques, le corps est un terrain idéal pour développer l'intention par tous les non-faire imaginables mais investissez-vous à fond dans tous ces jeux. Leurs résultats vont vous surprendre à condition de bien comprendre que l'Intention se développe… par l'intention ! Il n'y a pas de recette autre que celle-là une fois que l'on sait de quoi est composée l'Intention et que l'on a commencé à percevoir intuitivement son étrange omniprésence.

SE RENDRE DISPONIBLE À L'ESPRIT DU LIEU

Tout endroit de la nature possède son esprit.

Si l'on sait se rendre disponible à celui-ci on sentira, au bout d'un moment un contact très particulier qui s'établit. Ce n'est pas seulement le sentiment de sérénité et de bien-être que l'on peut ressentir quand on aime la nature et qu'on sait se détendre.

C'est autre chose : quelque chose tente de nous contacter, on sent l'imminence d'un message inhabituel, d'un sentiment de présence palpable qui vient du lieu et qui s'adresse à nous mais qui ne pourra être traduit par des mots, c'est l'esprit du lieu.

Il faut d'abord se mettre en état de silence intérieur, 100 % réceptif, puis marcher à petits pas confortables, bien centré dans son axe vertical, en se pénétrant fermement de l'idée qu'il n'y a rien de plus important à faire que d'être là, que rien ne nous attend ailleurs, que tout ce qui importe le plus au monde se passe ici. Il ne faut pas pour autant ressentir la moindre avidité, la moindre hâte ; en fait, il faudrait même complètement oublier ce que l'on attend. Un jour, le contact s'établira et on le saura, aucune confusion avec autre chose n'est possible. Comme cela vient du nagual il se peut que les premières fois la sensation soit inquiétante voire déprimante mais ce n'est que passager. Persévérez, cette sensation disparaîtra pour faire place à l'inexprimable.

LA FOLIE CONTRÔLÉE

Cette pratique chamanique s'appelle aussi « traquer ». Ce mot désigne donc deux choses : l'ensemble du travail sur le tonal dont ce chapitre XIV fait l'objet et un exercice spécifique qui en fait partie et que nous allons décrire maintenant.

La folie contrôlée est une façon de se comporter dont le but est identique à tous les exercices de chamanisme : élargir le premier anneau de pouvoir en faisant bouger le point d'assemblage afin d'entrer dans un état de perception énergétique de la réalité par le réveil du point abdominal de connaissance silencieuse. Pourquoi ce nom de « folie contrôlée » ?

Pour les chamanes le monde quotidien est comme une grande scène de théâtre dans laquelle les humains jouent un rôle. Le seul problème est qu'ils ne le savent pas, ils ignorent que l'Univers est une grande fête gratuite, ils prennent donc très au sérieux ce rôle qu'ils appellent la réalité, ou encore leur « vérité », sans savoir qu'il y a plein d'autres rôles à jouer pour eux, tous aussi passionnants, tous aussi « vrais ».

En devenant conscients que, d'un part, ils sont en train de jouer un rôle, et que, d'autre part, ils peuvent élargir considérablement la gamme des rôles jouables, les guerriers de l'Esprit contrôlent cette représentation permanente qu'est la vie, qui, sans cela, n'est à leurs yeux que folie.

Mais attention ! Il ne s'agit pas pour eux d'une attitude sarcastique et cynique, ni de faire semblant, s'ils sont en colère, de jouer la sérénité ou de feindre d'être tristes s'ils sont joyeux ! Ils seront réellement sereins ou tristes selon l'orientation qu'ils souhaitent donner à l'événement en cours et travaillent, à cet effet, sur leur mental et leurs ressentis, par l'Intention, de façon à vivre authentiquement le registre psycho-émotionnel qu'ils ont choisi. Quel est le résultat d'une telle pratique ? L'effacement de l'histoire personnelle et l'affaiblissement de l'ego, lequel correspond exactement à notre attachement pour nos chers filtres et à la stagnation dans notre premier anneau de pouvoir ! Elle permet aussi de maîtriser à volonté nos émotions par l'expérience de leur relativité. Le guerrier de l'Esprit est donc aussi un acteur mais un acteur plus vrai que nature, ce qui ne l'empêche pas d'avoir quand même une « personnalité » mais à laquelle il n'est pas attaché au sens immobilisateur du mot.

Les guerriers de l'Esprit ont plusieurs façons de pratiquer la folie contrôlée.

Tout d'abord, ils jouent avec les filtres au travers desquels leurs interlocuteurs les perçoivent pour les traquer, c'est-à-dire pour déstabiliser leurs certitudes afin de les amener à se remettre en question.

Dans cette situation, eux-mêmes apprennent à ne pas se prendre au sérieux, à être patients, à être très souples mentalement et surtout à devenir très créatifs en toutes circonstances

Ils ne craignent même pas, en bons traqueurs, de passer parfois pour des idiots. En acquerrant, par la traque, une grande aptitude à l'improvisation ils deviennent très créatifs au niveau comportemental et leur virtuosité pourrait faire envie à plus d'un comédien professionnel.

Une stratégie en six points pour surmonter tous les obstacles

La folie contrôlée est aussi une véritable stratégie pour débloquer et résoudre des situations difficiles de façon à faire triompher l'esprit et à permettre au guerrier de se sortir avantageusement de celles-ci tout en développant toujours plus sa maîtrise et son abandon, et enfin à susciter des prises de conscience salutaires autour de lui.

Cette stratégie est constituée de six attitudes résumées ci-dessous :

a) une connaissance approfondie de la situation, du terrain et des personnes impliquées ;

b) éliminer tout ce qui n'est pas strictement nécessaire à la résolution de la situation ;

c) le cœur actif : engager sa vie sur une décision ; une fois que la décision d'agir est prise, le guerrier s'engage totalement dans son action ;

d) s'abandonner, se détendre, entretenir un climat intérieur de confiance en soi et dans le dénouement de l'action ;

e) densifier le temps, le comprimer, agir non pas précipitamment mais en concentrant soudainement tous les moyens sur le terrain d'action ;

f) ne pas « faire le coq », ne pas montrer sa puissance et gonfler son jabot quand la situation est maitrîsée mais au contraire s'effacer soi-même, rester très discret et cacher son rôle de metteur en scène.

Cette stratégie peut paraître très prosaïque et même très « management » dans un cadre spiritualiste mais il ne faut pas oublier que le chamanisme est une voie spirituelle très terrienne et donc très pragmatique pour laquelle la réalité quotidienne et ses détails innombrables sont un excellent terrain d'apprentissage spirituel permettant en retour une vie quotidienne agréable et efficace. C'est un peu la projection dans la vie de tous les jours du modèle métaphysique dualiste du nagual (l'inconnu, le mystère) et du tonal (le connu, le familier) par lequel les acquis engrangés dans l'un sont réinvestis dans l'autre et vice-versa. Enfin, bien sûr, la folie contrôlée est l'un des principaux outils pédagogiques des chamanes et éclaireurs qui forment des apprentis. Tous les sermons du monde et toutes les invitations verbales à comprendre l'esprit du chamanisme ne valent pas la plus petite leçon de folie contrôlée.

C'est en faisant apparaître un monstre hideux à tête de poisson et à l'œil unique qui déteste les hommes et veut les réduire en esclavage mais ne s'attaque pas du tout aux femmes que Don Julian, le maître de Don Juan, contraint celui-ci pendant des mois à s'habiller en femme et, du coup, à subir les sévices venant des hommes et toutes les corvées que la femme connaît habituellement, pour ouvrir la conscience du jeune apprenti hypermachiste à sa nature yin, féminine, souple et créative. Nous sommes en Amérique centrale au début du XXe siècle quand a lieu cet épisode de son existence.

C'est en tombant soudainement gravement malade, au cours d'une longue équipée en voiture à la frontière américano-mexicaine, jusqu'à baver comme un vieillard sénile dont il prend réellement l'apparence complète, que Don Juan pousse son apprenti, affolé et acculé aux plus extrêmes émotions, à trouver le point de l'implacabilité, une situation particulière du point d'assemblage à partir duquel Carlos, délivré de toutes peurs vis-à-vis de la police, prête à le mettre en prison après une vraie chasse à l'homme, se met à agir avec un sang-froid et une audace extraordinaire pour les sortir tous deux de cette désagréable situation

À partir d'un certain niveau d'apprentissage, la folie contrôlée est le moyen favori des chamanes formateurs d'apprentis parce qu'elle seule permet des manipulations émotionnelles suffisamment puissantes pour s'attaquer à l'indéracinable fixité de leur premier anneau de pouvoir.

Exercices de folie contrôlée

En dehors de la relation suivie avec un maître chamane, les apprentis isolés peuvent déjà s'entraîner à « jouer » des rôles dans des situations relationnelles, en famille, dans des lieux publics, et pourquoi pas dans leur décor professionnel, l'essentiel étant de respecter les six principes du traqueur et de s'y engager à fond, de façon à dépasser le niveau de la bonne blague ou de la mascarade étudiante et à expérimenter la phase d'investissement émotionnel et comportemental total au-delà de laquelle l'apprenti aura la sensation étrange d'être réellement devenu quelqu'un d'autre pendant un certain temps, ce qui aura certainement correspondu à un mouvement consistant de son point d'assemblage.

On peut, équipé de vêtements adéquats, faire la mendicité pendant une heure ou deux ou endosser la personnalité, le rôle et les sentiments de n'importe quel acteur de la société, par exemple entrer chez un grand joaillier parisien pour s'enquérir du prix d'un diamant, ayant, bien sûr, l'équipement vestimentaire, la démarche et le langage d'un homme très riche prêt à faire cet achat, etc.

Achetez-vous une soutane ou un costume de clergyman chez le fripier et construisez-vous le personnage adéquat pour accompagner un ami à une soirée ; défendez, dans la même soirée, un point de vue politique ou sociologique totalement opposé à vos idées ou même soulevant une certaine réprobation, pour voir jusqu'où vous êtes capable d'aller dans le travail de traqueur, etc. Mais n'oubliez jamais de vous oublier complètement vous-même et de vous engager à fond dans le jeu.

Vous serez bientôt étonné du progrès de votre cerveau en matière de réactivité et d'inventivité mais ne dites jamais, après coup, que vous faisiez le traqueur ni pourquoi vous le faisiez. C'est peut-être la partie la plus intéressante de la folie contrôlée : ce que vous avez joué était aussi vrai et réel que ce que vous auriez fait si vous étiez resté « vous-même », **c'est seulement avec cet esprit que ces exercices seront vraiment de la folie contrôlée et non un simple jeu psychologique et n'en tirez surtout aucune vanité car vous en perdriez tout le bénéfice**.

LA RÉCAPITULATION

La récapitulation est une procédure solitaire par laquelle le guerrier peut nettoyer entièrement sa mémoire émotionnelle de toutes les émotions reçues et émises par lui au cours de son existence.

L'objectif de la récapitulation est une véritable renaissance énergétique qui favorise puissamment le passage de la conscience dans la troisième attention.

Le monde est perçu par les chamanes comme un enchevêtrement immense et sans limites de filaments lumineux vivants le long desquels, dans toutes les directions, la conscience est propagée par l'Aigle, que les chamanes toltèques appellent aussi « la mer sombre de la conscience ».

Chaque créature est reliée à ce réseau d'énergie par son point d'assemblage pour percevoir le monde et être conscient.

C'est par ce même point d'assemblage que la conscience est retirée des êtres vivants au moment de leur mort pour nourrir l'Aigle. Mais les chamanes anciens avaient observé que ce retrait était hésitant chez ceux d'entre eux qui avaient récapitulé leur vie. En fait ils découvrirent encore par la suite qu'en le faisant, ils avaient fabriqué comme un double énergétique d'eux-mêmes contenant toutes leurs expériences émotionnelles et que l'Aigle, apparemment satisfait avec ce double, ne touchait pas à leur énergie vitale et les « laissait passer ». Ce fut la découverte de l'immortalité possible des êtres humains ayant parfait leur impeccabilité.

Technique de la récapitulation

La pratique de la récapitulation dure plusieurs années. Elle nécessite trois choses : s'y consacrer le plus régulièrement possible parce que cette régularité entraîne le cerveau à retrouver de mieux en mieux des souvenirs qu'il faut aller chercher de plus en plus loin dans son passé ; maîtriser la respiration abdominale douce, profonde et relâchée ; et avoir une caisse en bois dans laquelle on sera assis, avec un trou devant le visage pour respirer, son rôle étant de couper court aux prolongations des fils du cocon lumineux dans toutes les directions, celui-ci étant hypersensible à des choses qui se passent autour de nous et que nos sens ordinaires ne peuvent percevoir. Il faut y consacrer au minimum une demi-heure, si possible plus, à chaque séquence. On peut découper d'abord son existence en grandes tranches représentant ses différentes phases puis en parties plus petites ponctuées par des événements marquants. Ce découpage va servir de plan de travail chronologique.

Pour commencer la récapitulation, on prendra les derniers instants vécus avant l'acte de récapituler pour remonter ainsi jusqu'à la naissance. On visualisera le plus précisément possible le tout dernier événement vécu en reconstituant le climat, les gestes vécus **mais surtout les sentiments et émotions échangés**.

Pendant que la conscience fait ce travail, le corps l'accompagne par une respiration : la tête part du côté droit du corps, le menton près de l'épaule droite et inspire jusqu'à regarder du côté gauche, ayant exécuté une rotation de 180 %. En inspirant, l'apprenti reprend les sentiments et émotions émis au cours de l'événement qu'il est en train de visualiser. Puis il revient en expirant et pendant cet expir, il expulse les émotions et sentiments reçus par lui et venant des personnes présentes au cours de cet événement.

On peut faire une pause toutes les trente minutes et reprendre la récapitulation où on l'avait laissée. J'ai personnellement ajouté quelque chose qui m'a semblé très efficace : c'est le geste manuel de couper avec les doigts (qui figurent des ciseaux) le fil d'énergie émotionnelle et de le rejeter loin de soi doucement si c'était une émotion reçue ou de le ramener doucement vers soi si c'était une émotion ou un sentiment émis par soi. Cela peut paraître incroyable d'arriver à retrouver ainsi tous les moments de sa vie où il y a eu échange d'énergies affectives ou émotionnelles mais avec l'entraînement le cerveau semble prendre l'habitude de remonter ainsi peu à peu avec une précision étonnante dans notre passé. La respiration y est pour beaucoup. Plus les scènes sont visualisées avec précision plus la récapitulation est efficace.

On peut aussi, mais cela n'exclut pas la grande récapitulation globale, faire des récapitulations ponctuelles sur une période donnée de sa vie particulièrement chargée ou avec une personne avec laquelle on a accumulé un gros contentieux émotionnel, dont on veut se libérer : toute émotion ou pensée négative vis-à-vis des personnes à qui l'on rend ou à qui l'on reprend des fils d'énergie affective doivent être bannies, sinon, bien sûr, on reconstruit une toile-prison pendant qu'on en défait une autre. Le cœur est neutre et bienveillant avec distance, cela peut certainement servir de procédure de pardon ou d'auto-pardon mais il ne faut pas avoir cette idée à l'esprit car c'est beaucoup plus définitif et profond qu'un pardon purement intellectuel et, de plus, ça n'est pas dans l'esprit chamanique étant donné que l'anneau de pouvoir nous renvoie au fait que ce ne sont pas les autres qui nous ont « fait du mal » mais nous-même qui nous « sommes faits du mal avec eux ». La récapitulation nous nettoie profondément, nous en sortons comme des bébés tout neufs et tout frais. Par elle, nous construisons un ersatz de nous-même dont l'Aigle se nourrit au même titre qu'il se nourrirait de notre conscience non récapitulée, à la différence près que, dans le deuxième cas, il « avale » en même temps la partie vitale de la conscience, **l'Intention**, parce que, probablement, elle n'est pas assez développée pour mériter, à ses yeux, d'être exclue du grand recyclage.

LA QUÊTE DE VISION

La quête de vision est une pratique répandue chez les Indiens des deux Amériques mais aussi chez les Aborigènes d'Australie et en Sibérie. Elle consiste dans une retraite en un lieu retiré, si possible le haut d'une montagne, pendant au moins deux à trois jours, sans manger ni boire (à la rigueur, si la quête excède deux jours, il est conseillé de boire au moins 3 ou 4 gorgées d'eau pure dans la journée) et, pour que la quête soit authentique, en s'allongeant pour se reposer la nuit, dans un trou de la forme allongée du corps, un peu comme une tombe, soit recouvert de branchages et de terre, soit enveloppé dans une couverture. L'objectif est de recevoir une vision, de vivre un passage dans l'attention seconde qui seront facilités par l'isolement total, le silence intérieur, le jeûne de l'apprenti, la peur, la présence vivante des arbres et le fait de passer deux ou trois nuits, voire plus, en pleine nature, sans abri.

En principe un chamane reste discrètement connecté au guerrier qui fait sa quête de vision, sans contact direct ni sensoriel mais ça n'est pas une nécessité absolue pour les apprentis avancés.

LA TENTE DE SUDATION

Appelé *inipi* en langue sioux, *sweat-lodge* en anglais, la tente de sudation est un rituel de purification dont le principe physique ressemble un peu au sauna mais qui comporte un volet spirituel absent de cette pratique nordique.

Une hutte en baguettes de saule est construite puis couverte de peaux ou de couvertures par le groupe d'apprentis qui réunit ensuite un tas de grosses pierres dures qui seront chauffées à blanc dans un feu ménagé au centre de la hutte ; quand les pierres sont très chaudes, les apprentis entrent dans la hutte selon un ordre cérémoniel bien précis.

Des offrandes (de tabac ou d'autres choses selon les régions) sont suspendues au sommet de la hutte. Tout autour de la hutte, là où s'assiéront les apprentis, on dispose de la sauge, on en brûlera aussi avant le début de la cérémonie et à la fin.

À l'extérieur de la hutte, un petit monticule sacré sera édifié avec la terre prise au centre de la hutte pour faire le trou où les pierres chauffées se trouvent et il sera décoré de divers objets symboliques tels que des plumes d'aigle ou des cornes ou sabots d'animaux. Les participants sont seulement vêtus d'un pagne ou d'un short et se sont débarrassés de tout bijou ou ornement ou montre. Après que les pierres très chaudes ont été apportées de l'extérieur et déposées au centre de la hutte, on verse enfin l'eau froide dessus. Une vapeur d'eau très chaude se répand dans la hutte. La cérémonie se prolonge au moins 30 à 45 minutes et s'accompagne de chants. Ce rituel a un effet salutaire sur le corps et sur l'esprit des participants. En principe, dans la véritable cérémonie indienne on déguste à la fin une tête de chien cuite au court bouillon.

LES PLANTES PSYCHOTROPIQUES

Presque toutes les traditions chamaniques se servent des plantes psychotropiques pour faciliter l'apprentissage exigeant de cette voie spirituelle. La mémoire est tellement puissante chez l'être vivant et le tonal si avide de conserver son pouvoir qu'il fallait pendant des millénaires un travail quotidien et assidu réparti sur de nombreuses années pour devenir un chamane digne de ce nom.

L'une des clés essentielles des pouvoirs chamaniques étant la maîtrise du silence intérieur, l'usage des plantes psychotropiques qui inhibent totalement le centre nerveux de la verbalisation et de la pensée logique tout en stimulant le fonctionnement du reste du système nerveux central et périphérique, permet un déplacement dc l'attention vers le bas qui réveille le centre de conscience du vouloir ou « centre de connaissance silencieuse ».

En prolongeant l'effet des psychotropes et l'apprenti étant plongé dans des circonstances insolites ou alarmantes, ce réveil s'intensifie jusqu'à « allumer » son corps lumineux. Le sujet bascule alors dans la conscience lumineuse de l'événement en cours. Cette facilité permet évidemment de gagner un temps considérable, pour les chamanes pressés d'acquérir rapidement des pouvoirs mais elle a un prix et Don Juan en avertit clairement son apprenti en lui disant que les plantes psychotropiques, pour la plupart, portent tort à son corps.

L'avidité pour les pouvoirs n'est évidemment pas le propos de Don Juan quand il en gave littéralement Carlos. Sachant que son temps personnel s'achèvera bientôt dans la troisième attention et face à la résistance opiniâtre du tonal de celui-ci, il choisit délibérément d'en passer par là pour achever sa formation dont il sait déjà la portée planétaire.

De plus, et cela est un élément capital pour affirmer qu'elles sont loin d'être indispensables, en tout cas dans l'orientation actuelle que le chamanisme toltèque, fondé sur le concept de l'homme de connaissance, a donné à cette voie spirituelle, Carlos Castaneda nous rapporte cette conviction acquise après trente années d'initiation en nous confiant que pendant les années au cours desquelles il les avait utilisées, les plantes l'avaient induit en erreur et que ce ne fut que vers la fin de son initiation qu'il réalisa que ses plus grandes découvertes avaient été faites en état de lucidité normale : **c'est le rôle fondamental du tonal de faire émerger à la conscience l'organisation claire de la connaissance, expérimentée par l'action pure dans l'état non mental du nagual**.

Réévaluation inattendue du tonal ? Non ! Simplement le rappel d'un principe très ancien et peut-être oublié pendant des siècles de chamanisme « sauvage » : celui de la dualité dynamique entre tonal et nagual et avènement d'un nouveau chamanisme, celui de l'homme de connaissance, qui remplace la méthode ancienne, certes expéditive mais dangereuse et surtout basée sur la soif de pouvoirs vite acquis au détriment de la sagesse, par un chamanisme plus cognitif et plus éthique.

De plus, il est essentiel de se rappeler que, plus que tout autre usage, l'utilisation des plantes psychotropiques peut devenir une dépendance et, en ramenant l'être humain sous l'emprise de la mémoire, qu'elle ne peut que renforcer le pouvoir de son tonal sans contrepartie assurée du côté du nagual, en lui faisant vivre des expériences qui peuvent très vite devenir un moyen envoûtant et facile de s'évader du monde des réalités.

Or, le chamane ne cherche pas à s'évader **de** ce monde mais il cherche la liberté **dans** ce monde. Il sait trop bien à quel point le moindre des gestes quotidiens donne déjà lieu à une forme puissante d'addiction pour ne pas en rajouter d'autres.

Je ne peux donc ici donner le moindre conseil concernant l'usage des psychotropes car je crois et je sais que l'apprentissage du chamanisme peut s'effectuer sans eux.

LES RITUELS

Un rituel est une action ou un ensemble de gestes répétés de façon identique à intervalles plus ou moins réguliers et dont la pratique est censée être chargée d'un pouvoir qui se transmet au pratiquant. Ce pouvoir est dû à trois choses possibles réunies ou non dans chaque rituel :

a) la charge de mémoire dont l'ont investi tous ceux qui, dans un état de grand recueillement et de ferveur maximum, l'ont exécuté pendant des siècles et des millénaires avant celui qui le pratique au moment présent ;

b) les caractéristiques énergétiques spécifiques du rituel lui-même, qui peuvent être physiques ou physiologiques ;

c) la charge d'intention de l'exécutant.

On peut considérer que certaines salutations au soleil ou à d'autres éléments de la nature (l'eau, les arbres, le ciel, la terre, etc.) ont, par leur seule gestuelle, un pouvoir énergétique bienfaisant. On pense que toutes les prières étaient, il y a plusieurs millénaires, des pratiques physiques chargées d'Intention et exécutées avec une grande attention et possédaient un pouvoir énergétique important dû à cette unification physique, affective et psychique.

La préparation ritualiste chargée de ferveur et d'attention du mélange à fumer de Don Juan, appelé « la petite fumée », associe le pouvoir psychotropique des plantes à celui de l'Intention de celui qui la prend. Mais beaucoup de rituels religieux, y compris ceux qui sont enseignés au nom du chamanisme ou d'une autre voie spirituelle, sont dénués de ces deux sources de pouvoir transformateur, physique ou physiologique et sont simplement des ensembles plus ou moins « kabbalistiques » de gestes et de paroles dont la plupart de leurs exécutants ne connaissent pas le sens exact et qui ne font que les relier à la mémoire cosmique de tous ceux qui les ont fait avant eux.

On est, dans ce cas, dans la situation typique du premier anneau de pouvoir et non seulement cela n'apporte pas grand-chose mais peut même aliéner le pratiquant à la fois dan son tonal et dans son nagual.

Il est de beaucoup préférable de se trouver son propre rituel, qu'il soit physique, et/ou énergétique et/ou verbal, si l'on souhaite en avoir un.

D'une façon générale, les chamanistes toltèques ne sont pas trop favorables aux rituels.

Ils leur reprochent d'appartenir à un tonal collectif passé et d'être, en conséquence, exécutés de façon non délibérée et avec une ferveur naïve dénuée de créativité personnelle, donc plutôt religieuse que spirituelle.

Au mieux, si un rituel doté d'une gestuelle énergétique ne vous appartient pas au départ (c'est le cas de certains exercices de chamanisme si l'on souhaite leur coller l'étiquette de rituel, du salut matinal dans les quatre directions, par exemple) au moins réappropriez-vous-le totalement en l'exécutant avec le cœur actif.

D'une façon générale, il n'est pas souhaitable d'enseigner le chamanisme à travers des rituels surtout sans fournir les fondements philosophiques et métaphysiques, les pratiques de transformation physico-énergétiques et un calendrier d'applications comportementales et émotionnelles intensives à travers le travail du traqueur et du rêveur, car c'est réduire le chamanisme à de la religiosité, ce qu'il n'est surtout pas, et entretenir chez les apprentis une autosatisfaction liée à un goût naïf pour un exotisme et un mysticisme bon marché.

Des pratiques telles que la quête de vision, le *sweat-lodge* ou le voyage au pays d'en bas que nous aborderons dans le chapitre sur le Rêveur, débordent largement le cadre sémantique du mot « rituel » même s'ils s'exécutent selon une procédure bien établie depuis longtemps car ils ont un contenu physique, physiologique et/ou énergétique évident et pragmatique. Ils méritent donc de ne pas être appelés des rituels, ce mot étant trop chargé d'un irrationalisme négatif qui ne traduit pas du tout la réalité essentielle du chamanisme.

QUELQUES TECHNIQUES POUR CAPTER UN SUPPLÉMENT IMMÉDIAT D'ÉNERGIE

La recherche d'énergie, c'est l'impeccabilité énergétique qui concerne absolument tout ce que nous faisons dans le monde de la première attention, dans les six registres de l'intellect, de l'affectif-émotionnel, du corps, des perceptions, des comportements et de l'action. C'est donc essentiellement un travail constant et à long terme qui nous permet de nous préparer à la rencontre avec le nagual, par une élévation de nos fréquences énergétiques et une harmonisation de celles-ci pour être en phase avec celle de l'Aigle qui est holistique et très puissante.

Cependant, il existe de petites techniques d'appoint qui permettent, en cas de besoin immédiat et local, d'en acquérir rapidement.

Parmi elles, rien ne vaut une séance de respiration profonde, lente et régulière avec centrage au point abdominal suivie immédiatement d'une séance de relâchaction profonde.

On peut aussi prendre de la lumière dans les yeux presque fermés en se mettant face au soleil et en faisant osciller la tête de gauche à droite et vice-versa pendant 6 à 8 minutes et en terminant par une petite séquence supplémentaire pour l'œil gauche tout seul. La quasi-fermeture des paupières protège les yeux de la violence du soleil et en même temps augmente par diffusion la quantité totale de lumière absorbée. Il est bon aussi pour l'énergie de le faire avec le scintillement du soleil au moment où il va juste basculer derrière la crête d'une montagne ou avec son scintillement dans un quartz ou dans l'eau d'un ruisseau d'eau pure. Pendant cet exercice, il faut respirer et envoyer, par la respiration, l'énergie ainsi captée dans la colonne vertébrale d'abord et dans les autres parties du squelette ensuite, en état de silence intérieur, bien sûr.

Si l'on sent que l'on est emmené dans l'attention seconde et qu'ayant changé d'avis ou ne s'y sentant pas prêt, on souhaite revenir à la première attention, on peut y parvenir en roulant des yeux dans le sens inverse des aiguilles d'une montre. Cela a un effet très puissant sur les fréquences émises par le cerveau et nous ramène au tonal.

Pour prendre l'énergie de la Terre, nous l'avons vu dans la quête de vision mais avec un objectif un peu différent, on peut s'enterrer pendant un à plusieurs jours, cela conforte l'équilibre entre le tonal et le nagual et nous apporte un sentiment de grande force et de calme profond pendant plusieurs jours après l'exercice.

UN EXERCICE D'HARMONISATION DU TONAL ET DU NAGUAL

Les yeux et la lumière ont un rapport intime avec notre corps lumineux. L'œil gauche est l'œil du nagual, le droit celui du tonal.

Technique

On place un objet devant soi, à une distance variant entre 50 cm et 1,50 m, on bouche l'œil droit et on le regarde avec l'œil gauche, puis on débouche lentement l'œil droit tout en conservant l'image vue par l'œil gauche pendant qu'apparaît l'image vue par l'œil droit. Il ne faut pas se laisser troubler par elle et conserver son attention d'abord pour l'autre, celle de l'œil gauche tout en percevant deux objets au lieu d'un. On fait l'exercice neuf fois puis on inverse l'œil bouché et on recommence.

Ensuite, ayant pris conscience que tout ce que nous voyons est en fait le résultat de deux images perçues par le cerveau comme une seule, on s'entraîne, les deux yeux ouverts, et sans en boucher aucun, à distinguer à volonté l'objet vu par l'œil gauche et celui vu par l'œil droit, alternativement.

Cet exercice nous dualise mais de façon dynamique. Ces effets se transposeront dans notre conscience pour nous apporter de la flexibilité dans le passage entre le tonal et le nagual.

DANSER DANS L'ÉNERGIE DE LA NUIT

Le jour et la nuit n'ont pas la même énergie. Les chamanes aiment la nuit et la fréquentent beaucoup. Dans la nature, tout ce qui est minéral et végétal et certains animaux nocturnes déploient des énergies différentes de celles du jour dont nous avons besoin pour être des êtres complets et forts. Si un jour, vous êtes las, sans force et que votre moral est à plat depuis plusieurs jours voire plusieurs semaines, faites l'expérience de partir seul dans la nature et de marcher et de respirer au moins deux heures et même si possible d'y dormir. Si vous avez peur, ce qui serait naturel dans la nuit totalement noire et en pleine nature pour une personne non habituée à ce genre de pratique, mettez-vous à danser joyeusement, comme si vous étiez un lutin de la nuit, tournez sur vous-même les jambes fléchies, bien dans votre bassin, les bras étendus et faisant tous les mouvements que votre corps commence peut-être à avoir envie de faire. Résistez au désir de retourner chez vous. Continuez de danser ainsi, peut-être en chantonnant ou en poussant des petit cris. Je vous parie que, dans quelques minutes, vous allez être pris d'une étrange et très agréable euphorie, **votre corps aime beaucoup cela mais comme vous ne l'écoutez pas, vous ne pouviez pas le savoir**. Votre corps aime la nuit, il a besoin de l'air de la nuit, votre nagual en est privé depuis des années, peut-être depuis toujours. Cela peut changer bien des choses dans la façon dont vous gérez votre temps, vos rythmes de vie, vos habitudes !

Vous pouvez aussi emmener des ami(e)s pour vivre cette expérience et la pratiquer ensuite régulièrement au moins une fois par semaine. Vous allez sentir bientôt votre forme physique et votre sérénité augmenter de façon consistante.

LES LIEUX D'ÉNERGIE

Les lieux d'énergie, comme les alliés, donnent lieu à beaucoup de fantasmes chez les passionnés de chamanisme. Certains vont se recueillir près des pyramides aztèques ou au pied des géants de pierre toltèques comme d'autres vont sur les champs de menhirs pour « recevoir des énergies ». De même, certains autres pensent qu'on ne peut ressentir le chamanisme qu'au Mexique ou en Australie.

Certes, l'exotisme facilite la rupture des routines de toutes sortes et il est certain que les constructions majestueuses imprégnées de ferveurs millénaires ont une influence sur notre conscience, de même que les terres mêmes où le chamanisme n'a jamais cessé d'exister mais il est utile de rappeler pour ces personnes que le lieu d'énergie le plus important est toujours celui où, à chaque instant, nous avons les pieds posés. En fait ce lieu est en nous, le nagual étant partout présent dans l'Univers. Y entrer est une question d'intention et de silence beaucoup plus que de lieux télluriques.

DES INVOCATIONS ET NON DES PRIÈRES

Il n'y a pas de prières ni de prosternations dans le chamanisme.

On ne prie pas l'Aigle, on ne lui demande rien car il a déjà tout donné, il n'y a qu'à s'éveiller pour pratiquer et accepter ce don, ce travail nous appartient. De plus, l'Aigle ne veut pas être plus adoré que supplié car le don de l'Aigle s'accompagne incontournablement du face à face avec l'Aigle pour le découvrir en nous, ce qui ressemble plus à un combat qu'à une supplication.

Pour les chamanes, se prosterner est le signe d'une humilité équivoque qui n'est pas la véritable humilité. L'acte de prosternation et la prière évoquent plutôt à leurs yeux un manque de confiance dans notre propre divinité, un vide fondamental qui trahit l'incompréhension que le don est déjà en nous.

Aussi le guerrier de l'Esprit, au lieu de se prosterner et de prier, se lève-t-il pour faire des invocations qui évoquent sa vision du monde et le chemin qu'il veut parcourir. En voici une des plus belles :

Invocation des nouveaux chamanes toltèques à l'Aigle, Intento.

« Cette omniprésente et cependant impalpable force abstraite qui, du dedans, manifeste, organise, rend consciente et donne un sens à toute forme d'Êtreté de l'Univers, ce que d'autres appellent Dieu, je l'appelle Intento... »

« Intento m'a accordé le don de comprendre que si je suis en lui, il est également en moi...

J'accepte simplement ce don de l'Aigle en me comportant en guerrier de l'Esprit qui chemine vers la liberté...

Je t'appelle, je te sens, je suis empli de toi... INTENTO ! »

CONCLUSION

Tout travail chamanique sur l'attention seconde, toute recherche des états de conscience modifiés qui ne s'appuie pas sur un tonal solide donc bien nettoyé, est inutile, incontrôlable voire dangereux.

N'oublions pas que si le nagual est, en tant que champ infini de tous les possibles, de tous les pouvoirs de la conscience, extraordinairement attirant, on peut aussi s'y perdre et disparaître dans son immensité !

Le tonal est l'endroit solide d'où la conscience lucide et la volonté réfléchie de l'homme conçoit et désire connaître sa nature lumineuse et fluide et toutes les expériences qui lui correspondent. **L'homme est foncièrement dualité**, le tonal n'est ni plus ni moins important que le nagual, c'est le fait de se contenter de la conscience du tonal sans ambitionner de nous accomplir aussi dans le nagual qui réduit notre existence à une expérience le plus souvent décevante, horriblement routinière, et laissant même souvent un sentiment de profonde injustice, mais vouloir s'aventurer dans le nagual sans un tonal solide et limpide serait comparable à la stupidité d'un ouvrier de l'espace sortant du module spatial en ayant omis de s'amarrer solidement à celui-ci.

Tout le travail du traqueur est destiné à nettoyer le tonal. Rappelons ces trois axes de nettoyage et leurs principales techniques…

a) **au niveau mental** : le silence intérieur, la maîtrise de l'attention, l'effacement de l'histoire personnelle ;

b) **au niveau émotionnel et affectif** : le non-jugement, la récapitulation, l'erreur ou l'échec comme occasion, le cœur actif (germe de l'Intention) ;

c) **au niveau physique** : la respiration abdominale, l'art chamanique de manger, le jeûne de nettoyage, la marche quotidienne et prolongée.

Et pour les trois niveaux, tous les non-faire qui leur correspondent.

CHAPITRE XV

La pratique du Rêveur

> « Il ajouta que tout ce que “Rêver” fait est de nous accorder, en détruisant notre sensation de connaître ce monde-ci, la fluidité d'entrer dans d'autres mondes inconnaissables à partir de celui-ci mais tout aussi réels que lui... »
>
> C. Castaneda

LE RÊVE, AUTRE FACE DE NOTRE REALITÉ GLOBALE

De façon générale, l'homme moderne ne fait pas grand cas de ses rêves. Pour lui, ce ne sont que des produits gratuits de sa conscience qui se livre, libérée des tensions et des problèmes du monde diurne, à toutes sortes de fantasmes incompréhensibles.

Les chamanes ont une approche totalement différente des rêves. Ils pensent que leurs contenus sont tout aussi réels que nos vécus diurnes et, persuadés de cela depuis des millénaires, ils ont pu constater expérimentalement que sous certaines conditions, ils pouvaient être une écoutille pour pénétrer dans les autres mondes à condition que le rêveur prenne conscience qu'il est en train de rêver. Mais cela ne suffit pas pour faire du rêve un véhicule vers les mondes parallèles, il faut ensuite en prendre la direction et le vivre délibérément sans s'éveiller.

Parvenus à ce niveau de maîtrise, les chamanes appellent cette activité « faire du Rêve » et, pour distinguer celui-ci du rêve ordinaire et purement passif, nous écrirons le premier avec un grand « R » et le second avec un petit « r ».

Faire du Rêve exige beaucoup d'énergie, il faut **« une intention indomptable, une conscience de cristal et une patience de serpent »** disent les chamanes toltèques, mais le résultat dépasse très largement l'investissement en efforts.

Pendant que nous rêvons (de rêve ordinaire) le corps est en état de détente très profonde et notre système sensoriel et de vigilance dans un état de léthargie correspondant à son inutilité momentanée. Le tonal est habitué, dans de telles conditions de conscience, à être très réduit, l'équivalent d'une veilleuse en somme. Mais cette veilleuse est aussi un gardien et un agent de sécurité, nous le verrons plus loin. C'est alors qu'une partie de la conscience se libère des contingences spatio-temporelles et physiques du corps pour entrer dans une fréquence vibratoire qui déclenche la perception d'une frange particulière du nagual. Cette zone est en quelque sorte un monde intermédiaire entre le monde de la vie ordinaire et les immensités inconnues du nagual proprement dit.

Dans ce « no man's land » entre les deux domaines de l'Êtreté, la conscience vit des événements dont la richesse et la tonalité émotionnelle sont en rapport étroit avec la personnalité du rêveur mais lorsque celui-ci s'éveille le matin et se souvient de ses rêves, il ne peut les décoder qu'à travers son tonal, c'est-à-dire son « connu » et c'est pourquoi, le plus souvent, ils lui paraissent aussi fantaisistes et irréels.

COMMENT FAIRE DU RÊVE

Pour faire du Rêve, le Rêveur doit d'abord commencer par relativiser sa notion de la réalité (première cuirasse du tonal) et envisager intellectuellement que Rêver soit l'expérience d'un monde réel et qu'il y a, en somme, plusieurs niveaux de réalité. Ensuite il lui faudra s'éveiller dans son rêve, c'est-à-dire prendre conscience qu'il rêve sans se réveiller pour cela et conserver et faire croître cette prise de conscience.

Cela est arrivé, plus ou moins, à chacun d'entre nous, au moins une fois dans sa vie. Mais comme je l'ai dit plus haut, ce n'est pas suffisant, il va falloir maintenant diriger son rêve pour que ce soit « Rêver ». Nous exposerons plus loin les techniques de base pour développer cette maîtrise. Voyons d'abord à quoi elle va mener l'apprenti. En apprenant à Rêver, il pourra vivre deux sortes d'expériences :

A) En train de Rêver, il pourra se rendre compte qu'il est éveillé mais hors de son corps physique, celui-ci étant assoupi, généralement en dessous de lui. À cet instant, la conscience du Rêveur se trouve dans son Double qui est, comme son nom l'indique une sorte de double vaporeux de son être physique, léger et flottant, relié à celui-ci par un fil d'énergie lumineuse qui assure son retour immédiat dans ce corps dès que le tonal, alarmé par quoi que ce soit, le désire. Si cette connexion venait à être rompue, le double serait dans l'impossibilité de rejoindre le corps physique et s'en irait continuer son existence éthérée dans les mondes parallèles, le corps physique donnant tous les signes d'une mort définitive. Selon toutes les sources autorisées que j'ai pu consulter, ce risque, très faible, a moins de chance de se produire, à quantités d'expériences égales bien entendu, qu'un choc avec une voiture pour un piéton quelconque moyen. Ce double est en fait constitué d'une partie importante du corps lumineux qui, dans cet état de dédoublement d'avec le corps physique, peut enfin déployer la capacité d'éveil élargi que nous avons appelée plus haut l'attention seconde mais cependant, notamment dans les débuts de Rêver, l'attention première du tonal est aussi présente dans le Double et elle se manifeste par un mélange d'étonnement, de rationalité et d'inquiétude qui fera place peu à peu à une nouvelle confiance en coopération avec l'attention seconde. Le tonal reste cependant en veille en permanence dans le corps physique pour le protéger de toutes intrusions en provenance de l'autre monde.

Dans cet état, le Rêveur peut voyager, à des vitesses extrêmement rapides, dans le monde quotidien qui lui apparaît toutefois avec des proportions, une topologie, une morphologie et un éclairage un peu différents de la façon dont il le percevrait en état de conscience ordinaire, même s'il l'identifie parfaitement. La matière solide de cet environnement ne présente aucune résistance s'il veut la traverser. Le Rêveur peut s'en aller très loin et même quitter momentanément la Terre.

Une fois qu'un Rêveur a commencé ce travail et réussi un premier voyage, il se souvient parfaitement de ce qu'il a vécu, du moins est-ce mon expérience personnelle et celle de tous les éclaireurs et chamanes que j'ai fréquentés.

B) La deuxième phase du Rêve consiste, quand la « coopération » du tonal et du nagual est suffisamment développée, à basculer dans les autres mondes, qui sont multiples et qui n'ont rien de commun avec le monde ordinaire tel qu'identifié dans la phase A du Rêve. Ce sont des univers totalement étrangers à celui-ci, beaucoup d'entre eux étant peuplés d'êtres inorganiques, c'est-à-dire non dotés de corps physiques mais seulement d'un corps d'énergie et possédant une conscience et des capacités émotionnelles variables selon leur espèce.

Dans quelles conditions s'aventurer au sein de tels univers si totalement étrangers à l'homme et à son tonal ? C'est précisément le nettoyage du tonal et un long travail d'interpénétration positive entre celui-ci et le nagual de l'apprenti ainsi que la mise en place d'une stratégie de progressivité à la fois audacieuse et prudente qui vont protéger l'apprenti chamane devenu navigateur de l'esprit et lui permettre de s'avancer toujours plus loin dans l'immensité sans bornes de la conscience.

Les paramètres de temps et d'espace étant totalement différents entre le monde ordinaire diurne et le monde du Rêve, et la conscience du Rêveur étant désormais dotée d'une créativité cognitive beaucoup plus développée que celle dont il fait usage dans le tonal, il bénéficiera couramment de visions du passé et de visions du futur qui pourront bien sûr être utiles dans le monde quotidien, soit dans sa fonction de conseiller existentiel, soit dans celle de guérisseur.

Le Double, ou corps de rêve, est en fait une partie du corps lumineux du Rêveur dont l'autre partie continue d'imprégner et d'habiter le corps physique pour conserver la vie.

Rêver favorise donc tous les objectifs de l'apprenti-chamane en lui apportant une certaine maîtrise de la séparation des corps, corps physique et lumineux, et, simultanément, de l'interpénétration des deux domaines de conscience du tonal et du nagual. Rêver sert avant tout à apprendre, en voyageant dans l'immensité, comme un voyageur attentif et curieux apprendrait ce qu'est la Terre et ses différentes civilisations en la parcourant de long en large.

La voyance et tous les pouvoirs chamaniques ainsi que le pouvoir d'auto-guérison et de guérison des autres vont bien entendu être favorisés par l'apprentissage du Rêve.

Pendant que nous Rêvons, nous sommes en quelque sorte « privés de tonal » ou presque, donc de notre volonté ordinaire, nous allons donc devoir développer une volonté non ordinaire pour « être à la hauteur » de ce qui nous attend dans le nagual et cette volonté non ordinaire, qui va fusionner avec le peu de volonté et de conscience ordinaires qui nous restent dans cette situation, c'est **Intento.** Peu à peu notre commandement, le désir ferme de Rêver, va devoir devenir le commandement de l'Aigle, et cela se fera par le mouvement du point d'assemblage.

Les mondes où nous sommes pendant nos rêves ordinaires sont donc exactement ceux dans lesquels nous évoluons au cours de nos Rêves, c'est l'attention seconde.

Les conditions nécessaires à la pratique du Rêveur

La première condition est celle d'un relâchement optimal du corps et de l'esprit, une sérénité authentique qu'il faudra installer dans sa vie quotidienne.

Il est nécessaire aussi de bien maîtriser l'attention vigile, le silence intérieur, et d'être doté d'un tonal sobre et bien nettoyé, enfin de pratiquer l'Intention bien entendu.

Nous allons maintenant passer en revue quelques techniques de base.

Les accessoires du Rêveur

Fabriquez-vous un bandeau en tissu élastique de coton, comme les serre-tête que mettent certains skieurs pour maintenir leurs cheveux, pas trop serré et muni d'une bande sur le sommet de la tête au milieu de laquelle vous ménagerez une petite poche pour y introduire une améthyste de votre choix, l'idéal étant qu'elle soit taillée en cabochon. Puis fabriquez-vous des chevillères dans le même tissu, munies sous le pied d'une autre petite poche dans laquelle vous pourrez placer un petit grenat pour chaque pied (ou un petit rubis si vous en avez les moyens !). L'emplacement de la poche doit être en plein centre de la voûte plantaire.

LES TECHNIQUES POUR RÊVER

Technique des mains

Ayant mis votre bandeau et vos chevillères de Rêveur vous allez commencer votre première séance d'apprentissage du Rêve. Choisissez un soir où vous avez mangé légèrement (et chamaniquement). Couchez-vous sur le dos et faites une bonne relâch-action. Vous êtes au bord du sommeil. L'exercice de préparation, très important car tout repose sur lui, va consister à surveiller, sans tensions mentales donc dans la plus grande sérénité et sans avidité, le moment où vous allez basculer dans le sommeil, un exercice paradoxal car il faut en effet rester assez éveillé pour se sentir s'endormir ! et sans penser à quoi que ce soit !

Simultanément vous profitez de ce moment d'attention pour décider fermement qu'une fois parti dans le sommeil, vous regarderez le dos de vos deux mains (ou leurs paumes). Vous pourrez les avoir contemplées au préalable, avant de vous coucher par exemple et chaque fois que vous ferez l'exercice ainsi qu'à plusieurs reprises dans la journée, avec beaucoup d'attention et en état de silence intérieur. Ne vous découragez pas, l'impatience n'est pas du tout favorable à l'apprentissage du chamanisme (par contre, si vous avez décidé qu'elle était votre point faible, l'apprentissage du chamanisme est très favorable à celui de la patience !). Faites l'exercice le plus souvent possible, l'idéal, si vous êtes vraiment décidé à devenir un guerrier de l'Esprit, étant de le faire tous les soirs. Une nuit, enfin, vous vous éveillerez dans votre Rêve en train d'être conscient de faire ce que vous aviez décidé de faire un moment avant : regarder vos mains.

Que faire alors ?

Évitez tout choc émotionnel (décidez avant l'exercice de laisser tomber les états de surprise autant que les états de panique) et jetez de brefs coups d'œil de côté, comme furtivement, sans vouloir les fixer avec insistance, à toutes les choses qui vous entourent et revenez à vos mains qui sont, dans cette situation, en quelque sorte votre ancrage au tonal puisqu'elles sont les seules choses du Rêve à avoir été déterminées en état d'éveil. Cette première étape ne doit pas être abrégée mais prolongée jusqu'à ce que vous sentiez que quelque chose vous appelle et que vous êtes prêt à franchir la seconde étape. Cela veut dire qu'en moyenne, il faut avoir pu voir délibérément ses mains en Rêve au moins une dizaine de fois.

L'améthyste et les deux grenats sont des deux couleurs extrêmes de l'arc-en-ciel, la première en rapport avec l'abstrait, le ciel, l'esprit et les grenats avec le concret, la terre, la matière. Le grenat vous ancre d'une façon subtile et énergétique dans votre tonal mais sans être un obstacle à votre recherche du nagual. L'améthyste favorise le contact avec le nagual. Une fois que vous aurez vu vos mains une dizaine de fois en Rêvant, vous pourrez commencer lors du prochain Rêve, à vous aventurer dans cet espace-temps particulier du nagual pour apprendre des choses et faire des rencontres mais toujours dans un esprit de découverte.

Les attitudes émotionnelles, à éviter formellement sont : la peur, le désir d'apprendre des pouvoirs destinés à faire du mal à d'autres personnes, une curiosité avide destinée à vous mettre ensuite en valeur autour de vous. Ne parlez pas de vos Rêves, le nagual supporte très mal la suffisance et la vanité. C'est un monde secret de rigueur et de puissance qui dans ce cas-là se fermerait très vite à vous et vous enverrait même des expériences suffisamment brutales pour vous écarter de lui à tout jamais par la peur que celles-ci susciteraient en vous. N'entrez pas non plus dans le monde du Rêve dans un esprit « sucre et guimauve tout amour » d'inspiration plus ou moins chrétienne et qui ferait de vous une proie délectable pour les quelques créatures errant dans ces mondes en recherche permanente de « petites douceurs émotionnelles », certains êtres inorganiques. Ils vivent, comme nous, dans un univers régi par la dualité dynamique et la prédation et où il faut, par conséquent être tout autant funambule que dans le nôtre pour survivre.

Pour communiquer positivement avec eux, ce qui est l'un des objectifs du Rêve, il faut donc savoir maintenir cet équilibre fragile entre fermeture et ouverture émotionnelle, car ce sont souvent des êtres qui se nourrissent de ce type d'énergie, et ne pas oublier l'attitude fondamentale du guerrier : **« une maîtrise totale dans un abandon total »** si l'émotionnel n'est pas suffisamment contrôlé, le mouvement du point d'assemblage ne peut pas l'être non plus.

Toucher le palais pour réveiller le diamant oublié

C'est une autre technique pour débuter la pratique du Rêve.

S'endormir en touchant le palais avec la langue retournée vers l'intérieur, sans pression excessive. Cela permet de créer un contact intime avec une zone énorme d'attention se trouvant au plancher supérieur de la boîte crânienne : **le diamant oublié** (la glande pinéale peut-être ?). Respirez profondément en visualisant une spirale blanche d'énergie qui part à chaque expir du centre de connaissance silencieuse, passe par le périnée et monte dans la colonne vertébrale puis le cou et vient se condenser en un point extrêmement brillant à quelques centimètres au-dessus de la pointe de la langue collée au palais, à l'emplacement du diamant oublié. La difficulté, encore une fois, réside dans le fait d'exercer une volonté douce mais tenace, de rester présent jusqu'au moment de bascule dans le sommeil et de maintenir, avant et après ce moment, la langue collée au palais. Une fois conscient de Rêver, la progression est la même que dans la technique précédente. On peut d'ailleurs combiner les deux techniques ensemble.

La technique des cristaux de quartz

Les cristaux de quartz possèdent une énergie très particulière extrêmement appréciée des chamanes. Pour pratiquer cette technique de Rêve, il faut six cristaux de quartz de forme allongée, à peu près de la taille de nos doigts, que l'on coincera entre chaque doigt (sauf dans l'espace entre le pouce et les autres doigts) et que l'on fixera, pour s'endormir et Rêver, soit avec des élastiques, soit avec du scotch, comme si nous avions sept doigts. Ils doivent être assez serrés pour être ressentis en permanence sans toutefois faire mal.

Il faut ensuite appliquer la même technique de surveillance de l'endormissement avec la ferme intention d'être encore présent au moment où l'on basculera dans le sommeil et de regarder ses mains.

Ce qui sera ensuite important, quelle que soit la technique de départ et une fois dépassée la première étape au cours de laquelle on se contente d'observer ses mains attentivement tout en réalisant que l'on Rêve, ce sera de maintenir les images des décors, des choses et des êtres que l'on va rencontrer dans le Rêve, car c'est ainsi que créant le monde dans celui-ci, comme nous le créons dans le milieu normal de l'éveil, nous parviendrons à une sensation de réalité aussi grande que celle que nous attribuons à ce dernier.

La technique du décollement direct du corps lumineux

Il existe une autre pratique de base pour initier le Rêve.

Il s'agit de s'allonger das un endroit calme, de se mettre en état de relâch-action profonde et, à la lisière du sommeil, d'émettre l'intention que le corps lumineux (que l'on pourra avoir visualisé auparavant autour de notre corps physique avec le plus de détails visuels possibles) se décolle d'abord doucement de notre corps physique allongé, en anticipant, dès le début de l'exercice, la sensation d'être déjà dans le double. Des exercices préalables appelés « mouvements fantômes » sont exécutés en position assise pour s'habituer à se ressentir sensoriellement dans le corps lumineux, notamment avec les bras, toujours à la suite d'une profonde relâch-action.

N'oubliez jamais que s'il est nécessaire d'avoir un peu d'intention pour parvenir au succès dans tous ces exercices, en retour leur pratique renforce en permanence l'Intention : il faut agir sans le moindre doute, avec une infinie patience et un désir toujours renouvelé et sûr de parvenir à ses fins.

Recommencez l'exercice jusqu'à ce qu'un jour, vous vous sentiez vraiment hors de votre corps et que vous aperceviez celui-ci couché dans votre lit. N'agissez qu'avec toutes les conditions optimales réunies, sans oublier le moindre détail : détente et sérénité de l'esprit, assez de temps devant vous pour faire les choses sans hâte, certitude de ne pas être dérangé, désir non avide, patience, maîtrise avancée de la visualisation, bonne proprioceptivité et… Intento !

LES COMPLEXITÉS DU RÊVE

Le corps lumineux apprend, par la pratique du Rêve, à fabriquer un double du sujet. Au début, ce double est élémentaire, fragile, prêt à rentrer à la moindre alerte dans le corps physique du chamane, mais, avec la confiance en soi due à l'expérience qu'acquiert le Rêveur et par l'Intention, il va ensuite apprendre à lui donner l'apparence exacte de son propre corps physique. Dès lors, il n'est plus seulement un double au sens énergétique du mot mais un véritable double complet qui peut-être confondu par les amis du chamane avec lui-même. Il semblerait qu'il y ait plusieurs niveaux de perfection sensorielle dans cette ressemblance, certains chamanes pouvant aller jusqu'à donner à leur double la sensation tactile de masse solide et la sensation de poids de leur corps.

Qui rêve qui ?

Le double est donc Rêvé par le guerrier de l'Esprit avec suffisamment d'intention pour être perçu par les sens d'une personne normale en état d'attention première.

À ce niveau de maîtrise, la notion de « création de réalité », qui fonde tout le chamanisme théorique et pratique, refait son apparition et amène le chamane à se poser la question de savoir, tant sont aussi réels ses vécus en état de Rêve que ceux du monde ordinaire, **qui rêve qui ?** Y a-t-il un état plus « réel » que l'autre ? Toute forme d'Êtreté ne serait-elle pas finalement le rêve d'une autre forme d'Êtreté ?

En réalité « faire du Rêve » a pour premier objectif de relativiser la consistance objectiviste du monde perçu en état d'éveil en permettent d'expérimenter que la consistance du Rêve délibéré est la même que celle de cet état.

Le tonal et le corps physique, qui passent aux yeux de l'homme ordinaire pour le seul monde réel, sont en effet considérés par les chamanes, comme étant rêvés à partir du corps lumineux qui, pour se séparer du corps physique en certaines circonstances, émet un double plus ou moins perfectionné de celui-ci.

En clair, nous qui vivons dans ce monde, sur cette Terre, qui écrivons ce livre ou allons le lire, sommes en fait des êtres rêvés par nos corps lumineux, ce qui rejoint exactement l'explication chamanique de la création de réalité par l'anneau de pouvoir avec une différence troublante : dans la création du monde extérieur par la conscience (telle que nous l'avons expliquée dans le chapitre sur le premier anneau de pouvoir), celle-ci est dans le **sujet** qui crée (ou rêve) le monde, alors que dans l'explication chamanique de la nature dualiste de l'homme : **corps lumineux/corps physique**, la conscience est dans l'objet rêvé par le corps lumineux, c'est-à-dire dans la personne et son tonal. En somme, si nous ignorons notre dualité corps lumineux/corps physique, nous croyons être les sujets du monde extérieur alors que nous sommes les objets de notre corps lumineux, c'est-à-dire son produit !

On peut dire aussi que dans l'état d'éveil normal notre rêve a lieu dans le monde ordonné du tonal et que dans l'état de rêve conscient il a lieu dans le monde illimité, énergétique et créatif du nagual.

Dans le cas où le Rêveur veut à la fois être dans son double et dans sa personne charnelle et éveillée, il va devoir accumuler beaucoup d'énergie car il aura en fait besoin de deux corps lumineux : un qui constituera le double, aussi actif et perceptible que sa personne « normale » et un autre pour permettre à son corps physique de sortir du sommeil et d'agir exactement comme il le fait en toutes circonstances. La seule chose que le Double ne pourra pas reproduire physiquement sera les yeux du chamane corporel : à leur place brillera la lueur de la conscience de couleur ambre.

LE VOYAGE CHAMANIQUE AU PAYS D'EN BAS

C'est une procédure de Rêve qui se pratique en général en petits groupes, un jour où il est souhaitable d'avoir jeûné ou tout au moins d'avoir mangé très légèrement, de ne pas avoir bu d'alcool ni d'autres boissons perturbant l'équilibre nerveux et sensoriel. Il s'agit d'abord de procéder auprès des « voyageurs » à une relâch-action profonde en position allongée, dans un endroit calme et peu éclairé, chacun étant confortablement allongé et recouvert d'une couverture pour compenser la baisse de température que cette procédure occasionne au corps.

L'explication et la technique du voyage leur auront été préalablement transmises.

Au son d'un tambour et au signal donné, les voyageurs s'engageront dans un tunnel de leur choix (plutôt naturel : trou dans la terre, grotte, tronc d'arbre évidé, etc.) et voyageront en direction du bas, se déplaçant d'une manière que choisira leur corps au moment de partir, pour une expédition de 12 à 15 minutes environ. Ils pourront éventuellement parvenir dans un endroit où ils feront une rencontre (animal de pouvoir, allié, ancêtre de sagesse, etc.) avec laquelle ils vivront un événement au cours duquel ils apprendront quelque chose, auront une activité (danse, combat, vol, chasse, etc.).

Après cet événement et au son d'un signal convenu du tambour, ils se dirigeront sur le chemin du retour par le même tunnel qu'à l'aller et réapparaîtront enfin en surface pour achever le voyage. Le rythme joué est à quatre temps réguliers dont un fort, qui facilite l'entrée dans l'attention seconde et le déclenchement du rêve.

Toute inquiétude ou doute concernant l'intérêt ou la validité, le sens ou les dangers de cette procédure empêcheront probablement le voyage, ainsi d'ailleurs qu'un enthousiasme excessif ou une avidité trop intense pour en tirer quelque chose. Il est essentiel de maîtriser son émotionnel et d'être un funambule pour bien réussir le voyage qu'il est conseillé de renouveler fréquemment mais toujours dans de bonnes conditions et en respectant les règles de réalisation (deux fois par mois semble une bonne moyenne mais pas nécessairement de façon régulière).

Ne ramenez aucun objet du monde d'en bas, même si on vous l'offre très gentiment. Soyez conscient que cette technique n'est pas anodine et ne vous y prêtez pas avec des personnes insuffisamment compétentes, qui n'auraient pas encore acquis un tonal sobre et clair ou auraient un nagual trop chaotique et mal maîtrisé. On ne joue pas avec le nagual. Le rythme du tambour et la force des frappes doivent être très réguliers pour induire la descente de la conscience dans le centre de connaissance silencieuse, les voyageurs peuvent les trouver très bien rythmés s'ils n'ont pas une oreille professionnelle mais leur corps ne s'y trompera pas. Le son du tambour importe aussi, n'importe quel tambour ne convient pas. Le tambour doit avoir « du cœur et du corps ». Un tambour est vivant et, quand il a accompagné beaucoup de voyageurs, son âme se nourrit d'une petite partie du nagual éveillé par eux et il devient de plus en plus fort et de plus en plus beau sur le plan sonore. De plus, le son du tambour quand il est beau, régulier et vivant, attire les alliés, que les voyageurs peuvent ainsi rencontrer plus facilement pendant leur expédition. D'une façon générale, les sons rythmés favorisent l'entrée dans l'attention seconde, ils sont la musique du corps, la mélodie étant celle du cœur et les paroles celle de l'esprit.

CONCLUSION

Le monde du Rêve est l'origine de l'énergie. C'est de lui que nous vient celle par laquelle nous pourrons faire bouger le point d'assemblage, mais comme Rêver c'est faire bouger le point d'assemblage, nous nous trouvons dans une logique circulaire sans point de départ !

Comment la résoudre ?

C'est dans l'instantanéité de l'Intention que nous trouverons la solution...

On me demande souvent : « Comment faire pour... ? » La seule réponse est : « Faites-le tout de suite, puis à nouveau tout de suite et encore tout de suite après... Sans vous décourager. »

L'Intention est le grand mystère caché derrière le temps. L'Intention c'est l'utilisation instantanéiste du temps, il faut apprendre à raccourcir de plus en plus le temps entre le désir d'un objectif, la décision du moyen et l'action, pour réduire la part de représentation intellectuelle, de réflexions, dans lesquelles risquent toujours de s'introduire insidieusement les doutes et les peurs, toutes choses de la mémoire et du tonal qui veulent nous maintenir en leur pouvoir.

La conscience s'est éveillée en nous avec la révélation de notre dualité et depuis ce temps nous savons que de l'autre côté, au-delà du sommeil, existe un monde dont les rêves ordinaires sont les timides messagers, pourquoi ne pas dès maintenant, vivre notre totalité ?

CHAPITRE XVI

Le chamanisme dans la vie quotidienne

> « En oubliant totalement ses plus folles aspirations, le jeune homme se mit à vivre simplement selon ce qu'il observa de la nature et, sans s'en rendre compte, dépassa un jour les plus grands maîtres. »
>
> *Légende du pays des steppes sans horizons*

Une chose frappera probablement l'esprit du lecteur à l'issue de cet ouvrage : la pratique du chamanisme est exigeante, non seulement parce qu'elle implique des renversements de paradigmes affectant nos croyances basiques sur la réalité, le fonctionnement de l'Univers, les lois de la vie, le sens de l'existence humaine, mais aussi parce qu'elle implique l'accomplissement de toutes sortes d'exercices appelés à modifier notre fonctionnement perceptuel, mental, physique, affectif et émotionnel. Certes, il est vrai que le chamanisme semble à l'évidence peu approprié aux dilettantes de la spiritualité dans la mesure où il suscite une attente de résultats concrets en échange d'un engagement qui parait hors d'atteinte.

Cependant, il ne faudrait pas en déduire qu'il est absolument nécessaire de devenir un chamane, au sens avancé de l'appellation, pour vivre chamaniquement. On peut donc être chamaniste sans être chamane comme on peut être bouddhiste sans être moine ou lama et, faisant preuve d'un bon mélange de discernement et de motivation, et sans pour cela bouleverser considérablement ses rythmes quotidiens mais seulement en les réaménageant un peu, de mieux vivre, d'être plus efficace, d'harmoniser sa vie relationnelle et émotionnelle, en profitant pleinement de l'art de vivre et de la sagesse chamanique. Il suffit pour cela d'extraire du chamanisme une démarche de développement personnel que j'ai appelée « la triple trilogie de la plénitude » :

– L'ESPRIT

Développer un esprit curieux, attentif et silencieux.

– LE CŒUR

Développer un cœur équilibré, positif et sans peur.

– LE CORPS

Développer un corps conscient, sobre et actif.

En s'inspirant de ce livre, n'importe quelle personne pourra profiter de cette sagesse et pratiquer l'art de vivre chamanique selon la stratégie suivante :

L'esprit

Développer un esprit curieux, attentif et silencieux

En étant curieux, on évite la fermeture du premier anneau de pouvoir, on remet en question les filtres et on fait évoluer sa propre création de réalité.

En étant attentif, on nourrit facilement cette curiosité, on découvre plein d'informations que l'attention sélective ordinaire ne peut pas percevoir, on reçoit de l'énergie de toutes les choses naturelles par les six sens, on identifie la dualité dynamique omniprésente dans le monde quotidien.

En étant silencieux, on affine considérablement son intuition pour agir plus justement.

La véritable intelligence n'est ni culturelle ni intellectuelle mais comportementale.

Sa seule source est l'attention-vigile qui consiste à savoir observer sensoriellement et en permanence la succession de tous les petits faits qui constituent le flux ininterrompu de notre vie quotidienne pour que les réactions, les gestes, les paroles et les comportements qui sont nos réponses à la vie soient le mieux possible adaptées à leur réalité unique.

C'est seulement ainsi que nous pouvons non seulement assurer notre survie mais aussi notre réussite en tous domaines, notre bien-être et au-delà, notre ouverture spirituelle.

Une réponse intelligente à la vie ne sort donc pas de notre mémoire mais, bien qu'elle se serve de celle-ci, elle découle avant tout de notre attention.

Le cœur

Développer un cœur équilibré, positif et sans peur

L'équilibre du cœur permet de maîtriser beaucoup plus facilement les situations relationnelles difficiles, de ne plus être à la merci de ceux qui tentent de nous intimider et de nous influencer en jouant sur nos sentiments, nos émotions et nos valeurs. Cet équilibre sera renforcé par le développement de la confiance en soi que l'ensemble de la triple trilogie permet de mettre en place.

Un cœur positif se développe par le désir systématique de voir en toutes choses ce qu'elles ont de bien et d'utiliser les moments et les aspects négatifs des personnes, des phénomènes et des situations pour apprendre et progresser, ce qui développe aussi, bien sûr, l'Intention.

Un cœur sans peur s'acquiert par la seconde technique du cœur positif, à savoir affronter positivement les choses négatives pour progresser et considérer son existence comme une série de défis.

Le corps

Développer un corps conscient, sobre et actif
Sachant que toute notre vie est une histoire d'énergie et que plus l'esprit, le cœur et le corps fonctionnent en cohérence, plus nous avons d'énergie, plus nous sommes efficaces, il est aisé de comprendre que cette efficacité et cette puissance seront développées par la conscience du corps, dont la sobriété aiguise considérablement la sensibilité, enfin que l'activité est la mise en cohérence de ce qui est pensé, voulu et fait.

L'ART DE BIEN VIVRE SA VIE EN GÉRANT BIEN SON ÉNERGIE

Toute notre existence, nos pensées, nos émotions, nos croyances, nos gestes, nos moments instinctifs, nos comportements ne sont qu'énergie.

Tous les êtres humains ont beaucoup d'énergie. Le lecteur sera peut-être surpris d'apprendre que, considérés par les alliés (ou êtres inorganiques qui peuplent les autres mondes) nous apparaissons comme des êtres littéralement débordants et irradiants d'énergie.

Quand nous sommes malades, nous avons tout autant d'énergie, globalement, que quand nous sommes en bonne santé, cette énergie est simplement mobilisée « négativement » à nous détoxiquer, à régénérer un organe ou alors elle est coincée, bloquée quelque part, mais elle est là. On dit des personnes peu actives qu'elles n'ont pas beaucoup d'énergie mais c'est encore une erreur, ce sont souvent des êtres rêveurs qui laissent s'échapper leur énergie dans des fantasmagories mentales incessantes et il ne leur en reste pas beaucoup pour agir.

Bien vivre consiste à maîtriser notre énergie, c'est-à-dire à mettre en cohérence ce que nous voulons, ce

que nous savons (ou avons besoin de savoir) **et ce que nous faisons,** en termes d'actions concrètes.

Maîtriser notre énergie, c'est aussi faire preuve de cette sorte de gratitude fondamentale vis-à-vis de soi-même consistant à s'autoriser le plaisir, d'accepter la gratification qu'apporte la conscience d'un acte réussi et de prendre le temps de s'en réjouir, car cette jouissance est un gros apport d'énergie qui va fortifier d'une part notre confiance en nous et d'autre part notre motivation pour continuer dans la voie de ce succès.

Autour de soi, on peut observer comment des centaines d'êtres humains a priori remplis d'énergie la gaspillent et la dépensent là où elle ne leur apportera rien. Bien dépenser son énergie, c'est l'intelligence élémentaire qui guide notre instinct vital pour que la vie génère la vie.

Voici une petite histoire chamanique sur la bonne gestion de l'énergie :

« Le voyageur »

« Un homme avait décidé de faire le tour du monde pour apprendre l'essentiel. Après bien des pérégrinations, il arriva dans un pays inconnu où il marcha plusieurs jours sans rien trouver à manger.

Un matin, le ventre creux, il emprunta un nouveau chemin qui était fort heureusement ombragé mais son attention fut tout de suite attirée par le fait que ses pieds collaient à la terre et que cela était dû à des figues écrasées qui tapissaient le sol de ce chemin.

Irrité par la fatigue et la faim, il se mit en colère. "Je suis déjà affaibli et ce sol collant ne fait que retenir mes pas et me rendre la route encore plus pénible. Quelle malchance !" grogna-t-il.

Tout en maudissant tout haut cet endroit, il marcha ainsi plusieurs dizaines de mètres en essayant à chaque pas d'éviter les endroits les plus poisseux sans s'apercevoir qu'au-dessus de lui pendaient des figues magnifiques et bien mûres qui auraient pu soulager sa faim.

Quelques jours plus tard, il arriva aux portes d'une région désertique. Comme entre-temps, il avait pu se rassasier et même faire provision de nourriture et d'eau, il décida de s'y aventurer.

Au bout de plusieurs jours cependant il avait à nouveau épuisé toutes ses réserves, le soleil chauffait implacablement son crâne et aucun village ne se profilait à l'horizon, et bien qu'il regretta de s'être autant avancé dans cet univers inhospitalier, il comprit qu'il n'avait pas le choix, car compte tenu des informations qu'il possédait, il avait plus de désert derrière lui que devant et devait donc aller de l'avant.

Perdu et doutant malgré tout de sa direction, il avançait péniblement, s'arrêtant tous les trente mètres, quand, tout à coup, il aperçut un homme, une sorte d'ermite barbu vêtu de haillons qui avait bien étrange allure et marchait tranquillement vers lui.

Sans même pouvoir parler, il lui fit des signes pour évoquer sa soif et l'homme leva lentement la main comme pour désigner une direction. Cette main s'arrêta au niveau du visage de notre voyageur et celui-ci remarqua avec dégoût que les ongles recourbés de cet homme étaient horriblement sales, évoquant plutôt la patte d'un animal fouisseur que celle d'un être humain.

"Quelle horreur, c'est répugnant !" pensa-t-il et son sentiment de dégoût ne fit que l'affaiblir encore plus. Il s'écroula sur lui-même, tournant le dos à l'homme qui finit par baisser le bras et s'en aller. Une heure plus tard, le voyageur reprit connaissance et comprit ce qui s'était passé, mais ne se souvenant plus de la direction montrée par l'ermite, il tomba dans un état de torpeur découragée, s'évanouit à nouveau et mourut là quelques jours plus tard. »

Comment notre voyageur abrège-t-il sa vie ?

Par un dramatique gâchis d'énergie ! Plus exactement, il investit son énergie dans des émotions négatives et inappropriées aux circonstances mais ne l'utilise pas là où il faudrait, dans une attention soutenue au service de sa survie

L'émotionnel, en particulier négatif, représente en effet la source la plus courante et la plus considérable de perte d'énergie. Le chamanisme possède de nombreuses techniques physiques et comportementales pour se débarrasser de ce terrible handicap. La compréhension de l'anneau de pouvoir et de la dualité dynamique devrait permettre à l'apprenti, dès les premiers mois de sa pratique, de décupler son efficacité en prenant la mesure du pouvoir redoutable des émotions négatives.

La pratique du silence intérieur et le développement de l'attention-vigile, aiguisant à la fois l'intuition, prémisse de la connaissance silencieuse (qui viendra ultérieurement) et la flexibilité des réactions comportementales, vont permettre à l'apprenti de répartir de mieux en mieux ses dépenses d'énergie, d'agir juste où il faut et quand il faut et de s'abstenir aussi quand c'est nécessaire, en particulier en évitant les émotions inutiles, réalisant ainsi de grosses économies d'énergie.

L'ÉCOUTE, PIERRE D'ANGLE DE TOUTE ÉVOLUTION POSITIVE

Le premier anneau de pouvoir met en évidence le fait que notre attention n'est pas seulement la fonction essentielle de notre conscience mais qu'au-delà de ce rôle, elle nous ouvre la porte d'un véritable pouvoir, celui de créer délibérément notre réalité.

C'est l'attitude yin, réceptive, appelée « écoute » au sens large du mot, qui en est la base au niveau de notre vie quotidienne.

L'être humain, dans son ensemble, en particulier l'homme moderne, souffre sans doute d'un grave déséquilibre entre sa faculté de recevoir et sa faculté d'émettre qui favorise nettement cette dernière. Son cortex cérébral voué principalement à la représentation abstraite, mentale et verbale de la réalité, fourmille d'informations et vibre intensément et en permanence d'une énorme activité. Aussi, sa capacité d'écoute **réelle**, nécessitant l'arrêt momentané de cette hyperémissivité, est-elle assez peu développée. Cette hyperémissivité entraîne l'illusion d'un grand savoir qui génère un orgueil démesuré dont la conséquence est de bloquer l'évolution naturelle et spirituelle de l'homme. Cette écoute réduite renforce la fixité du premier anneau de pouvoir qui se fige dans la mémoire de ce savoir. Utilisées comme un outil de développement personnel, les bases du chamanisme permettent une restauration rapide de l'écoute large et entraîne simultanément la disparition du stress existentiel par la restauration de l'intelligence adaptative.

ÉCOUTER LES MESSAGES DE L'AIGLE NOUS INCITANT AU CHANGEMENT

La première loi de l'Univers est celle de la dualité dynamique du tonal et du nagual.

La première écoute que nous devons exercer est celle que nous devons accorder à tout ce qui nous paraît inefficace dans notre existence et qui est la façon apparemment redoutable mais en réalité généreuse que l'aigle a de nous rappeler cette loi : le nagual frappe à la porte de la conscience, nous devons assouplir notre anneau de pouvoir, accepter et même si possible devancer le changement en créant de nouvelles mémoires. Il y a quelque part en nous des routines que nous devons abandonner car elles génèrent des inadaptations à notre milieu vital. Par l'affaiblissement, le mal-être, la souffrance, les échecs et la maladie, l'Aigle nous fait signe de venir à sa rencontre.

Il nous met devant le seul choix fondamental des êtres vivants : entrer dans le nagual pour faire évoluer notre tonal et changer ces routines afin de croître vers la conscience totale ou aller vers notre destruction puis notre disparition pour lui livrer notre conscience en pâture. Nous n'avons pas d'autre choix que de nous libérer, suprême paradoxe !

SOI ET LES AUTRES – ÉCOUTE, EGO ET CONFLITS

Que d'énergie perdue dans des conflits inutiles pour des millions et des dizaines de millions d'êtres humains depuis des millénaires sous l'influence de l'objectivisme !

Je ne crois pas nécessaire d'insister sur les changements profonds que la prise de conscience du fonctionnement sujétique des êtres vivants peut apporter dans la relation qu'ils ont entre eux.

Si l'homme futur devenait, ne serait-ce qu'un tout petit peu chamaniste, 95 % des conflits, si ce n'est plus, disparaîtraient de la surface de la Terre à la suite de ce changement.

SUJÉTIQUE ET HARMONIE RELATIONNELLE

Nous avons vu dans le chapitre II sur le premier anneau de pouvoir, comment chaque individu sélectionne dans son environnement des éléments qui correspondent aux filtres spécifiques de sa mémoire pour créer sa réalité personnelle, croyant en toute bonne foi que celle-ci est **LA** réalité objective, identique pour tout le monde. Cela veut dire que chacun d'entre nous fait l'objet d'une création de réalité de la part de toutes les personnes qu'il côtoie et qu'il est, en tant qu'objet de perception de celles-ci, autant de personnages différents qu'il y a de personnes en question.

Or, rien n'étant plus important pour l'être humain que d'être reconnu, considéré et aimé pour ce qu'il est, croit être ou veut paraître, on imagine l'énorme quantité de malentendus, de conflits, de tensions interpersonnelles et finalement de maladies psychosomatiques générés par le processus de l'anneau de pouvoir.

Comment sortir de ce piège circulaire connaissant la nature incontournable de celui-ci ?

La seule attitude intéressante et libératrice est d'accepter son existence, c'est-à-dire le fait que chacun des êtres humains que nous côtoyons fabrique de nous une sorte de double, d'extrait symbolique à la mesure de ses filtres, de ses valeurs, de ses croyances et que pour lui, nous sommes cela et rien d'autre.

Ne pas accepter cette réalité de l'anneau de pouvoir c'est s'exposer à deux comportements aussi destructeurs l'un que l'autre bien que de sens opposés :

– le premier est la révolte émotionnelle face au reflet que l'autre nous renvoie de nous, par ses paroles, ses actes, et les opinions qu'il répand sur nous et qui nous stupéfient parce que, dans ce reflet, nous ne nous reconnaissons pas ;

– le second, au contraire, consistera à chercher à se mouler dans le personnage que les autres voudraient que nous soyons et dont l'image se dessine dans les reflets positifs ou négatifs que nous renvoie la description qu'ils se sont faits de nous en nous « moulinant » dans leurs filtres (« les autres » en question, c'est aussi les modèles propagés par la socialité qui tendent à la normalisation des individus et dont ceux-ci se font ensuite les fidèles et serviles propagateurs).

Dans les deux cas, c'est la force variable de notre besoin de considération et de reconnaissance de la part des autres (pris individuellement ou en tant que groupe social), qui va nous inciter à nous conformer à leur modèle idéal, renonçant ainsi à ce que nous sommes profondément.

À quoi se rattachent ces deux attitudes ? À notre ego, à la préoccupation de soi qui remplace l'Êtreté authentique chez les personnes concernées, à l'importance mentale qu'elles accordent à leur image, et indirectement à leur dépendance socialitaire.

Le chamanisme offre une solution radicale qui se résume en deux formules : **implacabilité** et **effacement de l'histoire personnelle**.

L'implacabilité, c'est le détachement qui fournit la capacité d'agir avec une redoutable efficacité en se débarrassant de toute préoccupation cérébrale de soi et de toute émotion superflue.

Dans le contexte ici présent, en ne se préoccupant plus de l'image de soi, on lève les blocages liés à l'opinion que les autres se font de soi.

Effacer son histoire personnelle, c'est parler de soi le moins possible, pour donner le moins de prise possible à l'anneau de pouvoir que les autres accrochent sur nous, et, simultanément, ne pas s'identifier à tous les personnages fantômes sujétiques qu'ils fabriquent de toute façon à partir de notre être réel.

Cela ne veut dire, en aucun cas, devenir asocial, ne pas communiquer ou être indifférent aux autres. L'implacabilité est une autre façon de pratiquer la socialité, de communiquer, d'être sensible à l'autre, certes plus sobre mais qui, ne s'appuyant pas sur l'ego et tous ses besoins anxieux et vains, privilégie la recherche d'efficacité relationnelle et le respect de la liberté individuelle et permet d'être beaucoup plus solide sur le plan affectif, beaucoup plus perspicace car la relation n'est plus polluée par les faux-semblants et les échanges d'énergie émotionnelle sous-jacents, inhérents à la dépendance égocentrique.

Ainsi, dans le cadre de la vie relationnelle, l'anneau de pouvoir nous apporte deux choses essentielles :

– la possibilité de créer une autre réalité plus conforme à nos désirs profonds en modifiant nos filtrages et celle d'explorer ainsi notre potentiel inconnu ;

– la possibilité de nous détacher :

a) de l'illusion d'être perçu dans notre réalité multiple par le monde extérieur,

b) du besoin égocentrique d'être considéré à travers la description aliénante que les autres se font de nous, pour devenir **libre « d'être » au lieu de nous contraindre nous-même à devoir « paraître »**.

LE CHAMANISME ET LA NATURE

Pour le chamaniste, la nature est beaucoup plus qu'un havre de paix pour se détendre et se ressourcer.

Tout y est vivant et tant les animaux et les insectes que les plantes et les arbres ainsi que les minéraux sont dotés d'un certain niveau d'intériorité, c'est-à-dire de conscience.

La pratique du chamanisme nous démontre qu'il existe une forme de conscience agissante non ordinaire que l'homme peut retrouver au centre de son corps, une énergie clairvoyante faite de lumière vivante qui est en réalité la source créatrice de toutes choses.

Retrouver cette énergie signifie commencer à la maîtriser et cet apprentissage va nécessiter de sa part une attention hors du commun qu'il vivra et percevra comme une véritable renaissance.

Cette énergie, inaccessible et inconsciente à l'homme ordinaire, est cependant présente en lui car elle est présente partout dans la nature, créatrice de tout ce qui est à la fois stable et en perpétuelle évolution. Par l'attention-vigile l'apprenti chamaniste va entrer peu à peu en contact avec elle. C'est pourquoi il est essentiel pour lui d'accorder à la nature un respect profond, car à chaque instant elle peut lui enseigner des principes fondamentaux de l'Univers et, plus subtilement encore, lui accorder, en retour de son attention, de l'énergie. Enfin, grâce à une pratique avancée du silence intérieur, elle peut lui dévoiler des visions du nagual et lui octroyer peu à peu des pouvoirs.

Le nagual est partout présent dans la nature, il n'attend que notre disponibilité pour entrer en contact avec nous.

Tout chamaniste aura donc à cœur de se rapprocher d'elle fréquemment et d'en protéger l'intégrité. C'est par cette intimité qu'il rétablira l'équilibre de sa croix attentionnelle (fig. N° 12) et retrouvera sa connexion consciente avec le Pouvoir suprême.

L'HUMILITÉ DYNAMIQUE, UN POUVOIR SURPRENANT

Il n'y a pas de chamanisme sans pratique régulière et assidue. Le chamanisme ne livre ses pouvoirs que si l'homme en fait un art de vivre. L'Aigle ne nous fait pas de cadeau, nous devons tout conquérir mais si nous savons aller vers lui sans peur alors il nous révèle la beauté sans limites de l'existence terrestre et l'immortalité de notre âme.

Tout dans cet Univers est donc fait pour apprendre et il est évident que la clé d'une telle existence est l'humilité, l'humilité dynamique et non l'humilité passive. Sans elle il est en effet impossible d'apprendre, c'est la base du travail sur soi et du silence et cependant cette attitude ne semble pas recueillir un grand succès auprès des hommes, pourquoi ?

Qu'est-ce que l'humilité dynamique ? C'est d'abord ne pas s'attacher à ses connaissances, accepter l'aspect transitoire et relatif de celles-ci et éviter ainsi qu'elles ne servent de filtre face à ce que nous voulons apprendre, face au futur **(ne pas faire de ce que nous savons aujourd'hui un obstacle à ce que nous pouvons savoir demain)**.

Au quotidien, c'est aussi savoir dire : « Je me suis trompé, j'ai fait une erreur, j'ignore ceci ou cela. » Faire cela semble terroriser beaucoup de gens. Pourquoi est-ce si difficile ?

Parce que nous avons peur, si nous acceptons de dire cela, de perdre la confiance de l'autre, de perdre sa considération, de perdre confiance en nous-même, de paraître moins savants, moins forts.

Encore une fois le chamane contredit cette peur : son humilité dynamique est une grande force, il cherche, il apprend toute sa vie, il est humble et cependant il rayonne de confiance en lui-même. D'où la tire-t-il donc ? En tout cas pas de l'image qu'il donne mais de sa présence à la vie et de sa certitude que la conscience est immortelle, de son pragmatisme quotidien et de l'efficacité qui en résulte.

L'homme qui ne sait pas dire « je me suis trompé, j'ai fait une erreur, je ne sais pas ceci ou cela… » reste en carafe, bloqué dans sa ligne de temps personnelle, tournant interminablement en rond dans son premier anneau de pouvoir qu'il ne sait pas transformer en spirale, dans l'image illusoire et suffisante des ses certitudes.

Tant que l'humanité n'enseignera pas aux enfants dès leur plus jeune âge, à savoir dire « je me suis trompé, j'ai fait une erreur, j'ignore ceci ou cela… » sans qu'ils se sentent le moins du monde gênés ou mortifiés, elle ne progressera pas d'un pas et nous resterons bloqués entre l'animal et l'homme… que nous ne sommes pas encore.

Aucune attitude dévotionnelle ou rituelle ne vaut en spiritualité l'humilité dynamique.

PRATIQUE QUOTIDIENNE ET CONFORT MATÉRIEL

L'homme moderne fait reposer une grande partie de son bonheur sur la possession des objets notamment technologiques qui sont supposés faciliter sa vie et son confort matériel. Mais l'observation des réalités de la vie quotidienne montre que celui-ci reste un triste succédané du bonheur d'origine intérieure : il suffit de regarder le visage de nos semblables, le nombre toujours croissant de médecins, de psychiatres, de psychothérapeutes par milliers d'habitants depuis plus d'un demi-siècle pour s'en rendre compte, ainsi que l'augmentation exponentielle des malfaisances et crimes en tous genres.

Le guerrier de l'Esprit, on l'aura compris, travaille plutôt sur son confort intérieur que sur son confort extérieur, car le confort de l'esprit, qui apporte sérénité, énergie et joie, a une influence déterminante sur le confort extérieur et matériel – la réciproque étant loin d'être aussi vraie. Cela n'empêche pas le guerrier de l'Esprit d'avoir un rapport agréable et même sensuel avec le monde matériel. Précisons cependant que tout en sachant jouir avec sobriété du plus grand luxe il doit savoir vivre dans les conditions les plus austères en gardant toute sa bonne humeur et sa vitalité.

Face aux sollicitations envahissantes du confort technologique, il privilégie toujours les moyens naturels, humains, physiques et simples qui n'entravent pas l'exercice de l'attention vigile et n'occasionnent ni pollutions ni destructions inutiles du vivant.

ÉLIMINER LA PEUR

D'où viennent les peurs ?

Disons-le d'entrée : la peur est un sentiment très désagréable. Ponctuelle et occasionnelle, elle reste supportable mais quand elle devient chronique elle gâche notre existence. Ses conséquences sont redoutables, les peurs sont en fait la cause d'une bonne majorité de nos problèmes, de nos échecs, de nos souffrances.

Les peurs sont très variées : peur de la violence, peur de la maladie, peur de souffrir moralement, peur de la faim, de la soif, du froid, du manque, peur de l'eau, peur de l'autre, de l'opinion des autres, de leur regard, peur de ne pas être aimé, considéré, respecté, peur d'être manipulé, trahi, abandonné, peur de la solitude, de la différence, de l'indifférence, peur de la nuit, peur des grands espaces, peur d'être enfermé, peur de l'irrationnel, de l'inconnu, du silence, peur d'être perdu, peur des grands bois, peur de perdre sa personnalité, son autonomie, peur d'être ridicule, de s'affirmer, d'être original, de chanter en public, peur de l'autre sexe, peur du bonheur, peur de l'orgasme, peur de la foule, peur d'aimer, etc., etc.

La peur est une émotion qui, face à une situation inconnue et pour laquelle nous n'avons pas de réaction toute prête, nous amène à ne pas l'affronter.

Cette émotion est perçue comme paralysante, inhibitrice de l'action : un danger a été perçu qui prend le visage inquiétant de l'inconnu, le tonal n'a pas de réponse, il faut tourner le dos, reculer, fuir pour ne pas bafouiller, nous effondrer ou nous évanouir. Tout un ensemble de réactions physiologiques accompagnent ce moment, aggravant la sensation de malaise auquel s'ajoute la honte de ne pas s'être battu, de ne pas avoir gagné, de ne pas avoir saisi l'opportunité de nous dépasser, de ne pas avoir résolu la situation.

Il y a encore bien d'autres peurs que celles citées ci-dessus et parfois même, plusieurs peurs se combinent entre elles mais cependant si nous pouvions remonter à leur source nous verrions que toutes les peurs sans exception sont les filles d'une seule peur : celle de la mort mais généralement, nous ne sommes pas conscients de cette filiation. Cependant nous savons que vivre signifie nécessairement surmonter, affronter, maîtriser, gagner, et que chaque petite défaite est un pas qui nous rapproche tout doucement de la mort.

Au fond de nous, la peur peut nous dire deux choses : soit que la vie est une immense et monstrueuse injustice, soit qu'elle est un défi dont l'enjeu est tellement fabuleux qu'il est à peine exprimable : **se débarrasser de la peur de la mort pour se libérer de toutes les peurs**.

Même si dans notre vie quotidienne la peur a parfois ses raisons d'être, même si elle peut nous sauver d'un danger réel ou d'une grande souffrance ou encore nous sauver la vie, bien plus souvent encore elle nous empêche de vivre.

Elle nous inhibe, nous fait nous recroqueviller sur nous-même, nous fait renoncer à un acte audacieux mais réalisable, elle nous coupe le souffle dans un moment crucial où nous devions nous affirmer, elle nous empêche d'aller vers l'autre, elle nous empêche d'être libre, elle nous empêche de grandir, elle a des conséquences à long terme sur notre santé, elle peut être la cause ancienne et inconsciente de maladies chroniques, elle peut être la pire des prisons pour le cœur humain et, suprême ironie, par les attitudes paroles et actes maladroits et négatifs qu'elle génère, elle actualise fréquemment le danger au départ plus ou moins illusoire sur lequel elle reposait.

La peur gâche depuis toujours la vie d'innombrables êtres humains.

Peut-on vaincre la peur ?

Aussi, l'un des plus ardents désir de l'homme est-il de s'en débarrasser pour s'accomplir pleinement, tout simplement pour être heureux.

La stratégie d'élimination de la peur s'élabore en trois temps :

– accepter ses peurs ;
– comprendre qu'elle n'a pas d'objet ;
– prendre sa vie comme un défi.

Accepter ses peurs

Pour éliminer la peur il faut commencer par l'accepter parce que celui qui n'accepte pas sa peur devient la victime de la plus terrible d'entre elle : **la peur de la**

peur. Rongé par la honte d'avoir peur, qu'arrive-t-il à l'homme ? Il se surculpabilise, paralysé par l'image défavorable de lui-même, il n'ose plus agir ni prendre le moindre risque ; la peur de l'échec atteint l'image de soi et peu à peu il se contentera de surnager dans les eaux calmes de la rive au lieu de naviguer au milieu du fleuve de la vie.

C'est en comprenant le principe de la dualité dynamique qui régit toute chose et en redescendant sur Terre par un travail de conscience du corps que son ego négatif se dissoudra peu à peu **car l'ego est l'habitat de la peur**.

En observant la nature, il découvrira une image naturelle de la peur ainsi que son rôle positif : le roi des animaux, le lion a très fréquemment peur et il n'en a pas honte le moins du monde parce qu'il ne pense pas à lui-même, il **EST** lui-même : regardez le fuir et sauver sa peau si un groupe de plus de quatre ou cinq minables mais redoutables hyènes s'approchent.

La peur a sauvé la vie de milliards d'être vivants. Les chamanes du temps passé se trouvaient parfois dans la nécessité d'affronter des groupes humains qui, soit lui enviaient ses pouvoirs soit en avaient peur, soit voulaient se venger d'un avantage ou d'une guérison accordés à l'un de leurs ennemis. Par une manœuvre magique de précognition, il évitait de les affronter sur leur terrain.

De cet héritage chamanique ancien, Don Juan a gardé le réflexe pédagogique de conseiller à son apprenti de « ne pas se mettre en plein milieu du chemin », c'est-à-dire de ne pas faire la bravache et de favoriser la vie.

La peur modérée et occasionnelle est un réflexe de survie, seul le fait de la laisser nous envahir sans contrôle est regrettable. Entre la témérité et la poltronnerie, le guerrier funambule trouve son équilibre et cette stratégie, bien loin de détériorer sa confiance en lui-même, est utilisée pour la renforcer toujours plus.

Comprendre qu'elle n'a pas d'objet et prendre sa vie comme un défi

En fait les deux dernières phases de l'élimination des peurs fusionnent en une seule.

Le guerrier de l'Esprit qui travaille à devenir conscient de son corps lumineux en entrant dans l'attention seconde, réalise que l'essentiel de sa personne ne peut pas mourir, pour lui l'Êtreté n'a pas de pôle opposé.

Devenu conscient que la grande peur n'a pas d'objet, il libère ainsi une grande quantité d'énergie qui lui permet de vivre sa vie quotidienne comme un défi permanent. S'aventurant toujours plus au-delà des limites ordinaires de la conscience, il prend l'habitude de vivre « sur un chemin qui a du cœur ».

L'étape finale de l'élimination des peurs consiste à transmuter l'énergie de celle-ci dans l'affrontement de ses défis.

La peur et les enfants

Il est important d'éduquer les enfants concernant la peur. Toute leur vie peut en être changée.

N'interdisez pas à un enfant de perdre ou d'avoir peur. En tant que parents, ne montrez pas de déception excessive si cela lui arrive. Pour les mêmes raisons, ne montrez pas un bonheur excessif quand il est audacieux ou qu'il gagne, car dans les deux cas vous vous introduiriez dans le libre développement de son équilibre émotionnel et de sa confiance en soi.

C'est en acceptant de perdre qu'il se donnera plus de chances de devenir un gagnant, c'est en acceptant d'avoir peur qu'il pourra mieux vaincre ses peurs car n'ayant pas peur de la peur, il prendra plus facilement des risques pour gagner.

DÉVELOPPER SA CRÉATIVITÉ

La créativité, au sens large du mot c'est-à-dire au-delà d'un talent artistique spécifique, c'est l'imagination, la fécondité mentale, la capacité d'improvisation, la répartie juste, l'adaptabilité rapide à toute situation imprévue, c'est enfin l'art de trouver des solutions originales à n'importe quel problème.

Cette capacité enviable, outre son influence évidente sur notre efficacité tous azimuts, apporte beaucoup de plaisir dans notre existence. Enfin, elle est aussi un facteur majeur du développement de la confiance en soi.

En pratiquant le chamanisme on s'aperçoit que la créativité quotidienne est directement liée à la créativité cognitive et spirituelle inhérente à cette voie spirituelle.

L'anneau de pouvoir nous montre en effet que nous sommes les créateurs de notre réalité. Ayant pris conscience de cela nous n'avons de cesse d'en être les créateurs délibérés c'est cela que nous appelons la créativité cognitive et spirituelle.

Le chamanisme n'est pas une voie dogmatique mais empirique et le guerrier de l'Esprit va créer sa propre vision du monde.

Pour lui, la créativité n'est pas une distinction, elle est devenue sa façon de vivre habituelle.

ÉPANOUISSEMENT PERSONNEL ET CERVEAU VENTRAL

L'homme moderne a beaucoup de soucis. Qu'il soit riche ou pauvre, qu'il soit fort ou faible, il ne cesse d'être harcelé par des centaines de petits détails matériels qui caractérisent la société d'abondance, il est envahi par une technologie toujours plus abstraite et complexe et par des milliers de pressions administratives qui le submergent. Le stress est endémique et n'épargne plus personne. Aussi n'est-il pas étonnant que son esprit soit occupé par un mouvement brownien permanent de pensées qui absorbent entièrement son attention dans l'abstrait et la mémoire. Il ne contrôle plus son esprit, il est fréquemment d'une émotivité capricieuse voire maladive, il a des réactions qui sortent du passé et non du présent.

Est-il possible de vivre autrement ? Oui, bien sûr !

Le chamanisme nous enseigne que nous avons dans l'abdomen un deuxième cerveau, un centre de connaissance silencieuse qui ne fonctionne pratiquement plus parce que le cerveau mental a envahi, ces derniers millénaires, tout le champ de notre conscience.

Ce cerveau ventral est intuitif, il n'utilise pas la pensée verbale et le raisonnement pour connaître les événements extérieurs parcequ'il extrait les informations dont il se nourrit uniquement de l'instant présent, décodant les subtilités énergétiques de chaque instant unique. Il est ainsi beaucoup plus rapide, direct et efficace que le cerveau mental pour apporter à l'individu les réactions les plus pertinentes à chaque événement.

Pour retrouver son bien-être, sa santé et son efficacité personnelle, chacun peut progressivement restaurer le fonctionnement de ce cerveau ventral en pratiquant l'attention vigile et le silence intérieur, ce qui ne l'empêchera pas d'avoir recours à son cerveau crânien, à la pensée et au langage verbal quand il le souhaitera, bénéficiant même ainsi d'un bien plus grand pragmatisme dans l'exercice de celui-ci.

CONFIANCE EN SOI ET CHAMANISME

La confiance en soi est l'une des clés du bonheur humain.

Elle est directement liée d'une part à l'idée que l'on se fait de sa propre force et, d'autre part aux actes que nous réussissons, ce mot « force » étant entendu dans n'importe quel registre : force de caractère, force des convictions, force relationnelle, force physique, force intellectuelle, etc.

On peut envisager le développement de la confiance en soi sous un autre angle en considérant qu'elle est le fait d'être en accord avec la dynamique de l'Univers qui veut que l'on travaille sur soi-même pour devenir fort. Vue sous cet angle, la force n'est pas un état statique mais une notion totalement relative qui ne devient une réalité concrète que par un mouvement de progression sans fin impliquant de se considérer toute sa vie en devenir permanent, comme l'Univers qui n'est lui-même jamais fini. Dans ce cadre, se sentir fort c'est se sentir devenir chaque jour plus fort.

Tout jugement sur lui-même étant devenu ainsi inutile et laissé de côté, l'homme commence alors à ressentir un bien-être durable et profond qui imprègne tout ce qu'il fait, donne du pouvoir à ses actes et le fait rayonner autour de lui. **La confiance en soi est précisément cet état d'âme**.

Épilogue

La mort est le seul défi valable de l'homme…

Face à elle, il est rempli de stupéfaction. Par elle pourtant, l'inconnu lui fait un signe : le chemin est fait d'ombre et de lumière, l'esprit se tient à l'écart de la matière, le mal et le bien s'engendrent l'un l'autre et de la tension ainsi produite naît la vie et la vie reste ainsi un mystère mais l'homme ne croit pas au mystère, alors il lui tourne le dos et vit dans la peur.

C'est alors que de la nuit des temps resurgit le chamane, celui qui fait face à la dualité au lieu de la fuir, celui qui accepte l'inacceptable.

Il parlera de blessure fondamentale mais providentielle et de complétude à conquérir, il s'investira dans l'invisible délibérément, autant que dans le visible, il changera les règles du jeu pour voir dans la nuit, il inventera l'art sans limites de renaître à soi-même et dévoilera enfin que le Grand Mystère, absorbé par la création permanente de l'Univers et ne pouvant connaître et contempler son œuvre qu'à travers la fenêtre de la conscience humaine, propose à l'homme, pour prix de ce plaisir ineffable, de conquérir son immortalité.

Dès lors, disent les chamanes, ne serait-ce pas une folie que de vivre autrement qu'en guerrier de l'Esprit ?

Le chamanisme est simplement une quête de l'âme inséparable du pouvoir de guérir et de s'autoguérir, une vision holistique du vivant qui met en évidence le fait, fondamental pour l'homme, que pour effacer les maux du corps il nous faut simultanément guérir de notre ignorance et des peurs qu'elle engendre.

Absorbé par la fièvre avide et besogneuse du travail, aveuglé par la suffisance du scientisme clinquant, l'homme saura-t-il bientôt comprendre qu'un bien plus grand destin l'attend au fond de lui sur le chemin des immortels ?

Saura-t-il remettre en question une modernité de pacotille et un progrès autoproclamé qui tentent en vain et destructivement de réaliser POUR lui un bonheur qui l'attend depuis toujours EN lui ?

« Saura-t-il voir qu'en renouvellant la notion du sacré par la révélation de la nature magique de la conscience, le chamanisme illustre l'éternelle modernité de l'âme ? »

Bibliographie

L'herbe du diable et la petite fumée, Carlos Castaneda, Éditions 10/18

Voir, Carlos Castaneda, Éditions Folio Essais

Le voyage à Ixtlan, Carlos Castaneda, Éditions Gallimard

Histoires de Pouvoir, Carlos Castaneda, Éditions Gallimard

Le second anneau de pouvoir, Carlos Castaneda, Éditions Gallimard

Le don de l'Aigle, Carlos Castaneda, Éditions Gallimard

Le feu du dedans, Carlos Castaneda, Éditions Gallimard

La force du silence, Carlos Castaneda, Éditions Gallimard

L'art de rêver, Carlos Castaneda, Éditions du Rocher

Le voyage définitif, Carlos Castaneda, Éditions du Rocher

Le temps du Rêve, Cyril Havecker, « Le Mail », Éditions du Rocher

Les lances du crépuscule, Philippe Descola, Éditions Pocket (et « Terre Humaine », Plon)

Le chamanisme et les techniques archaïques de l'extase, Mircea Éliade, Éditions Payot (Bibliothèque historique)

El silencio interno (en langue espagnole), Carlos Castaneda, Éditions Cleargreen incorporated, Los Angeles California

Biologie de la lumière, du professeur Fritz A. Popp, éd. Marc Pietteur.

Table des matières